예비교사와 현직교사를 위한

수학교육과정과 교재연구

김남희·나귀수·박경미·이경화·정영옥 지음

제4판

예비교사와 현직교사를 위한

수학교육과정과 교재연구

김남희 · 나귀수 · 박경미 · 이경화 · 정영옥 지음

경문사

머리말

학교수학(School Mathematics) 교재 연구의 이론과 실제를 다룬 이 책이 2006년 초판 발행 이후 4번째 개정판을 출판하게 되었다. 그동안 수학교육에 입문한 사범대학 학생과 학교 현장의 수학 선생님을 포함해 수학교육을 연구하시는 많은 분께서 이 책을 관심 있게 봐 주신 점에 대해서 깊은 감사의 마음을 전한다.

우리나라 수학과 교육과정은 사회, 교육 환경의 변화 흐름에 대처하고 국가·사회적 요구를 반영하면서 조금씩 변화하고 있다. 이 책은 이러한 변화의 흐름을 반영하며 개정되고 있다. 특히, 교육과정의 변화 흐름 속에서도 학교수학교육에서 변하지 않는 핵심 내용들에 중점을 두고, 그에 대한 교수–학습을 중심으로 이론적 논의와 실제적 사례를 제시하고 있다.

이번 개정에서는 2022 개정 수학과 교육과정의 내용 체계를 반영하여 '교육과정의 이해' 부분을 새롭게 재정비하였다. 아울러 각 장의 일부 내용을 수정, 보완하였다. 2022 개정 수학과 교육과정은 공통교육과정 영역을 '수와 연산, 변화와 관계, 도형과 측정, 자료와 가능성'의 4개 영역으로 구성하고 있다. 이 책에서는 이러한 4개 영역 관련 교수-학습의 이론과 실제를 다루면서 고등학교 선택 교육과정과의 연계성을 고려하였다. 이에 제3판과 같이 '수와 연산, 대수, 함수, 기하와 증명, 미분과 적분, 확률과 통계'의 6개 영역을 유지하면서 학교수학을 관통하는 핵심 내용에 관한 이론과 실제를 포괄적으로 다루었다.

아무쪼록 이 책이 수학교육학을 공부하기 시작한 예비 수학교사들과 수학교육 현장에서 수업 개선을 위해 애쓰시는 현직 수학 교사들, 그리고 수학교육 연구에 관심을 가진 모든 독자분들께 적지 않은 도움이 될 수 있기를 바라는 마음이다.

끝으로 제4판이 보기 좋은 형태로 매끄럽게 정돈되어 출간되기까지 편집과 출판에 애써주신 경문사 임직원분들께 깊은 감사의 마음을 드린다.

2024년 8월

저자 일동

초판 머리말

이 책은 그 동안 국내외 수학교육 연구자들에 의해 축적되어 온 수학 교육과정론과 수학 교수·학습론의 연구 결과를 학교 수학의 교재 연구 측면에서 재구성한 것이다.

수학교육은 교육과정의 내용이 수학 교과서에 구현되고 또 그 내용이 수학 교사를 거쳐 학생들에게 지도되는 긴 여정을 통해 이루어진다. 그러므로 수학교육은 수업을 담당하는 수학 교사가 학교 수학에 대한 교수학적 논의를 잘 알고 이를 의미 충실한 수업 상황으로 구현해 낼 수 있을 때 비로소 완성된다고 할 수 있다. 수학 교사에 대한 전문성이 높이 요구되는 이 시대에 수학 교사 교육은 순수수학에 대한 내용적 지식 교육 못지않게 가르칠 수학 내용의 교수학적 분석과 교수·학습론에 대한 교육을 필요로 하고 있다.

이 책의 일차적인 목적은 예비 수학 교사들이 수학교육에 입문하여 전문 수학 교사가 되기 위한 자질을 갖추게 하고, 현직 수학 교사에게는 학교 현장의 수학 수업을 좀더 의미 있게 구성하는 데 기초가 되는 이론과 사례를 제공해주는 것이다. 그러나 더 나아가서는 예비 수학 교사, 현직 수학 교사 한 사람 한 사람이 수학교육학 이론에 대한 탐구와 실제 적용의 문제를 심도 있게 논의하는 수학교육 연구자로서의 진지한 태도를 갖게 하는 데에도 일조할 수 있을 것이다.

특히 우리나라 수학 교육과정의 틀 안에서 학교 수학의 교재 연구의 기초가 되는 이론적 논의와 실제적 적용의 문제를 다루고자 하였다. 이를 위해 학교 수학의 내용을 수와 연산, 대수, 함수, 기하와 증명, 미분과 적분, 확률과 통계의 6개 영역으로 구분하고 각 영역의 교수·학습과 관련된 이론과 이를 바탕으로 한 교수·학습의 실제를 다루었다.

교수·학습의 이론적 논의에서는 각 내용 영역의 지도 의의, 역사적 발달에 관한 논의, 교수·학습론에 관한 선행 연구 내용을 정리하였다. 교수·학습의 실제적 논의에서는 우리나라의 교육과정에 대한 이해, 수학 교과서 분석을 통한 교과서의 이해, 현장 수업 사례로부터의 수업의 이해, 그리고 공학적 도구의 구체적 활용 사례를 다루었다. 이와 같이 이론과 실제에 대한 논의를 균형 있게 다루고자 노력한 것은 교사들이 의미 있는 수학교육의 사례를 이론적 관점에서 분석할 수 있도록 도와주고, 나아가 이론적 논의를 통해 수업 구성의 실천적 아이디어를 얻을 수 있도록 배려한 의도에서였다.

이 책은 6개의 장이 모두 공통의 틀과 흐름으로 전개되어 있어서 수학교육에 입문하는 대학생의 경우에는 가능하면 처음부터 끝까지 순서대로 읽어 내려가는 것이 가장 바람직하다. 그러나 대학원 과정에 있는 학생이나 학교 현장의 수학 교사들은 자신의 연구 분야와 관심 주제 또는 현재의 수업 계획과 관련하여 장의 순서를 바꾸어 읽어도 무방하다.

대학에서 예비 수학 교사 교육을 담당하는 수학교육 전공자들이 집필한 이 책은 저자들의 학교 현장 경험에 대한 반성적 성찰과 현장 사례 연구 결과에 대한 분석을 반영하고 있으므로, 예비 수학 교사와 현직 수학 교사들이 수학교육론을 이해하고 학교 수학에 대한 교육학적인 안목을 넓히는 데 적지 않은 도움이 될 것이다. 아무쪼록 이 책이 예비 수학 교사와 현직 수학 교사들에게 수학 교육과정과 교재 연구의 길잡이가 될 수 있기를 기대한다.

2006년 8월
저자 일동

차례

Chapter 01 수와 연산

Chapter 02 대수

Chapter 03 함수

Chapter 04 기하와 증명

1. 기하와 증명 교수·학습 이론

2. 기하와 증명 교수·학습 실제

Chapter 05 미분과 적분

1. 미분과 적분 교수·학습 이론

2. 미분과 적분 교수·학습 실제

Chapter 06 확률과 통계

1. 확률과 통계 교수·학습 이론

2. 확률과 통계 교수·학습 실제

Chapter

01

수와 연산

수 개념은 수학을 공부하는 가장 기본적인 수단인 동시에 탐구의 대상이다. 학교 수학에서는 자연수에서 출발하여 유리수, 실수, 복소수까지 수 개념을 확장하며, 이 과정에서 일관된 대수적 구조가 유지되는 것을 파악하게 한다. 이 장에서는 주로 발생적인 관점을 바탕으로 하여, 수와 연산을 지도하는 데 고려할 수 있는 교수·학습 이론을 알아본다. 수 개념의 발생과 관련하여 Dewey와 Piaget의 이론을 주로 다루며, 유리수 개념과 실수 개념의 발생은 역사적인 고찰과 교수 현상학적인 분석을 토대로 하여 논의될 것이다. 또한 수와 연산 영역의 교육과정과 교과서, 수업을 이해하기 위한 구체적 자료를 살펴볼 것이다.

1. 수와 연산 교수·학습 이론

가. 수와 연산 지도의 의의

학교 수학은 수와 그 연산의 개념에 대한 학습으로부터 시작된다. 초등학교에서 자연수, 분수, 소수의 개념을 학습하고, 중학교에서 음수와 무리수 개념을 학습하게 되며, 고등학교에서는 복소수 개념의 도입에 의해 모든 다항방정식의 해를 논의할 수 있는 '대수적으로 닫힌' 수 체계에 도달하게 된다.

또한 수 개념을 규정할 때 반드시 같이 논의해야 하는 것이 '연산'의 구조이다. 가장 직관적인 수 체계인 자연수의 경우, 하나씩 더해가는 것이 바로 자연수 체계의 구성 원리라고 할 수 있을 정도로 '덧셈 구조'는 자연수 개념이 갖는 하나의 본질적인 측면을 이룬다. 일반적으로 현대 수학에서는 어떤 수 체계가 정의될 때 그 체계 내에서 어떤 연산이 정의되는지, 정의된 연산이 결합법칙이나 교환법칙 등을 만족하는 구조를 가지고 있는지 등이 곧 그 수 체계의 '대수적 구조(algebraic structure)'를 의미하는 것으로 생각한다.

한편, 연산의 구조로 정의되는 이와 같은 수 체계는 고도의 추상화 과정을 거친 결과라는 점에 유의할 필요가 있다. 예컨대 수 3은 꽃 세 송이, 강아지 세 마리, 연필 세 자루 등의 질적으로 전혀 다른 상황에 공통적으로 적용될 수 있는 개념이지만, 그 개념 자체는 구체적인 어떤 대상을 나타내는 특정한 이름도 아니고 그 개념을 표현하는 '3', 'Ⅲ', '三', '셋' 등의 기호만으로 설명되는 것도 아니다. 이와 같이 실제 상황의 구체성을 제거하는 개념의 형식화는 수학이라는 학문이 갖는 중요한 특성 중의 하나이며, 오히려 이러한 과정을 통하여 그 엄밀성을 더욱 견고하게 만든다고 할 수 있다. 따라서 수학자들의 입장에서는 구체적인 대상물에서 추상적인 수 개념이 발생되어 나오는 과정이나 철학적 성격에 대해서는 지나친 고민을 할 필요가 없으며, 형식화되어 있는 정의에서부터 수학적 작업을 시작할 수 있다.

그러나 수 개념을 처음으로 학습하는 아동들에게는 문제가 그렇게 간단하지 않다. 아동들에게 수 개념은 손가락이나 구슬 등과 같은 구체적인 대상과 분리해서 생각될 수 없는데, 아동들이 필연적으로 구체적인 대상과 결합된 사고 과정을 거쳐서 수 개념을 획득하게 된다는 것은 다양한 심리학적 연구를 통해 밝혀진 사실이다.

학생들은 자연수 개념뿐만 아니라 음수, 실수, 복소수 등의 새로운 개념이 학습될 때마다 기존에 가지고 있던 지식 체계 및 인지 구조를 수정하고 발전시키는 과정에서 상당한 어려움을 겪게 마련이다. 수 개념의 학습과 관련된 학생들의 어려움을 교사가 정확하게 파악하고 해결하기 위해서는 수 개념이 '발생'하는 역사적인, 심리적인 과정에 대해 충분히 이해할 필요가 있다.

나. 수 개념의 발생

1) 수 개념의 추상화

수는 추상화된 개념이다. 추상(abstract) 개념이란, 그 자체로는 구체적(concrete)인 상태로 존재하지 않으며 구체적인 대상에서 다른 부분을 생략하고 특정한 부분을 추출함으로써 얻어지는 것이다.[1] 예를 들면, '희다(white)'라는 개념은 그 자체로 존재하는 어떤 구체물을 가리키는 것이 아니며 '흰 우유'와 같은 구체적인 대상에서 '희다'는 속성 이외의 다른 모든 부분을 배제할 때 추출될 수 있는 것이다. 그렇다면 수 3이라는 추상적인 개념은 어떤 구체적인 대상으로부터 추상화된 것일까? 예를 들어 세 개의 돌멩이와 같은 구체물로부터 3이라는 개념이 추출되어 나온 것이라면 3이라는 개념은 이 돌멩이들의 '속성'인가? 이 문제가 그렇게 단순한 것이 아니라는 것은 다음 그림을 통해 생각해 볼 수 있다.

위의 그림을 보는 사람이라면 누구나 수 6을 떠올릴 것이다. 위의 그림과 같이 놓여 있는 돌멩이들을 보고 6이라는 개념을 생각할 수 있었고, 따라서 수 6이라는 개념은 이러한 '여섯 개의 돌멩이들로부터' 추상되는 것이라고 생각했다면 이제 다음 그림을 보자.

---

1 이러한 의미에서 'abstract'는 같은 어근을 갖는 'extract'와 거의 같은 의미를 갖는다. 또한 'concrete'는 '합침', '붙은', '복합적' 등의 의미를 갖는 라틴어 'concretus'를 어원으로 갖는다.

이 그림은 똑같은 여섯 개의 돌멩이를 위치만 약간 달리하여 놓은 것으로, 돌멩이라는 대상 자체에는 아무 변화가 없는 상태로 생각할 수 있다. 하지만 이 경우에는 6의 개념뿐만 아니라 3의 개념도 떠올릴 수 있을 것이다. 그렇다면 같은 돌멩이 안에 6이라는 속성과 3이라는 속성이 같이 존재한다는 것인가? 2는 어떤가? 또 1은? 12는? 3이나 6과 같은 개념이 돌멩이 안에 존재하는 속성이 아니라면 혹시 돌멩이와는 무관하게 사람의 머릿속에서 만들어지는 것은 아닐까?

역사적으로도 수 개념이 과연 '어디에서' 추상되는 것인가에 대한 견해의 차이는 논쟁거리가 되었다. 어떤 이들은 수 개념이 사물 자체가 가지고 있는 본질적인 특성이므로 인간의 의식이 그것을 포착하기만 하면 추상화될 수 있는 것이라 생각했다. 또 다른 이들은 수를 이루는 기초적인 개념이 구체적인 사물에 대한 경험과는 무관하게 선천적으로 타고나는 것이기 때문에 이를 출발점으로 하는 추상적인 추론 과정만 있으면 수 개념을 형성할 수 있을 것이라 생각했다.[2] 이러한 견해의 차이는 자연스럽게, 수 개념을 지도하는 방법, 즉 산술 교수법의 차이로 이어지게 되었다.

수가 사물 자체의 속성이며 그것을 직관함으로써 수 개념이 형성된다는 관점에서 출발하면, 수를 가르치기 위해서는 아동들에게 다양한 사물을 여러 가지 방법으로 보여주기만 하면 되고, 아동들은 구체적인 사물이나 그림을 관찰하여 수 개념을 얻을 것이라 생각할 수 있다. 반면에 수 개념이 구체적인 사물에 대한 경험과는 독립적으로 형성될 수 있다는 관점에서 출발하면, 수란 정신적인 실재(reality)이므로 그것을 표현하는 기호를 다루는 규칙을 학습하는 것만으로 자연수 개념을 충분히 학습할 수 있다고 생각할 수 있다. 첫 번째의 관점과 그에 따른 수 개념 지도 방법을 '사물에 의한 방법(method of things)', 두 번째의 관점과 그에 의한 지도 방법을 '기호에 의한 방법(method of symbols)'이라고 부른다.

이 두 가지의 극단적인 지도 방법이 지닌 문제점을 떠올리는 것은 어렵지 않다. 기호에 의한 방법에서는 수 개념이 현실과는 유리된 공허한 기호로만 학습될 가능성이 있고, 사물에 의한 방법에서는 학습자의 사고 활동이 사물이나 그림에 고착될 위험이 있다. 물론 현대에 와서 수 개념이 전적으로 '사물 자체에서' 비롯된다거나 '사물과 무관하게' 형성되는 것이라고 믿는 사람은 없을 것이다. 경험과의 연결 고리

2 전자와 같은 입장을 '경험론', 후자와 같은 입장을 '관념론'이라고 부를 수 있을 것이다.

가 빈약한 상태로 숫자를 맹목적이고 기계적으로 다루는 것을 주로 강조하는 학습·지도 방식이라면 '기호에 의한 방법'이 비판받는 바로 그 문제점에 관하여 반성해야 할 것이다. 또한 구체물에 대한 아동의 경험이 수동적인 관찰 정도에 그치는 학습·지도 방식이라면 '사물에 의한 방법'이 가지고 있는 한계점에 대해 고민할 필요가 있을 것이다.

사실 수 개념이 추상화되는 원천은 구체적인 사물만으로는 설명할 수 없고, 또한 경험과 무관한 인간의 정신 활동만으로도 설명할 수 없다. 20세기에 들어오면서 이러한 문제의식이 분명해졌으며, 수 개념의 이 두 가지 원천이 기여하는 측면을 통합적으로 바라볼 수 있는 관점이 정교하게 다듬어졌는데, 그 중심에 Dewey와 Piaget가 있다고 할 수 있다.

Dewey와 Piaget의 아이디어가 갖는 특징은, 수 개념이 추상화되는 원천을 '사물 자체'로 보거나 '인간의 정신'만으로 보는 대신 '사물에 대한 인간의 활동'으로 보았다는 데에 있다. 이러한 관점은 수 개념을 형성하는 데 구체적인 사물과 인간의 능동적인 이성이 각기 기여하는 다른 측면을 모두 설명할 수 있다는 점에서 획기적인 것이라 할 수 있다.

> '수'는 (심리학적으로) 사물'로부터' 얻어지는 것이 아니라 사물 '안에' 주입한 것이다. 수 관념과 과정을 사물 '없이' 가르치려는 시도와 단지 사물에 '의해서만' 가르치려는 시도는 거의 동일하게 어리석은 것이다. …… 우리에게 관념을 주는 것은 사물의 단순한 지각이 아니라 '구성적인 방법으로 사물을 사용하는' 것이다. …… 그것(수)은 어떤 목적에 도달하기 위하여 어떤 사물을 실제적으로 사용하는 것으로부터, '구성적인(심리적인)' 활동으로부터 생겨난다(Dewey, 1895; 강흥규, 2005에서 재인용).

수 개념은 구체적인 사물이 전혀 없는 상태에서는 생겨날 수 없는 것이지만, 그렇다고 수 개념을 사물 자체가 갖는 고유한 속성으로 이해할 수도 없다. 이런 상태에서 Dewey는, 사물을 다루는 인간의 '활동으로부터' 수 개념이 발생한다고 본 것이다. 물론 여기서 말하는 '활동'은 그냥 생겨나는 것이 아니라 인간 앞에 문제 상황으로 주어지는 사물에 의해 촉발되는 것이기 때문에, 인간 외적인 사물 또는 상황과 인간 내적인 정신 활동은 수 개념의 발생에 있어서 서로 다른 한 축씩을 각각 담당하고 있다고 이해할 수 있다.

유사한 관점이 Piaget에게서도 발견된다. Piaget는 수 개념과 같은 논리·수학적 개념은 사물의 속성을 추상함으로써 얻어지는 것이 아니라 사물에 대한 인간의 행동을 추상함으로써 형성되는 것이라 주장하였다. 그는 사물을 눈으로 보거나 손으로 들어보는 등의 행동을 함으로써 사물 자체에 속한 성질을 추상해내는 과정과, 사물의 속성과는 무관하게 필연적으로 얻어지는 사물에 대한 행동의 결과로부터 추상적인 개념을 만들어내는 과정을 구별하였다. 그리고 전자를 '경험적 추상화(empirical abstraction)', 후자를 '반영적 추상화(reflective abstraction)'[3,4]라고 불렀다. 이러한 반영적 추상화를 통해 얻어지는 논리·수학적 지식은 경험적 추상화를 통한 물리적 지식에 비해 객관적이고 필연적인 지식이라고 할 수 있다. 예를 들어 사물을 '눈으로 보아서' 색깔을 추상하는 경우(경험적 추상화), 사물을 보는 조건, 즉 주어지는 빛의 상태 또는 보는 사람 등에 따라 추상되는 지식이 변화한다. 그러나 다양한 형태로 배열되어 있는 사물을 세어 보았을 때 같은 개수를 가진다는 개념을 추상하는 경우(반영적 추상화), 주어지는 사물의 상태가 어떠하든지, 사물의 종류가 무엇이든지, 세어보는 사람이 누구이든지 등등에 관계없이 그 개념은 오직 객관적이고 필연적인 '세어보는 행동'에만 관련되어 있는 것이다.

2) 수 개념의 원천

수 개념이 사물 자체의 고유한 속성이 아니라 사물을 다루는 인간의 능동적인 활동의 산물이라면, 수 개념을 발생하게 하는 활동은 어떤 활동이며 그것을 촉발시키고 지속·발달시키는 원천은 무엇인가 하는 질문이 생긴다. Dewey는 이에 대해 '측정 활동'에 의해 수 개념이 생겨나며, 그 측정 활동은 한계 상황의 인식에서 비롯된다고 설명한다.

인간의 활동과 관련한 모든 것이 제한되어 있지 않다면 양(量)을 고려하거나 어

3 보통 '반성'으로 번역되는 'reflection'이라는 영어 단어에는 '반사'한다는 맥락과 '숙고'한다는 맥락이 모두 포함되어 있다. Piaget는 프랑스어로 '반영적 추상화(abstraction réfléchissante)'의 개념을 정의하면서 그 안에는 '반사(réfléchissement)'와 '반성(réflexion)'의 메커니즘이 모두 포함되어 있음을 설명하였다. 따라서 이 용어를 '반성적 추상화'로 번역하는 경우에는 Piaget가 설명한 포괄적인 맥락이 한국어의 뉘앙스에서 잘 드러나지 않을 수도 있다.

4 Dewey가 말하는 '반성적 사고(reflective thinking)' 또한 사고의 방향이 생각하는 사람의 외부를 향하는 것이 아니라 '생각하는 자기 자신'을 향하도록 사고를 전환(reflect)하는 과정을 포함하는 것으로 해석할 수 있다. 이는 인식 주체인 생각하는 사람의 밖에 있는 사물의 속성을 추상하는 것이 아니라 사물을 다루고 있는 주체의 행동을 내적으로 추상한다는 '반영적 추상화'와 일맥상통하는 아이디어로 볼 수 있을 것이다.

떤 것을 측정할 필요성이 생기지 않지만, 인간이 활동하는 가운데 어떤 저항이나 한계를 느끼게 된다면 그 한계 속에서 최선의 결과를 얻기 위해 목적에 맞게 수단을 조정하게 되는데 이 과정에서 양에 관한 아이디어와 측정 활동이 발생하게 된다. 예를 들어, 어린 아동이 막대기를 가지고 놀다가 화살을 만들겠다는 '목적'이 생기는 경우, 막대기가 너무 크거나 작지는 않은지, 너무 딱딱하거나 휘기 쉬운 것은 아닌지 등을 살펴보게 되면서 양에 대한 관념과 측정 활동 등이 발생될 수 있다.[5]

한편 측정 활동은 문제시되고 있는 전체량을 단위로 분해한 다음, 단위의 반복을 통하여 전체량을 다시 재구성하는 것으로 이루어진다. 그리고 이때 얻게 되는 '수'는 전체량과 단위량 사이의 상대적인 관계, 즉 '비(比)'가 된다.

Dewey는 '모호한 전체(vague whole)'를 '명확한 전체(definite whole)'로 만드는 과정이 측정 활동이며, 그 과정은 변별(분석)과 관계짓기(종합)의 두 하위 조작을 포함한다고 설명한다. 예를 들어 세 개의 사물로부터 '3'이라는 개념을 가지게 되는 과정에는, 그 세 개의 사물들을 각각 독립적인 개별자(unit)로 인식하는 것과 세 개의 사물을 서로 관련된 통합체, 단일체(unity)로 인식하는 것을 포함한다는 것이다. 어떤 아동에게 그 세 개의 사물이 질적으로 너무 유사하여 변별이 일어나지 않는다면 이 경우에는 3이라는 관념을 가질 수 없으며, 마찬가지로 그 세 사물의 질적인 차이가 너무 강하여 그것들을 하나의 전체로 동일시할 수 없는 경우에도 3이라는 관념은 가질 수 없다. 따라서 수 개념의 발생 과정에는 이와 같은 대립되는 두 가지 활동(변별과 관계짓기, 분석과 종합)의 상보적인 수행과 변증법적인 통합이 요구된다고 할 수 있다.

Dewey는 이러한 두 가지 활동의 상보적 통합이 성인들의 입장에서는 너무나 자연스러운 직관이지만, 어린 아동에게는 처음부터 갖추어져 있는 직관이 아닐 수 있다는 것을 강조한다. 아동들은 많은 나뭇잎이 달린 나무나 여섯 개의 면을 가진 정육면체를 부분으로 이루어진 전체가 아니라 하나의 '모호한 전체'로만 인식하는 경우가 많다는 것이다. 이러한 경우는 아동에게 전체를 개별적인 부분으로 변별하는 분석의 과정이 결여된 것으로 볼 수 있다. 이러한 관점에서 보면, 아동이 수 개념을 형성하도록 지도하는 과정에서 모호한 전체를 부분으로 변별하거나 구별되어 있는

5 이러한 '발생'은 개체발생적(아동에게 발달하는 지식)일 수도 있고 종족발생적(인류 전체의 사회적 차원에서 발달하는 지식 또는 문명)일 수도 있다. 우리가 어떤 지식이나 개념의 역사적 발달 과정을 살펴서 아동이 그 개념을 학습하는 과정에 도움을 줄 수 있다고 생각하는 것은 이러한 '개체발생'과 '종족발생'의 유사성에 근거한 아이디어이다.

개체들을 통합된 관점에서 관계짓는 활동을 충분히 수행하도록 하는 것이 필수적이다. 이러한 활동들을 생략한 채 덧셈의 규칙을 암기한다거나 사물의 단순한 지각에만 그치는 지도 방식은 아동들의 건전한 반성적 사고를 저해하는 것이라고 할 수 있다.

Dewey는 수 관념의 발생과 기원에 관한 이와 같은 분석을 바탕으로 하여, 이른바 '구성적 활동의 방법'이라는 산술 지도 방법을 제시하였다. Dewey의 방법론은 산술 교육의 역사에서 활동주의라는 새로운 전기를 이룩하였으며, 이후 Piaget의 조작적 구성주의 및 1990년대의 구성주의 수학교육론에도 상당한 영향을 미쳤다.

Dewey가 설명하는 구성적 활동에 의한 산술 지도의 과정은 다음과 같이 도식화된다(강흥규, 2005).

1단계 : 모호한 전체 (명확히 규정될 필요가 있는 한정된 크기나 양)

2단계 : 전체를 (명확하게) 구성하는 데 도움이 되는 부분 (단위)

3단계 : 명확한 전체를 구성하는 측정의 과정 (수 값의 결정)

첫 번째 단계는 그 양이 명확하게 규정되지 않은 상태의, 즉 측정이 이루어지기 이전의 대상이라고 할 수 있는 '모호한 전체'를 경험하는 단계이다. 이 단계를 일반적인 상황과 관련지어 보면, 생활 중에 인간의 활동이 어떤 저항을 겪게 될 때 의식하게 되는 한계 상황에 해당한다. 이 단계가 매우 중요한 의미를 가지는 것은, 문제 해결에서 탐구와 사고를 발생시키는 첫 단계가 바로 이와 같은 '문제 상황'이기 때문이다.[6]

두 번째 단계는 측정을 위한 단위를 파악하는 단계이다. 여기에서 단위는 '더 큰 전체를 구성하거나 측정하기 위한 수단으로 사용되는 단일체(unity)'라고 정의될 수 있다. 이 단위는 측정하는 주체로서의 인간이 '주목하는 행동'에 의해 결정된다는 것이 중요하다. 앞에서 예로 든 '여섯 개의 돌멩이를 세는 상황'을 생각해보면, 돌멩이 한 개를 단위로 선택하느냐, 두 개를 단위로 선택하느냐의 문제는 전적으로 주체의 능동적인 관점과 활동에 달려 있다. Dewey가 잘못된 수 개념 지도 방법으로 가장 강하게 비판하는 것이 단위를 고정시키는 이른바 '고정 단위 방법'이다. 고정 단위 방법이란, 개개의 사물이 질적으로 구별된다는 것을 전제로 하여 개별 사물을 단위로 고정하는 것을 말한다. 이러한 방법은 단위를 전체량과 관련 없이 즉, 측정이라

6 Dewey가 설명하는 문제 해결의 5단계는 다음과 같다. ① 문제 상황에 대한 막연한 착상 → ② 문제의 지적인 정리 → ③ 가설 → ④ 추론 → ⑤ 가설의 검증.

는 활동과 무관하게 사물 자체에 내재한 성질로서 규정하는 관점에 근거하는 것이며, 측정 활동의 토대를 이루는 변별(분석)과 관계짓기(종합)라는 활동이 제대로 이루어질 수 없게 한다. 다시 말해서, 고정 단위 방법은 측정해야 할 전체량이 아닌 분리된 단위에서 출발하기 때문에 전체를 부분으로 변별하는 분석 과정이 생략된 것이며, 동시에 출발부터 절대적으로 분리된 존재임을 가정했기 때문에 그것들을 서로 연결시키는 종합의 과정도 불가능하게 된다. 결국 단위를 고정하여 출발하는 것은 측정 활동의 가장 중요한 본질을 놓치는 것이라 할 수 있다.[7]

세 번째 단계는 모호한 전체를 단위의 반복을 통하여 표현함으로써 명확한 전체로 나타내는 단계이다. 예를 들어 1m 단위를 3번 반복해서 전체량을 얻었다면 그것을 3m로 나타내는 것이다. 이렇게 도입된 '수'는 '추상적인 상태로' 도입되는 것이 아니라 '측정 활동', 즉 단위의 반복을 통해 전체를 재구성하는 정신적인 활동을 의미하게 된다. 그리고 측정의 상황에서 명확한 전체가 구성되는 마지막 단계는 일반적인 문제 해결 과정에서 '문제가 해결된' 상태로 해석할 수 있다.

Dewey의 산술 교수법은, 수 개념을 처음부터 추상화된 수학적 대상으로 제시하는 것이 아니라 측정 '활동'을 통하여 반성되고 성장되는 것으로 지도해야 한다는 것에 그 핵심이 있다. 성인의 입장에서는 추상화된 결과로서의 수 개념이 자연스럽고 효율적인 것으로 느껴지겠지만, 그 효율성과 명료성이 아동에게는 해당되지 않을 수 있다는 것을 교사는 충분히 인지하여야 할 것이다.

3) 수 개념의 조작적 구성

Piaget는 Dewey에 이어 수 개념이 인간의 활동으로부터 심리적으로 발생하는 과정을 분석하여 20세기의 학교 수학에 가장 큰 영향을 끼친 학자이다. Piaget는 '인간은 어떻게 알게 되는가', '지식의 본질(구조)은 무엇인가'와 같은 인식론적 질문에 대하여 '심리적 발생'과 '인지 구조'라는 독특한 관점으로 해답을 찾아 나갔고,[8] 이러

7 물론 산술 학습의 초기에는 질적인 구별에 기초한 개별 사물의 세기 활동에서 출발할 수밖에 없으며, 이것이 완전히 무용한 것도 아니다. Dewey가 비판하고 있는 것은, 이러한 방식의 지도는 덧셈과 뺄셈이 겨우 가능한 초보적인 수준에서만 이루어져야 하며, 이것이 분수나 일반적인 사칙연산의 지도 원리 등과 같은 전반적인 산술 지도에서 지속되어서는 안 된다는 것이다.

8 Piaget 이전의 전통적인 인식론은 주로 철학의 분과였다고 할 수 있다. 어떻게 알게 되는가에 대한 대답은 심리적인 것이 아니라 논리적인 차원에서 이루어졌고, 지식의 구조는 인간의 머릿속에 있는 인지 구조의 관점이 아니라 그 자체로 실재하는 학문의 구조로서 생각되었다.

한 이유로 Piaget의 인식론을 '발생적 인식론(genetic epistemology)'이라 부른다.

수학적 지식의 발생과 관련한 Piaget의 이론에서 '활동'이 중요한 의미를 갖는 것은 그가 수학적 개념을 '조작(operation)'으로 설명하기 때문이다. Piaget의 특수한 용어인 '조작'은 '내면화(internalize)된 가역적(reversible) 행동'으로 정의된다. Piaget는 수학적 개념은 바로 '행동의 일반적 조정에 대한 반영적 추상화의 결과로 구성되는 조작'이라고 설명한다. Piaget에게 수학적 개념을 형성한다는 것은 곧 '조작을 구성'하는 것이 되며, Piaget는 자신의 수학 인식론을 '조작적 구성주의(operational constructivism)'라 불렀다.

여기에서 중요한 것은, 아동이 태어나면서부터 이러한 '조작'을 획득하고 있는 것은 아니며, 아동의 성장과 함께 조작이 '발달'한다는 점이다. 평균적으로 대략 6세가 되기 전까지 아동은 '조작을 갖지 못한 상태(감각운동기, 전 조작기)'라고 할 수 있으며, 6세 이후에 비로소 조작이 구성되기 시작하여(구체적 조작기), 12세가 넘어서 성인과 같은 정도의 조작이 가능하게 된다(형식적 조작기).

그렇다면 '조작'과 '조작이 되지 못한 행동'에는 어떤 차이가 있는가? 위의 정의에 비추어보면, 조작이 구성되기 위해서는 '행동'이 '내면화'되고 '가역적'이 되어야 한다. 행동이 가역성을 갖는다는 것은 간단히 말하여 행동의 출발점으로 되돌아갈 수 있는 가능성을 갖는다는 것을 의미한다. 예를 들어 전 조작기 아동의 경우, 어떤 컵에 담긴 물을 모양이 다른 그릇에 옮겨 담을 경우 물의 양이 달라졌다고 생각하는 것을 관찰할 수 있는데, 이는 아동이 '머릿속에서' 물을 옮겨 담기 '이전의 상태로 되돌아가서' 그동안 일어난 시각적인 변화를 설명하지 못하기 때문이다. 이러한 경우 Piaget는 이 아동의 행동에 '가역성'이 확보되지 못한 것으로 해석한다. 한편 행동의 '내면화'는 자신의 행동을 의식하는 것으로부터 시작하여 그 행동을 '머릿속에 넣는 것'으로 이해할 수 있다. 사실상 행동이 가역적인 것이 되기 위해서는 그 행동을 머릿속에 넣는 것이 우선되어야 하므로, 행동의 내면화는 가역성을 획득하기 위한 필요조건이라고 할 수 있다. 이러한 내면화 가능성과 가역성이라는 두 특성을 갖춘 행동은 가시적인 현상을 넘어서 잠재적인 현상도 머릿속에서 다룰 수 있게 되며, 여기에 '조작'의 의미가 있다.

나아가서 Piaget는 '구체적 조작(concrete operation)'과 '형식적 조작(formal operation)'을 구분한다. 대략 6~11세 사이의 아동이 해당되는 구체적 조작기의 아동들은 구체적인 사물에 대해서만 '조작'이 가능하다. 이 단계에서는 구체적인 내용을 보이지 않는 가설적인 것에 일반화하는 것이 가능하기는 하지만, 가설적인 것이 현실적인 것의 특수한 사례에 불과한 것으로만 보인다는 점에서 한계가 있다. 즉, 처음부터 가설적인 것을 먼저 머릿속에 그릴 수 있어서 현실적인 것을 가설적인 것의 한 특수한 사례로 보는 사고는 하지 못한다. 이에 비하여 형식적 조작기의 아동들에게는 '가설·연역적 사고(hypothetico-deductive thinking)'가 가능하다. 구체적 조작기와 관련지어 살펴보면, 형식적 조작이 가능하다는 것은 반드시 현실적인 것에 얽매이지 않고도 모든 가능한 가설을 설정하며, 이 가설을 다시 현실에 비추어 점검할 수 있음을 의미한다. 다시 말하면, '현실적'인 것과 '가설적'인 것 사이의 가역성이 확보되는 것이다.

수학적 개념을 조작의 체계로 본 Piaget의 통찰 중의 하나는, 바로 조작의 체계가 수학적인 대수적 구조를 갖는다는 것이다. 예를 들어, 대표적인 구체적 조작이라고 할 수 있는 '대상을 분류하고 분류된 집합(類, class)들 사이의 위계를 형성하는' 조작 체계를 생각해 보자. A가 진돗개의 집합이고 A′이 진돗개를 제외한 모든 개들의 집합이라고 하면 A+A′은 모든 개들의 집합을 나타낸다. 이와 같이 하나의 집합을 추가하는 조작 +X와 하나의 집합을 제외하는 조작 −X를 생각하면 이들 사이에는 덧셈이라는 연산이 정의될 수 있을 것이다. 이제 다음 그림과 같은 집합 A, A′, B, B′, C, C′, …의 체계를 생각하자. A+A′=B와 같은 연산은 정의될 수 있다는 것, A+B′과 같은 경우는 정의될 수 없다는 것, (A+A′)+B=B=A+(A′+B)가 성립하는 것 등을 쉽게 확인할 수 있다.

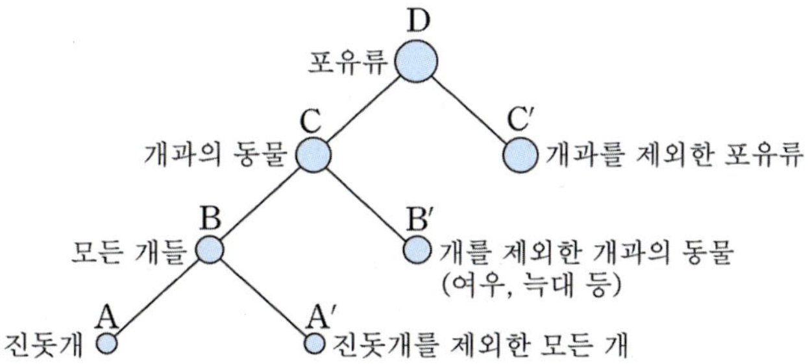

일반적으로 구체적 조작의 체계 T는 다음과 같은 조건을 만족하는 구조를 이룬다.[9]

① **합성가능성 :** A, A′이 T에 속하는 '인접조작'일 때, A를 수행한 후에 A′을 수

9 이러한 조건을 만족하는 데 '가역성'이 핵심적인 역할을 담당한다.

행하는 합성조작 $A+A'$이 정의되어 T에 속한다.

② **가역성** : T의 각 조작 A에 대하여 그 역조작 $-A$가 존재한다. 인접조작 A, A′의 합성조작 $A+A'=B$에 대하여 $B+(-A')=A$이다.

③ **결합법칙** : T에 속하는 인접조작 A, A′, B에 대하여 $(A+A')+B=A+(A'+B)$이다.

④ **일반 항등조작** : 모든 조작 A에 대하여 $A+O=A$인 항등조작 O가 T에 속한다.

⑤ **특수 항등조작** : 각 조작에 대하여 더하여도 결과가 변하지 않는 조작이 존재한다. 예를 들어, $A+A=A$이며 $B+A=B$이다.

이러한 구조는 추상대수학에서 말하는 '군(group)'[10]의 구조와 매우 유사한 것으로,[11] Piaget는 이러한 구체적 조작의 체계를 '군성체(grouping, 불어로는 groupement)'라 부른다.[12] 앞에서 예를 든 것은 '집합(類, class)의 가법(加法, addition) 군성체'라고 할 수 있다.

포함관계에 의한 집합의 분류 외에 대표적인 구체적 조작으로는 '서열화(seriation)'가 있다. 서열화는 두 대상 사이의 순서를 결정하는 조작으로, 비대칭적(asymmetrical)이며 추이적(transitive)인 관계(relation)라고 할 수 있다.[13] 서열화의 경우에도 덧셈을 정의할 수 있는데, 예를 들자면 관계 $O<A$를 a, $A<B$를 a′, $O<B$를 b로 나타내는 경우 $a+a'=b$가 성립한다. 서열화도 군성체를 정의하는 다섯 가지 조건을 만족하며, 그런 의미에서 서열화 조작의 체계를 '비대칭적 추이관계

10 군(group)의 정의는 다음과 같다.
공집합이 아닌 집합 G가 다음을 만족할 때 'G는 연산 ∘에 관하여 군을 이룬다'고 말한다.
① 닫혀 있다: G의 모든 a, b에 대하여 $a\circ b$도 G의 원소이다.
② 결합법칙: G의 모든 a, b, c에 대하여 $(a\circ b)\circ c=a\circ(b\circ c)$이다.
③ 항등원: G의 모든 원소 a에 대하여 $a\circ e=e\circ a=a$인 e가 G에 존재한다.
④ 역원: G의 모든 원소 a에 대하여 $a\circ x=x\circ a=e$인 x가 G에 존재한다.

11 군성체의 구조와 군의 구조의 결정적인 차이점은, '합성 가능성'이나 '결합법칙' 등이 '모든' 조작에 대하여 성립하는 것이 아니라 '인접' 조작에 대해서만 의미를 갖는다는 것이다. 예를 들어, 진돗개의 집합과 포유류가 아닌 동물의 집합을 더하는 것은 별다른 의미를 지니지 못한다. 마찬가지로 $(A+A)$에 $-A$를 더하는 것은 결국 A에 $-A$를 더하는 것이지만 그것이 A에 $A+(-A)$를 더하는 것과 같을 수는 없다.

12 이에 비하여, 형식적 조작의 체계는 군(group)과 속(lattice)의 구조를 갖는다.

13 주어진 집합 G에서 관계 $\mathfrak{R}$은 $G\times G$의 부분집합으로 정의된다. 또, $a\mathfrak{R}b$이면 반드시 $b\mathfrak{R}a$을 만족하는 $\mathfrak{R}$을 대칭적(symmetric)이라 하고, $a\mathfrak{R}b$이고 $b\mathfrak{R}c$이면 반드시 $a\mathfrak{R}c$를 만족하는 $\mathfrak{R}$을 추이적(transitive)이라 한다.

의 가법 군성체'라 부른다.

한편 Piaget는 수 개념이 논리적 관계로 환원될 수 있으며, 논리적 관계는 바로 이 '집합의 포함관계'와 '비대칭적 추이관계'라고 설명한다.

> 수의 구성은 논리의 발달과 병행하며 수 이전 시기는 논리 이전 수준과 대응한다는 것이 우리의 가설이다. 실제로 우리가 얻은 결과는 수는 포함관계(논리적 류의 계층) 체계와 비대칭관계(질적인 서열화) 체계의 점진적인 발달과 밀접히 연관되어 한 단계 한 단계 조직되며, 따라서 수 계열은 분류와 서열화의 조작적 종합의 결과임을 보여주고 있다(Piaget, 1965; 고정화, 2005에서 재인용).

수 개념을 집합의 포함관계에 대한 가법 군성체와 비대칭적 추이관계의 가법 군성체의 종합으로 보는 Piaget의 이러한 설명은, 수 개념의 근거를 자명하게 받아들여지는 직관에 두는 것이 아니라 '활동'에 대한 반영적 추상화로 인해 구성되는 '조작'에 두고 있다는 점에서 자신의 수학적 인식론을 잘 드러낸다고 할 수 있다. 한편 이 두 군성체가 가져야 하는 핵심적인 특성은 '가역성'이며, 따라서 수 개념을 가지고 있다는 것은 가역성의 인식에 따른 수의 '보존'[14] 개념을 당연히 전제로 해야 하는 것임을 주목할 필요가 있다. Piaget의 설명에 따르면, 전체가 보존된다는 것을 이해하는 것은 전체가 부분들로 구성되며 그 부분들이 임의로 배열될 수 있음을 이해하는 것이므로, 결국 수 개념의 구성은 '보존되는 전체 내에 부분을 겹쳐 넣는 것'과 '서열화'라는 조작을 전제로 한다.

이와 같은 맥락에서 보면, '길이의 측정' 또한 자연수 개념과 관련지을 수 있다. 길이를 측정하기 위해 구간을 분할하는 것과 단위를 반복해서 옮기는 것은 곧 전체 내에 부분을 겹쳐 넣는 조작과 서열화 조작에 다르지 않은 것이다. 이러한 관점은 다시 측정 활동을 통해 수 개념이 발생한다는 Dewey의 관점과 연결된다.

조작 체계로서의 수 개념에 대한 Piaget의 설명을 따른다면, 수 개념 지도에서 아동의 활동이 갖는 역할을 중요하게 생각하지 않고 사물에 대한 직관이나 언어적 수단에만 의존하는 것은 잘못이라는 것을 알 수 있다. 어린 아동의 경우에 구체적인 대상에 대한 분류 활동이나 계열화, 서열화 활동이 수 개념의 구성에서 필수적인 역할을 한다는 것에 유의할 필요가 있다.

---

14 예를 들어, 여러 개의 돌멩이를 배열한 상태에 상관없이 그 수는 '보존'된다는 것을 이해하는 것은 돌멩이를 배열하는 행동이 '가역적'인 것임을 의미한다.

다. 정수와 유리수

1) 음수 개념의 역사적 발생

자연수의 집합에서 정의되는 가장 기본적인 연산은 덧셈이다. 그러나 자연수의 집합은 덧셈의 역연산인 뺄셈의 경우에 닫혀 있지 않고, 이로 인하여 자연수 집합에서는 아주 기본적인 방정식조차 일반해를 논의하기 어렵다. 오늘날 형식적인 수 개념에 익숙해진 우리에게는 방정식 $x+3=0$의 해를 -3이라고 말하는 것이 어렵지 않다. 그러나 역사적으로는 19세기에 이르기까지도 수 개념을 크기, 개수, 길이, 넓이 등의 양적인 관념과 떼어서 생각할 수 없었기 때문에 음수 개념을 하나의 '수'로서 받아들이는 데 많은 어려움을 겪었다. 음수와 그 연산을 처음 배우는 학생들이 그것을 직관적으로 쉽게 받아들이지 못하는 것은 이와 같은 역사적인 어려움과 크게 다르지 않다.

고대 그리스의 Diophantus(200~284?)는 방정식 $4x+20=4$의 해 $x=-4$는 '불가능한 것이고 (우변의) 4는 20보다 큰 수이어야 한다'고 그의 저서 《Arithmetica》에 기술하고 있다. 중세 인도의 Brahmagupta(598~665)는 양수와 음수의 부호에 관한 계산 법칙을 서술하였지만 이차방정식의 풀이에서는 음수를 해로 인정하지 않았다. 인도의 수학을 받아들인 아랍의 al-Khwarizmi(780~850?)도 이차방정식에서 음의 계수를 피하는 Diophantus의 전통을 따랐다.

그렇지만 일차방정식 $ax+b=0$ $(a \neq 0)$의 일반적인 해법을 형식적으로 완성하고자 하는 요구는 결국 음수를 도입하게 했으며, 16세기 유럽에서 음수가 사용된 증거는 이탈리아의 Cardano가 1545년에 출판한 《Ars Magna》에서 찾아볼 수 있다(최병철, 2002). 그러나 당시의 수학자들은 음수를 수로서 인정하기를 거부하였는데, 이는 Descartes가 방정식의 음의 근을 '거짓 근'이라고 부른 것이나 Pascal이 '0보다 작은 수는 존재하지 않는다'고 말한 사실로부터 알 수 있다. 당시 수학자들이 음수를 받아들일 수 없다고 생각한 근거는 다음과 같은데, 이는 음수를 처음 학습하는 학생들에게서도 거의 유사하게 나타나는 인식론적 장애(epistemological obstacle)[15]라고 할 수 있다.

---

15 Bachelard(1884~1962)는 인간의 인식을, '소박한 경험'으로부터 '단절(rupture)'되어 어떤 이론적 틀(예를 들면, 수학적 이데아)에 흡수됨으로써 이루어지는 불연속적인 과정으로 설명하였다. 이러한 '인식론적 단절'을 방해하는 요소를 설명하는 개념이 '인식론적 장애(epistemological obstacle)'이다.

① 작은 수에서 큰 수를 빼는 것이 어떻게 가능한가?

② -3은 2보다 작은데 $(-3)^2$은 2^2보다 크다. 작은 수의 제곱이 어떻게 큰 수의 제곱보다 클 수 있는가?

③ $(-4)(-5)=20$임을 인정하면 $1:-4=-5:20$이 된다. 더 큰 수와 더 작은 수의 관계가 어떻게 더 작은 수와 더 큰 수의 관계와 같을 수 있는가?

④ $(-4)\times3=(-4)+(-4)+(-4)$임은 직관적으로 인식할 수 있다. 예를 들면 4달러를 세 번 빌린 것으로 생각하면 결국 12달러를 빌린 것이다. 그러나 $4\times(-3)$은 직관적으로 아무런 의미가 없다.

이러한 문제를 고민한 사람들은 당대 최고의 수학자들이었으며, 수 개념을 구체적인 대상의 크기와 연결하려는 관념을 버릴 수 없었던 것이 가장 큰 문제였다. 이는 허수(imaginary number)를 받아들이는 것과도 관련되는 문제로, 역사적으로 볼 때 음수 개념과 허수 개념이 정립된 시기는 거의 비슷하다.

음수와 허수 개념은 완전한 수 개념으로 정립되는 것과 관계없이, 그 자체의 실용성과 유용성으로 인해 많은 수학자들에 의해 사용되었다. 그러한 음수 체계의 확립이 완전한 성공을 거둔 것은 19세기 독일의 수학자 Hankel(1839~1873)에 의해서였다. Hankel은 음수가 어떤 구체적이고 실제적인 것을 나타낸다는 관점을 버리고 형식적인 구조만으로 음수를 이해하였으며, 음수를 설명하는 구체적인 모델을 더 이상 추구하지 않았다. 그는 양수 체계를 구성하는 여러 가지의 원리들이 그대로 유지되도록 하면서 음수 체계를 확장하였고, 이렇게 얻은 음수의 구조가 대수적으로 모순이 없다는 것을 보였다. 이렇게 함으로써 비로소 음수는 구체적인 모델과 관련없는 수학적 개념으로서 지위를 인정받을 수 있었다. 방정식 풀이의 일반성을 확보하려는 필요성에 의해 발생한 음수 개념이 초보적인 아이디어로부터 출발하여 존재성에 대한 결론을 얻기까지는 대략 천 년의 세월이 필요했던 것이다.

Brousseau와 Sierpinska는 이 개념을 수학교육에 도입하여, "어떤 특정한 맥락에서는 성공적이고 유용한 지식으로서 학생의 인지구조의 일부가 되어 있지만, 새로운 문제 상황이나 더 넓어진 문맥에서는 부적합해진 지식"을 '인식론적 장애'라 부른다. 수 개념을 '크기'와 관련짓는 것은 자연수를 학습하는 상황에서는 유용하지만 음수를 학습하게 될 때는 오히려 그것이 수 개념을 확장하는 학습에 방해가 되는데, 이러한 것이 '인식론적 장애'의 한 예라 할 수 있다.

2) 음수 지도를 위한 모델

음수 체계의 존재성은 형식적 고찰을 통해 정당화될 수 있지만, 구체적이고 물리적인 세계에서 음수의 계산이 유용성을 가지는 것 또한 사실이다. 음수를 처음 학습하는 학생들은, 추상 대수학의 형식적인 접근 방식만으로 음수 개념을 이해하는 것보다는 직관적이고 구체적인 모델을 통하여 음수 개념을 이해하는 것이 도움이 될 것이다. 이러한 이유로 인해 교실에서는 다양한 모델을 통해 학생들에게 음수 개념을 지도하려는 시도가 계속되었다. 그러나 19세기 이전까지 음수를 구체적 모델과 결합하여 합법성을 부여하려 했던 수학자들의 노력이 성공하지 못했던 것에서 알 수 있듯이, 지금도 음수 개념과 그 연산을 완전히 만족스럽게 설명하는 모델은 찾기 어렵다. 이러한 상황에서 최선의 방식은, 그 자체로는 완전하지 않지만 다양하게 개발되어 있는 여러 모델들 각각에서 음수 개념의 어떤 요소가 잘 구현되는지를 이해하고, 이 모델들을 통한 직관적 해석과 형식적인 접근을 함께 상보적인 방식으로 사용하는 것이다.

가) 셈돌 모델

Gattegno가 제안한 셈돌(checkers) 모델은 두 가지 색의 돌을 이용하여 정수를 나타내고 연산을 정의하는 모델이다(신유신, 1995). 예를 들어 검은 돌로 양수를 나타내고 흰 돌로 음수를 나타낼 수 있는데,[16] 이때 '검은 돌 하나와 흰 돌 하나는 같이 없앨 수 있다'는 소멸법칙을 이해하여야 한다. 소멸법칙을 받아들이면, '3개의 검은 돌과 1개의 흰 돌', '4개의 검은 돌과 2개의 흰 돌', '5개의 검은 돌과 3개의 흰 돌', … 등은 모두 2를 나타내는 것으로 동일시될 수 있다.[17] 그리고 덧셈과 뺄셈은 다음과 같이 설명된다.

---

16 Roby(1981)는 색깔이 다른 셈돌 대신 다음 그림과 같은 마개(plug)와 구멍(hole)으로 각각 양의 정수와 음의 정수를 표현하였다. 여기에서 마개 하나와 구멍 하나는 메워지면서 상쇄된다.

양의 정수(마개)

음의 정수(구멍)

17 소멸법칙에 의한 이와 같은 정의는, 자연수의 순서쌍들의 집합에서 $1=\{(1, 0), (2, 1), (3, 2), \cdots\}$, $2=\{(2, 0), (3, 1), (4, 2), \cdots\}$, $-1=\{(0, 1), (1, 2), (2, 3), \cdots\}$, …과 같이 동치류로 정수를 정의하는 것과 같은 구조를 가지고 있다.

$(-2)+(-3)=-5$	○○ + ○○○ → ○○○○○
$(-2)+3=1$	○○ + ●●● → ●
$(-4)-(-2)=-2$	○○○○ - ○○ → ○○
$4-(-2)=6$	●●●●(●●○○) - ○○ → ●●●●●●
$(-4)-2=-6$	○○○○(●●○○) - ●● → ○○○○○○
$2-4=-2$	●●(●●○○) - ●●●● → ○○

셈돌 모델에서는 덧셈과 뺄셈이 비교적 자연스럽게 설명되는 반면, 곱셈과 나눗셈을 설명하는 데에는 한계를 갖는다. 셈돌 모델에서 곱셈과 나눗셈을 설명하기 위해서는 검은 돌과 검은 돌을 곱하거나 흰 돌과 흰 돌을 곱하는 경우에는 검은 돌이 되고, 검은 돌과 흰 돌을 곱하는 경우에는 흰 돌이 된다는 규칙을 특별한 이유 없이 선언해야만 하는데, 이는 음수 곱하기 음수가 양수가 된다는 것을 그냥 받아들이게 하는 것과 다르지 않다.

나) 우체부 모델

우체부 모델은 어음(받는 사람에게 소득)과 고지서(받는 사람에게 부채)를 배달하는 우체부를 등장시켜서 음수의 연산에 대한 실용적인 맥락을 학생들에게 제공하고자 하는 모델이다. 우체부는 고지서와 어음을 배달만 하는 것이 아니라 잘못 배달된 것을 도로 가져가기도 한다. 여기에서 어음은 양수, 고지서는 음수를 나타내며, '가져오는 것'은 덧셈, '가져가는 것'은 뺄셈을 나타내는 것으로 이해할 수 있다. 그러면 덧셈과 뺄셈은 다음과 같이 설명된다.

$(-2)+(-3)=-5$	우체부가 철수에게 2원짜리 고지서와 3원짜리 고지서를 가져왔다. 철수에게는 5원의 부채가 생겼다.
$(-2)+3=1$	우체부가 철수에게 2원짜리 고지서와 3원짜리 어음을 가져왔다. 철수에게는 1원의 소득이 생겼다.
$(-4)-(-2)=-2$	우체부가 철수에게 4원짜리 고지서를 가져오고, 2원짜리 고지서를 가져갔다. 철수에게는 2원의 부채가 남았다.
$4-(-2)=6$	우체부가 철수에게 4원짜리 어음을 가져오고, 2원짜리 고지서를 가져갔다. 철수의 소득은 6원이 되었다.

$(-4)-2=-6$	우체부가 철수에게 4원짜리 고지서를 가져오고, 2원짜리 어음을 가져갔다. 결국 철수의 부채 및 손실은 6원이 되었다.
$2-4=-2$	우체부가 철수에게 2원짜리 어음을 가져오고, 4원짜리 어음을 가져갔다. 결국 철수의 손실은 2원이 되었다.

우체부 모델에서도 나눗셈은 자연스럽지 않지만 곱셈은 설명 가능하다. 피승수를 고지서와 어음으로 해석하고 승수는 우체부가 가져온 것의 개수(양수인 경우)나 가져간 것의 개수(음수인 경우)로 해석하는 것이다. 구체적인 예는 다음과 같다.

$2\times3=6$	우체부가 철수에게 2원짜리 어음을 3장 가져왔다. 철수에게는 6원의 소득이 생겼다.
$2\times(-3)=-6$	우체부가 철수에게 2원짜리 어음을 3장 가져갔다. 철수에게는 6원의 손실이 생겼다.
$(-2)\times3=-6$	우체부가 철수에게 2원짜리 고지서를 3장 가져왔다. 철수에게는 6원의 부채가 생겼다.
$(-2)\times(-3)=6$	우체부가 철수에게 2원짜리 고지서를 3장 가져갔다. 철수에게는 6원의 소득이 생겼다.

우체부 모델과 유사한 실생활 모델은 많이 있다. 이러한 모델은 일상적으로 일어나는 현상을 통하여 음수 개념의 필요성을 제기하고 실제적인 맥락에서 음수의 의미를 해석할 수 있는 상황을 제공한다는 점에서 의미가 있다.

다) 수직선 모델

음수 개념을 설명하기 위해 가장 많이 사용되는 것이 수직선 모델이다. 수평으로 직선을 그려서 기준점 0을 임의로 잡고 한쪽 방향(보통 오른쪽)에 일정한 간격으로 양수를 배열하며 반대쪽 방향으로 음수를 같은 간격으로 배열한 수직선은, 도로상의 한 지점에서 양쪽 방향의 거리를 각기 표현하는 이정표를 생각하면 실생활의 맥락에서도 구체화할 수 있다. 이러한 수직선 모델에서 수는 방향과 크기를 갖는 화살표로 설명될 수 있다. 3은 오른쪽으로 향하는 길이가 3인 화살표이고, -3은 왼쪽으로 향하는 길이가 3인 화살표이다.

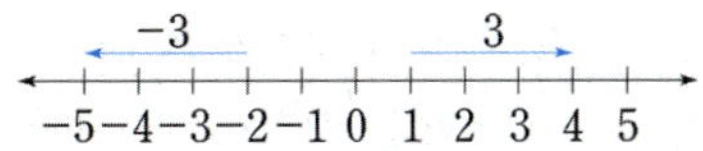

음수를 처음 학습할 때 겪는 어려움은 수가 '크기'를 나타낸다는 관념에 기인한 것이다. 수직선 모델에서는 '크기' 외에도 '방향'이라는 요소가 음수 개념에 포함되어야 한다. 또한 수직선상에서 정수가 배열되는 방식은 '순서 구조'를 그대로 유지하고 있다는 장점이 있다. 두 정수 사이의 대소 관계는 다른 어떤 모델보다 수직선 모델에서 가장 명확하게 잘 드러난다.

수직선 모델에서 덧셈과 뺄셈은 화살표의 머리에 더하거나 뺄 수를 나타내는 화살표의 꼬리를 두되, 뺄셈의 경우에는 화살표를 반대 방향으로 놓는 것으로 설명하면 된다. 구체적인 예는 다음과 같다.

$(-2)+3=1$

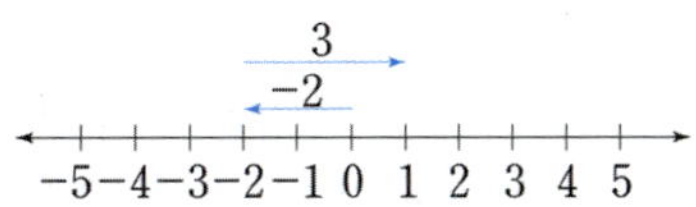

$2-4=-2$

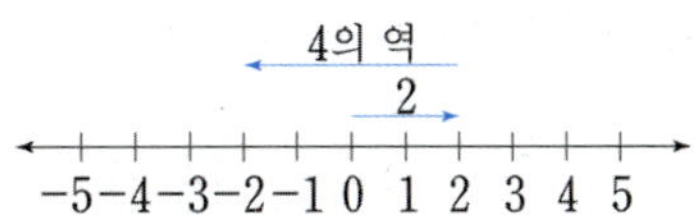

$(-4)-(-2)=-2$

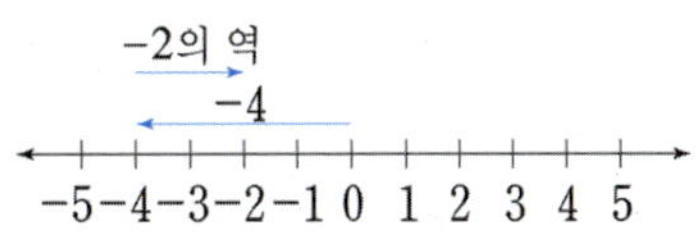

수직선 모델에서 곱셈을 설명하는 방법은 여러 가지가 있는데, 그중 한 가지는 반복되는 덧셈으로 곱셈을 설명하는 것이다. 단, 음수를 곱할 때에는 음의 부호를 '방향을 바꾸는 것'으로 이해한다.

$(-2)\times 3=-6$

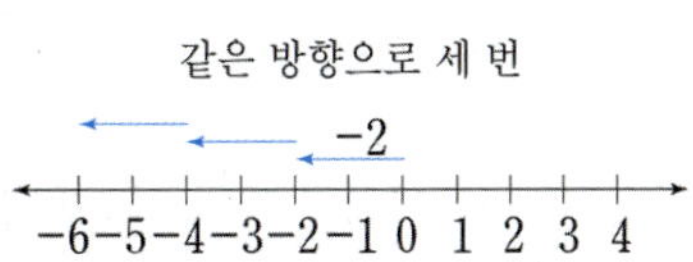

$(-2)\times(-3)=6$

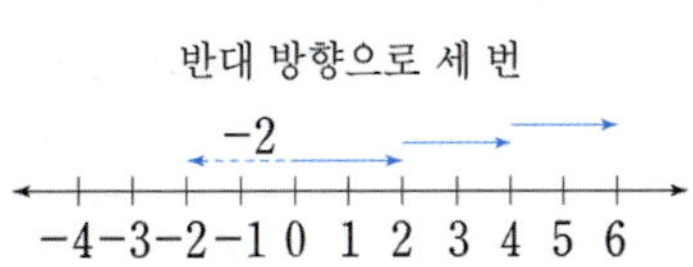

나눗셈은 약간 복잡한데, 반복되는 뺄셈을 통하여 피제수를 나타내는 화살표를

원점으로 줄이는 과정으로 설명된다. 단, 줄이는 방향이 제수의 반대 방향일 때 그 결과를 양으로 간주한다.

$(-6) \div 3 = -2$

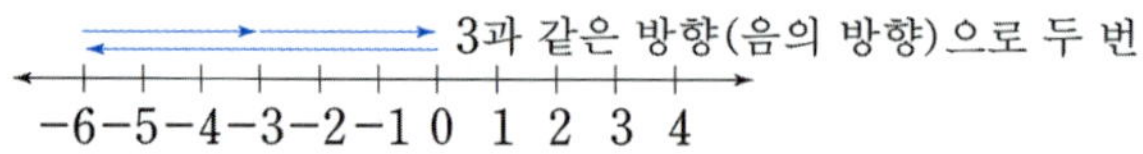

$(-6) \div (-3) = 2$

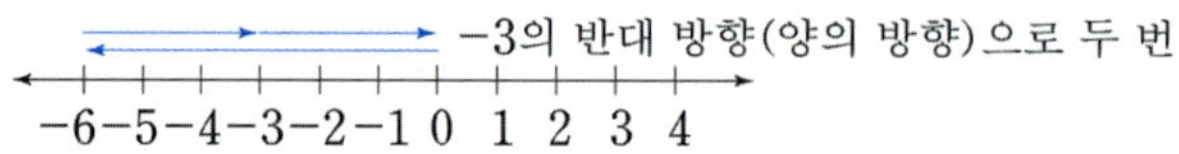

수직선 모델의 약점은, 음의 부호가 다중적인 의미를 갖는다는 것이다.[18] 처음에는 음수를 표현하기 위한 음의 부호가 '왼쪽을 향한다'는 뜻이었는데 곱셈이나 나눗셈을 할 때에는 '반대 방향'의 의미를 갖게 된다. 같은 기호가 '뺄셈'을 의미한다는 점까지 생각하면, 하나의 기호가 적어도 세 가지 이상의 의미를 내포하게 된다. 이러한 상황이 학생들에게 줄 수 있는 혼란과 어려움에 대하여 교사는 충분히 이해할 필요가 있다.

3) 형식 불역의 원리

음수 개념을 직관적으로 설명하는 데에는 어떤 모델도 나름의 한계를 가진다. 이는 음수가 물리적 세계의 구체적 대상으로부터 추상화된 것이 아니라 방정식과 그 해집합의 구조를 완전하게 하려는 형식적인 요구로부터 생겨난 것이라는 데에 어느 정도 기인한다. 이러한 음수의 형식적인 본질을 고려한다면 음수를 구체적인 모델을 통해 지도하기보다 자연수 체계에서 확장된 순수한 형식 체계로서 지도하는 것이 오히려 더 필요하다는 주장이 가능하게 된다.[19]

자연수로부터 정수로 확장하는 것과 같은 수 체계의 확장에서 하나의 원칙이 되는 것이 '형식 불역(形式不易)의 원리(principle of the permanence of equivalent forms)'이다. 이는 어떤 대수적 구조나 기하적 구조를 확장할 때에는 기존의 체계에

18 어떻게 보면 이것은 '상대적인 양'과 '빼는 연산 또는 방향을 바꾸는 과정'을 모두 의미하는 음수 개념 자체에 내재된 본질적인 다의성이라고 할 수 있다. 모델의 '약점'이라고 표현한 것은, 학습자의 입장에서 그 다의성을 처음부터 직면하게 될 때 겪는 곤혹스러움을 고려한 것이다.

19 Freudenthal은 음수의 형식적인 본질에 입각하여 자연수 체계의 확장으로 음수와 그 연산을 지도할 것을 주장하였다. 이는 자연수 a에 대하여 방정식 $x+a=0$의 해로 음수 $-a$를 정의하고, 자연수에서 성립하는 계산 법칙이 음수에서도 성립하도록 음수의 연산을 정의하는 방식이다.

서 인정된 성질이 유지되도록 해야 한다는 것을 의미한다. 예를 들면, 자연수 지수를 정수 지수나 유리수 지수까지 확장하는 과정은 지수법칙 $a^{m+n}=a^m a^n$, $a^{mn}=(a^m)^n$을 만족하도록 그 규칙과 의미를 정하는 것일 뿐이다. 이와 마찬가지로, -2와 -3이 각각 $(-2)+2=0$과 $(-3)+3=0$에 의해 정의되었다면, 자연수의 집합에서 성립하는 교환법칙과 결합법칙이 계속 성립해야 한다는 원칙으로부터 $\{(-2)+(-3)\}+(2+3)=0$이 성립하도록, 즉 $(-2)+(-3)$는 $-(2+3)$을 의미하도록 정의되어야 하는 것이다. 음수의 사칙연산은 모두 이러한 방식으로 설명될 수 있다.

연산의 구조가 유지되도록 수 체계를 확장해야 한다는 아이디어는 학생들에게 귀납적으로 도입될 수도 있다. 예를 들어 $3+2=5$, $3+1=4$, $3+0=3$과 같이 일련의 덧셈이 진행되는 규칙으로부터, $3+(-1)=2$가 되어야 한다는 것을 귀납적으로 추측할 수 있는 것이다.[20]

$3+2=5$	$3-2=1$	$3\times2=6$
$3+1=4$	$3-1=2$	$3\times1=3$
$3+0=3$	$3-0=3$	$3\times0=0$
$3+(-1)=?$	$3-(-1)=?$	$3\times(-1)=?$
$3+(-2)=?$	$3-(-2)=?$	$3\times(-2)=?$

한편 해석 기하학의 도입은 음수의 연산 구조가 기하적인 의미에서도 자연수의 연산 구조를 유지하면서 확장된다는 것을 보여준다. 예를 들어 '3을 빼는' 연산을 생각해보면, 음수가 도입되기 전의 상태에서는 피감수가 3보다 크거나 같을 때에만 이 연산이 의미를 가진다. 달리 말하면 이 연산은 x에 대해 $x-3$을 대응시키는 함수로 이해할 수 있는데, 그 함수의 정의역이 $x \geq 3$으로 제한되고 결국 이 함수의 그래프는 1사분면에만 그려지는 반직선이 된다.

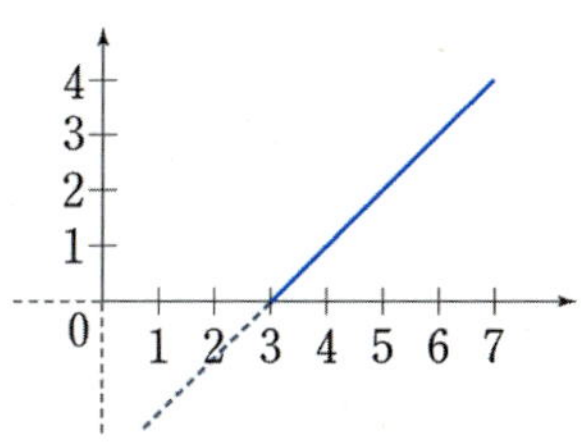

20 이와 같은 설명 방식을 '귀납적 외삽법'이라고 한다.

이러한 상황에서 반직선이 직선이 되도록 '자연스럽게' 확장하는 것은 (그림에서 4사분면의 점선 부분) 결국 $x<3$일 때 $x-3$이 어떻게 정의되어야 하는가를 지시하는 것이고, 이것은 앞에서 말한 '대수적 구조를 유지하는 방식'의 확장과 정확하게 일치한다. 수학적 사고 발달의 이면에 놓여 있는 형식 불역의 원리는 이처럼 대수적 사고에만 국한되는 것이 아니며, Freudenthal은 이를 일컬어 '기하적·대수적 형식 불역의 원리'라 부른다. 학습자의 입장에서 볼 때, 대수적으로 이루어지는 조작의 타당성이 기하적으로 확인될 수 있다면 그 구조에 대한 확신은 배가될 것이므로, 형식 체계로서의 음수 지도에서는 기하적 형식 불역에 대한 경험이 중요한 의미를 가질 것이다.

음수 지도를 형식적인 관점에서 접근하는 것은 음수의 대수적인 성질을 명확하게 증명하면서 음수 체계를 비로소 완성할 수 있게 한다. 그러나 이러한 사실이 음수를 꼭 형식적으로 가르쳐야만 한다는 것을 의미하는 것은 아니다. 음수의 가치는 형식적 구조 외에도 벡터 개념을 비롯한 물리학의 유용한 도구를 만들어내고 사용할 수 있게 하는 등의 실제적인 효용성을 포함한다. 형식적으로만 음수 개념을 정의하고 도입한다면 그러한 풍부하고 실제적인 가치를 학생들이 의미 있게 경험할 수 없다. 음수 지도를 위한 다양한 모델들은 각기 나름대로의 한계를 지니고 있지만, 이들을 통하여 직관적인 이해와 현실적인 유용성을 학습하는 데 도움을 얻을 수 있다는 점은 부인하기 어렵다. 이러한 문제들을 충분히 고려하여 직관적인 방법과 형식적인 방법이 조화되는 음수 지도가 필요하다.

4) 유리수 개념의 지도

중학교에서 도입되는 유리수 개념은 분모, 분자가 자연수인 분수에 양의 부호와 음의 부호를 붙인 수 및 0으로 정의된다. 무리수와 실수 개념을 학습한 후라 하더라도, 학교 수학에서 요구하는 유리수의 정의는 '(기약) 분수로 나타낼 수 있는 수' 정도이다. 그런데 이러한 유리수 개념을 학습하는 학생들을 곤혹스럽게 하는 것 중의 하나는, 바로 그 '분수' 개념이 다양한 구체적 맥락을 가진다는 점이다. 예를 들면, 학생들은 사과의 $\frac{1}{3}$과 30타수 10안타라는 야구의 타율을 나타내는 $\frac{1}{3}$을 같은 수로 이해하기 힘들며, $\frac{-3}{4}$과 $\frac{3}{-4}$이 왜 같은 수를 나타내는지 이해하기 어렵다. 사과의 $\frac{1}{3}$과 30타수 10안타를 나타내는 $\frac{1}{3}$은 외적인 상황은 서로 다르지만 비 관계에 의해 '본질적으로 같은 구조를 갖는 상황'으로 정리되어야 하는 것으로, 유현주(1995)는 이를 '구조적인 동치관계'라 표현하고 있다.

동치류(equivalence class)의 개념은 유리수를 정의하는 데 핵심적인 역할을 한다. 정수의 집합 $\mathbb{Z}$가 정의된다고 할 때, 이로부터 유리수를 형식적으로 정의하는 것은 대략 다음과 같이 이루어진다.

집합 $S=\{(a,\ b) \mid a,\ b \in \mathbb{Z},\ b \neq 0\}$ 위의 관계 ~를 다음과 같이 정의한다.

$$(a,\ b) \sim (c,\ d) \Leftrightarrow ad = bc$$

이때 ~는 집합 S 위의 동치관계이다.

이 동치관계에 대하여 $(a,\ b) \in S$를 포함하는 동치류를 $\frac{a}{b}$로 나타내면,

$$\frac{a}{b} = \{(x,\ y) \in S \mid (x,\ y) \sim (a,\ b)\} = \{(x,\ y) \in S \mid ay = bx\}$$

이고

$$\frac{a}{b} = \frac{c}{d} \Leftrightarrow (a,\ b) \sim (c,\ d) \Leftrightarrow ad = bc$$

가 성립한다.

이 동치류 전체의 집합 $\left\{\frac{a}{b} \,\middle|\, a,\ b \in \mathbb{Z},\ b \neq 0\right\}$을 유리수의 집합 $\mathbb{Q}$로 생각할 수 있다.

물론 여기에서 덧셈과 곱셈은 다음과 같이 정의된다.

$$\frac{a}{b} + \frac{c}{d} = \frac{ad+bc}{bd}, \quad \frac{a}{b} \cdot \frac{c}{d} = \frac{ac}{bd}$$

또한 각 $\frac{a}{1} \in \mathbb{Q}$와 $a \in \mathbb{Z}$를 동일시한다면[21] $\mathbb{Z}$는 $\mathbb{Q}$의 부분집합으로 생각할 수 있다.

위의 정의에서 주목할 부분은, 각각의 유리수가 정수의 순서쌍의 '동치류', 즉 하나의 '집합'으로 정의된다는 것이다. 예를 들면, $\frac{1}{2}$은 집합 $\{\cdots (-1,\ -2), (1, 2), (2, 4),$

21 엄밀히 말하면 $\mathbb{Z}$는 $\mathbb{Q}$에 '매입(埋入, embedding)'된다.

…}로 정의된 셈이다. 그리고 이때 $\frac{1}{2}=\frac{2}{4}$인 것은 그것이 같은 집합을 나타내기 때문이다. 이러한 정의에서는 $\frac{1}{2}$이나 $\frac{2}{4}$가 어떤 구체적인 상황에서 발생된 개념인지, 또는 어떤 구체적인 상황에 적용될 수 있는 개념인지를 설명하지 않는다. 또한 서로 다른 상황에서 발생되었을 $\frac{1}{2}$과 $\frac{2}{4}$가 어떻게 같은 의미를 가지게 되는가도 설명하지 않는다. 다만 필요한 것은 $\frac{1}{2}$과 같은 의미를 갖는 분수들 전체, 즉 (1, 2)와 동치인 순서쌍들 전체가 하나의 집합 안에 총망라되는 것뿐이다.

어떤 개념을 그 개념이 나타내는 대상에 공통적인 속성으로써 정의하는 것이 아니라 그 개념에 포괄되는 대상 전체로 정의하는 방식을 '외연적 정의(extensional definition)'라 명명하며, 속성으로 정의하는 것을 '내포적(intensional) 정의'라 명명한다. 예를 들어 '사람'을 설명하기 위해 '사람'이라는 존재의 속성을 나열한다면 그것은 내포적 정의이고, 지구상에 존재하는 '모든 사람의 집합'을 제시함으로써 "이것이 사람이다"라고 설명한다면 그것은 외연적 정의이다. 앞에서 제시한 유리수의 정의는 일종의 '외연적 정의'라 할 수 있다. 현대 수학의 경향이라고 할 수 있는 이러한 외연적 정의는 최대한의 엄밀성을 확보하기 위한 형식화의 결과이다. 그런데 교육적인 상황에서 고려해야 할 것 중의 하나는, 이러한 형식화된 정의를 통하여 엄밀성과 논리를 확보하게 되는 만큼 현실적이고 직관적인 맥락은 잃게 된다는 점이다. 이 문제가 중요한 까닭은, 학습자에게는 처음에 구체적이고 직관적인 표상을 수반하는 정의에서 출발하여 그 정의의 불완전함을 인식한 이후에 점진적인 형식화로 나아가는 과정이 생략될 수 없기 때문이다.

유리수 개념의 발생과 관련되는 다양한 맥락은 다음과 같이 분석될 수 있다.

가) 부분과 전체

전체를 같은 부분으로 나누었을 때 전체와 부분 사이의 관계를 나타내는 것으로 유리수의 의미를 이해하는 것은 직관적으로 가장 간단하고 구체적인 상황이다. 예를 들어 하나의 막대를 3등분하면 그중 하나의 부분은 $\frac{1}{3}$로 표현되며, 막대를 6등분했다면 앞의 $\frac{1}{3}$은 $\frac{2}{6}$와 같은 것으로 이해될 수 있다. 여기에서 $\frac{1}{3}=\frac{2}{6}$의 의미는, '동일한 양'을 서로 다른 측도에 따라 전체와의 관계로 나타낸 것이다.

나) 분배 결과의 몫

유리수 개념 발생의 또 다른 맥락은, 어떤 주어진 양을 n개로 나누어야 하는 '분배 상황'에서 비롯된다. 예를 들어 $\frac{2}{5}$는 전체의 등분할된 부분이라는 앞의 맥락에서는 '하나를 다섯 조각으로 나눈 것 중에서 두 조각'을 의미하지만, '두 개의 사과를 다섯 명에게 공평하게 나누어줄 때 한 사람이 가져야 하는 양'을 의미할 수도 있다.[22] 이와 같은 '분배 결과의 몫'을 나타내는 유리수 개념은 결국 방정식 $ax=b$ (a, b는 정수, $a \neq 0$)의 해를 의미한다.

부분과 전체의 맥락에서 이해되는 분수 개념은 질적으로 동일한 두 양(5등분한 '사과' 전체에 대한 2조각의 '사과', 또는 10등분한 사과에 대한 4조각의 사과)을 비교하는 의미를 갖는다. 반면에 분배 결과의 몫으로 이해되는 분수 개념은 질적으로 다른 양 사이의 관계(5명의 '사람'에게 2개의 '사과', 또는 10명의 사람에게 4개의 사과를 분배한 결과)를 표현한다. 이는 상대적인 비율을 나타내는 유리수 개념의 일반적인 본질로 나아가는 토대가 된다고 할 수 있다.

다) 비율

'5등분한 사과의 2조각' 또는 '5명의 사람에게 2개의 사과를 분배한 결과'로 $\frac{2}{5}$의 개념이 이해되었다면, 다음 단계는 각 상황에 해당하는 동치인 상황이 무수히 많이 있을 수 있다는 것을 고려해야 한다. 예를 들면, 5등분한 사과의 2조각, 10등분한 사과의 4조각, 15등분한 사과의 6조각, … 등과 같이 '동치'인 것으로 받아들일 수 있는 상황이 무한히 계속된다는 것인데, 이는 5명의 사람에게 2개의 사과, 10명의 사람에게 4개의 사과, 15명의 사람에게 6개의 사과, … 등과 같이 분배하는 경우에도 마찬가지로 해당된다. 여기에서 유리수의 의미로 파악되어야 하는 것은 외적인 상황과 두 양의 값이 계속 변함에도 불구하고 본질적으로 내재되어 있는, 변화하는 두 양 사이의 '동일한 관계'이다.

한편 $a:b=c:d$라는 관계는 $a:c=b:d$라는 관계와 동치라는 사실도 매우 중요하다.[23] 앞의 사과를 분배하는 상황의 예에서, $\frac{2}{5}=\frac{4}{10}=\frac{6}{15}=\cdots$에 내재되어

22 흔히 '같은 양끼리의 나눗셈'을 '포함제(包含除, division)', '다른 양끼리의 나눗셈'을 '등분제(等分除, partition)'라 부른다. 예를 들어, 10÷5는 '사과 10개를 5개씩 나누면 몇 묶음이 되는가'와 같은 포함제와 '사과 10개를 사람 5명에게 똑같이 나누어주면 한 사람은 몇 개를 갖게 되는가'와 같은 등분제의 상황으로 각각 이해될 수 있다.

있는 관계는 "사람이 5명에서 10명으로 늘어나면 사과는 2개에서 4개로 늘어나야 한다"는 의미로 이해될 수도 있고, "사람 5명에 사과 2개의 상황은 사람 10명에 사과 4개의 상황과 같다"는 의미로 이해될 수도 있다. 앞의 해석은 $5:10=2:4$로서 '같은 양끼리(사람끼리, 사과끼리)의 비'이고 뒤의 해석은 $5:2=10:4$로서 '다른 양끼리(사람과 사과)의 비'를 표현하고 있다.[24]

이와 같이 다양한 맥락을 상황에 따라 '동치인 것'으로 이해하는 것은 쉽지 않다. 유리수 개념의 지도에서는 '동치관계'라는 본질적인 아이디어가 이러한 다양한 상황을 의미 있게 구조화하는[25] 수단이 된다는 것을 학생들에게 경험하게 하는 것이 무엇보다 중요할 것이다.

라) 연산자

유리수 개념은 '곱셈 연산자(operator)'로 이해될 수도 있다. 즉 유리수 $\frac{a}{b}$를, 유리수의 집합 $\mathbb{Q}$ 위에서 정의되는 함수 $x \to x \cdot \frac{a}{b}$로 이해하는 것이다. 이러한 관점은 형식화된 현대 수학의 관점을 나타내기도 하지만, 한편으로는 수학적 개념의 조작적인 본질을 함의하고 있다.

학교 수학에서는 엄밀하지 않은 차원에서 이러한 본질을 어느 정도 경험하는 것이 가능하다. 정의역을 간단한 유한집합으로 한정하여, 예컨대 3을 2로, 6을 4로, 9를 6으로 보내는 사상으로서 유리수 $\frac{2}{3}$의 의미를 이해하거나, 기하적 맥락에서 한 영역의 크기를 $\frac{2}{3}$만큼 줄인 영역의 크기를 대응시키는 활동으로 $\frac{2}{3}$를 경험할 수 있는 것이다. $\frac{2}{3}$라는 개념을 독립적이고 구체적인 어떤 양의 이미지에 고착시키지 않고 '어떤 대상이 주어지더라도' 그 대상의 $\frac{2}{3}$를 생각한다는 조작적인 의미를 획득하는 것은 유리수 개념의 학습에서 중요한 부분을 차지한다.

---

23 역행렬이 존재하지 않는 행렬(singular matrix)의 개념을 지도할 때 이 의미를 되새길 수 있다. 예를 들면, $\begin{pmatrix} a & b \\ c & d \end{pmatrix}$에서 $ad-bc=0$이라는 것은 $a:b=c:d$를 의미하는 동시에 $a:c=b:d$를 의미한다. 즉, 열벡터가 일차종속이라는 것은 동시에 행벡터가 일차종속이라는 의미이다.

24 Freudenthal은 전자를 '내적인 비(internal ratio)', 후자를 '외적인 비(external ratio)'라 부른다. 예를 들어 '같은 속도를 갖는다'는 것은 '같은 시간에 같은 거리를 간다'는 내적인 비의 표현을 외적인 비의 표현으로 바꾼 형태이다. 자연과학의 대수화는 외적인 비의 표현을 지향하는 경향을 갖게 한다.

25 Freudenthal의 표현으로 말하자면, '동치관계'라는 '본질'로 '현상'을 조직하는 것이다.

라. 집합과 논리

19세기 말부터 20세기 초에 걸쳐 만들어진 집합론은 현대 수학의 논리적 토대를 이루고 있다. 19세기 이전까지 수학이 인류의 가장 확실한 지식으로 여겨져 왔던 것은 누구도 부인할 수 없었던 '기하학적 직관'[26]을 그 출발점으로 하고 있었기 때문이다. 그러나 비유클리드 기하학의 발견과 해석학[27]의 발전은, 수학이 기반하고 있다고 생각했던 기하학적 직관이 얼마나 취약한 것인지를 깨닫게 하였다. 이러한 상황에서 19세기의 수학자들은 수학의 기초를 기하학이 아니라 산술에서 찾으려고 시도하였고, 해석학과 기하학을 산술로 환원하려는 노력은 결국 집합론이라는 새로운 분야가 전개되게 하는 데 이르렀다.

매우 간단하고 기본적인 집합의 개념으로부터 모든 수학의 개념을 정의하고 구성해 나갈 수 있었고,[28] 심지어 'p이면 q이다'와 같은 논리적 함의 관계도 '$P \subseteq Q$'와 같은 집합의 포함 관계로 환원하여 설명할 수 있었기 때문에, 산술이나 수 개념도 집합론의 구조 위에서 구성하려는 시도 또한 당연한 일이었다. 여기에서는 집합론의 영향을 받은 학교 수학의 수 개념을 중심으로 논의를 진행하도록 하겠다.

1) 자연수 개념과 집합론

수 개념을 어떤 집합에 대응되는 것으로 생각할 때, 가장 기본적인 관점은 기수(基數, cardinal number) 개념이다. 이는 일대일 대응이 가능한 두 집합을 대등(equipotent)하다고 정의한 후, '대등'이라는 동치관계에 대한 동치류들로서 각각의 자연수를 정의하는 방식이다.[29] 이 관점에 따르면, 공집합의 기수로서 0이 도입되

26 Kant(1724~1804)는 경험에 의존하지 않으면서도 그것이 타당함을 알 수 있는 인간의 인식이 가능하다는 것을 설명하기 위한 예로, '두 점을 잇는 최단 경로는 직선이다'와 같은 '유클리드 기하학'의 지식을 들고 있다(참고: 순수이성비판, 미래의 모든 형이상학을 위한 서설).

27 공간을 채우는 곡선(Peano's space-filling curve), 연속이지만 모든 점에서 미분불가능한 곡선 등은 기존의 기하학적 직관으로는 받아들이기 힘든 것이었다.

28 예를 들어 '함수(function)'의 정의는 특정한 조건을 만족하는 '관계(relation)'로 주어지며, '관계'는 두 집합의 곱집합의 부분집합으로 정의되므로, 결국 '함수'는 일종의 '집합'으로 정의되는 셈이다.

29 이러한 아이디어는 Frege(1848~1925)에서 출발한다. 그러나 Russell(1872~1970)에 의해 '대등한 모든 집합의 집합'을 생각하는 것은 역설을 낳는다는 것이 지적되었고, 유한집합의 기수는 그와 대등한 어떤 표준적인 집합의 기수에 의해 표현되는 방식으로 정의되게 되었다.

고, 어떤 집합 M의 기수 m에 대하여 M에 속하지 않는 원소 x를 M에 첨가한 집합 $M \cup \{x\}$의 기수로서 $m+1$이 정의된다.

이러한 기수 개념과 대비될 수 있는 것은 서수(序數, ordinal number) 개념이다. 자연수가 0, 1, 2, 3, …이라는 수열[30]을 형성한다는 사실을 자연수의 본질적인 구성 원리로 파악하는 이 관점은, 0(최초의 자연수)과 후자(successor) 개념, 그리고 수학적 귀납법의 원리 등을 포함하는 'Peano의 공리계'[31]로 자연수를 정의한다.[32] 서수 개념을 중심으로 한 이같은 정의는 개별적인 수의 의미에 관심을 기울이지 않으며, 전체로서의 자연수 체계를 생성하는 속성(1씩 더해 나가는 규칙, 또는 순서 구조)을 강조한다고 할 수 있다. 이때 개별 자연수의 의미는 (비대칭적이고 추이적인) '순서 관계' 속에서 찾아야 한다. 이러한 맥락에서 볼 때, Peano의 공리계를 만족하는 체계는 자연수열 0, 1, 2, 3, … 외에도 얼마든지 더 있을 수 있다. Russell은 이 점을 문제점으로 지적했다. 개별 자연수의 구체적인 의미를 제거한 점은 형식주의의 입장에서는 공리계가 갖는 장점으로 여겨질 수 있는 것인데, 논리주의자인 Russell에게는 오히려 이것이 중요한 결점으로 인식되었던 것이다.

서수 개념에 의한 자연수의 정의가 그 공리계로부터 논의되는 대상의 존재성과 유일성을 보장받지 못한다는 점 외에도, 기수 개념으로 자연수를 정의하는 아이디어를 좀 더 기본적인 것으로 생각할 만한 더 큰 이유가 있다. 그것은 '논리적인' 이유라고 할 수 있는데, 자연수 체계의 순서 구조는 일대일 대응의 개념을 함의하고 있는 반면에 일대일 대응의 관계는 순서 구조를 굳이 전제로 할 필요가 없다는 점이다. 사실상 기수 개념은 '아무런 구조가 전제되어 있지 않은' 상태의 집합에서부터 정의 가능하다.

논리적으로 볼 때 자연수의 서수적 측면보다 기수적 측면이 더 기본적인 것이라 해도, 아동에게 자연수를 처음으로 접하게 할 때에는 짝짓기를 시키는 것보다는 하

---

30 공차 1을 계속 '더해서' 만들어지는, 등차수열이다.

31 Peano의 공리계는 다음과 같다.

다음을 만족하는 집합 $\mathbb{N}$이 존재한다. 이때 그 집합 $\mathbb{N}$의 원소를 자연수라고 한다.

① 0은 $\mathbb{N}$의 원소이다.

② $\mathbb{N}$의 모든 원소 n에 대하여 n의 후자라고 불리는 원소 $n+$가 $\mathbb{N}$에 유일하게 존재한다.

③ 0은 $\mathbb{N}$의 어떠한 원소의 후자도 아니다.

④ $\mathbb{N}$의 원소 m, n에 대하여 $m+=n+$이면 $m=n$이다.

⑤ 0을 포함하는 $\mathbb{N}$의 부분집합 $\mathbb{P}$에 속하는 모든 원소 n의 후자 $n+$가 다시 $\mathbb{P}$에 속하면 $\mathbb{P}=\mathbb{N}$.

32 이러한 공리화는 Russell의 《Principia Mathematica(1910)》에서 자연수를 기수 개념으로 정의하기 이전에 Dedekind(1887), Peano(1899) 등에 의해 이루어진 것이다.

나, 둘, 셋, 세어보게 하는 것이 통상적으로 훨씬 자연스럽게 느껴지기 때문에 수학 교육과정에서 자연수를 처음부터 기수적인 개념으로 도입한다는 것은 쉬운 결정이 아니다. 그런데 1960년대의 학문중심 교육과정을 표방한 '새 수학'에서는 기수 개념을 초등화한 형태인 '대등한 집합의 공통 성질'로서 자연수 개념을 도입하였던 바, 이는 수학적으로 집합론의 영향을 받은 것 외에도 심리학적으로는 자연수의 기수적 측면에 관한 Piaget의 연구 결과에 영향을 받은 것으로 알려지고 있다.

어린 아동의 경우 일찍부터 '수 세기'를 할 수 있지만 자신이 셈을 한 것이 '몇 개' 인지에 대해 정확한 관념을 갖지 못하는 경우가 흔히 관찰된다. 이러한 아동의 수 세기는 '말뿐인 수 세기(verbal counting)'라고 할 수 있는 것인데, Piaget는 이러한 현상을 '보존' 개념의 결여에서 비롯된 것으로 파악하고 수 개념의 형성을 판단할 수 있는 준거 중의 하나로 이 '보존' 개념에 의한 기수적 측면의 이해를 강조한 바 있다. 그런데 이러한 Piaget의 연구 결과가 '수 세기는 의미가 없고 기수 개념이 자연수 개념의 본질로서 중요하다'는 식으로 해석되면서 '새 수학'에서 기수 개념을 초등화한 형태로 자연수를 지도하고자 했던 시도의 근거로 인용되었던 것이다.

그러나 Piaget가 말하는 보존 개념의 결여는 단순히 기수 개념만으로 설명될 수 있는 것이 아니라 집합의 비교, 결합, 분리, 짝짓기, 순서짓기 등의 다양한 활동을 통해 수 조작의 구성을 위한 복합적인 기초를 마련해 줌으로써 해결되어야 하는 것임을 이해할 필요가 있다. 앞의 절에서 설명한 바와 같이 자연수 개념의 본질에 관한 Piaget의 해석은, 일대일 대응 관계에 대한 집합의 동치류, 또는 대등한 집합의 공통 성질로서 자연수를 이해하는 데에 그치고 있는 것이 아니라, '집합의 포함관계에 대한 가법 군성체'와 '비대칭적 추이관계의 가법 군성체'의 종합으로 자연수 개념을 분석하고 있는 것이다. 이러한 관점은 자연수 개념을 기수적 측면만으로 이해하는 것이 아니라 기수적 측면과 서수적 측면 모두를 포괄하고 종합하는 관점으로 해석될 수 있다.

아동이 수 개념을 획득한 것을 판단할 수 있는 최소한의 준거로 Piaget가 들고 있는 것은 다음 두 가지이다.[33] 첫째는 원소가 5~7개인 두 집합의 대등성 여부를 일대일 대응에 의해 판단할 수 있어야 한다는 것이고, 둘째는 두 집합의 대등성이 원소의 배열과 무관하게 보존된다는 것을 알아야 한다는 것이다. 그리하여 진정한 수 개념 형성은 '단위의 반복에 의해 새로운 수를 차례로 만들어내는 가능성을 아는

33 Piaget(1965).《아동의 수 개념(The Child's Conception of Number)》 참조.

것'에 의해 이루어지게 된다. Piaget의 이러한 관점을 따른다면 기수적 측면만을 강조해서 자연수 개념을 지도하려는 시도는 결국 잘못된 것이라고 해야 할 것이며, 오히려 세는 활동(또는 측정하는 활동)을 중심으로 하여 집합의 결합과 분해, 순서 짓기, 짝짓기 등의 활동에 의한 수 계열의 구성을 지향하는 방향으로 자연수 개념을 지도하는 것이 바람직하다고 할 수 있다.

2) 실무한과 관련된 문제

집합론의 시작은 Cantor가 1872년 실수의 비가산성을 발견하고 1874년 초한수[34]의 체계를 확립하면서 비롯되었다고 할 수 있다. 그리고 Cantor의 발상이 획기적이었던 것은 무엇보다도 수학 전반에 걸쳐 막연하게 퍼져 있는[35] '무한'의 개념을 논리적으로 명확하게 규정하고 그 계산 방법을 형식화하였다는 데에 있다.

무한의 개념이 논의된 것은 이미 고대 그리스 시대부터였으나 '무한' 그 자체를 하나의 실체로 생각하는 것은 매우 어려운 일이었다. 예를 들어 자연수열 1, 2, 3, …의 경우, 끝없이 계속되는 상태라는 것은 생각할 수 있지만 그 계속되는 상태가 '종결된 결과'는 상상하기 어렵다. 역사적으로 볼 때 이와 같은 무한의 개념에 대하여 처음으로 논리적인 구별을 분명하게 한 사람은 Aristoteles라고 할 수 있는데, 그는 무한 개념을 실무한(actual infinity)과 가능적 무한(potential infinity)[36]으로 구분하였다. '무한'이라는 것을 존재하는 실체로 여기는 입장에서 포착한 무한을 실무한이라고 부르고,[37] 계속 그것을 향해가는 것만을 생각할 수 있기 때문에 가능성으로만 생각하는 무한을 가능적 무한이라고 부른다. Aristoteles는 가능적 무한으로서의 무한 개념만 받아들였으며 실무한의 존재는 부정하였다.

Gauss(1777~1855)나 Cauchy(1789~1857) 등의 경우에도, 무한수열이나 실수의 집합과 같은 무한집합을 다루고 연구하였지만 실무한의 개념을 받아들인 것은 아니었다. 그러나 이후 극한의 개념과 같은 해석학의 이론들이 엄밀함을 갖추게 되는

34 초한순서수 ω_1, ω_2, $\cdots$, $\omega+\omega$, …와 초한기수 $\aleph_0$, $\aleph_1$, $\cdots$, $\aleph_\omega$, …를 말한다(집합론 참조).

35 사실상 무한을 학문적 입장에서 문제로 삼는 영역은 종교, 철학, 수학뿐이다. 경험과학에서 무한은 문제가 되지 않는다. 수학에서는 다루는 대상이 이미 추상화·형식화되어 있고, 자연수의 집합, 실수의 집합, 한 평면에서 모든 삼각형의 집합 등과 같은 대상을 다루면서 '일반화'를 논의하게 되므로 수학적인 무한은 그 자체로 자세히 분석될 필요가 있는 대상이 된다.

36 'potential infinity'는 가능적 무한, 잠재적 무한, 가무한 등으로 번역된다.

37 Cantor가 도입한 개념인 '초한(transfinite)'은 곧 실무한을 의미한다.

과정에서 실무한의 개념은 불가피하게 수용될 수밖에 없었다. 0.999…와 같은 무한 순환소수(또는 무한수열의 극한)를 생각할 때, '영원히 끝나지 않고 계속 진행되는 과정'의 관념만을 갖고 이해한다면 그것이 곧 '1과 동일한 실체'라는 생각을 하기는 어려운 것이다.[38]

$\lim_{n\to\infty} a_n = \infty$ 또는 $\lim_{n\to\infty} a_n = c$의 개념에 대한 우리의 정의는 분명 실무한의 의미를 함의하고 있다. 그러나 학교 수학에서 극한이 지도되는 맥락은 통상적으로, '무한히 가까이 가는 과정'과 '그 과정이 구현된 결과인 극한값'이라는 두 가지의 의미가 혼재하게 된다. 극한 개념을 학습하는 고등학교에서는 현실적으로 대부분의 학생들이 극한값을 기계적으로 계산하는 알고리즘에 주로 주의를 집중하게 되기 때문에 실무한으로서의 극한의 의미에 대한 인지적인 갈등은 잘 드러나지 않는 것처럼 보일 수 있지만, 많은 학생들이 '수렴하는 과정'에 관심의 초점이 집중되어 극한값의 의미에 대한 오개념을 드러내는 경우도 특정한 문제에서 흔히 관찰된다.[39] 더욱이 중학교의 경우에는 극한 개념이 정의되지 않은 상태에서 '0.999… = 1'임을 학습하게 되는데,[40] 학생들이 이러한 사실을 쉽게 받아들이지 못하고 인지적인 갈등을 겪는 것은 어찌 보면 당연한 일이다. 이 문제에 관한 NCTM의 권고는 무한등비급수의 개념을 이용하여 '0.999… = 1'와 같은 내용을 증명하라는 것인데, 이는 무한소수가 무한급수를 도입하는 좋은 실마리이기도 하지만 한편으로 무한소수는 무한급수의 개념에 의해서만 그 개념이 분명해질 수 있다는 것을 의미한다. '1 ÷ 3 = 0.333 …'과 같은 상황은 중학생들에게는 자연스럽게 접할 수밖에 없는 상황이기도 하고, 무리수 개념을 도입하기 위해서도 무한소수 그 자체를 중학교 단계에서 전혀 다루지 않을 수는 없다. 하지만 주어진 무한소수로부터 그것이 의미하는 유리수를 계산하는 과정은 고등학교에서 무한급수의 개념과 연계하여 도입하거나 중학교에서는 심화 탐구과제 정도로 다루는 것을 고려할 필요가 있다.

이러한 난점은 실수 개념을 정의하는 데도 계속 이어진다. 현재의 중학교 교육과정에서는 모든 유한소수와 순환무한소수가 유리수임을 각주 40과 같은 방식으로 설명하기 때문에, 유리수가 아닌 수,[41] 즉 무리수는 순환하지 않는 무한소수로서

38 실제로 직관주의 수리철학의 경우, 이와 유사한 관점에서 실무한을 받아들이지 않는 입장도 있다.

39 예를 들어, 박선화(1998)는 "주어진 원에 내접하는 정n각형의 넓이를 S_n이라 할 때 S_n의 극한값이 원의 넓이보다 작다"고 대답하는 학생들이 많다는 것을 보고하고 있다.

40 보통 다음과 같이 증명된다.
$x = 0.999\cdots$라 하면 $10x = 9.999\cdots$이므로 두 식의 차로부터 $9x = 9$, 즉 $x = 1$이다.

도입할 수 있고, 결국 '실수'를 '무한소수'로 정의하는 것이 가능해진다. 그렇지만 이 과정에서도 결국 '무한수열의 극한'이라는 개념이 도입되지 않은 상태의 '무한소수' 개념이 직관적으로 계속 사용될 수밖에 없었다는 점을 생각하면, 이와 관련한 학생들의 인지적 갈등은 그 안에 잠재되어 있을 것임을 염두에 두어야 할 필요가 있다.

만약 $\sqrt{2}=1.414\cdots$를 유리수열 1, 1.4, 1.41, 1.414, $\cdots$의 극한으로 생각하는 것과 같이 무한소수를 유한소수열의 극한으로 도입한다면 이와 같은 '무한소수'로 정의되는 '실수'는 결국 '유리수의 Cauchy 수열(즉, 수렴하는 수열)[42]의 동치류'로 정의되는 것과 같다. 즉, 같은 값으로 수렴하는 두 유리수열을 동치인 것으로 간주하면 수렴하는 유리수열들의 집합에서 이 동치관계에 의한 동치류는 곧 실수를 정의하게 되는 것이다. 또한 이렇게 정의된 실수의 집합에 유리수의 집합이 매입(embed)되므로 이러한 실수는 유리수의 확장으로 간주할 수 있게 된다.

참고로 덧붙이면, 유리수로부터 실수를 구성하는 방법에는 '수렴하는 유리수열의 동치류'로 정의하는 방법 외에도 'Dedekind의 절단(cut)'에 의한 방법이 있다. 유리수의 집합 $\mathbb{Q}$에 대하여, 공집합이 아닌 두 집합 A, B가 $A\cup B=\mathbb{Q}$, $a\in A$, $b\in B \Rightarrow a<b$를 만족할 때 $(A,\ B)$를 '$\mathbb{Q}$의 절단'이라 부르는데, 집합 A 또는 B가 $\mathbb{Q}$에서 최대 또는 최솟값을 갖는 경우와 그렇지 않은 경우가 각각 존재한다. Dedekind는 A 또는 B가 $\mathbb{Q}$에서 최대 또는 최솟값을 갖는 경우의 절단을 유리수로, A의 최댓값과 B의 최솟값이 모두 $\mathbb{Q}$에 존재하지 않는 경우의 절단을 무리수로 정의하였다.[43]

Bourbaki 이후에 구조적으로 전개된 현대 수학은 위와 같이 구성된 실수의 집합에서 본질적인 대수적 구조, 순서 구조, 위상적 구조[44]를 추상하여 공리화하였다. 이러한 맥락에서 흔히 실수계는 체(field)의 공리, 순서 공리, 완비성(completeness) 공리를 만족하는 집합으로 정의된다. 학교 수학에서 실수가 도입되는 방식은 '실수

41 예를 들어 $\sqrt{2}$는 '정수가 아니지만 제곱하면 정수가 되므로' 유리수가 아닌 수의 존재성은 확보할 수 있다.

42 임의의 $\varepsilon>0$에 대하여 $n,\ m\geq K\Rightarrow|a_n-a_m|<\varepsilon$을 만족하는 $K\in\mathbb{N}$가 존재할 때 이 수열 $\langle a_n \rangle$을 Cauchy 수열이라 한다. Cauchy 수열은 곧 수렴하는 수열과 같은 의미이다.

43 예를 들어 $A=\{x\in\mathbb{Q}\,|\,x\leq 0\vee x^2<2\}$, $B=\{x\in\mathbb{Q}\,|\,x>0\wedge x^2>2\}$이라 하면, A와 B는 $\mathbb{Q}$의 절단을 이루지만 A의 최댓값과 B의 최솟값은 $\mathbb{Q}$에 존재하지 않는다. 이 절단이 $\sqrt{2}$로 정의되는 셈이다.

44 이 세 가지 구조를 Bourbaki의 모구조(母構造, matrix structure)라 부른다.

의 (대수적) 기본성질'을 받아들이고 이로부터 몇몇 연산의 성질을 연역하기도 하며, 사실상 '수렴하는 무한 유리수열'의 의미인 '무한소수'로 실수를 정의하기도 하는데, 이는 실수를 정의하는 '구성적 방법'과 '공리적 방법'이 조금씩 절충되어 있는 것으로 파악할 수 있을 것이다.

2. 수와 연산 교수·학습 실제

가. 교육과정의 이해

2022 개정 수학과 교육과정의 초등학교와 중학교에서는 수와 연산과 관련된 내용을 '수와 연산' 영역에서 다룬다. '핵심 아이디어'를 통해 수 개념, 사칙계산, 수와 사칙계산을 활용한 문제해결 등을 학습할 필요성과 중요성을 강조한다. 또한 학습 내용을 '지식·이해', '과정·기능', '가치·태도'의 세 범주로 제시하여 학습 내용을 균형 있게 학습하도록 제안한다(교육부, 2022).

[표 1-1] 초등학교와 중학교의 수와 연산 영역의 내용 체계

<table>
<tr><td>핵심 아이디어</td><td colspan="6">· 사물의 양은 자연수, 분수, 소수 등으로 표현되며, 수는 자연수에서 정수, 유리수, 실수로 확장된다.
· 사칙계산은 자연수에 대해 정의되며 정수, 유리수, 실수의 사칙계산으로 확장되고 이때 연산의 성질이 일관되게 성립한다.
· 수와 사칙계산은 수학 학습의 기본이 되며, 실생활 문제를 포함한 다양한 문제를 해결하는 데에 유용하게 활용된다.</td></tr>
<tr><td rowspan="3">구분
범주</td><td colspan="6">내용 요소</td></tr>
<tr><td colspan="3">초등학교</td><td colspan="3">중학교</td></tr>
<tr><td>1~2학년</td><td>3~4학년</td><td>5~6학년</td><td colspan="3">1~3학년</td></tr>
<tr><td>지식·이해</td><td>· 네 자리 이하의 수
· 두 자리 수 범위의 덧셈과 뺄셈
· 한 자리 수의 곱셈</td><td>· 다섯 자리 이상의 수
· 분수
· 소수
· 세 자리 수의 덧셈과 뺄셈
· 자연수의 곱셈과 나눗셈
· 분모가 같은 분수의 덧셈과 뺄셈
· 소수의 덧셈과 뺄셈</td><td>· 약수와 배수
· 수의 범위와 올림, 버림, 반올림
· 자연수의 혼합 계산
· 분모가 다른 분수의 덧셈과 뺄셈
· 분수의 곱셈과 나눗셈
· 소수의 곱셈과 나눗셈</td><td>· 소인수분해
· 정수와 유리수</td><td>· 유리수와 순환소수</td><td>· 제곱근과 실수</td></tr>
<tr><td>과정·기능</td><td colspan="3">· 자연수, 분수, 소수 등 수 관련 개념과 원리를 탐구하기
· 수를 세고 읽고 쓰기
· 자연수, 분수, 소수의 크기를 비교하고 그 방법</td><td colspan="3">· 최대공약수와 최소공배수 구하기
· 정수, 유리수, 실수의 대소 관계 판단하기
· 정수, 유리수, 근호를 포함한 식의 사칙계산의 원리를 탐구하고 계산하기</td></tr>
</table>

	을 설명하기 · 사칙계산의 의미와 계산 원리를 탐구하고 계산하기 · 수 감각과 연산 감각 기르기 · 연산 사이의 관계, 분수와 소수의 관계를 탐구하기 · 수의 범위와 올림, 버림, 반올림한 어림값을 실생활과 연결하기 · 자연수, 분수, 소수, 사칙계산을 실생활 및 타 교과와 연결하여 문제해결하기	· 유리수와 순환소수의 관계 설명하기
가치 · 태도	· 자연수, 분수, 소수의 필요성 인식 · 사칙계산, 어림의 유용성 인식 · 분수 표현의 편리함 인식 · 수와 연산 관련 문제해결에서 비판적으로 사고하는 태도	· 음수, 무리수의 필요성 인식 · 실생활에서 사칙계산의 유용성 인식 · 수 체계의 논리적 아름다움에 대한 관심 · 정수와 유리수의 사칙계산의 원리를 이용하는 문제의 풀이 과정과 결과를 반성하는 태도

초등학교 수와 연산 영역에서는, 자연수, 분수, 소수 개념을 이해하기, 자연수, 분수, 소수에서의 사칙계산의 의미와 계산 원리를 탐구하고 계산을 수행하기, 연산 감각 기르기 등을 다룬다. 또한 자연수, 분수, 소수, 사칙계산을 실생활 및 타 교과와 연결하여 문제해결하기, 수의 범위와 올림, 버림, 반올림한 어림값을 실생활과 연결하여 이해하기 등을 다룬다.

중학교 수와 연산 영역에서는, 정수, 유리수, 실수 개념을 이해하기, 정수, 유리수, 실수의 대소 관계 판단하기, 수들 사이의 관계 이해하기 등을 다룬다. 또한, 정수, 유리수, 실수의 사칙계산의 원리를 탐구하고 계산하기, 연산의 성질 이해하기 등을 다룬다.

고등학교에서는 공통과목인 〈공통수학 1〉에서 복소수의 뜻과 성질을 이해하기, 복소수의 사칙계산 수행하기 등을 다룬다. 복소수의 성질과 사칙계산과 관련하여, 중학교에서 학습한 실수의 성질과 사칙계산과 연계하여 이해하고, 나눗셈은 켤레복소수를 이용하여 계산할 것을 강조한다.

나. 교과서의 이해

자연수와 양의 분수 및 소수 개념, 그리고 그 연산에 관련된 내용은 모두 초등학교에서 다루어진다. 중학교와 고등학교에서는 음수의 도입과 무한소수를 이용하여 유리수와 무리수 개념을 규정하고 실수를 도입하는 것이 수 개념과 관련된 중요한 내용이다.

1) 음수와 정수

우리나라의 중학교 교과서에서는 음수를 '음의 부호 −를 붙인 수'로서 도입하며, 실생활의 구체적인 맥락과 관련되는 다양한 모델들을 활용한다. 예를 들면 영상과 영하의 온도, 이익과 손해, 상승과 하락, 어떤 시점 이후의 시각과 이전의 시각, 무역에서의 흑자와 적자, 자산과 부채, 취업률의 증가와 감소 등으로 각각 양수와 음수 개념을 설명한다.

음수를 도입한 후에는, 양의 정수와 음의 정수를 각각 자연수에 양의 부호 +를 붙인 수, 자연수에 음의 부호 −를 붙인 수로 정의한 후에, 양의 정수, 0, 음의 정수를 통틀어 유리수로 정의한다. 다음은 양수, 음수, 양의 정수, 음의 정수, 정수 등을 설명하는 중학교 교과서의 예이다.

일기 예보에서 기온을 나타낼 때, 0℃를 기준으로 하여 영상의 기온에는 '+'를, 영하의 기온에는 '−'를 붙여서 다음과 같이 나타낸다.

영상 7℃ ➡ ⊕7℃

영하 5℃ ➡ ⊖5℃

기온을 나타내는 경우뿐만 아니라 '이익과 손해', '상승과 하락' 등과 같이 서로 반대되는 성질을 가지는 양을 각각 수로 나타낼 때, 부호 +, −를 사용하여 나타낼 수 있다. 이때 +를 **양의 부호**, −를 **음의 부호**라고 한다.

양의 부호 +와 음의 부호 −를 사용하여 0보다 큰 수나 작은 수를 나타낼 수 있다. 예를 들어

0보다 2만큼 큰 수는 +2, 0보다 3만큼 작은 수는 −3

0보다 $\frac{1}{2}$만큼 큰 수는 $+\frac{1}{2}$, 0보다 0.5만큼 작은 수는 −0.5

와 같이 나타낸다.

이때 양의 부호 +를 붙인 수를 **양수**라 하고, 음의 부호 −를 붙인 수를 **음수**라고 한다.

[그림 1-1] 중학교 교과서에서 +, - 부호의 도입(우정호 외, 2013a: 31-32)

0을 기준으로 하여 0보다 1, 2, 3, …만큼 큰 수를 각각 $+1$, $+2$, $+3$, …으로 나타내고, 0보다 1, 2, 3, …만큼 작은 수를 각각 -1, -2, -3, …으로 나타낸다. 이때 자연수에 양의 부호 +를 붙인 수 $+1$, $+2$, $+3$, …을 **양의 정수**, 음의 부호 −를 붙인 수 -1, -2, -3, …을 **음의 정수**라고 한다.

또, 양의 정수, 0, 음의 정수를 통틀어 **정수**라고 한다. 양의 정수 $+1$, $+2$, $+3$, …은 양의 부호 +를 생략하여 자연수 1, 2, 3, …과 같이 나타내기도 한다. 즉, 양의 정수는 자연수와 같다.

정수 { 양의 정수(자연수): $+1$, $+2$, $+3$, …
0
음의 정수: -1, -2, -3, … }

[그림 1-2] 중학교 교과서에서 정수의 도입(우정호 외, 2013a: 33)

양수와 음수의 대소 관계를 설명할 때에는 수직선 모델이 주로 사용된다. 수직선 위에 놓이는 정수는 왼쪽으로 갈수록 작고 오른쪽으로 갈수록 크다는 것이 직관적으로 분명하게 시각화될 수 있다.

음수의 사칙연산과 관련하여, 중학교 교과서에서는 다양한 모델을 활용하고 있다. 대체로 수직선 모델이나 셈돌 모델 등을 이용하여 음수의 덧셈과 뺄셈을 설명하며, 알고리즘의 숙달을 위해 뺄셈을 덧셈의 역연산으로 설명하여 '뺄셈은 빼는 수의 부호를 바꾸어 더하는 것'으로 형식화한다. 음수의 곱셈과 관련해서는 셈돌 모델, 귀납적 외삽법, 수직선 모델 등의 다양한 모델을 활용한다. 음수의 나눗셈은 곱셈의 역연산으로 설명하여 '같은 부호를 가진 수를 나눈 결과는 양수, 다른 부호를 가진 수를 나눈 결과는 음수'라는 알고리즘을 형식화한다.

다음은 귀납적 외삽법을 활용하여 음수의 곱셈을 설명하고 있는 교과서의 예이다. 3에 정수를 곱할 때 곱하는 수를 1씩 줄이면 그 결과는 3씩 작아지는 규칙성, −3에 정수를 곱할 때 곱하는 수를 1씩 줄이면 그 결과는 3씩 커지는 규칙성 등을 이용하여 정수의 곱셈을 형식화하고 있음을 확인할 수 있다.

위의 생각해 봅시다 에서 3에 정수를 곱할 때, 곱하는 수를 1씩 줄이면 곱은 다음과 같이 3씩 작아진다.

$3\times\ 2$	➡	$(+3)\times(+2)=+6$
$3\times\ 1$	➡	$(+3)\times(+1)=+3$
$3\times\ 0$	➡	$(+3)\times\ 0\ =\ 0$
$3\times(-1)$	➡	$(+3)\times(-1)=-3$
$3\times(-2)$	➡	$(+3)\times(-2)=-6$
		⋮ ⋮

1씩 줄인다. 3씩 작아진다.

두 양수의 곱은 두 수의 절댓값의 곱에 양의 부호 +를 붙인 것과 같고, 양수와 음수의 곱은 두 수의 절댓값의 곱에 음의 부호 −를 붙인 것과 같음을 알 수 있다.

$(+)\times(+)$ ➡ $(+)$
$(+)\times(-)$ ➡ $(-)$

마찬가지로 $(-3)\times4$는 -3을 4번 더한 것과 같으므로

$$(-3)\times4=(-3)+(-3)+(-3)+(-3)=-12$$

와 같이 계산할 수 있다.

-3에 정수를 곱할 때, 곱하는 수를 1씩 줄이면 곱은 다음과 같이 3씩 커진다.

$(-3)\times\ 2$	➡	$(-3)\times(+2)=-6$
$(-3)\times\ 1$	➡	$(-3)\times(+1)=-3$
$(-3)\times\ 0$	➡	$(-3)\times\ 0\ =\ 0$
$(-3)\times(-1)$	➡	$(-3)\times(-1)=+3$
$(-3)\times(-2)$	➡	$(-3)\times(-2)=+6$
		⋮ ⋮

1씩 줄인다. 3씩 커진다.

음수와 양수의 곱은 두 수의 절댓값의 곱에 음의 부호 −를 붙인 것과 같고, 두 음수의 곱은 두 수의 절댓값의 곱에 양의 부호 +를 붙인 것과 같음을 알 수 있다.

$(-)\times(+)$ ➡ $(-)$
$(-)\times(-)$ ➡ $(+)$

[그림 1-3] 중학교 교과서에서의 음수의 곱셈(우정호 외, 2013a: 47-48)

2) 유리수와 무리수

중학교 교과서에서 유리수는 다음과 같이 도입된다. 양의 유리수와 음의 유리수를 각각 분모와 분자가 자연수인 분수에 양의 부호 +를 붙인 수, 분모와 분자가 자연수인 분수에 음의 부호 −를 붙인 수로 정의한 후에, 양의 유리수, 0, 음의 유리수를 통틀어 유리수로 정의하고 있다.[45]

45 자연수, 정수, 유리수, 실수 등은 공리계에 의해 정의될 수 있는 '수'이지만, 분수나 소수는 '수를 표현

$+\frac{1}{2}$, $+\frac{2}{3}$, $+\frac{3}{4}$, …과 같이 분모, 분자가 자연수인 분수에 양의 부호 +를 붙인 수를 **양의 유리수**라 하고, $-\frac{1}{2}$, $-\frac{2}{3}$, $-\frac{3}{4}$, …과 같이 분모, 분자가 자연수인 분수에 음의 부호 −를 붙인 수를 **음의 유리수**라고 한다.

또, 양의 유리수, 0, 음의 유리수를 통틀어 **유리수**라고 한다. 양의 유리수도 양의 정수와 마찬가지로 양의 부호 +를 생략하여 나타내기도 한다.

한편, $+2=+\frac{2}{1}$, $0=\frac{0}{2}$, $-2=-\frac{6}{3}$과 같이 모든 정수는 분수 꼴로 나타낼 수 있으므로 유리수이다.

[그림 1-4] 중학교 교과서에서 유리수의 도입(우정호 외, 2013a: 35)

무리수 개념의 도입은 간단하지 않은데, 그것은 무리수를 '분수로 나타낼 수 없는 수'로 일단 정의한다 하더라도 실제로 그러한 수가 존재하는지 곧바로 학생들에게 보여주기 어렵기 때문이다. 예를 들어 '제곱해서 2가 되는 수'인 $\sqrt{2}$를 분수로 나타낼 수 없다는 것을 설명하려 하더라도 귀류법을 사용해서 증명해야 하고, 이는 고등학교에서 심화 문제 정도로 다룰 수 있는 수준이다.

이러한 이유로 무리수의 개념을 그 존재성과 함께 도입하기 위한 수단으로 유리수와 무리수의 사이에 무한소수 개념을 다루게 된다. 우선 중학교에서는 유리수를 유한소수 및 순환소수로 생각할 수 있음을 다루며, 이를 위하여 다음의 명제를 차례로 정당화한다.[46]

(1) 유리수를 소수로 나타내면 유한소수 또는 무한소수의 형태이다.
(2) 유한소수로 나타낼 수 없는 유리수는 항상 순환소수인 무한소수로 나타낼 수 있다.
(3) 역으로, 유한소수 또는 순환소수는 항상 분수로 나타낼 수 있으므로 유리수가 된다.

$\frac{1}{3}=1\div 3=0.333\cdots$임은 매우 자연스러우므로, 무한소수의 형태가 될 수밖에 없는 유리수가 존재한다는 것은 어렵지 않게 받아들일 수 있다. 그 다음 단계로는 이러한 무한소수가 순환소수가 될 수밖에 없음을 보여야 하는데, 중학교 교과서에서는 다음과 같이 구체적인 사례를 들어 이를 설명하고 있다.

하는 형식'이라고 할 수 있다.

46 유리수 3은 3.0과 같이 유한소수로 '표현'할 수도 있고 2.999…와 같이 무한소수로 '표현'할 수도 있다. 이와 같이 모든 유한소수는 무한소수의 형태로 표현할 수 있지만, 모든 무한소수를 유한소수로 표현할 수 있는 것은 아니다. 한편 $\sqrt{2}-1=\frac{1}{\sqrt{2}+1}$과 같이 무리수도 분수의 형태로 표현할 수는 있지만, 분모와 분자가 정수가 아니므로 유리수가 아니다.

예를 들어 오른쪽과 같이 $\frac{2}{7}$를 소수로 나타내기 위하여 2를 7로 나누면 각 계산 단계에서 나머지는 차례대로

$6, 4, 5, 1, 3, 2, \cdots$

가 된다. 이때 나머지는 모두 7보다 작아야 하므로 적어도 7번째 안에는 같은 수가 나타난다. 나머지가 같은 수가 나타나게 되면 그때부터 같은 몫이 한없이 되풀이되어 순환마디가 생기게 된다. 즉,

$$\frac{2}{7}=0.285714285714285714\cdots$$
$$=0.\dot{2}8571\dot{4}$$

가 됨을 알 수 있다.

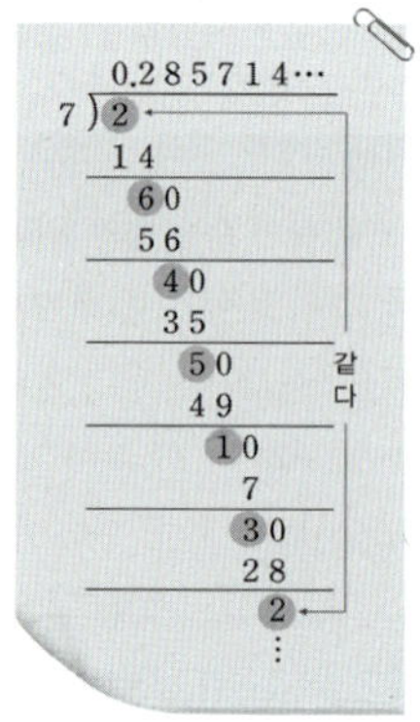

일반적으로 정수가 아닌 유리수를 기약분수로 나타내었을 때, 분모가 2나 5 이외의 소인수를 가지면 그 분수는 무한소수가 되며, 그 무한소수는 순환소수로 나타내어진다.

[그림 1-5] 중학교 교과서에서 유리수와 순환소수(우정호 외, 2013b: 16-17)

모든 유리수는 유한소수나 순환소수로 나타낼 수 있음을 설명하고 나면, 역으로 유한소수나 순환소수로 나타낼 수 있는 수는 유리수라는 것을 설명하게 된다. 앞의 절에서 이미 언급하였듯이, 순환소수를 분수로 고치는 엄밀하고 명확한 방법은 극한 개념을 이용하여 무한등비급수의 합으로 처리하는 것이지만, 중학교에서는 직관적인 방법을 사용할 수밖에 없다. 즉, 주어진 순환소수를 x라 놓고, 적당한 m, n에 대하여 $x \times 10^m$과 $x \times 10^n$의 소수 부분이 같아지도록 만든 후 그 차가 정수가 된다는 사실을 이용하는 것이다. 다음은 모든 순환소수를 분수로 나타낼 수 있음을 설명하는 중학교 교과서의 예이다.

순환소수의 순환마디에 따라 10, 100, 1000, …을 적당히 곱하여 소수 부분이 같은 두 순환소수를 구할 수 있다. 이 사실을 이용하면 순환소수를 분수로 나타낼 수 있다.

예를 들어 순환소수 $0.\dot{5}$를 x라고 하면

$x=0.555\cdots$ …… ①

이다. ①의 양변에 10을 곱하면

$10x=5.555\cdots$ …… ②

이다. ②에서 ①을 변끼리 빼면 $9x=5$에서

$$x=\frac{5}{9}$$

이다. 따라서 $0.\dot{5}=\frac{5}{9}$임을 알 수 있다.

이와 같은 방법으로 순환소수를 분수로 나타낼 수 있다.

$$\begin{array}{r} 10x=5.555\cdots \\ -)\quad x=0.555\cdots \\ \hline 9x=5 \end{array}$$

[그림 1-6] 중학교 교과서에서 순환소수와 유리수(우정호 외, 2013b: 18)

어떤 수가 유리수라는 것과 그 수를 유한소수나 순환소수로 나타낼 수 있다는 것이 동치임을 설명하고 나면, 무리수, 즉 '유리수가 아닌 수'의 존재성은 '순환소수로 나타낼 수 없는 무한소수'가 존재함을 보임으로써 말할 수 있게 된다. 0.101101110111101111110⋯과 같은 소수는 순환하지 않는 무한소수의 한 예이다.

그런데 가장 흔히 사용되는 무리수인 $\sqrt{2}$, $\sqrt{3}$, π 등에 대해서는[47] 그것이 순환하지 않는 무한소수라는 사실을 보이는 것이 쉽지 않다. 중학교 교과서에서는 다음과 같이 $\sqrt{2}$가 순환하지 않는 무한소수임을 직관적으로 설명하고, 무리수를 순환하지 않는 무한소수로 정의한다.

제곱근의 대소 관계를 이용하여 $\sqrt{2}$를 소수로 나타내어 보자.

먼저 $1.4^2=1.96$, $1.5^2=2.25$이고 $1.96<2<2.25$이므로

$$1.4<\sqrt{2}<1.5$$

임을 알 수 있다.

또, $1.41^2=1.9881$, $1.42^2=2.0164$이고 $1.9881<2<2.0164$이므로

$$1.41<\sqrt{2}<1.42$$

임을 알 수 있다.

이와 같은 방법으로 계속하면 다음을 알 수 있다.

$$1.414<\sqrt{2}<1.415$$

$$1.4142<\sqrt{2}<1.4143$$

$$\vdots$$

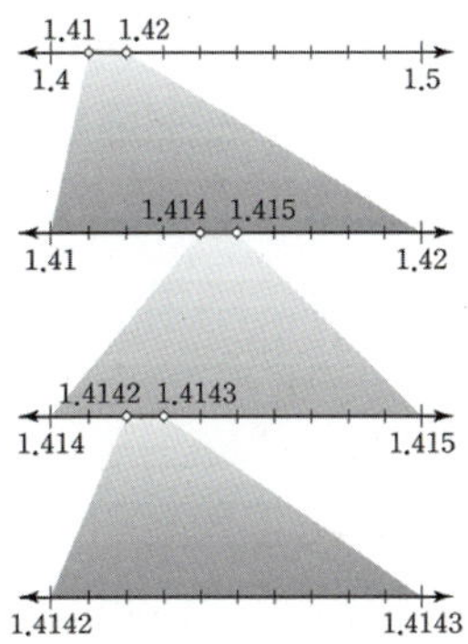

$\sqrt{2}$를 소수로 나타내면

$$\sqrt{2}=1.4142135623730950488016\cdots$$

과 같이 순환하지 않는 무한소수가 된다.

유리수는

$$\frac{1}{2}=0.5,\ \frac{31}{25}=1.24,\ \frac{1}{3}=0.\dot{3},\ \frac{26}{11}=2.\dot{3}\dot{6}$$

과 같이 유한소수나 순환소수로 나타낼 수 있다. 그런데 앞에서 알아보았듯이 $\sqrt{2}$는 순환하지 않는 무한소수로 나타내어진다.

이와 같이 소수로 나타낼 때 순환하지 않는 무한소수가 되는 수를 **무리수**라고 한다.

[그림 1-7] 중학교 교과서에서 순환하지 않는 무한소수와 무리수(우정호 외, 2013c: 20-21)

47 $\sqrt{2}$나 π와 같은 무리수는 '한 변의 길이가 1인 정사각형의 대각선의 길이'나 '반지름이 $\frac{1}{2}$인 원의 둘레'라는 기하학적인 의미를 갖기 때문에, 측정수라는 수 개념의 현실적인 맥락과 연결되는 학습을 가능하게 한다.

$\sqrt{2}$가 무리수라는 것은, $\sqrt{2}$를 분모와 분자가 모두 정수인 분수의 형태로 나타낼 수 없다는 것을 보임으로써 완전하게 증명된다. 귀류법을 이용하는 이 증명은 고등학교의 교과서에서 심화 문제로 다루어지며, 대략적인 내용은 다음과 같다.

> $\sqrt{2}$가 유리수라고 가정하면 $\sqrt{2}=\frac{p}{q}$(p, q는 서로소인 정수, $q \neq 0$)와 같이 나타낼 수 있다. 따라서 $p=\sqrt{2}q$의 양변을 제곱하면 $p^2=2q^2$. 그러므로 p^2은 짝수이고 제곱하여 짝수가 되는 수는 짝수이어야 하므로 p도 짝수이다. p가 짝수이므로 $p=2m$(m은 정수)이라고 놓으면 $p^2=2q^2$에서 $4m^2=2q^2$, 즉 $q^2=2m^2$이다. 따라서 q^2도 짝수이고 q도 짝수이다. 이것은 p, q가 서로소라는 가정에 모순이다. 결론적으로 $\sqrt{2}$는 유리수가 아니다.

이렇게 해서 무리수가 도입되면, 유리수의 집합과 무리수의 집합의 합집합으로서 실수의 집합이 규정된다. 이때 실수의 집합은, 유리수의 집합이 가지고 있는 대수적 구조(체로서의 연산에 관한 성질) 및 순서 구조(선형 순서집합으로서의 대소 관계에 관한 성질)는 계속 유지하면서 확장된다.

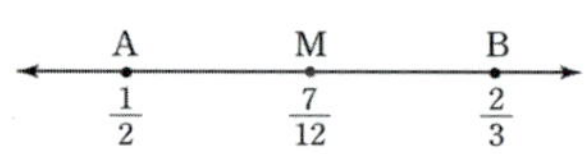

오른쪽 수직선에서 두 점 A, B에 대응하는 수는 각각 $\frac{1}{2}$, $\frac{2}{3}$이다. 이 두 수의 평균인 $\frac{7}{12}$은 $\overline{AB}$의 중점 M에 대응하는 수이다. 즉, 두 유리수에 대응하는 점을 양 끝점으로 하는 선분의 중점에 대응하는 수는 유리수이다. 이와 같은 방법으로 서로 다른 두 유리수 사이에는 무수히 많은 유리수가 있고, 이 유리수들은 각각 수직선 위의 한 점에 대응시킬 수 있음을 알 수 있다.

$\sqrt{2}$를 수직선 위의 점에 대응시켜 보자.

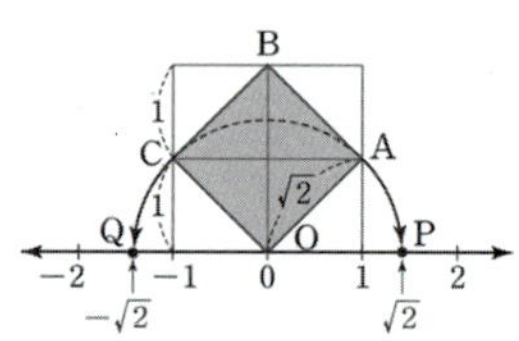

오른쪽 그림에서 정사각형 OABC의 넓이가 2이므로 $\overline{OA}$의 길이는 $\sqrt{2}$이다. 점 O를 중심으로 하고 $\overline{OA}$를 반지름으로 하는 원을 그릴 때, 수직선과 만나는 점을 각각 P, Q라고 하면 두 점 P, Q에 대응하는 수는 각각 $\sqrt{2}$, $-\sqrt{2}$이다. 이와 같이 수직선 위에는 유리수에 대응하는 점 이외에 무리수에 대응하는 점도 존재한다.

일반적으로 수직선은 유리수와 무리수, 즉 실수에 대응하는 점들로 완전히 메울 수 있음이 알려져 있다. 모든 실수에 수직선 위의 점이 하나씩 대응하고, 수직선 위의 모든 점에 실수가 하나씩 대응한다.

[그림 1-8] 중학교 교과서에서 유리수의 조밀성과 실수의 연속성(우정호 외, 2013c: 23)

한편 유리수의 조밀성에 대해서는 중학교에서 '임의의 두 유리수 사이에 무수히 많은 유리수가 있다'는 것을 다룬다. 실수의 집합이 가지고 있는 연속성에 대해서는 중·고등학교에서 엄밀한 방식으로 지도하는 것은 어려우므로, [그림 1-8]과 같이 비형식적으로 다룬다.

다. 음수의 지도 방법 탐색

이 절에서는 음수 단원 지도의 한 예로서, 최병철(2002)이 제안하고 있는 형식적·구조적 접근 방식을 살펴보고자 한다. 이와 같은 방식은, 음수의 지도를 위한 구체적인 모델들이 음수의 대수적 구조를 설명하는 데 본질적으로 한계를 갖는다는 문제의식에 대한 하나의 대안이기도 하며, 음수의 연산을 대수적 형식 불역의 원리를 이용하여 처음부터 형식적으로 도입할 것을 주장하는 Freudenthal의 관점을 반영한 것이기도 하다. 물론 이러한 형식적 접근 방식만이 음수 지도에 대한 완전한 정답일 수는 없을 것이다. 음수 개념과 그 연산을 설명하는 구체적 모델은 의미 있는 학습을 위한 풍부하고 다양한 실제적 맥락을 제공하기 위해서 꼭 필요한 것이고, 그것이 형식적·구조적 접근을 보완하는 역할을 하여야 한다는 점을 부인할 수는 없기 때문이다.

형식적 접근에서는 먼저 음수의 정의가 방정식의 해를 구하는 문제 상황에서 출발하여 도입된다. 이는 음수의 역사적 발생 과정과도 부합한다.

예 01

$\square+2=0$이 되는 $\square$의 값을 -2라 한다. 이와 같은 수를 음의 정수라 부른다.

이러한 방식의 도입은 몇 가지 사례를 통하여 학생들에게 익숙하게 접근시킬 수 있으며, 문자를 사용하여 다음과 같이 일반화된다.

예 02

$x+a=0$이 되는 x의 값을 $-a$라 한다. 각 a에 대하여 $-a$는 유일하게 정해지며, $-a$를 a의 덧셈에 대한 역원이라고 한다.

여기에서 역원이라는 용어 대신 반대수(opposite number) 등의 용어를 사용할 수도 있다. 같은 마이너스 기호가 뺄셈 연산과 덧셈의 역원이라는 상이한 맥락에서 사용되는 것으로 인해 느낄 수 있는 학습 초기의 혼란은 고려될 필요가 있다.

예 03

예를 들면, $\square+3=0$인 $\square$의 값은 -3이다. 또 $\square+(-3)=0$인 $\square$의 값은 $-(-3)$이다. 그런데 $3+(-3)=(-3)+3=0$이므로 $\square$의 값은 3이기도 하다.
따라서 $-(-3)=3$이다.

이러한 성질은 덧셈의 역원으로서 도입된 음수의 정의에 의해 곧바로 유도될 수 있다.

예 04

자연수, 0, 음의 정수들의 집합을 정수라 한다.
이러한 정수들은 자연수와 마찬가지로 덧셈에 대한 교환법칙, 결합법칙과 곱셈에 대한 교환법칙, 결합법칙, 그리고 분배법칙을 모두 만족한다.

자연수의 덧셈과 곱셈에 대한 교환법칙, 결합법칙, 분배법칙은 이미 초등 수학에서 다루는 내용이고, 이를 정수의 집합에서 성립하는 법칙으로 확장하는 것은 형식불역의 원리이다. 이 원칙으로부터 음수의 덧셈과 곱셈 규칙을 이끌어낼 수 있다.

먼저 양수와 음수의 덧셈은 다음과 같이 계산할 수 있다.
$2+(-3)=\square$라 하자.
$1+2+(-3)=3+(-3)=0$이므로 $1+\square=0$이다.
따라서 $\square=-1$, 곧 $2+(-3)=-1$이다.

음수와 음수의 덧셈도 다음과 같은 방법으로 계산할 수 있다.
$(-3)+(-5)=\square$라 하자
$(-3)+(-5)+5+3=(-3)+((-5)+5)+3=(-3)+0+3=0$이므로
$\square+8=0$이다.
따라서 $\square=-8$, 곧 $(-3)+(-5)=-8$이다.

이와 같은 방식으로 교환법칙, 결합법칙을 이용하면 뺄셈도 마찬가지 방법으로 계산할 수 있다.

$2-5=\square$ 라 하자.

$3+(2-5)=5-5=0$이므로 $3+\square=0$이다.

따라서 $\square=-3$, 곧 $2-5=-3$이다.

이러한 덧셈, 뺄셈의 계산으로부터 $2+(-3)=2-3$, $(-3)+(-5)=(-3)-5$ 등과 같은 규칙을 파악하게 되면, 다음과 같이 정리하는 것이 가능하게 된다.

예 05

정수의 뺄셈은 빼고자 하는 수의 반대수를 더하는 것과 같다. 예를 들면, 다음과 같이 계산할 수 있다.

① $3-(-2)=3+(-(-2))=3+2=5$

② $(-4)-5=(-4)+(-5)=-9$

③ $(-2)-(-7)=(-2)+(-(-7))=(-2)+7=5$

이러한 구조의 확장은 자연수의 연산 구조로부터 정수의 뺄셈 규칙을 이끌어내는 것이기도 하지만, 한편으로는 자연수의 뺄셈도 음수 개념에 의해 그 '역원의 덧셈'으로 이해될 수 있다는 새로운 관점을 보여주는 것이기도 하다.

곱셈을 동수누가로 해석하는 것은 승수가 자연수일 때에만 가능하다. 음수의 연산을 형식적으로 정의해 간다면 곱셈 역시 다음과 같이 설명할 수 있다.

$2\times(-3)=\square$라 하자.

$2\times(3+(-3))=2\times0=0$이므로 $(2\times3)+(2\times(-3))=0$,

즉 $6+\square=0$이다.

따라서 $\square=-6$, 곧 $2\times(-3)=-6$이다.

음수와 음수의 곱셈도 마찬가지로 계산된다.

$(-2)\times(-3)=\square$라 하자.

$(2+(-2))\times(-3)=0\times(-3)=0$이므로 $(2\times(-3))+((-2)\times(-3))=0$,

즉 $(-6)+\square=0$이다.

따라서 $\square = 6$, 곧 $(-2)\times(-3)=6$이다.

곱셈에 대한 이러한 규칙들이 파악되면 다음과 같이 정리할 수 있다.

예 06

정수의 곱셈에서는 다음과 같은 규칙이 성립한다.

(양수) × (양수) = (양수), (양수) × (음수) = (음수)
(음수) × (양수) = (음수), (음수) × (음수) = (양수)

나눗셈의 경우는 곱셈의 역연산으로서 설명할 수 있는데, 예를 들면 다음과 같은 방식의 도입이 가능하다.

자연수의 곱셈과 나눗셈 사이에는 다음과 같은 관계가 있다.

$5\times3=15$이면 $15\div3=5$

이와 마찬가지로 다음과 같은 관계를 생각할 수 있다.

$(+2)\times(+3)=(+6)$에서 $(+6)\div(+3)=(+2)$
$(-2)\times(-3)=(+6)$에서 $(+6)\div(-3)=(-2)$
$(-2)\times(+3)=(-6)$에서 $(-6)\div(+3)=(-2)$
$(+2)\times(-3)=(-6)$에서 $(-6)\div(-3)=(+2)$

이로부터 곱셈과 같은 다음의 규칙이 정리된다.

예 07

정수의 나눗셈에서도 다음과 같은 규칙이 성립한다.

(양수) ÷ (양수) = (양수), (양수) ÷ (음수) = (음수)
(음수) ÷ (양수) = (음수), (음수) ÷ (음수) = (양수)

이와 같이 음수 개념과 그 연산을 지도하는 형식적·구조적 접근 방식은 정수의 대수적 구조를 형식 불역의 원리에 따라 자연수 체계의 대수적 구조로부터 확장해 나가는 방법이다. 이러한 방법은 복잡한 개념을 인위적으로 전달하는 알고리즘의 교육이 아니라 발생적 측면과 음수의 형식적 특성을 반영하는 것으로, 학생들에게 익숙한 자연수 연산의 기본 성질로부터 출발하여 음수 개념을 설명함으로써 음수의 형식적인 본질에 익숙하게 하며, 일관성이 결여된 물리적 모델이 갖는 임의적이고 협약적인 취약성을 극복한다는 취지가 담겨 있다.

그러나 단순히 형식적·구조적 접근만으로 음수를 도입하여 현실적 맥락을 전혀 가지지 못한다면 결코 바람직하다고 할 수 없다. 수학 외적인 맥락을 포함하는 풍부한 맥락에서 구조화된 내용을 학생들이 접할 수 있을 때 학생들은 스스로 일반적인 구조를 발견하거나 수학화하는 능력을 함양하는 기회를 가질 수 있다. 다음은 음수에 대한 현실적 맥락을 고려한 문제의 예이다.

(1) 어떤 시점의 온도가 0°이다. 그 온도가 10° 떨어진 후 다시 7° 올랐다면 그때의 온도는 몇 도인가?
(2) 어떤 시험에서 각 문제마다 문제를 맞히면 5점, 틀리면 −2점, 답을 쓰지 않으면 0점을 부여한다. 한 학생이 14문제를 맞히고 4문제를 틀렸으며 2문제의 답을 쓰지 않았다면 그 학생의 점수는 몇 점인가?
(3) 철수는 1500달러를 원화로 바꾸었다. 바꿀 당시 환율은 1달러에 1200원이었다. 그런데 며칠 후 환율이 올라서 1달러에 1300원이 되었다. 철수는 환율이 오르기 전에 달러를 바꾸어서 손해를 본 셈이다. 얼마의 금액을 손해본 셈인가?
(4) 철수가 동서로 뻗은 직선 도로 위를 걷고 있다. 철수의 현재 위치를 0이라고 하고, 동쪽으로 시속 4km의 속도로 걷는다면 2시간 후 철수의 위치는 어디인가? 또 2시간 후의 지점에서 방향을 바꿔서 서쪽으로 시속 5km의 속도로 3시간을 더 걸었다면 그때 철수의 위치는 어디인가?

이러한 문제들은 형식적으로 도입된 음수 개념에 구체적이고 실제적인 의미를 보완해주는 역할을 한다. 형식화된 대수적 언어 없이 일상 언어로만 문제 해결 과정을 기술한다면 수학적 사고의 진보가 이루어질 수 없겠지만, 반대로 현실적 맥락을 무시하는 추상적 대수만의 학습은 또한 교수학적 단절의 원인이 되기도 할 것이다. 진정한 음수 개념의 형성을 위해서는 형식과 구체적 의미 가운데 어느 한쪽에 치우치는 학습 지도가 이루어지지 않도록 하는 균형 잡힌 관점이 항상 요구된다.

라. 공학 도구의 활용

수와 연산 영역과 관련한 학습 지도에서 컴퓨터나 고차원적인 소프트웨어를 활용할 기회는 다른 영역과 비교할 때 그렇게 많지 않다. 그러나 지필 계산이 어렵거나 불가능한 경우를 신속하고 정확하게 수행할 수 있는 계산기와 컴퓨터는 수 개념과 그 연산의 교수·학습에도 어느 정도 활용될 수 있다. 현재 교과서에서 수와 연산 영역과 관련하여 계산기를 활용하고 있는 대표적인 사례는 '제곱근의 계산'이다. 보통의 계산기는 실수를 소수 형태로 다루기 때문에 무리수 등의 계산 결과는 근삿값으로[48] 답을 출력하게 된다. 무리수를 처음으로 학습하는 상황에서는 소수 표현으로 나타나는 이러한 근삿값이, 학생들에게 좀 더 구체적이고 실제적인 의미를 제공하는 데 도움을 준다. 다음은 계산기를 이용하여 $\sqrt{0.02}$, $\sqrt{0.2}$, $\sqrt{2}$, $\sqrt{20}$ …등의 근삿값을 구하고 그 규칙성을 찾도록 하는 교과서의 한 예이다.

모둠 활동 다음은 계산기를 사용하여 $\sqrt{0.02}$를 소수로 나타내는 과정이다.

❶ [AC] 또는 [C]를 누른다.
❷ [0], [.], [0], [2]를 차례로 누른다.
❸ [√]를 누른다.

이와 같이 친구들과 계산기를 사용하여 오른쪽 표의 제곱근을 소수로 나타내고, 규칙을 찾아보자.

$\sqrt{0.02}$	0.14142135623…
$\sqrt{0.2}$	
$\sqrt{2}$	
$\sqrt{20}$	
$\sqrt{200}$	
$\sqrt{2000}$	

[그림 1-9] 중학교 교과서에서 계산기의 활용(우정호 외, 2013c: 39)

계산기를 이용하여 무리수의 근삿값을 곧바로 구할 수 있다면, 이것은 그 무리수의 값이 어느 정도의 크기인가를 알 수 있는 동시에 관련된 주제의 개념 학습에도 활용될 수 있다. 예를 들면, 계산된 두 무리수의 소수 근삿값을 이용하여 두 값 사이에 다른 무리수의 존재성을 판단하게 함으로써 무리수 체계의 조밀성 개념을 학습할 수도 있다.

일반적으로 수와 연산 영역의 학습 지도에서 계산기나 컴퓨터의 활용 가능성은 다음과 같은 측면에서 검토될 필요가 있다.

48 최근에는 컴퓨터 대수 체계(Computer Algebra System: CAS)를 내장한 계산기가 개발되어 분수, 무리수, 복소수 등을 입력하고 출력할 수 있다. 이러한 계산기의 경우에는 $x^2=2$와 같은 방정식의 해를 구할 때, 근삿값인 소수 표현으로 답을 내기도 하지만 $\sqrt{2}$와 같은 정확한 답을 출력할 수도 있다.

- 학생들은 복잡한 계산을 계산기를 활용하여 계산함으로써 개념 학습에 더욱 집중할 수 있다.
- 계산기의 즉각적인 피드백을 활용하여 학생들이 자신의 추측을 정당화할 수 있다.
- 상황과 문제를 더욱 복합적이고 실제적인 방식으로 모델화할 수 있다.

다음은 스프레드시트를 활용하여 $\sqrt{2}$의 값을 추측하는 활동을 다루는 교과서의 예이다.

연주는 $\sqrt{2}$가 얼마나 큰 수인지 알아보기로 하였다.

우선 $\sqrt{2}$는 2의 양의 제곱근이고 $1^2=1$, $2^2=4$이므로 1과 2 사이의 수임을 알 수 있다. 이제 다음 방법으로 $\sqrt{2}$에 가까운 소수를 찾아보자.

1 다음 값을 구하고, 그 값과 2의 대소 관계를 말하여 보자.

(1) 1.3^2

(2) 1.4^2

(3) 1.5^2

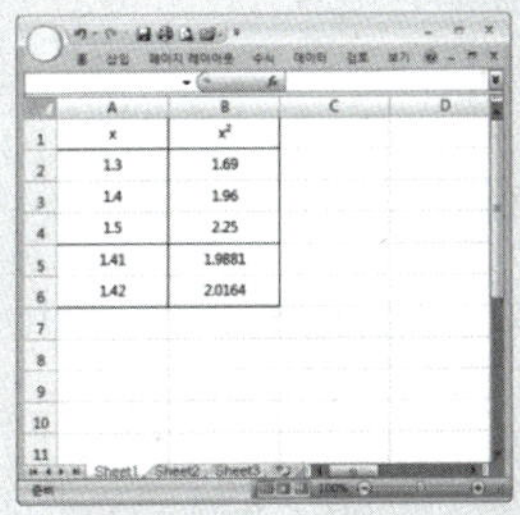

2 1의 활동으로부터 $\sqrt{2}$는 어떤 두 수 사이의 수인지 말하여 보자.

3 다음 값을 구하고, 그 값과 2의 대소 관계를 말하여 보자.

(1) 1.41^2 (2) 1.42^2

4 3의 활동으로부터 $\sqrt{2}$는 어떤 두 수 사이의 수인지 말하여 보자.

5 위와 같은 방법을 여러 번 되풀이하여 $\sqrt{2}$에 가까운 소수를 찾아보자. 또, 자신이 찾은 소수와 친구가 찾은 소수를 비교하여 누가 찾은 수가 더 $\sqrt{2}$에 가까운지 판단하여 보자.

[그림 1-10] 중학교 교과서에서 $\sqrt{2}$의 값 추측하기(정상권 외, 2010: 16)

특히 복잡한 소프트웨어가 굳이 필요하지 않은 경우에는 상황에 따라 컴퓨터가 아닌 계산기만으로도 필요한 학습 효과를 거두면서 경제성, 휴대 가능성, 조작의 간편성 등의 장점을 활용할 수 있다는 점은 염두에 둘 필요가 있을 것이다.

생각해 볼 문제

01 '새 수학(New Math)' 운동의 내용이 반영된 우리나라의 제3차, 4차 교육과정에서 자연수 개념이 어떤 방식으로 도입되었는지 조사해 보고, 그 도입 방식의 문제점을 Dewey와 Piaget의 관점에서 평가해 봅시다.

02 음수의 사칙연산을 설명하는 다양한 모델을 조사하거나 만들어 보고, 각각의 모델이 갖는 장점과 한계에 대해서 생각해 봅시다.

03 음수의 연산 이외에, 형식불역의 원리로 이해될 수 있는 수학적 개념의 확장 사례를 조사해 봅시다. 또, $i=\sqrt{-1}$에 의해 실수 체계를 복소수 체계로 확장할 때 절댓값을 $|a+bi|=\sqrt{a^2+b^2}$으로 정의하는 것이 좋은 이유를 생각해 봅시다.

04 '수와 연산' 영역에서 컴퓨터를 활용하는 수업의 가능성에 대해 생각해 보고, 관련된 학습 지도안을 만들어 봅시다.

참고문헌

Chapter 01

강홍규(2005). Dewey의 경험주의 수학교육론 연구. 서울대학교 대학원 박사학위 논문.

고정화(2005). 학령 초의 활동주의적 수 개념 구성에 관한 연구. 서울대학교 대학원 박사학위 논문.

교육과학기술부(2009). 2009 개정 수학과 교육과정. 서울: 교육과학기술부.

교육부(2022). 수학과 교육과정. 교육부 고시 제2022-33호 [별책 8]. 교육부.

교육인적자원부(2007). 2007 개정 수학과 교육과정. 서울: 교육인적자원부.

박선화(1998). 수학적 극한 개념의 이해에 관한 연구. 서울대학교 대학원 박사학위 논문.

신유신(1995). 음수 지도 모델에 관한 고찰. 서울대학교 대학원 석사학위 논문.

우정호 외(2013a). 중학교 수학①. 서울: 두산동아.

우정호 외(2013b). 중학교 수학②. 서울: 두산동아.

우정호 외(2013c). 중학교 수학③. 서울: 두산동아.

우정호 외(2013d). 고등학교 수학Ⅰ. 서울: 두산동아.

유현주(1995). 유리수 개념의 교수현상학적 분석과 학습 — 지도 방향에 관한 연구. 서울대학교 대학원 박사학위 논문.

정상권 외(2010). 중학교 수학 3. 서울: 금성출판사.

최병철(2002). 음수 지도의 교수현상학적 고찰. 서울대학교 대학원 석사학위 논문.

Dewey, J. & McLellan, J. A. (1895). *The Psychology of Number: And Its Applications to Methods of Teaching Arithmetic*. New York: D, Appleton & Company.

Piaget, J. (1965). *The Child's Conception of Number*. W. W.: Norton & Company.

Chapter

02

대수

“

학교 수학의 대수 학습은 대수 자체의 내용 학습뿐만 아니라 수학 여러 분야의 이해를 위한 기초 학습을 제공한다는 측면에서 중요한 의의를 지닌다. 대수 학습을 통해 학생들은 여러 가지 문제 상황을 수식으로 표현하여 해결하는 능력, 양 사이의 관계를 탐구하여 문제를 형식화하거나 일반화하는 능력, 문제를 구조적 관점에서 다룰 수 있는 능력을 기를 수 있다. 이 장에서는 대수의 역사적 발달과 대수 교수·학습에 관한 연구 내용을 살펴본다. 또한 우리나라 교육과정을 살펴보고, 대수 학습의 관점에서 수학 교과서와 수학 수업에 대한 분석적 논의를 한다. 아울러 대수 학습에서의 공학 도구 활용에 대해서 알아본다.

1. 대수 교수·학습 이론

가. 대수 지도의 의의

대수 학습은 문자 사용과 함께 본격적으로 도입된다. 학교 수학에서 다루는 대수는 문제 해결과 관련된 일련의 조작에서 시작되어 군·환·체 등과 같은 구조의 학습을 위한 기본 토대를 제공한다. 한편 대수학은 해석학·기하학 등의 다른 수학 분야의 전개에 필요한 기초 지식으로서의 역할도 하고 있다.

학생들은 대수 학습을 통해 여러 가지 문제 상황을 수식으로 표현하여 해결하는 능력, 양 사이의 관계를 탐구하고 문제를 형식화하거나 일반화하는 능력, 문제를 구조적 관점에서 다룰 수 있는 능력을 기를 수 있다. 대수 학습의 기본이 되는 문자와 식은 수학적 의사소통에 필수적인 언어일 뿐만 아니라 추상화의 단계에서 개념을 조작하고 적용할 수 있는 수단인 동시에 일반화와 통찰을 용이하게 하는 방법을 제공하는 도구이다. 또한 문자와 식의 학습에서 주요 내용으로 지도되는 방정식과 부등식은 실생활의 문제를 포함한 수학 내적·외적 문제 해결에 중요한 도구로서의 역할을 한다.

우리나라 교육과정에서 다루는 대수 영역의 학습은 '문자의 사용과 식'에서 본격적으로 전개되면서 다항식의 곱셈과 인수분해, 여러 방정식과 부등식, 행렬과 그 연산, 수열 등의 학습으로 나아간다. 학교 수학에서 다루는 대수는 그 내용 자체의 활용뿐만 아니라 해석, 기하 등의 다른 수학 분야 학습에 필요한 기초 지식을 제공한다. 나아가 점점 관심이 증대되는 인공지능 분야에도 그 핵심이론과 알고리즘 개발에 중요한 역할을 한다.

나. 대수의 역사적 발달

1) 대수의 의미 변화

대수 지도에 관한 논의는 먼저 '대수란 무엇인가'에 대한 이해에서 시작되어야 한다. 현대수학의 두드러진 특징은 수학의 '대수화', 즉 대수적 방법에 의한 수학의 연구이지만 대수가 무엇인지를 설명하기는 쉽지 않다(우정호, 1998: 225).

algebra라는 말의 기원은 '대수학의 아버지'로 불리는 아라비아의 페르시아계 수학자 al-Khwarizmi(약 780~850년)의 저서 《Al-Kitab al-muhtasar fi hisab al-jabr w'al-muqabala(825)》에서 유래되었다. 방정식의 풀이와 관련된 규칙을 뜻하는 용어 al-jabr에서 유래된 algebra의 의미는 그 기원으로 볼 때 방정식을 푸는 계산 이론과 관련이 깊다. al-Khwarizmi도 대수를 al-jabr와 al-muqabala 규칙(현재, 방정식의 풀이에서 등식의 성질을 이용한 이항, 동류항을 간단히 정리하는 규칙과 관련)을 이용해 방정식을 푸는 방법으로 보았다.

알콰리즈미의 일차방정식의 풀이법은?

문자를 이용하여 방정식을 나타내고 푸는 수학의 한 분야를 '대수학(代數學)'이라고 하며, 영어로는 'algebra'라고 한다. 이 단어는 아랍어 '알자브르(al-jabr)'에서 유래하였다.

9세기 무렵 이슬람 문명에서는 수학이 매우 발달하여 일차방정식을 푸는 체계적인 해법이 개발되었다. 특히 알콰리즈미(Al-Khwarizmi ; ?780~?850)가 쓴 책 『키타브 알자브르 와알무카발라』가 유명하다.

여기서 '알자브르'는 방정식의 양변을 정리하여 모든 계수를 양수로 만드는 것을 뜻하고, '알무카발라'는 동류항끼리 정리하여 식을 간단히 하는 것을 뜻한다.

지금은 음수를 사용하여 이런 과정을 더 간단히 쓸 수 있지만 17세기 이전에는 음수를 생각하지 않았기에 이와 같이 다소 복잡하게 방정식을 다루었다. 이 책에서 다루는 해법은 기계적인 과정을 따라가면 답이 나오도록 되어 있다. 이로부터 유럽에서는 '유한한 단계를 거쳐 답을 구하는 과정'을 알콰리즈미의 이름을 따 '알고리즘'이라고 부르게 되었다.

[그림 2-1] 중학교 수학 교과서의 역사 읽기 자료(정상권 외, 2009: 124)

이러한 대수의 의미는 16세기 이후 기호가 본격적으로 사용되면서 기호를 사용하여 일반적인 문제를 해결하는 방법 또는 양 사이의 관계를 탐구하는 방법이라는 의미로 변하여 갔다. 18세기의 대수 교과서인 Maclaurin의 《A Treaties of Algebra in Three Parts(1748)》에서는 대수가 '기호를 사용한 일반적인 계산 방법'으로 정의되고 있다. 또한 19세기의 대수 교과서인 Wentworth의 《Elements of Algebra(1881)》에서는 대수가 '수에 관한 추론에서 문자를 사용하는 과학'으로, Brooks의 《The Normal Element Algebra(1871)》에서는 대수가 '기호의 일반적인 특징을 통해 양을 탐구하는 방법'으로 설명되고 있다(Katz, 1993b).

그러나 추상대수가 형성되는 과정인 20세기에 들어서는 대수의 의미가 분명하게 제시되어 있는 대수 교과서를 찾아보기 어렵다. 새롭게 등장한 추상대수로 인하여 대수에 대한 또 다른 설명이 요구되고 있기 때문이다.

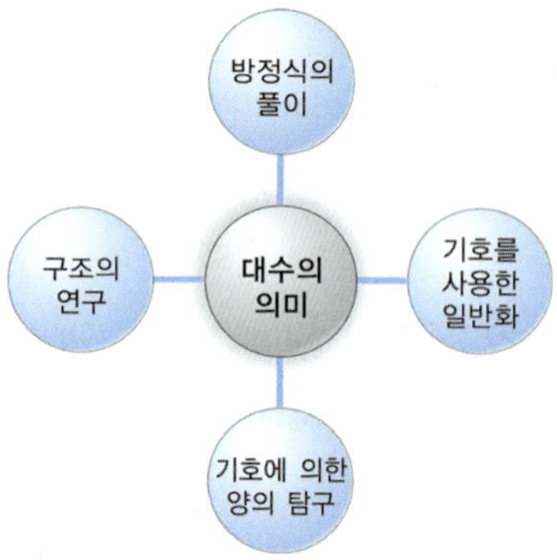

[그림 2-2] 대수의 다양한 의미

대수의 의미 변화를 살펴볼 때, 대수의 다양한 의미를 한 가지로 수렴하여 이해하기는 쉽지 않다. 대수에는 여러 측면이 포함될 수 있으며, 이러한 측면 가운데 어느 하나로 대수를 설명하는 것은 불가능해 보인다. 대수는 대수 학습의 내용과 수준에 따라 여러 가지 의미로 해석될 수 있다.

Usiskin(1988)은 학교 대수를 다양한 측면에서 해석하여 [그림 2-3]에 제시된 바와 같이 문제 해결 과정의 학습, 산술의 일반화 학습, 여러 가지 양 사이의 관계 학습, 구조의 학습의 4가지로 구분하고 있다(Usiskin, 1988: 10-16).

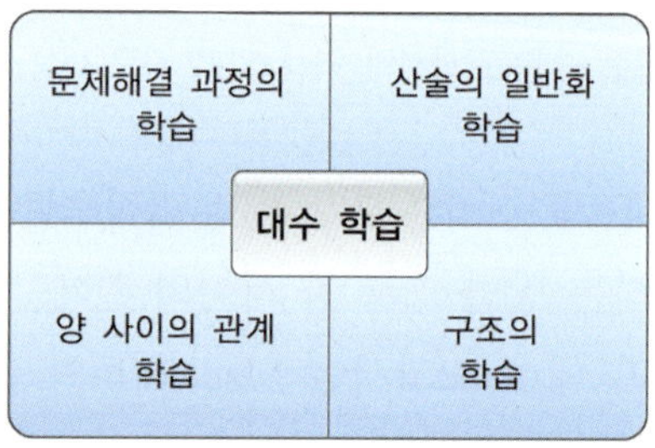

[그림 2-3] 대수 학습의 구분(Usiskin, 1988)

대수 학습이 여러 가지 의미로 해석되는 것은 학교 수학의 대수를 어느 한 측면으로 강조하여 다루는 것은 바람직하지 않음을 보여준다. 대수 학습이 단순한 기호 규칙의 습득이나 문자의 사용, 방정식의 풀이로만 이해되어서는 안 되는 것이다. 학교 대수에서 문자 기호의 사용과 조작은 산술과 구분되는 분명한 특징이지만, 더 포괄적인 의미의 대수 학습을 위해서는 문자와 기호를 사용한 문제 해결, 일반화, 양의 탐구, 구조에 대한 학습이 학교 수학의 전 영역에서 적절한 학습 상황과 더불어 풍부하게 다루어져야 할 것이다.

2) 대수의 발달 단계

세계 최초의 수학자인 이집트의 Ahmes(기원전 약 1680~1620)가 파피루스[1]에 남긴 일원일차방정식의 풀이 기록을 보면, 지금으로부터 약 3600년 전에 이미 대수의 역사가 시작되었음을 알 수 있다. 기원전부터 현재에 이르기까지 대수의 역사적 발달과정에서 중요한 역할을 한 것은 기호와 문자의 사용이라고 할 수 있다.

[그림 2-4] Ahmes의 파피루스

발달적 관점에서 보면 대수는 산술의 연속이라고 할 수 있다. 대수는 적어도 초기 단계에서는 산술과 마찬가지로 수와 수치 계산을 다룬다. 그러다 곧 다양한 유형의 문제를 다루게 되면서 좀 더 일반적인 방식으로 된 알고리즘적 조작을 다루게 된다. 3000년 이상에 걸친 대수의 발달 단계는 기호와 문자 사용을 중심으로 하여 언어적 대수, 생략적 대수, 기호적 대수의 세 단계로 구분된다.

가) 언어적 대수 단계

Diophantus 이전 시대에 속하는 언어적 대수 단계는 문제를 해결하기 위하여 일상적인 언어 표현을 사용했고 미지수를 표현하기 위해서 특정 부호나 기호를 사용하지 않은 것이 특징이다. 풀이의 전체적인 과정이 일상언어로만 기술된 단계이다.

나) 생략적 대수 단계

대수 발전의 두 번째 단계로서 Diophantus 시대(약 246~330)에서부터 16세기 말

1 'Ahmes의 파피루스' 또는 영국의 이집트학자 Alexander Henry Rhind가 발견하여 '린드 파피루스'라고도 함.

까지 해당된다. 생략적 대수 단계는 자주 반복되어 사용되는 개념이나 계산을 축약된 용어나 머리글자와 같은 생략 기호를 사용하여 나타낸 단계이다. 예를 들어 르네상스 시대에는 +(plus)를 p로 −(minus)를 m으로 나타내기도 하였다. 미지수를 표현하기 위해 문자를 사용하기 시작한 것도 이 단계의 특징이다. 이 단계에서 방정식의 풀이가 나타나게 되었으나 이때 사용된 모든 방정식은 수로 된 계수만을 가지고 있었고, 해는 오로지 수치로만 표현되었다. 단지 풀이 방법이 다른 방정식에 적용된다는 의미에서 일반적이라고 설명될 수 있을 뿐 문자를 사용한 일반적인 풀이 방법은 나타나지 않았다. Diophantus는 미지수를 표현하기 위해 문자의 사용(생략어의 사용)을 처음 도입했다. 그러나 일반적인 방법은 쓰지 않았다.

다) 기호적 대수 단계

Viète(1540~1603, 프랑스의 수학자)에 의한 대수 발전의 셋째 단계, 즉 기호 대수 단계가 시작되면서 문자를 미지의 양뿐만 아니라 주어진 양을 나타내는 데에도 사용하게 되었다(Kieran, 1992: 391). 주어진 양에 대해서도 문자를 사용하게 된 것은 문자의 의미에 대한 개념적 이해의 변화를 요구한다. 이 시점에서 대수는 일반해를 나타내는 도구로 그리고 수치관계를 나타내는 규칙을 입증하는 도구로써 사용하게 되었다. Viète가 문자를 사용하여 미지수뿐만 아니라 임의의 상수까지도 나타낸 것은 수학 문제를 일반적이고 형식적인 방법으로 취급하는 결정적인 계기가 되었다. 이에 따라 수학에서는 해법을 공식화하고 그 원리와 방법의 타당성을 연역적 추론에 의해 처리할 수 있게 되었다. 기호적 대수 단계에서부터 일반해를 나타내는 것, 법칙을 증명하는 도구로써 대수를 사용하는 것이 가능해졌다. 또한 수세기 동안 기호체계가 발전하면서 불필요한 설명을 줄이게 되었고, 함수 개념과 같은 여러 다른 수학적 개념의 발달이 용이해졌다. 3000년 이상에 걸친 대수의 역사 가운데 기호적 대수 단계는 겨우 300년을 점하고 있지만 그 기간 동안 대수학은 크나큰 발전을 이룩하게 되었다(우정호, 1998: 227).

[표 2-1]에서 주어진 문제에 대한 두 가지 풀이를 비교해 보면 미지의 양뿐만 아니라 주어진 양까지도 문자를 사용하는 대수가 수학 문제 해결의 강력한 도구가 됨을 잘 알 수 있다.

[표 2-1] 두 가지 풀이 비교

문제 : "어떤 두 수의 합과 차가 주어져 있다면, 그 두 수가 얼마인지를 항상 구할 수 있음을 보여라"	
특수한 예를 다룬 풀이	일반적인 풀이
두 수의 합이 100, 차가 40이라고 가정하자. 작은 수를 x라고 하면 큰 수는 $x+40$이 되고 $2x+40=100$이 된다. 이 식을 풀면 $x=30$이므로 구하고자 하는 두 수는 30과 70이다.	두 수의 합을 a, 차를 b라고 가정하자. 작은 수를 x라 하면, 큰 수는 $x+b$가 되고 $2x+b=a$이므로 $x=\frac{(a-b)}{2}$이다. 따라서 구하고자 하는 두 수는 $\frac{(a-b)}{2}$와 $\frac{(a+b)}{2}$이다.

문제를 해결하는 도구로서의 대수의 유용성을 드러낼 수 있는 사례는 우리나라 수학 교과서에서도 쉽게 찾아볼 수 있다. 교사는 아래 문제를 제시하고 두 가지 방법으로 문제를 해결해 보도록 하면서 학생들에게 기호적 대수의 강점을 생각해 보도록 안내할 수 있다.

[표 2-2] 중학교 교과서의 문제 해결 사례(우정호 외, 2013a: 116)

A 식당에서는 음식값의 10%를 할인한 다음 할인한 금액에 10%의 봉사료를 부과하고 있으며, B 식당에서는 음식값에 10%의 봉사료를 부과하고 봉사료를 부과한 금액의 10%를 할인하여 주고 있다. 두 식당의 음식값이 같을 때, 어느 식당에서 먹는 것이 더 유리할까?

10000원짜리 음식을 먹는다고 생각해 보자.	음식값이 변할 때마다 각각 계산해 보는 것은 불편한 것 같아.
A 식당에서 음식값의 10%를 할인받으면 $10000-10000\times\frac{10}{100}=10000-1000=9000$(원) 이 값에 10%의 봉사료를 부과하면 $9000+9000\times\frac{10}{100}=9000+900=9900$(원) B 식당에서 지불해야 할 금액은······.	음식값을 a원이라고 하고 문제를 해결해 보면 어떨까? A 식당에서 지불해야 할 금액은······. ______ ______ B 식당에서 지불해야 할 금액은······. ______ ______

3) 구조적 대수로의 발달

대수의 기호체계가 발달하면서 대수에 대한 관점은 절차적인(procedural) 관점에서 구조적인(structural) 관점으로 변화하였다. 즉, 대수 기호체계의 발달로부터 구조적인 개념이 점차로 생겨난 것이다. 언어적 대수와 생략적 대수에서는 문제를 일상언어와 특정 문자가 섞인 말로 처리하였다. 이는 기본적으로 계산 과정을 설명하는 것이었다. Viète에 의해서 극도로 압축된 기호가 발명됨으로써 대수는 절차적인 도구 이상의 것이 되었다. 구조적 관점으로의 대수 발달은 대수학자들이 대수를 인식하는 방식뿐만 아니라 대수가 교과서에 제시되는 방식에도 상당한 영향을 끼쳤다 (Kieran, 1992: 391).

대수의 절차적인 면(procedural aspect)은 수치를 얻기 위해, 수를 가지고 행하는 산술적 연산을 주로 의미한다. 예를 들어, 학교 수학에서 식 $3x+y$에 x 대신 4, y 대신 5를 대입하여 결과 17을 얻는다거나, 식 $2x+5=11$의 해를 얻기 위해 x에 여러 가지 값을 대입하면서 해를 얻을 때까지 계속 푸는 것이다. 이 예들은 표면상으로는 대수적인 예가 되지만 여기서 조작되는 대상은 대수식이 아니라 그 식에 수치를 대입하는 과정이라고 할 수 있다. 게다가 다루는 수에 행하는 연산은 계산적이다. 그 연산에 의해 우리는 수로 된 결과를 얻는다. 이러한 예들은 대수의 절차적인 면으로 해석될 수 있다.

대수의 구조적인 면(structural aspect)은 수에 대해서가 아니라, 대수식 자체에 행해지는 여러 연산이라고 설명할 수 있다. 예를 들어, 학교 수학에서 식 $3x+y+8x$를 간단히 하여 $11x+y$를 얻거나 주어진 식을 z로 나누어 새로운 식 $\frac{11x+y}{z}$를 얻는 것 또는 방정식 $5x+5=2x-4$를 간단히 하기 위해 등식의 양변에서 $2x$를 빼서 식 $3x+5=-4$로 변형하는 것, 식 x^2+5x+6을 인수분해하여 $(x+2)(x+3)$을 얻는 것 등을 들 수 있다. 이러한 예에서, 조작되는 대상은 대입되고 계산되는 '수'라기보다는 대수식이다. 수행되는 연산을 통해 식의 구조가 변형되며 연산 결과도 여전히 대수식으로 남아 있다. 수학 교과서에서 대수는 대부분 문자식에 수를 대입하여 결과를 얻는 식의 계산 도입으로 절차적 접근의 외관을 띠고 있지만 곧바로 구조적 접근이 필요한 학습 내용으로 전개되고 있다. Silver(1986)는 절차적인 숙달만으로는 지식을 획득할 수 없다고 말하였고, Kieran(1992)도 학교 대수의 암묵적인 목적은 구조적 접근이라고 말하고 있다.

19세기 전까지 대수는 산술적 절차에 적용되는 여러 가지 규칙을 일반적인 방식으로 표현하는 '산술의 일반화' 범주를 크게 벗어나지 못하였으나, 관심의 초점이 점차 형식적 조작 자체로 이동하게 되었다. 수학자들은 대수를 어떠한 제한에 구속받지 않는 것으로 보기 시작하였다. 대수식은 자체가 하나의 대상이면서 어떠한 의미라도 전달할 수 있는 빈 운반기구로 취급되기 시작하였으며, 그 기구가 운반하는 잠재적인 '의미'는 중요하게 취급하지 않았다. 대수적 언어로서의 변수는 대수 발달의 초기 단계에서 의미가 풍부한 문맥으로부터 발생되었으나 점차로 문맥에서 벗어나 의미가 부여되지 않는, 즉 그 의미가 중요시되지 않는 문자로 간주되게 된 것이다. 그런 과정에서 대수는 여러 가지 조작의 조합을 중요시하게 된다. 그러한 조작은 그 조작이 무엇인지, 그 조작을 행하는 것이 무엇인지에 의해서 정의되는 것이 아니고 그 조작들이 연결되는 규칙에 의해서 정의된다. 그것은 추상대수 발달의 첫 단계가 되었으며, 이를 계기로 하여 대수는 군, 환, 체 등과 같은 추상 구조의 학문으로 발전하였다(Sfard & Linchevski, 1994: 90-98).

4) 대수적 원리

'대수적 원리'란 대수적 사고에서 '형식불역의 원리'의 중요성을 강조하면서 등장한 표현이다. Freudenthal(1973, 1983)은 기존의 수 체계에서 인정된 성질이 유지되도록 수와 연산, 관계를 확장하듯이, 기본적인 성질이 유지되도록 대수적인 구조를 확장하는 '형식불역의 원리'를 '대수적 원리'라고 칭했다. 이 원리는 수학을 창조하는 원리로서 19세기 현대대수가 형성되는 과정에서 결정적인 역할을 하였다. 19세기 초에 대수학은 단순히 산술을 기호화한 것으로 간주되었다. 즉, 특수한 수를 산술에서 하는 것처럼 계산하는 대신에 이러한 수를 문자를 사용하여 표현한다. 이를테면 7—(5—2)의 계산을 문자를 사용해 $a-(b-c)$로 나타내는 것이다.

영국의 George Peacock(1791~1858)는 대수학의 현대적 관점을 열면서 '산술대수(Arithematic algebra)'와 '기호대수(symbolic algebra)'라 부른 두 가지를 구별지었다. 그는 산술대수를 일상적인 양의 수를 나타내는 기호와 덧셈, 뺄셈 같은 연산기호를 사용해서 얻어지는 학문으로 간주했다. 산술대수에서 뺄셈은 큰 수에서 작은 수를 빼는 것이어야 한다. 식 $a-(b-c)$를 예를 들어보자. 산술대수에서는 $c<b$, $b-c<a$라는 조건에서만 식 $a-(b-c)=a+c-b$를 사용할 수 있고 뺄셈을 수행할 수 있다.

기호대수는 기호 연산이 산술과 유사한 연산에서 유도되었다 하더라도 연산의 적용 범위에 제한을 두지 않는다. 기호대수에서 뺄셈은 항상 적용될 수 있다. 기호대

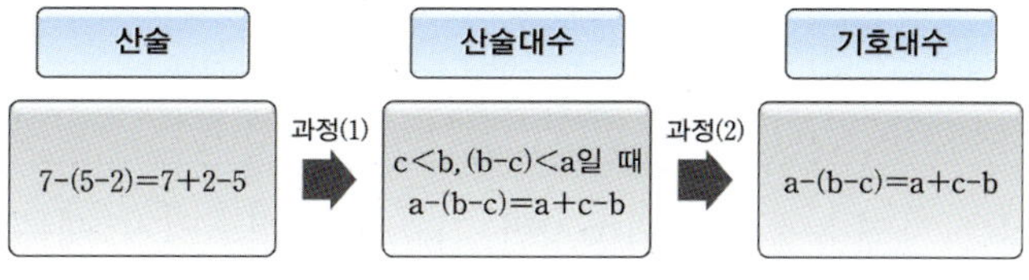

[그림 2-5] 산술, 산술대수, 기호대수

수에서는 식 $a-(b-c)=a+c-b$는 $c<b$, $b-c<a$라는 조건이 없어도 일반적으로 유효하며 식에 포함된 기호(문자)가 나타내는 대상에 대해서는 어떤 특별한 해석도 필요하지 않다(Kats, 1993a: 611-612; 이승우, 2002: 465에서 재인용).

George Peacock는 '산술대수' 법칙이 '기호대수'로 확장되는 것을 '형식불역의 원리'라고 불렀다. 형식불역의 원리는 수학에서 강력한 개념으로 간주되었고 그것은 복소수 체계의 산술의 초기 발전과 자연수 지수로부터 정수, 유리수, … 지수로 지수법칙을 확장시키는 것 등에서 역사적으로 중요한 역할을 담당했다(Eves, 1990; 이우영·신항균 역, 1999: 460).

과정(1)에서는 수가 기호로 대치되면서 자연수나 분수와 같이 양이나 크기에 기반하는 직관적인 수의 관념보다 알고리즘적인 계산수로서의 특징이 두드러지게 되고, 과정(2)에서는 연산의 제한조건이 사라지면서 그에 따른 연산의 일반화가 이루어진다. 이러한 과정에서 음수나 허수의 존재성과 그 의미에 대한 질문은 의식의 한편으로 물러나고 연산 법칙이 자유롭게 기호대수에 적용되면서 양수를 넘어서는 새로운 대상이 자연스럽게 도입되는 것이다. 이러한 측면에서 '무엇이 음수인가?' 하는 질문에 대한 대답은 단지 $-a$형태의 기호라는 것이며 이와 유사하게 $\sqrt{-1}$도 산술에서 제곱근의 규칙을 동일하게 따르는 단지 하나의 기호인 것이다. 이렇게 수를 다루는 관점에 근본적인 변화가 일어나면서 수에 대한 개념은 양을 고려하지 않고도 순전히 형식적으로 다루어지게 되었고, 양에 대한 개념은 단지 이러한 방법의 직관적인 토대로만 작용함을 인식하게 된 것이다(이승우, 2002: 465).

대수적 구조의 출현도 대수적 원리인 형식불역의 원리와 관련된다. 자연수 집합에서 실행되는 덧셈과 곱셈은 이항연산이고 이 두 이항연산에 대해 다음과 같은 성질이 성립함을 생각해 보자.

임의의 자연수 a, b, c에 대하여

1. $a+b=b+a$ (덧셈의 교환법칙)
2. $a\times b=b\times a$ (곱셈의 교환법칙)
3. $(a+b)+c=a+(b+c)$ (덧셈의 결합법칙)
4. $(a\times b)\times c=a\times(b\times c)$ (곱셈의 결합법칙)
5. $a\times(b+c)=(a\times b)+(a\times c)$ (덧셈에 대한 곱셈의 분배법칙)

위 5가지 성질은 자연수에서 성립하지만 기호로 표현되었기 때문에 자연수 집합이 아닌 다른 어떤 집합에서도 적용될 수 있는 성질로 생각해 볼 수 있다. 이 성질은 특수한 유형의 대수적 구조에 대한 성질로 간주될 수도 있고 이 성질에 의해 만들어진 임의의 정리들은 이 5가지 기본 성질을 만족시키는 어떠한 해석에도 적용될 수 있다(Eves, 1990; 이우영·신항균 역, 1999: 458-459). 형식불역의 원리에 따른 연산이나 관계의 확장 과정에서 우리 이해의 근거는 직관적인 토대에서 추상적인 형식으로 나아간다. 이는 대수적 구조의 이해가 본질적으로 어려울 수밖에 없다는 것을 암시한다. 음수나 복소수 등과 같이 실제로 존재하지 않는 창조된 수 체계를 완전히 설명할 수 있는 직관적인 모델도 더 이상 존재하지 않는다.

역사적으로 산술에서 대수로의 전환에 있어서 형식불역의 원리는 중요한 역할을 하였다. 새로운 대수적 구조의 발견도 형식불역의 원리에 바탕을 두므로 형식불역의 원리는 하나의 발견술이라고도 할 수 있다. 따라서 학교수학에서 형식불역의 원리는 수 개념의 확장, 방정식과 관련된 교수-학습, 산술적 사고에서 대수적 사고로의 전환 등에서 명시적으로든 암묵적으로든 중요하게 다루어져야 할 핵심 원리라고 할 수 있다.

다. 대수 교수·학습 관련 연구

1) 대수적 언어 학습

대수적 언어인 '변수(variable)'는 학교 수학의 학습에서 중심 역할을 하는 개념이다. Richard(1986)는 관계를 기호와 문자로 표시하는 대수적 추상화가 수학의 핵심이라면 변수 개념은 대수의 핵심이라고 하였다. Freudenthal(1983)도 학교 수학에서 중요하게 다루는 함수 개념을 변수 사이의 종속성으로 설명한다. 변수는 산술에서 대수로 이행하기 위한 기초 개념이므로 변수에 대해 올바로 이해하는 것은 대수 중심의 학교 수학 내용과 기호로 표현되는 다양한 수학적 개념을 학습하기 위한 토대가 된다.

가) 변수 개념의 이해

Kant(1956)에 따르면 일반적으로 개념을 '이해'한다는 것은 어떤 특정한 대상을 이미 알고 있는 개념의 사례로 인식할 수 있다는 것을 의미한다. 그것은 어떠한 경험적 대상을 보편적인 개념의 사례로 받아들일 수 있는, 즉 구체적인 사례들을 추상적인 개념을 통해서 볼 수 있다는 것을 의미한다. 이는 어떤 구체적 대상을 이미 주어진 규칙의 사례로 인식함과 동시에 어떤 조건에서 개념이 적용될 수 있는지를 아는 것이라고도 할 수 있다.

주어진 대상을 어느 한 개념의 사례로 안다는 것은 그 대상에 대해서 그 개념에 대한 자신의 지식이 적절하게 적용되는지를 아는 것이다. 학습자가 어떤 대상이 개념 X에 해당된다는 것을 언어적 수준에서 형식적으로 설명할 수 있다고 해서 그가 X라는 개념을 알고 있다고 말할 수는 없다(김승호, 1987: 71). 대수적 언어인 변수 개념을 예로 들자면, 학습자가 '변수에는 독립변수, 종속변수, 매개변수, 미지수, 부정소 등이 있다'라는 표현을 하였다고 해서 그가 변수 개념을 이해하고 있다고 할 수는 없다. 학습자가 진정으로 변수 개념을 이해한다는 것은 수학적 상황에서 표현된 독립변수, 종속변수, 매개변수, 미지수, 부정소 등의 개념을 '변수'라는 추상적인 개념의 사례로 볼 수 있을 때이다.

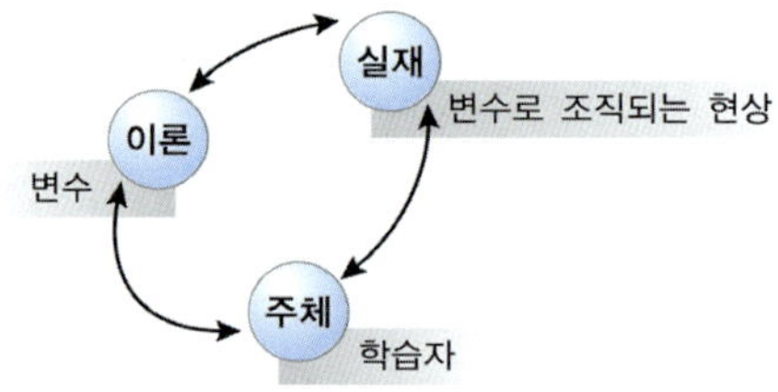

[그림 2-6] 학습 주체, 실재, 이론

변수 개념 지도에서도 중요시하여야 할 점은 학습자가 변수라는 개념적 수단을 통해 변하는 상황을 볼 수 있는 안목을 형성하는 것이다. 그러한 안목의 형성을 위해서는 개념의 본질로부터 출발한 지도 방법이 효과적이라는 주장은 Fischer와 Freudenthal의 수학 학습 지도 이론에서 찾아볼 수 있다. Fischer와 Freudenthal의 이론은 수학적 개념을 지도하는 과정에서 개념의 본질, 그 본질로 조직되는 현상, 학습자의 능동적인 참여를 모두 강조한다. 이는 [그림 2-6]에 제시된 바와 같이 학습 주체, 객관적 세계인 실재, 실재에 대한 지식으로서의 이론 사이의 관계에 의해서 설명될 수 있다(Kapadia & Borovcnik, 1991: 5).

Freudenthal(1983)은 교수학적 현상학에서 수학적 개념의 지도에서는 개념의 본질, 그 본질로 조직되는 현상, 학습자의 능동적인 참여를 모두 강조한다. Fischer (1984)는 이론이 실재와 주체로부터 완전히 분리되어 있는 상태를 '닫힌 수학'이라고 표현한다. 그가 주장하는 '열린 수학'이라는 것은 닫힌 수학과 대립되는 개념으로 새로운 수학 내용을 학습하는 과정에서 학습자인 주체의 참여와 수학적 개념의 토대가 되는 실재를 고려하는 것이다. 이러한 입장에서 보면, 대수를 해답찾기를 향한 문제풀이 중심으로만 지도하면 변수를 단순히 값이 대입되는 자리지기의 개념으로 간주하면서 형식적인 기호로 다루게 된다. 변수 개념의 밑바탕에 깔린 아이디어, 그 개념과 관련된 수많은 관계들을 고려하지 않는 닫힌 수학의 지도 방식이라고 할 수 있다. 변수 개념이 대수 학습에서 유용한 수단으로 작용하기 위해서는 열린 수학으로, 즉 실재와의 관련을 통해서 변수 개념의 발생 상태 혹은 아이디어의 배경을 중요하게 고려하면서 도입되어야 한다.

나) 변수 개념의 본질

변수는 크게 동적인 측면과 정적인 측면으로 구분된다. 변수의 동적인 측면은 실제로 변하거나 변하는 것으로 가정되는 대상의 운동학적 상태를 나타내는 것이고, 변수의 정적인 측면은 동치인 여러 대상을 동시에 나타내는 것이다. 동적이든 정적이든 변수는 두 가지 의미, 즉 '변한다'는 의미와 '대신한다'는 의미를 함의하고 있다.

변수는 '변화의 설명'과 여러 상황의 '동시 고려'라는 근원에서 비롯된 것으로 변하는 대상(variable object)과 다가이름(polyvalent name)이라는 두 가지 본질로 정리된다. 변하는 대상으로서의 변수의 본질은 실제적 변화를 함의한다는 의미에서 동적 변화로, 다가이름으로서의 변수의 본질은 실제적이라기보다는 가상적 변화를 함의한다는 의미에서 정적 변화로 해석될 수 있다.

> 수세기 동안 '변수'는 물리적·사회적·정신적·수학적 세계에서 실제로 변하는 어떤 것, 또는 변하는 것으로 지각되고, 상상되고, 가정되는 어떤 것을 의미해왔다. 예를 들면, 흐르는 시간, 떨어지는 물, 변하는 기온, 점점 길어지는 낮의 길이뿐만 아니라 이러한 현상들을 설명하는 변하는 수학적 대상을 의미하였다. 우리는 변하는 현상으로부터 변하는 수, 변하는 양, 변하는 점, 변하는 집합 그리고 일반적으로 변하는 수학적 대상에 이르게 된다. 예를 들면 '수 ε이 0에 수렴한다', '점 P는 평면 S 위에서 움직인다', '수열 x_n이 0에 수렴한다'와 같은 표현들은 어떤 하나의 대상이 계속적으로 증가하거나 감소하는 혹은 계속적으로 움직이는 실제적 변화를 나타내는 것으로서 주어진 대상의 동적 성질을 함의하고 있다. 따라서 수학에서는 한 대상의 실제적 변화를 나타내기 위해 변하는 대상에 대해 사용되는 변수를 동적인 의미의 변수로 해석

하고 있다(Freudenthal, 1984: 1704).

Freudenthal(1983)은 변하는 대상이라는 변수의 본질은 변수 개념의 핵심 아이디어를 이루는 것으로서 수학적 상황에서 여전히 지배적으로 존재하고 있음을 강조하고, 이를 변수 개념 지도에서 중요하게 다루어야 한다고 주장하며, 그 이유를 다음과 같이 설명하고 있다.

> 변하는 대상으로서의 변수 개념의 본질을 강조해야 하는 이유는 변수의 동적 측면을 현대의 추상수학이 아무리 없애려 해도 그렇게 될 수는 없다는 데 있다. 이는 우리가 변화하는 세계 속에서 살고 있고 그러한 세계를 설명하는 것은 변화를 설명하는 것이며 이를 위해서 우리는 변하는 대상을 다루어야 하기 때문이다. 형식화의 수준이 높아질수록 변하는 수학적 대상이 잊혀질 수도 있지만 덜 형식화된 수준에서는 실세계에서 수학을 이해하고 응용하기 위해 물리적·사회적·정신적·수학적으로 변하는 대상과 교수학적으로 필연적으로 연결될 수밖에 없는 것이다(Freudenthal, 1983: 494).

학교 수학에서 해답찾기를 강조하는 문제 해결 학습이 주가 될수록 변수는 대입을 위한 형식적 조작의 대상으로 취급되기 쉽다. 이러한 경우에는 수학적인 수단을 이용하여 변화하는 세계를 설명하기 위해 시간, 기온, 온도 등 실제적으로 변화하는 대상을 다루고 그들 사이의 관계를 문자로 표현하는 학습이 소홀해지기 쉽다. 학교 수학에서 변수에 대한 동적인 접근은 함수에서, 즉 두 가지 변수가 서로 관련을 맺고 있을 때 한 변수를 다른 변수와 비교하면서 그것의 변화성을 강조하는 경우에 두드러지게 강조할 수 있다.

한편 다가이름은 임의의 대상에 대해 사용될 수 있기 때문에 표현의 일반성을 가지는 특징이 있다. 다가이름은 [그림 2-7]에 제시된 바와 같이 일반법칙을 형식화하기 위해 사용된 예로 흔히 경험할 수 있다. 다가이름은 그것이 나타내는 모든 대상에 대해 성립하는 명제를 구성하는 수단이다. 다가이름은 하나의 대상이 연속적으로 변해가는 실제적 변화를 나타내는 것이 아니라 여러 개의 개별 대상을 동시에 칭하면서 특정 문맥과 연결되면 특정한 대상을 취한다는 의미에서 실제적 변화라기보다는 가상적 변화를 나타낸다. 이는 변하는 대상에 대한 동적 변화와 비교하여 '변화'의 의미가 다소 덜 동적이라는 의미에서 정적 변화로 설명된다.

> 도형에서 특정한 점을 손가락으로 가리키면서 '이 점, 저 점, …'과 같이 비형식적으로 나타내다가, 도형에 대한 설명을 좀 더 효과적으로 하고자 하는 필요성에서 '점 A,

변하는 대상(Variable Object)

- 변수의 동적(動的) 측면
- 실제로 변하거나 변하는 것으로 가정되는 대상
  예 흐르는 시간 t, 0에 수렴하는 수 ε
- 계속 증가/감소하는 운동학적인 상태
- 변하는 수, 변하는 양, …

↓

- '변화의 설명' 필요성에서 발생
- '변화'의 의미가 가장 자연스러움
- 덜 형식화된 초등 수준에서는 발생적, 교수학적으로 변하는 대상과 필연적으로 연결될 수밖에 없음

다가이름(Polyvalent name)

- 변수의 정적(靜的) 측면
- 수학적으로 동치인 임의의 대상
  예 $a+b=b+a$, …
- 여러 대상의 동시 표현
- 임의의 수, 임의의 양, …

↓

- 여러 상황의 '동시 고려' 필요성에서 발생
- 수학의 특징인 패턴의 일반화와 관련
- 일반적인 대수적 표현을 의미 있게 경험하기 위한 도구

[그림 2-7] 변하는 대상과 다가이름 비교

> 점 B, 점 C, …'와 같은 문자에 의한 형식적인 표현이 등장하고, 선분, 삼각형, 사각형에 대해서도 차례로 점을 표시하는 문자들의 조합으로 표현함으로써 문자 사용이 본격적으로 시작되었다. 오늘날 이 점, 저 점을 점 A, 점 B로 구분하는 것, 주어진 삼각형의 세 꼭짓점을 A, B, C로 구분하면서 동시에 그것을 임의의 삼각형에 대한 꼭짓점의 이름으로 사용하는 것은 여러 대상들을 공통된 하나의 이름을 나타내는 다가이름으로서의 문자사용법이다(Freudenthal, 1983: 473).

다가이름으로서의 변수는 수학적 사고에서 중요한 의미를 가지는 '일반화'를 표현하는 도구로서 수학에서 핵심적인 역할을 담당하고 있다. 학교 수학에서 지도되는 대수는 산술의 일반화로서 일반화된 법칙의 구체적인 예는 대수에서 가장 두드러지게 나타난다. 따라서 대수적인 표현을 의미 있게 경험하기 위해서는 다가이름으로서의 변수 개념의 본질이 강조되어야 한다(Freudenthal, 1973). 교과서 전반에 걸쳐 산술 규칙을 일반화한 식이 암묵적 혹은 명시적으로 빈번히 사용되고 있기 때문에 그 식에 사용되고 있는 문자가 '임의의 수'를 나타낸다는 것을 학생들이 이해하지 못한다면 산술 규칙을 일반화한 식을 의미 있게 받아들이기 어렵다. 이는 대수의 강력한 힘을 경험하지 못하게 되어 이후 계속되는 학습에서 수학적 지식을 효과적으로 습득해 나가기 어렵게 할 수 있다는 것을 암시한다.

Freudenthal은 다가이름으로서의 변수 사용법을 지도하는 한 가지 방법으로 문자에 수를 대입하는 것 대신 수에 문자를 대입해보는 방법을 소개하고 있다. 그는 흔히 수학 교실에서는 $a+b=b+a$와 같은 일반적인 표현을 제시하고 그 식에 수를

대입해보는 경험을 제공하기 쉬운데 그보다는 여러 가지 구체적인 예를 통해 수가 놓여 있는 자리에 문자를 대입하여 일반적인 표현을 구성하게 하는 과정을 지도하는 것이 필요하다는 것이다.

다) 대수 개념과 변수

대수식이 공식, 방정식, 항등식, 함수식 등의 서로 다른 명칭으로 구분되는 것은 대수식에서 대수적 언어로서 변수가 서로 다른 방식으로 사용되고 있음을 의미한다. 또한 대수에 대한 관점을 어떻게 규정하느냐에 따라 학생들은 대수적 언어로서 변수가 갖는 역할을 서로 다르게 경험할 수 있다.

Usiskin(1988)이 4가지로 구분하고 있는 대수 학습은 [그림 2-8]에 정리된 바와 같이 변수로 사용되는 문자의 다양한 의미와 관련된다.

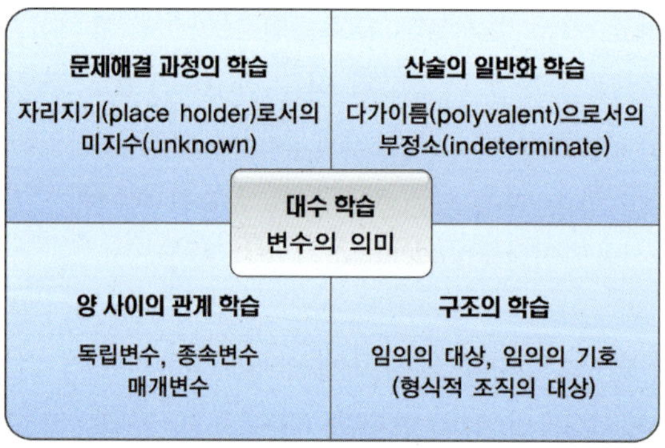

[그림 2-8] Usiskin(1988)의 대수 학습 구분과 변수의 의미

(1) 문제 해결 과정의 학습

대수를 문제 해결 과정의 학습으로 볼 때, 변수는 방정식의 해에 대한 자리지기인 미지수로 생각된다. 예를 들어 $5x+3=4$의 문제 해결 과정에서 문자 x는 우리가 구하고자 하는 주어진 조건에 맞는 미지수이다.

(2) 일반화의 학습

대수를 일반화의 학습으로 볼 때, 변수는 패턴을 일반화하는 요소(pattern generalizer)이다. 패턴의 일반화는 공통적인 속성을 갖는 구체적인 낱낱의 경우를 통합적으로 다루는 것이다. 예를 들어, 임의의 실수를 나타내는 문자 a, b를 사용하여 덧셈의 교환법칙을 $a+b=b+a$로 나타내거나, 일차방정식의 일반형을 $y=ax+b$로 나타내는 경우가 이에 해당될 수 있다. $y=ax+b$에서 a, b는 아직 정해져 있지 않은 상수를 나타내는 부정소(indeterminate)이다. 일반화하는 도구로서의 변수 사용에서는 수들 사이에 존재하고 있는 관계를 통합적으로 나타내고자 하는 행위가 중요시될 뿐 조건에 맞는 어떤 수를 찾고자 하는 행위는 개입되지 않기 때문에 앞에서 설명한 미지수로서의 변수 사용과는 그 개념이 근본적으로 다르다.

(3) 양 사이의 관계 학습

대수를 양 사이의 관계 학습으로 볼 때, 변수는 독립변수, 종속변수, 매개변수로 고려된다. 여기서 매개변수는 독립변수와 종속변수 사이의 관계에 간접적인 영향을 주는 변수로서 조변수(助變數)라고도 부른다(박을룡 외, 1995: 876). 이 세 가지의 변수 개념은 앞에서 다룬 두 가지 변수 개념과 구분되는데 그 값들이 어떠한 관계를 유지하면서 변해간다는 특성을 갖는다. 학교 수학에서 함수 개념과 함수식을 다룰 때 자주 접하게 되는 변수 개념이라고 할 수 있다.

(4) 구조의 학습

대수를 구조의 학습으로 볼 때, 변수는 어떤 성질을 만족하는 임의의 대상을 나타내는 기호에 지나지 않는다. 특히 대수에서 다루는 군, 환, 체, 정역, 벡터 공간과 같은 추상구조에서 나타나는 변수는 임의의 대상으로 생각된다. 구조의 맥락에서는 변수가 나타내는 대상에 대한 고려가 무의미하고 변수 위에서의 조작만이 의미를 갖게 된다(Usiskin, 1988: 15). 학교 수학에서 이러한 변수 개념은 변수를 형식적 조작의 대상으로 다루는 경우에서 찾아볼 수 있다. 그 예로 '$3x^2+4ax-132a^2$을 인수분해하라'와 같은 문제를 생각해 볼 수 있다. 이 문제는 방정식이 아니므로 여기서의 변수는 미지수로서 여겨지지 않는다. 또한 이 문제에는 일반화해야 할 어떤 패턴이 존재하지 않으므로 변수는 일반화하는 문자로 생각되지도 않는다. 더욱이 이 문제에는 함수와 같은 관계가 개입되어 있지 않기 때문에 독립, 종속의 변수 개념도 적용되지 않는다. 이 문제에서 나타나는 변수는 임의의 기호에 불과한 것이다. 그렇기 때문에 변수 x, a가 나타내는 대상에 대한 고려는 무의미한 것이 되고, x, a에 대한 조작만이 의미를 갖게 되는 것이다. 실수체의 '기본 성질'을 바탕으로 한 증명 학습도 대표적인 구조의 학습 사례라고 할 수 있다.

실수의 연산에 대한 기본 성질

실수의 집합 R의 임의의 원소 a, b, c에 대하여

❶ 닫혀 있다	$a+b\in R$,	$ab\in R$
❷ 교환법칙	$a+b=b+a$,	$ab=ba$
❸ 결합법칙	$(a+b)+c=a+(b+c)$,	$(ab)c=a(bc)$
❹ 분배법칙	$a(b+c)=ab+ac$	
❺ 항등원	$a+0=0+a=a$ (덧셈에 대한 항등원 0)	
	$a\cdot 1=1\cdot a=a$ (곱셈에 대한 항등원 1)	
❻ 역원	$a+(-a)=(-a)+a=0$ (덧셈에 대한 a의 역원 $-a$)	
	$a\cdot\frac{1}{a}=\frac{1}{a}\cdot a=1$ (단, $a\neq 0$) $\left(\text{곱셈에 대한 } a\text{의 역원 } \frac{1}{a}\right)$	

[그림 2-9] 실수체의 성질(우정호 외, 2009: 51)

다음은 '임의의 실수 a에 대하여 $a\cdot 0=0$'임을 증명하는 과정이다. □ 안에 알맞은 실수의 연산에 대한 기본 성질을 써넣어라.

$a=a\cdot 1$ ← 곱셈에 대한 □

$\quad=a(1+0)$ ← 덧셈에 대한 □

$\quad=a\cdot 1+a\cdot 0$ ← □법칙

$\quad=a+a\cdot 0$ ← 곱셈에 대한 □

양변에 a의 덧셈에 대한 □ $-a$를 더하면

$a+(-a)=(a+a\cdot 0)+(-a)$

$a+(-a)=(a\cdot 0+a)+(-a)$ ← □법칙

$a+(-a)=a\cdot 0+\{a+(-a)\}$ ← □법칙

$0=a\cdot 0+0$ ← 덧셈에 대한 □

$0=a\cdot 0$ ← 덧셈에 대한 □

따라서 $a\cdot 0=0$이다.

[그림 2-10] 실수체의 성질에 의한 증명(우정호 외, 2009: 52)

2) 변수 개념과 인지장애

변수 개념 학습에서 나타나는 인지장애는 변수 개념에 대한 학습자의 제한된 학습 경험이나 정신적인 미성숙으로 인해 그의 마음속에 그릇된 개념 이미지가 형성되어 있어서 학습자가 변수를 사용하는 단계에서 갈등을 유발하는 것으로 해석될 수 있다.

학생들은 변수의 정의를 중학교 수학에서 처음 학습한다. 그러나 학생들은 변수의 정의를 배우기 이전에 이미 여러 가지 형태로 변수 개념을 접하게 된다. 고정된 대상에 이름을 부여하거나 구체적인 대상의 수를 구하기 위해 구하고자 하는 어떤

수를 □로 놓고 식을 세우는 것, 수의 성질을 발견하여 일반화의 초보적인 표현 □ + △ = △ + □을 구성하거나 측정 행위를 통해 실세계의 변하는 대상을 수치로 나타내면서 변화의 성질을 객관적으로 표현하는 경우 등은 이미 초등학교 수준에서 변수를 다루고 있는 예가 된다. 학생들은 변수의 형식적인 정의를 배우기 이전에 은연중에 그 개념을 접하는 과정 속에서 막연하게나마 변수에 대한 그들 나름대로의 인지 구조를 형성해 나간다. 예를 들면 초등수학 교과서에서 분수의 나눗셈 규칙을 설명하기 위해 나오는 $\frac{\triangle}{\square} \div \frac{☆}{\bigcirc} = \frac{\triangle}{\square} \times \frac{\bigcirc}{☆}$와 같은 식의 표현을 접할 때 학생들은 기호 △, □, ☆, ○가 수를 일반화하는 변수라고 구체적으로 설명을 하지는 못하지만 적어도 그러한 기호들이 수를 대신하고 있다는 것은 알게 된다. 이때 학생들의 마음속에는 수학에서는 수를 대신하여 기호를 사용할 수 있다는 생각이 자리잡게 된다. 그리고 이것은 변수를 형식적인 정의를 통해 접하게 될 때 변수가 대신하는 것은 '수'라는 생각으로 나타나게 된다.

오랜 시간에 걸쳐 이러저러한 경험을 통해 형성된 개념 이미지는 개념을 사용하는 단계에서 갈등을 유발하기도 한다. 또한 변수에 대해서 학생들이 이미 갖고 있는 초기 인상은 변수의 일반적인 개념을 구성하는 데 방해가 되기도 한다. 예를 들면, 변수를 점 A, 점 B와 같은 이름으로 접하고 나면 변수를 어떤 축약어라고 생각하기 쉽다. 또한 변수를 방정식의 미지수로서 처음 접하게 되면 문자는 어떤 특정한 값을 나타내는 것이라고 생각하기 쉽다. 그런 학생들은 일반적인 명제에서 변수를 접할 때 일반화된 문자에 어떤 값을 대입시켜서 계산을 해버리는 오류를 범하기도 한다. 학습자가 품고 있는 변수에 대한 개념 이미지가 변수를 포함하고 있는 몇몇 문제 상황에서는 일반적으로 적절한 지식으로 작용하다가 더 일반적인 문제 상황에 가서는 적용하기 어렵게 되는 것이다. 우리나라와 외국의 여러 실험 연구(Collis, 1974; Wagner, 1981; Booth, 1988; Usiskin, 1988; 김남희, 1992 등)에서 밝혀진 변수 개념에 대한 인지장애의 유형을 몇 가지 살펴보면 다음과 같다.

첫째, 학생들은 변수 기호를 임의로 선택할 수 있다는 것을 잘 이해하지 못한다. Wagner(1981)의 실험 연구에 따르면, 학생들은 변수를 표시하는 기호가 변화하면 변수가 나타내는 대상도 변화한다고 생각하는 경향이 있음이 밝혀졌다. 예를 들어 x, y, z, w가 실수일 때, $y = 2x$와 $z = 2w$가 정의역이 같으면 동일한 함수임에도 불구하고 학생들은 문자 표현이 다르므로 같은 함수로 보지 않는 경우가 있을 수 있다는 것이다. 학생들은 미지수를 나타내는 문자가 변함에 따라 방정식의 해가 바뀐다고 생각하기도 한다. Leinhardt et al.(1990)는 학생들이 이러한 생각을 가지게 된 이유의 하나로 학생들이 함수를 배우기 전에 종종 변수를 일차방정식의 하나의 해처럼 어떤 유일한 대상을 구하는 학습 경험을 많이 한 상황을 지적한다. 학생들은 변수로 사용되는 문자가 유일한 대상과 연결되어 있다고 생각하게 되기 때문에 문자의 변화는 대상의 변화를 수반하는 것이고, 그 역도 성립한다는 생각을 하게 된다는 것이다. Küchemann(1981)은 이러한 인지장애의 원인을 산술의 영향에서 찾기도 한다. 예를 들어 '3'이란 기호에 의해 나타내는 값은 선택의 여지가 없다. 결과적으로 학생들은 대수에서도 산술과 비슷한 방식으로 새로운 기호를 인식할 수 있는 것이다. 학생들이 문자를 이렇게 생각할 때 일어나는 문제는 다른 문자는 다른 수를 나타낸다고 생각하기 때문에 $x+y+z=x+p+z$는 결코 참인 문장이 될 수 없다고 생각하는 것이다. 이러한 현상은 우리나라 중등학교 학생들을 대상으로 한 실험 연구 결과에서도 나타나고 있다. 위의 인지장애는 대부분의 학생들이 $a(b+c)=ab+ac$를 확인하기 위해 a, b, c에 모두 다른 값을 넣어보는 현상에서도 확인이 된다. 수학 수업에서 교사는 때때로 다른 문자에 같은 값을 취해보면서(위의 경우 a, b, c에 모두 2를 대입하여 보는 것처럼) 학생들의 인지장애를 완화시켜줄 수 있다.

둘째, 학생들은 변수가 나타내는 대상을 제한하여 생각하는 경향이 있다. Usiskin (1988)의 연구 결과는 많은 학생들이 변수를 수를 대신하는 문자라고 생각하면서 변수가 나타내는 대상을 수에 국한시키고 있다는 것을 보여준다. 그러나 변수가 취하는 값이 항상 수인 것은 아니다. 변수를 지정된 집합 안의 임의의 원소로 볼 때 집합의 원소는 수만으로 한정되는 것이 아니므로 변수의 생각 역시 그 집합의 원소가 수로 주어졌거나 수가 아닌 것으로 주어졌거나 상관이 없는 것이다. 예를 들어, 기하에서 변수는 임의의 기하학적인 대상을 나타낸다. 논리에서 변수는 어떤 명제를 나타낼 수 있다. 해석학에서 변수는 함수를 나타내는 데 사용될 수 있으며, 선형대수에서 변수는 임의의 행렬을 나타내기 위해 사용될 수 있다. 우리나라 학생들을 대상으로 한 실험 결과에서도 학생들이 대체로 수 이외의 대상을 나타내는 변수를 바르게 인식하고 있지 못함이 드러났다. 영어 variable을 변수(變數)로 해석하는 용어상의 문제가 변수는 '변하는 수' 또는 여러 가지 수를 대입할 수 있는 기호라는 제한된 관념을 갖게 하여 행렬변수, 연산변수, 관계변수 등을 나타내는 다가이름을 변수로 보기 어렵게 하는 요인도 없지 않은 듯하다.

셋째, 학생들은 변수를 포함한 대수식을 완결되지 않은 식으로 인식하기도 한다. Collis(1974)의 연구는 학생들이 $x+3$, $x-5$, $2x$와 같이 변수가 포함된 대수식을 완결되지 않은 식으로 여긴다는 사실을 보여주고 있다. 학생들이 더 이상 간단히 되지 않는 대수식을 '완결되지 않은 것'으로 생각하는 것은 $3+6$처럼 두 가지 이상의 수가 어떤 연산 기호로 연결되어 있을 때 그것은 연산의 결과에 의해 하나의 수 9로 대치되어야 한다는 산술 경험에 의존하고 있다는 사실을 반영한다. 이러한 현상은 산술적 사고에 지나치게 얽매여 있는 우리나라 중등학교 학생들에서도 나타난다. $2+3$이라는 표현을 5의 또 다른 이름이라고 생각하기보다는, 그것을 실행해야만 하는 연산이 남아 있는 것으로 봄으로써 $2+3$이라는 표현을 그대로 남겨두지 않고 연산을 실행하여 표현을 완결시키려는 것이다. 이러한 현상은 괄호로 둘러싸인 부분은 반드시 먼저 간단히 계산해야 한다는 생각으로 $(x+5)+(x-5)$를 $5x+(-5x)$와 같이 바꾸는 오류를 범하는 경우로 나타나기도 한다. 대수에서 $a+b$라는 표현은 종종 a와 b를 더하는 과정(절차)이 되기도 하고 $a+b$, 즉 a와 b의 합 그 자체라는 대상이 되기도 한다. 이와 같이 대수에서는 산술에서와 달리 과정과 대상 사이에 명확한 구분이 없는 경우가 있고, 대수식을 하나의 대상 그대로 받아들일 수 있는 학습자의 능력은 조작적 관점에서 구조적 관점으로의 대수 학습의 진전과 밀접한 관계가 있다.

넷째, 학생들은 변수는 특정한 대상을 대신하는 것으로 이해한다. Booth(1988)와 김남희(1992)의 연구에 따르면, 학생들은 변수를 $x+3=8$에서의 x처럼 방정식에서 특정한 값을 대신하는 문자로 생각하는 경향이 있고, $x+y=y+x$에서의 x, y처럼 일반적으로 임의의 수(양)를 나타내기 위해 사용된 문자를 변수로 생각하는 것에는 익숙하지 않다. 이러한 인지장애의 원인 중 하나는 학교 수학의 수업에서 학생들이 변수를 $y=ax$와 같은 함수 관계에서의 문자 x, y나 일차방정식, 이차방정식, 고차방정식에서의 미지수 x 정도로만 이해하고 있으며, 일반화된 식에서 부정소로 사용된 문자 a를 변수로 인식하는 학습의 기회가 그다지 제공되고 있지 않는 것을 지적할 수 있다. 학교 수학에서 변수가 방정식의 해에 대한 자리지기, 즉 미지수의 개념으로 주로 경험되고 학습된다면 학생들은 변수를 이해하는 데 한계를 느끼게 될 것이다. 변수를 미지수라고 생각하는 학생은 '모든 실수 x에 대하여 …'라는 문장이나 '정의역에 들어있는 원소를 x라고 하자'라는 문장을 잘 이해하지 못한다. Leitzel(1989)이 지적하였듯이, 학생들은 변수가 어떤 집합의 원소를 대표할 수 있다는 것을 인식하지 못하게 되는 것이다.

다섯째, 학생들은 독립변수, 종속변수 개념을 불완전하게 이해하고 있다. 우리나라 학생들을 대상으로 한 실험 연구에 따르면, 학생들이 독립변수, 종속변수 개념을 모호하게 이해하고 있으며, 독립변수에 대한 이해도와 종속변수에 대한 이해도에 차이가 나타남을 알 수 있다. 또한 종속변수에 대한 이해도가 독립변수에 대한 이해도에 비해 상대적으로 낮게 나타나고 있는데(예를 들어, $y=ax$에서 x는 변수로 파악하는 반면 y는 변수가 아니라고 하는 경우), 이는 어떤 관계에서 한 변수의 변화에 의해 다른 문자의 값이 '따라서' 변할 수 있다는 개념을 학생들이 잘 인식하고 있지 못함을 암시하고 있다.

변수 개념 학습에서 학생들이 품고 있는 인지장애는 미성숙된 학습자의 인지 발달 상태에서 비롯될 수도 있지만 교과서나 교사의 부주의한 혹은 부적절한 지도 방식, 제한된 학습 경험의 제공에서 비롯될 수도 있다. 이는 교과서나 교사가 학습자의 올바른 변수 개념 형성을 위해 의미 있는 학습 경험과 적절한 지도를 제공한다면 학생들의 인지장애를 극복시킬 수 있다는 의미로도 해석이 가능하다.

3) 대수적 사고 관련 요소

Freudenthal(1973)은 대수적 사고를 이루는 대수적 전략으로 대수적 원리, 대입, 대수적인 번역, 방정식과 부등식 풀기, 식을 함수로 간주하기, 관점의 전환, 대칭성을 알아보기, 식이 양임을 보이기, 유추하기 등을 제시하였다(우정호, 1998: 235-236). 김성준(2004)은 Freudenthal의 연구를 중심으로 학교 수학에서 중점적으로 지도되는 문자와 식, 방정식 학습 내용과 관련된 대수적 사고 요소를 분석하였다. 김성준(2004)에 의하면, '문자와 식'과 관련된 것은 대수적 원리, 변수, 양적추론, 대수적인 해석, 변환추론, 연산감각, 대입, 관점의 전환이고 '방정식'과 관련된 것은 양을 비교하는 양적 추론, 대칭성 알아보기, 방정식을 문제해결 도구로 인식하기, 미지수, 분석적 사고, 비례적 사고, 관계 파악 능력, 가역적 사고이다.

▪ 대수적 원리

대수적 원리는 문자와 식 영역이 산술과 어떤 관계가 있는지를 드러내주면서 '일반화' 학습의 바탕을 제공하는 기본적인 사고 원리이다. 우리나라 수학 교과서의 '문자와 식' 영역은 대수적인 원리에 근거하여 산술의 일반화로 전개되고 있다. 대수적 원리에 대한 설명은 '나. 대수의 역사적 발달'의 '4)의 대수적 원리' 내용을 참고하고, 그 구체적인 사례는 다음 절의 '나. 교과서의 이해'의 '3) 대수적 원리의 적용' 내용을 참고한다.

■ 대입

대입은 좁은 의미로는 문자에 수를 대신 넣는 것이지만 넓은 의미로는 주어진 무엇을 다른 무엇으로 대치하는 것을 의미한다. 학교 수학에서 대입은 문자에 수를 대신 넣어 식의 값을 구하는 정도로 제한하여 다룰 것이 아니라 더 넓은 맥락에서 다루어야 한다. 대수 학습에서 대입은 여러 가지 측면을 갖는다. 곧, 변수가 수치적으로 고정되면 특수화되고, 수치가 변수로 대치되면 일반화된다. 또 복잡한 식에서 부분적인 일부 식을 변수로 대치하면 구조적으로 단순화된 식이 되고, 주어진 식에서 변수를 식으로 대치하면 구조적으로 복잡한 식이 된다. 또 대입을 해서 변수를 제거하거나 어떤 대수법칙을 적용할 수 있는 패턴을 찾기 위해 식을 재구조화하는 경우도 있다. 곱셈을 동수누가로, 거듭제곱을 거듭된 곱셈으로 뺄셈을 그 역연산인 덧셈으로 대치하는 것도 여기에 해당될 수 있다.

■ 대수적인 번역(대수적 해석)

대수적 해석은 문제 상황을 간단하게 정돈하여 대수적인 식으로 표현하는 것으로써 주어진 양 사이의 관계나 수의 성질, 수 사이의 관계를 대수적으로 나타내는 것이라고 볼 수 있다.

자연수 n에 대하여 n^2이 짝수이면 n도 짝수임을 보여라.

라는 문제에서 [그림 2-11]과 같이 홀수를 $2k-1$로 표현하여 문제를 해결하거나, 대수에서 성질이나 관계 또는 문제를 변수, 방정식, 부등식 등으로 번역하는 것 등이 모두 대수적 해석에 해당될 수 있다. 기호 감각이 있으면 문제 상황에서 문자를

명제 '자연수 n에 대하여 n^2이 짝수이면 n도 짝수이다.'가 참임을 증명하여라.

증명

주어진 명제의 대우는

'자연수 n에 대하여 n이 홀수이면 n^2도 홀수이다.'

자연수 n이 홀수이면 $n=2k-1$ (k는 자연수)로 나타낼 수 있으므로

$$n^2=(2k-1)^2=4k^2-4k+1=2(2k^2-2k)+1$$

여기에서 $2k^2-2k$는 0 또는 자연수이므로 n^2은 홀수이다.

주어진 명제의 대우가 참이므로, 명제 '자연수 n에 대하여 n^2이 짝수이면 n도 짝수이다.'는 참이다.

[그림 2-11] 대수적 번역(해석)의 사례(우정호 외, 2014b: 60)

사용하여 문제의 뜻에 맞는 적절한 식을 세워 문제를 보다 효과적으로 해결할 수 있다.

■ 방정식(또는 부등식)을 해결하고 문제해결 도구로 인식하기

방정식(또는 부등식)은 주어진 문제상황을 체계적이고 효율적으로 해결하는 강력한 도구이다. 학교 수학의 학습에서 학생들은 방정식(또는 부등식)에 의한 문제 해결의 가치를 인식하는 것이 중요하다. 우리나라 초등수학에서는 '문제 해결 방법 비교하기'를 통해 다양한 문제 해결 전략을 비교하여 좀 더 나은 효과적인 전략을 선택하는 학습이 이루어지고 있다. 중학교 수학에서부터 본격적으로 도입되는 방정식(또는 부등식)은 학습의 과정에서 문제 해결의 도구로서 강력한 힘을 발휘한다는 것이 의미 있게 전달되어야 한다. 이에 대하여는 아래의 '5) 문제 해결과 방정식'에서 상세히 다룬다.

■ 식을 함수로 간주하기

이는 주어신 식을 함수로 다루면서 문제를 해결하는 것이다. 방정식을 두 함수의 관계로 간주하고 그래프를 이용하여 실근을 구한다거나, 주어진 함수를 어떤 함수의 합성함수로 혹은 어떤 함수의 역함수로 간주해 보는 것 등이 이에 해당될 수 있다.

생각해 봅시다 방정식 $x^3-3x+1=0$의 실근의 개수를 구하려고 한다. 다음 두 학생의 대화를 보고, 실근의 개수를 구하는 방법에 대하여 생각해 보자.

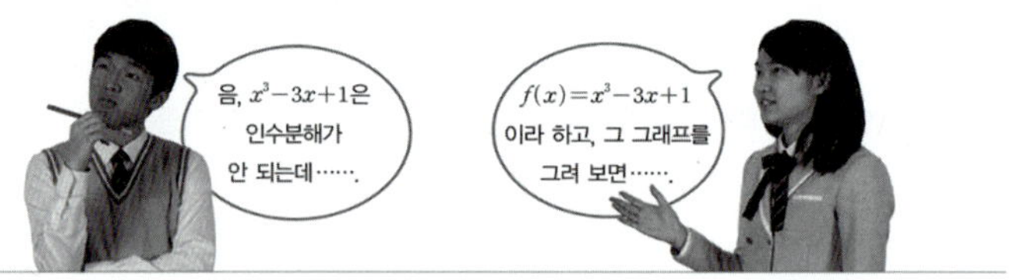

방정식 $f(x)=0$의 실근은 함수 $y=f(x)$의 그래프와 x축의 교점의 x좌표이므로 함수의 그래프와 x축과의 교점의 개수를 구하면 방정식의 실근의 개수를 구할 수 있다.

[그림 2-12] 식을 함수로 간주하고 문제를 해결(우정호 외, 2014c: 156)

■ 관점의 전환

자료를 미지인 것으로 생각하거나, 미지인 것을 자료로 생각하는 것 그리고 미지인 것을 조건을 만족하는 해로 생각하고 거꾸로 연구하거나, 부등식을 등식으로 또는 등식을 부등식으로 대치하는 것 등은 모두 관점의 전환에 해당되는 예이다. 수를 가지고 하는 활동에서 문자를 도입해 사용하는 것도 관점의 전환이 될 수 있다. 직관적 수준에서 추상적 수준으로의 이행, 산술적 사고에서 대수적 사고로의 이행 역시 넓은 의미에서 관점의 전환이다. 관점의 전환은 다양한 측면에서 설명될 수 있다. 대수 문제를 기하적 관점에서 해결하는 것도 관점의 전환에 해당된다.

여기서는 수열의 합을 구하는 대수 문제를 기하적 관점에서 해결하면서 수식에 대해 다른 방식의 대수적 해석을 하는 사례를 제시해 본다. 고등학교 수학에서 수열의 합을 배울 때 $1+2+3+\cdots+n$을 구하는 문제를 생각해 보자. [그림 2-13]과 같이 서로 다른 관점에서 바라보며 문제를 해결하는 것은 일찍이 Polya가 강조한 문제해결 교육의 한 방법이기도 하다. 서로 다른 풀이과정을 통해 우리는 대수식의 세부적인 의미가 달라짐에 주목하게 되고 식의 의미를 '한눈에' 파악하게 되기도 한다.

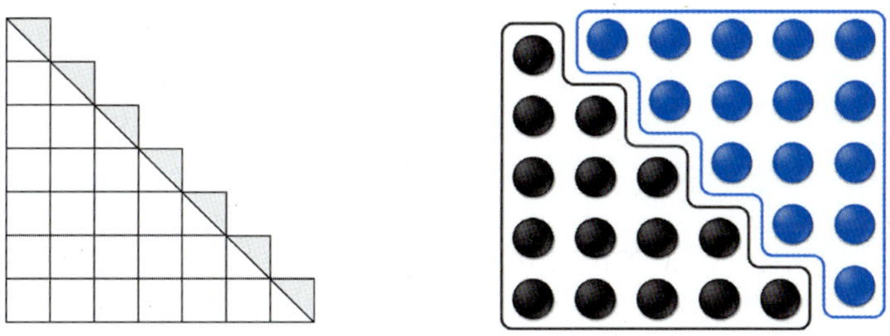

$1+2+3+\cdots+n=\frac{n^2}{2}+\frac{n}{2}$ $\qquad$ $1+2+3+\cdots+n=\frac{n(n+1)}{2}$

[그림 2-13] $1+2+3+\cdots+n$ 구하기

■ 대칭성 알아보기

등호에 대한 해석은 대수 학습에서 매우 중요하다. 산술에서는 등호가 왼쪽의 식에서 오른쪽의 결과를 얻는 하나의 과정으로 해석된다. $3+4=7$에서 $3+4$는 두 수의 합이라는 하나의 대상으로 인식되기보다는 두 수를 더하는 과정으로 인식되고 이 과정에서 등호는 계산하여 결과를 쓰라는 명령으로 받아들여진다. 이러한 등호에

대한 해석은 방정식을 비롯한 대수 학습에서 오류를 낳기도 한다. 가역적인 사고, 대칭적인 사고, 추이적인 사고를 이해하는 데 장애가 될 수 있는 것이다. 등호에 대한 산술적 해석에 머문 학생들은 $3+4=7+10=17$과 같이 등호를 오른쪽으로 향하라는 화살표(→) 기호처럼 잘못 사용하는 경우가 많다.

대수에서는 등호 개념이 동치개념의 이해와 연결된다. 방정식은 양변에 있는 서로 다른 형태의 대수식을 동치관계를 의미하는 등호를 사용하여 연결한 것이다. 등호의 대칭성을 이해하지 못하는 학생들은 간단한 방정식 풀이에서도 다음과 같은 오류를 보일 수 있다.

(오류)	(옳은 풀이)
$2x-1=7$	$2x-1=7$
$\quad\quad=7+1$	$2x=7+1$
$\quad\quad=4$	$x=4$
$\therefore\ x\ =4$	

두 경우 모두 풀이 결과는 맞았지만 풀이 과정에서는 차이가 나며, 오류가 나타난 풀이는 수학적 의사소통 측면에서도 낮은 평가를 받을 수밖에 없다.

한편 등호의 대칭성과 별도로 대수에서 대칭성의 의미는 대수식에서 문자를 서로 바꾸어도 원래의 식과 같은 식이 되는 것의 의미로도 사용된다. $x+y+z$, $(a+b)^2=a^2+2ab+b^2$이 대칭식의 예이다. 자료나 조건의 대칭성에 주목하고 결과를 점검하는 것은 대수식을 포함한 문제의 해결에서 매우 유용한 사고전략이다. 대칭식을 인수분해하면 대칭식이 된다. 또한 $(a+b+c)(a^2+b^2+c^2-ab-bc-ca)$와 같은 다항식의 전개에서도 대칭성을 고려하면 복잡한 전개가 수월하게 해결되기도 한다. 방정식이 대칭식이면, 해 $(a,\ b)$를 구했을 때 $(b,\ a)$ 역시 또 다른 해가 됨을 파악할 수 있다.

■ 식이 양임을 보이기

대수에서는 주어진 식이 양 또는 0 이상임을 보여서 명제를 증명하거나 문제를 해결하는 경우가 많이 있다. 우리나라 고등학교 수학 교과서에서는 부등식의 증명에서 자주 다루어진다. 다음 예는 완전제곱식을 만들어 문제를 해결한 예이다.

실수 a, b에 대하여 $a>0$, $b>0$일 때, 다음 부등식이 성립함을 증명하여라. 또, 등호가 성립하는 경우를 말하여라.

$$\frac{a+b}{2} \geq \sqrt{ab}$$

증명

좌변에서 우변을 빼면

$$\frac{a+b}{2}-\sqrt{ab}=\frac{a+b-2\sqrt{ab}}{2}$$

$$=\frac{(\sqrt{a})^2+(\sqrt{b})^2-2\sqrt{ab}}{2}$$

$$=\frac{(\sqrt{a}-\sqrt{b})^2}{2} \geq 0$$

이므로 $\frac{a+b}{2} \geq \sqrt{ab}$이다.

여기서 등호는 $\sqrt{a}-\sqrt{b}=0$, 즉 $a=b$일 때 성립한다.

■참 고 | $a>0$, $b>0$일 때, $\frac{a+b}{2}$, $\sqrt{ab}$를 차례로 a와 b의 산술평균, 기하평균이라고 한다.

[그림 2-14] 식이 양임을 보이기(우정호 외, 2014b: 58)

■ 유추하기

유사성을 탐구하여 문제를 해결한다. 대수 문제 해결에서 보다 단순한 유사 문제의 풀이 방법이나 그 결과를 이용하여 원래의 문제를 해결하거나 어떤 집합에서 성립하는 성질을 바탕으로 유사한 다른 집합에서 성립하는 성질을 추측해 보는 경우 등이 이에 해당될 수 있다. 지수함수와 로그함수에 의해 실수의 덧셈과 곱셈 사이의 관계를 유추하듯이, 비형식적으로 혹은 함수적인 관련성으로 유사성을 탐구할 수도 있다(우정호, 1998: 236).

생각해 봅시다

로그는 17세기 초에 네이피어(Napier, J.; 1550~1617)와 브리그스(Briggs, H.; 1561~1630) 등에 의해 발명되었지만, 로그의 개념은 그 이전부터 사용되었다. 16세기 초 슈티펠(Stifel, M.; 1487~1567)은 그의 책 "산술백과"에서 곱셈을 덧셈으로 바꾸어 계산하는 방법을 설명하였다.

A	1	2	3	4	5	6	7	8	9	10
B	2	4	8	16	32	64	128	256	512	1024

$16 \times 32=512$이다. 위의 표에서 B의 16, 32, 512에 각각 대응하는 A의 수들 사이에 어떤 관계가 있는지 말하여 보자.

[그림 2-15] 곱셈을 덧셈으로 바꾸어 계산하는 탐구활동 (우정호 외, 2014b: 220)

■ 변수와 미지수

변수와 미지수에 대하여는 '1) 대수적 언어 학습'에 대한 설명을 참고한다.

■ 관계 파악 및 양적 추론 능력

학교 수학의 대수 문제 해결에서는 주로 미지인 양과 주어진 양을 파악하고 두 양의 크기를 비교하는 활동을 통해 식을 세운다. 이를 위해서는, 문제 상황을 여러 각도에서 조망해보면서 양 사이의 관계를 파악해야 한다. 양 사이의 관계를 파악하는 것은 조건이나 정보를 다양한 형태로 인식하는 능력과 관련이 있다(Amerom, 2002). 문제 상황에서 주어진 자료와 조건 속에서 포함된 양을 하나의 대상으로 보고 그들 사이의 관계를 파악하면서 문제를 해결해 나가는 것은 양적 추론의 사고와 밀접하게 연결된다. 특히 중학교 수학에서부터 변수를 명시적으로 다루게 되면 양적 추론의 사고가 본격적으로 전개된다. 중학교 수학의 방정식의 활용과 관련된 다음 문제들을 보자.

예 01

재희는 주말에 가족과 함께 지리산 둘레길을 산책했다. 처음에는 시속 3km로 걷다가 힘이 들어서 시속 2km로 걸었더니 모두 4시간이 걸렸다. 재희네 가족이 걸은 거리가 10km라고 할 때, 시속 3km로 걸은 거리와 시속 2km로 걸은 거리를 각각 구하여라.

예 02

3%의 소금물과 8%의 소금물을 섞어 6%의 소금물 400g을 만들려고 한다. 3%의 소금물과 8%의 소금물을 각각 몇 g씩 넣으면 되겠는가?

위 문제들을 해결하려면 주어진 자료와 조건 속에 숨어있는 여러 가지 양들 사이의 관계를 파악해야 한다. 서로 같을 것으로 기대되는 두 양을 찾아 등호를 이용해 식으로 표현함으로써 방정식을 세워 문제를 해결해야 한다.

양 사이의 일반적인 관계에 대하여 추론할 수 있는 능력이 풍부한 학생들은 대수를 보다 더 의미 있게 이해할 수 있는 개념적 토대를 가지게 된다. 여러 수학교육자들은 학생들의 대수적 사고 능력을 기르기 위해서는 양적 추론 능력을 발달시켜야 한다고 주장하고 있다. 양적 추론은 학생들로 하여금 그들이 인지하는 문제 상황에서 양과 관계에 대하여 개념화하고 추론하고 조작할 수 있는 능력을 발달시키기 때문이다(이화영, 2014: 11-12).

■ 변환추론과 연산감각

변환 추론은 식의 변형을 통해 동치인 식을 만드는 과정에 필요한 사고로서 주어진 대수식의 동치 변형에서 결정적인 역할을 하는 사고이다. 변환 추론을 이용한 식의 변형에서 교환법칙, 결합법칙, 분배법칙과 같은 연산법칙을 학습할 수 있다. 산술과 달리 대수에서는 문제를 해결하는 과정에서 상황에 따라 연산을 결정해야 한다. 식 $3a+2b$와 식 $2a+4b$의 합 $3a+2b+2a+4b$를 계산하기 위해서도 동류항의 개념과 교환법칙, 분배법칙에 대한 이해가 있어야 한다.

식의 계산 문제를 해결할 때에 학생들이 사용하는 연산의 순서나 과정에서 차이를 보이는 것은 그들이 가지고 있는 연산 감각의 차이에서 기인하는 것으로도 볼 수 있다. 변환 추론과 연산 감각은 식을 세운 후에 식을 변형하거나 식을 조작하는 것으로 주로 중학교 수학 학습에서부터 나타난다고 할 수 있다.

■ 분석적 사고

분석적 사고는 방정식 풀이에서 요구되는 사고이다. 방정식의 풀이는 주어진 방정식이 이미 풀린 것으로 가정하고 등식의 성질을 이용하여 방정식을 변형하여 해를 구하는 과정이므로, 방정식의 풀이에는 본질상 분석적 사고가 내재되어 있다. 방정식의 풀이는 분석의 과정과 종합의 과정으로 나누어 설명 가능하다(우정호, 2000: 48-54). 방정식 풀이에서 분석의 과정은 문제 상황으로부터 구하려는 것과 주어진 것 사이의 관계를 찾아 그 관계를 식으로 나타낸 후, 이 식이 풀렸다(성립한다)고 가정하고 등식의 성질을 이용하여 방정식을 변형하면서 방정식이 참이 되기 위한 필요조건을 찾는 것이다. 방정식 풀이에서 종합의 과정은 방정식이 참이 되기 위한 필요조건으로 발견한 해가 방정식을 참이 되게 하는 충분조건도 되는지 알아보면서, 궁극적으로 필요충분조건이 되는 해를 찾아 나가는 것이다.

■ 비례적 사고

아래의 방정식 풀이 과정은 비례적 사고에 의한 해결 방법을 잘 보여주고 있다.

예 01

어떤 수와 그 수의 $\frac{1}{5}$을 더하면 21이 된다. 그 수는 얼마인가?

풀이 먼저 구하고자 하는 수를 5라고 하면, 5 더하기 1(5의 $\frac{1}{5}$)은 6이 된다. 문제에서의 결과는 21이므로 21을 6으로 나누면 $3\frac{1}{2}$이다. 이제 구하고자 하는 수는 처음 생각한 수인 5에 $3\frac{1}{2}$(비례 요소)을 곱한 결과인 $17\frac{1}{2}$이다.

학교 수학에서 다루는 연립방정식도 소거법, 대입법 등의 방법으로 해결될 수 있지만, 비례관계를 이용하여 다음과 같이 해결할 수도 있다.

예 02

연립방정식 $2x+3y=8$, $4x-9y=-14$를 풀어라.

풀이 $2x+3y=8$, $4x-9y=-14$에서 상수항을 비례적으로 조정하여 각각 7과 4를 곱해서 상수항의 절댓값을 같게 만든다. 그러면 $14x+21y=56$, $16x-36y=-56$이 되고 이제 두 식을 더하면 $30x-15y=0$이라는 결과를 얻게 된다. 이제 x와 y의 비례관계를 생각하면 $2x=y$라는 관계식을 구할 수 있다. 이 식은 문제 해결에서 결정적인 역할을 하고, x와 y값을 구할 수 있게 된다.

중학교 수학에서 일차방정식은 $ax=b$를 기본 형태로 하고 있으며, 이 형태의 방정식은 비례관계를 이용해 풀 수 있다.

$$ax=b \Rightarrow ax=b\times 1 \Rightarrow \frac{x}{1}=\frac{b}{a} \Rightarrow x=\frac{b}{a}$$

일반적으로 방정식을 이항을 이용해 풀이하면 비례관계가 드러나지 않지만, 등식의 양변에 같은 수를 곱하거나 0이 아닌 같은 수로 나누어도 등식은 성립한다는 등식의 성질을 이용해 풀이하면 비례관계를 이용한 추론을 잘 드러낼 수 있다. 이러한 풀이는 초등수학에서 다루었던 비례 개념을 새로운 관점에서 바라볼 수 있는 기회를 제공하기도 한다(김성준, 2004: 79-80).

■ 가역적 사고

Amerom(2002)은 방정식과 관련된 중요한 사고 중 하나로, 방정식의 풀이 과정과 결과를 확인하는 가역적 사고를 강조하였다. 방정식에서 해를 검산하는 과정은 등식의 참, 거짓을 판단하는 과정으로, 해결 과정을 되돌아보면서 문제 상황 전체를 조정하는 능력을 필요로 한다. 가역적 사고는 연산의 순서를 바꾸어 생각하거나 해결 과정 전체를 살펴보면서 반성적으로 추론할 때 나타날 수 있다(김성준, 2004: 80).

2 다음은 거꾸로 계산하는 방법을 이용하여 방정식 $3(2x+4)-7=29$를 푸는 과정을 나타낸 것이다. (　　) 안에 알맞은 수 또는 식을 넣어라.

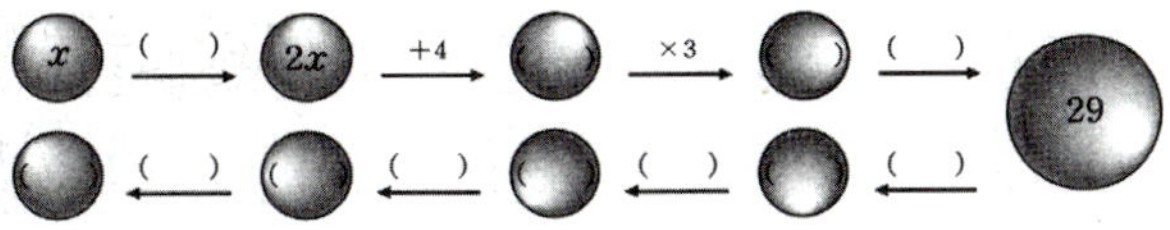

[그림 2-16] 가역적 사고에 의한 풀이(박윤범 외, 2000: 122)

탐구과제

병욱, 민경, 원진 세 명에게 다음 방법으로 사탕을 나누어 주었더니 16개의 사탕이 남았다.

> (가) 병욱이의 몫은 전체 사탕의 $\frac{1}{3}$이다.
>
> (나) 민경이의 몫은 병욱이에게 나누어 주고 남은 양의 $\frac{1}{3}$이다.
>
> (다) 원진이의 몫은 병욱이와 민경이에게 나누어 주고 남은 양의 $\frac{1}{3}$이다.

1 식을 세워 문제 풀기

전체 사탕의 개수를 x라고 할 때, 병욱, 민경, 원진이가 받은 사탕의 개수를 구하여 보자.

2 그림을 그려서 문제 풀기

다음 막대에 병욱, 민경, 원진이가 받은 사탕의 개수를 나타내는 크기만큼 표시하고, 전체 사탕의 개수를 구하여 보자.

3 거꾸로 생각하여 문제 풀기

다음과 같은 과정으로 문제를 해결하여 보자.

(1) 남은 사탕이 16개였다면 원진이가 받은 사탕은 모두 □개이다.

(2) 원진이가 받은 사탕과 남은 사탕 16개를 합하면 □개이므로 민경이가 받은 사탕은 □개이다.

(3) 민경이가 받은 사탕의 개수를 □배 하면 병욱이가 받은 사탕의 개수의 □배와 같다.

(4) 병욱이가 받은 사탕의 개수가 □이므로 전체 사탕의 개수는 □이다.

4 점검하고 반성하기

1의 풀이와 **2**, **3**의 풀이를 비교한 후 자신의 느낀 점을 적어 보자.

[그림 2-17] 거꾸로 생각하여 문제 풀기 (정상권 외, 2008: 136)

4) 문제 해결과 방정식

Polya(1981)는 저서 《수학적 발견(Mathematical discovery)》(우정호 외, 2005)에서 다음과 같은 문제와 풀이 방법을 통해 문제 해결 도구로서의 방정식의 유용성을 강조하였다. 그 내용은 학교 수학에서 방정식을 가르치는 교사와 방정식을 배우는 학생들에게 시사하는 바가 크다.

농부가 닭과 토끼를 기르고 있다. 머리의 수를 세어보니 모두 50개이고, 발의 수를 세어보니 140개였다.

농부는 닭과 토끼를 각각 몇 마리씩 기르고 있는가?

[그림 2-18] Polya의 제시 문제

닭의 수(마리)	토끼의 수(마리)	발의 수(개)
50	0	100
0	50	200
25	25	150
26	24	148
30	20	140

■ 장점
- 각각의 시도는 이전의 오류를 수정하고 새로운 예측을 향하게 한다.
- 일련의 시도를 통해 바라는 최종 결과에 점점 가까워진다.

■ 단점
- 크고 복잡한 수로 된 문제라면, 시도를 더 많이 해야 한다.

[그림 2-19] 예상과 확인 전략에 의한 문제 해결

1) 특이한 소리로 동물들을 놀라게 한다.
2) 놀란 닭들은 한 발로 서고, 토끼는 뒷발로 설 것이다.
3) 이런 상황에서는 발의 수의 반, 곧 70개의 발이 사용된다.
4) 70에 닭의 머리 수는 한 번, 토끼의 머리 수는 두 번 들어 있다.
5) 70에서 전체 머리 수 50을 빼면, 토끼의 머리 수가 남는다.
6) 따라서 토끼는 20마리, 닭은 30마리이다.

[그림 2-20] 기발한 착상에 의한 문제 해결

제시 문제에 대해 예상과 확인 전략으로 문제를 해결한 방법은 문제가 크고 복잡한 수로 바뀌면 더 많은 시도를 해야 하는 어려움이 따른다. 기발한 착상에 의해 문제를 해결한 방법은 문제에서 50과 140이라는 수가 좀 더 큰 수로 대치된다 해도 해결 방법이 그대로 잘 적용될 수는 있겠지만 이러한 기발한 착상은 번쩍이는 아이디어가 떠오르는 행운이 있어야 한다. 반면 방정식에 의한 해결은 큰 수일 경우라도 작은 수의 경우처럼 잘 적용될 뿐만 아니라 기발한 착상에 의한 번뜩이는 아이디어가 쉽게 떠오르지 않는 사람들도 문제를 해결할 수 있는 보편적인 방법을 제공한다.

[표 2-3] 방정식에 의한 문제 해결

일상 언어	대수 언어
닭의 수	x
토끼의 수	y
닭의 수와 토끼의 수의 합 : 50마리	$x+y=50$
발의 수 합 : 140개	$2x+4y=140$

탐구과제

꿩과 토끼는 각각 몇 마리인가?

고대 중국의 수학책 『손자산경(孫子算經)』에는 다음과 같은 문제가 있다.

> 꿩과 토끼가 모두 35마리 있다. 다리의 수는 모두 94개이다. 꿩과 토끼는 각각 몇 마리인가?

이 문제를 손자산경에서는 다음과 같이 풀었다.

> ① 다리의 수를 반으로 하여라. → $94\div2=47$
> ② 그것에서 머리의 수를 빼어라. 이것이 토끼의 수이다. → $47-35=12$
> ③ 그것을 머리의 수에서 빼어라. 이것이 꿩의 수이다. → $35-12=23$

1 조선 후기 학자인 황윤석의 저서 『이수신편(理藪新編)』에 있는 '난법가(難法歌)' 에는 '계토산(鷄兎算)' 으로 널리 알려진 다음과 같은 문제가 있다. 위의 방법으로 문제를 해결하여 보자.

> 닭과 토끼가 모두 100마리인데, 다리의 수를 세어 보니 272개였다. 닭과 토끼는 각각 몇 마리인가?

2 자신이 알고 있는 일차방정식의 풀이 방법과 위의 풀이 방법을 비교하여 보고, 각 방법의 장단점을 이야기하여 보자.

[그림 2-21] 중학교 수학의 일차방정식 탐구과제(정상권 외, 2008: 138)

또한 문제에서 머리 수 50을 h로, 발의 수 140을 f로 문자화하면

$$x+2y=\frac{f}{2},\ x+y=h\ \rightarrow\ y=\frac{f}{2}-h$$

일반적인 문제의 해결 방법으로 형식화할 수 있는 장점이 있다. 중학교 수학의 일차방정식 지도 내용에는 방정식의 뜻과 방정식의 풀이에 관한 설명이 주로 제시되어 있으므로 수학 교사가 방정식 수업 도입 부분에서 위의 내용을 소재로 방정식의 유용성을 설명하는 것도 의미 있는 수학 수업을 구성하는 한 방법이 될 수 있다.

2. 대수 교수·학습 실제

가. 교육과정의 이해

우리나라 수학과 교육과정에서 대수 관련 지도 내용은 공통 교육과정과 선택 중심 교육과정 전반에 걸쳐 고루 분포되어 있다. 공통 교육과정인 초등학교 수학과 중학교 수학에서는 대수를 '변화와 관계' 영역에서 다룬다. 우리나라 교육과정의 내용 체계에서 살펴본 대수 학습 관련 내용 요소는 다음 표와 같다[2](교육부, 2022).

[표 2-4] 수학과 교육과정에서 대수 학습 관련 내용 요소

학교급	내용 요소	
초등학교	• 규칙 • 대응 관계 • 비례식과 비례 배분	• 동치 관계 • 비와 비율
중학교	• 문자의 사용과 식 • 식의 계산 • 연립일차방정식 • 이차방정식	• 일차방정식 • 일차부등식 • 다항식의 곱셈과 인수분해
고등학교	• 다항식의 연산 • 인수분해 • 행렬과 그 연산	• 나머지정리 • 여러 가지 방정식과 부등식 • 도형의 방정식

초등학교 수학에서는 대수 학습을 위한 기초를 다진다. 규칙을 찾아 여러 가지 방법으로 표현하기, 두 양의 관계를 탐구하고 등호를 사용하여 나타내기, □, △ 등을 사용하여 식으로 나타내고 설명하기 등이 그 예다. 다양한 문제해결 전략을 배우며 문제 해결 역량을 키워간다. 문제 해결 전략을 비교하는 활동을 하면서 문자 도입을 위한 준비 학습을 한다. 이후 문자를 사용한 식 세우기 전략의 필요성을 다루게 되면 대수 학습이 본격적으로 시작된다.

2 여기서 제시한 고등학교 수학 내용 요소는 선택 중심 교육과정의 공통 과목에 해당하는 내용 요소를 언급한 것이다.

중학교 수학에서는 문제를 간단하고, 명확하게 나타내는 방법으로서 '식 만들기' 전략이 유용함을 인식하게 한다. '문자의 사용'을 본격적으로 도입하는 단계이다. 이 단계에서는 다양한 상황을 문자를 사용한 식으로 나타내보면서 문자 사용의 유용성을 인식하게 하는 학습이 중요하다. 문자와 수, 문자와 일상 언어의 공통점과 차이점에 대한 탐색을 통해 수학 언어로서의 문자의 특징을 이해하게 한다.

중학교 수학에서 본격적으로 사용하는 문자는 수나 양 사이의 관계를 명확하고 간결하게 표현하는 수학적 언어이다. 문자는 수학적 의사소통을 원활히 할 수 있도록 도와준다. 문자를 이용한 식의 사용, 다항식의 연산 및 방정식과 부등식은 여러 문제를 해결하는 중요한 도구이다. 나아가 수학의 다른 분야 학습에 기초가 된다. 우리나라 교육과정은 '지식·이해'뿐만 아니라 '과정·기능' 및 '가치·태도'의 교육을 중시한다. 방정식과 부등식은 다양한 상황을 통해 도입하면서 그 필요성을 인식하게 하는 것이 중요하다. 방정식과 부등식을 여러 가지 방법으로 풀어 보면서 더 나은 풀이 방법을 찾게 하는 태도 교육도 필요하다. 한편 구한 해가 문제 상황에 적합한지 확인하는 과정을 통해 타당한 근거에 따라 자신의 의견을 논리적으로 설명하는 태도를 갖게 해야 한다.

고등학교 수학에서 대수 학습은 다항식의 연산, 인수분해, 여러 가지 방정식과 부등식, 행렬과 그 연산, 도형의 방정식 학습으로 나아간다. 대수의 개념, 원리, 법칙을 탐구하고, 수학 문제 해결 능력을 기르면서 학습자 스스로가 자신의 수학적 사고와 전략을 설명하는 학습이 더욱 중요해지는 단계이다.

나. 교과서의 이해

1) 일반화의 지도

학교 수학에서 일반화를 다루는 내용은 초등학교 수학에서 중등학교 수학까지 교과서 전반에 걸쳐 나타난다. 예를 들면 초등 수준에서 공통의 규칙을 발견하여 비형식적으로 표현하는 것이나 연산규칙을 기호 □, △, ○, ☆를 사용하여 $\frac{\triangle}{\square} \div \frac{☆}{\bigcirc} = \frac{\triangle}{\square} \times \frac{\bigcirc}{☆}$으로 일반화하는 것 또는 중등 수준에서 변수인 문자를 사용하여 수에 대한 교환, 분배, 결합법칙을 나타내거나, 여러 가지 공식을 일반적으로 표현하는 것 등 그 예는 수없이 많이 찾아볼 수 있다.

수학의 특성인 일반화는 변수로 사용되는 문자에 의해 형식화되기 때문에 일반화에 대한 학습은 변수 개념의 정적 측면, 즉 다가이름이라는 변수 본질에 대한 이해에 밑바탕을 이루게 된다. 그러나 학교 수학의 학습에서 학생들은 일반화된 식에서 변수에 값을 대입시키는 과정(즉, 특수화)을 주로 경험하는 반면, 구체적인 상황을 변수로 구성하여 일반화된 식을 구성해내는 과정(즉, 일반화)을 경험하는 경우는 많지 않은 것으로 보인다. 변수로 표현된 일반화된 식이나 명제는 주로 연역적으로 제시되는 경우가 많고 초보적인 일반화의 표현 $\frac{\triangle}{\square} \div \frac{☆}{\bigcirc} = \frac{\triangle}{\square} \times \frac{\bigcirc}{☆}$이 제시될 때에도 □, △, ○, ☆과 같은 기호는 구체적인 수를 대신하여 모든 경우를 한번에 나타내기 위해 사용되었다는 설명 없이 학생들의 즉각적인 이해를 바라면서 곧바로 도입되어 지도되고 있는 듯하다.

'일반화'가 본격적으로 나타나는 중학교 수학에서는 특히 교과서에서 다루어지는 일반화된 식을 특수한 경우의 사례로부터 문자를 사용하여 일반화를 할 수 있는 경험을 통해 학습할 수 있도록 해야 학생들의 의미 있는 이해가 가능할 것이다([그림 2-22], [그림 2-23] 참고).

다각형의 한 꼭짓점에서 대각선을 그어 그 다각형을 여러 개의 삼각형으로 나눌 수 있으므로, 다각형의 내각의 크기의 합은 삼각형의 내각의 크기의 합을 이용하여 구할 수 있다. 삼각형의 내각의 크기의 합은 180°이므로 사각형, 오각형, 육각형의 내각의 크기의 합을 각각 구하면 다음과 같다.

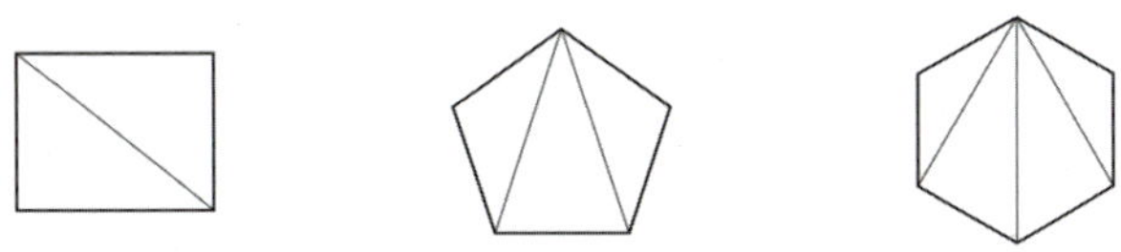

$180° \times 2 = 360°$　　$180° \times 3 = 540°$　　$180° \times 4 = 720°$

일반적으로 n각형의 한 꼭짓점에서 그은 대각선은 그 n각형을 $(n-2)$개의 삼각형으로 나누므로 n각형의 내각의 크기의 합은 $180° \times (n-2)$이다.

위의 내용을 정리하면 다음과 같다.

다각형의 내각의 크기의 합
n각형의 내각의 크기의 합은 $180° \times (n-2)$이다.

[그림 2-22] 다각형의 내각의 크기의 합(우정호 외, 2013a: 260)

$2x^2+2x-1=0$의 풀이	$ax^2+bx+c=0$의 풀이
❶ 양변을 x^2의 계수로 나눈다.	
$x^2+x-\frac{1}{2}=0$	$x^2+\frac{b}{a}x+\frac{c}{a}=0$
❷ 좌변의 상수항을 우변으로 이항한다.	
$x^2+x=\frac{1}{2}$	$x^2+\frac{b}{a}x=-\frac{c}{a}$
❸ x의 계수의 $\frac{1}{2}$을 제곱한 값을 양변에 더한다.	
$x^2+x+\left(\frac{1}{2}\right)^2=\frac{1}{2}+\left(\frac{1}{2}\right)^2$	$x^2+\frac{b}{a}x+\left(\frac{b}{2a}\right)^2=-\frac{c}{a}+\left(\frac{b}{2a}\right)^2$
❹ 좌변을 완전제곱식으로 나타낸다.	
$\left(x+\frac{1}{2}\right)^2=\frac{3}{4}$	$\left(x+\frac{b}{2a}\right)^2=\frac{b^2-4ac}{4a^2}$
❺ 제곱근을 구한다.	
$x+\frac{1}{2}=\pm\frac{\sqrt{3}}{2}$	$x+\frac{b}{2a}=\pm\frac{\sqrt{b^2-4ac}}{2a}$ (단, $b^2-4ac\geq 0$)
❻ 근을 구한다.	
$x=-\frac{1}{2}\pm\frac{\sqrt{3}}{2}$ $=\frac{-1\pm\sqrt{3}}{2}$	$x=-\frac{b}{2a}\pm\frac{\sqrt{b^2-4ac}}{2a}$ $=\frac{-b\pm\sqrt{b^2-4ac}}{2a}$

[그림 2-23] 이차방정식의 근의 공식(우정호 외, 2013c: 87)

학교 수학에서 방정식을 학습할 때에도 문자에 특수한 값을 대입, 계산하여 해를 찾는 활동을 주로 하게 되면 학생들은 변수를 값을 대입하는 과정 속에서만 의미를 갖는 것으로 파악하게 되어 대수적 언어를 일반화의 맥락에서 의미 있게 이해하기 어렵게 된다.

학교 수학에서 일반화/특수화에 대한 직접 경험의 과정은 어느 한쪽에 치우침 없이 동일한 정도로 다루어져야 할 뿐만 아니라 그 과정은 다양한 문제 상황에서 주어져야 한다. 다양한 문제 상황에서 특수에서 일반으로 그리고 일반에서 특수로의 두 가지 과정에 대한 풍부한 경험을 거친 학생들만이 일반화에 사용되는 대수적 언어인 변수에 대한 올바른 인식을 할 수 있을 것이다. 대수적 사고가 더 상위의 수준

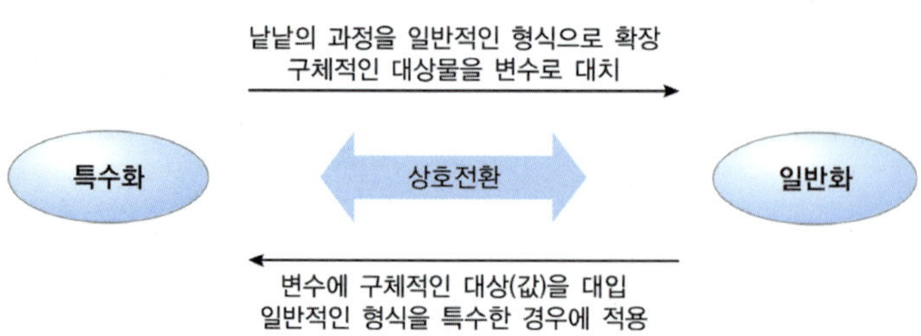

[그림 2-24] 특수화/일반화의 상호 전환

으로 발달할 수 있는 시점은 바로 일반화가 형식화되는 수준이므로 구체적인 상황을 변수로 구성해가는 과정, 즉 특수에서 일반으로 이르는 과정을 소홀히 한다는 것은 대수적 사고의 신장을 저해하여 결국 계속적인 대수 학습을 통한 지식의 성장을 어렵게 할 것이다.

2) '문자식'의 구성

대수 학습에서 학생들이 문자 사용의 필요성을 경험하고 수학의 형식적 언어체계에 따라 문자식을 올바로 구성하는 것은 대수 학습의 기초로서 중요한 측면이다. 따라서 학생들이 주체가 되어 문제 상황을 변수를 사용하여 식으로 표현할 필요성을 느끼고 문자를 스스로 선택하여 식을 구성하는 활동을 지도해야 할 필요가 있다.

중학교 수학의 '문자와 식' 단원에는 문자를 사용하여 식을 간단히 하고 식의 값을 구하는 학습 내용이 주로 제시되고 있다. 교과서에서 주로 제시되는 다음과 같은 사례를 보자.

(1) 자동차를 타고 시속 50km로 t시간 동안 갔을 때의 이동 거리
(2) 1000원을 내고 200원짜리 지우개를 a개 살 때의 거스름돈
(3) 4개에 y원 하는 사과 한 개의 값
(4) 밑변의 길이가 $a$cm, 높이가 $b$cm인 삼각형의 넓이

위 문제들은 학생들이 문자 사용의 필요성을 느끼고 스스로 문자를 선택하여 나타내는 경험을 제공하는 문제라고 보기는 어렵다. (1)~(4)의 경우는 문자의 선택이나 문자의 역할에 대한 생각 없이도 수식을 구성할 수 있는 연습 문제 형식이다. 4개에 y원 하는 사과 1개의 값을 구하는 문제는 변수 사용의 필요성이 경험되는 문제 상황은 아니다. 변수인 문자 이름도 이미 지정되어 있기 때문에 학생들 입장에서 보면 4개에 2000원하는 사과 1개의 값을 구하는 문제와 그다지 차이가 없는 것으로 보인다. 이러한 문제를 다룰 때에는 변수인 문자 y가 '아직 정해져 있지 않은 값'을 나타낸다는 의미로 충분히 설명되어야 할 것이다. 다음과 같은 문제를 생각해 보자.

> 윗변이 a cm, 아랫변이 b cm, 높이가 h cm일 때,
>
> 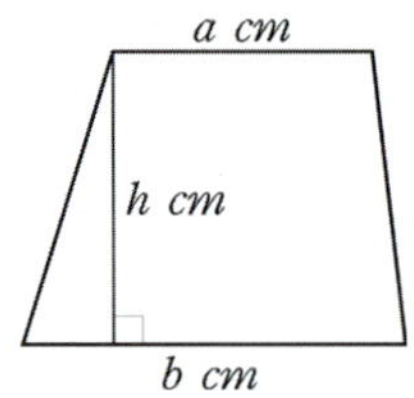
>
>
> 사다리꼴의 넓이 S를 문자를 사용한 식으로 나타내어라.

마찬가지로 위 문제도 윗변이 5cm, 아랫변이 8cm, 높이가 4cm일 때, 사다리꼴의 넓이를 구하라는 문제와 다름이 없는 것으로 보인다. 이런 유형의 문제는 이미 지정되어 있는 길이를 넓이 공식에 대입하여 적용하는 연습문제에 불과하다. 이 문제는 이미 지정되어 표현되어 있는 길이를 사다리꼴의 넓이 공식에 대입하여 적용하는 문제이므로 교사는 문자 사용의 필요성을 이해시키기 위한 의도로 위 문제를 변형해 볼 수 있다. 수업 중에 교사는 위 문제를 사다리꼴의 모양만 제시하고

> 사다리꼴의 넓이를 구하는 데 필요한 변의 길이에 대해 적당한 문자를 사용하여 넓이를 구하는 식을 만들어라.

라는 문제로 수정하여 지도해보는 것도 의미 있을 것이다. 그러면 학생들은 넓이를 구하는 데 필요한 길이를 스스로 찾아보고, 아직 길이가 정해지지 않았기 때문에 변수(즉, 문자)를 사용하여야 할 필요성을 느낀 후, 그들이 직접 문자 선택을 하여 옳은 답이 다양하게 나올 수 있음을 경험할 수 있을 것이다. 학생들은 문자 선택에 따라, 즉 윗변과 아랫변 높이를 각각 a, b, h로 하느냐, a, b, c로 하느냐, p, q, r로 하느냐 등에 따라 다양한 형태로 답이 나올 수 있음을 알게 된다. 그렇게 되면 Wagner(1983)가 말한 문자 선택의 자유성, 곧 주어진 대상을 지칭하기 위해 임의로 문자를 선택할 수 있다는 사실을 인식함과 동시에 서로 다른 대상은 다른 이름으로 지칭해야 한다는 대수적 언어 사용의 규칙을 실제 경험 속에서 터득해 나갈 수 있게 된다. 이와 관련하여 김남희(1999)가 실험 연구한 제시 문제와 그에 대한 학생의 해결 과정은 대수 지도에 시사하는 바가 크다([그림 2-25] 참조).

아래 그림의 사각형 ABCD의 넓이를 구하고자 한다. 넓이를 구하는 데 필요한 변의 길이에 대해 적당한 문자를 사용하여 사각형 ABCD의 넓이를 구하는 식을 만들어라.

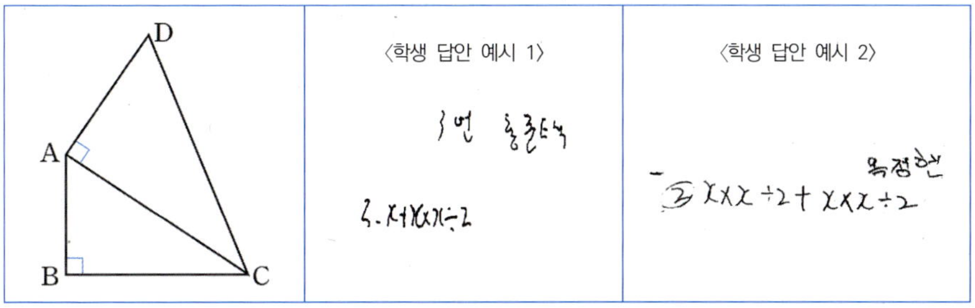

[그림 2-25] 위 문제에 대한 중학교 1학년 학생들 답안의 예

문자와 식 단원을 학습한 중학교 1학년 학생들이 문제 해결로 제시한 [그림 2-25]의 사례를 보면 서로 다른 변 $\overline{AB}$, $\overline{BC}$, $\overline{AC}$, $\overline{AD}$의 길이에 대해 같은 문자 x를 사용하여 $x \times x \div 2 + x \times x \div 2$(넓이 공식은 옳지만 문자 선택에서 오류 보임)라는 답안 또는 $x + x \times x \div 2$(넓이 공식, 문자 선택에서 모두 오류 보임)라는 답안을 확인할 수 있다. 이러한 사실은 수학에서 서로 다른 이름으로 지칭해야 할 대상을 같은 대수적 언어로 표현하면서 문자식의 구성에서 오류를 보이는 학생들이 있을 수 있음을 말해준다. 이 연구 결과는 문자식의 학습과정에서 학생들이 문자 사용의 필요성을 느낀 후, 스스로 문자를 선택하여 표현하면서 올바른 대수적 언어의 표현 방법을 익히게 도와주는 지도가 필요함을 시사하고 있다. [그림 2-26]의 문제는 '식 세우기 전략'을 사용해서 해결하는 경우라면, 학생들이 문자 사용의 필요성을 알고 무

생각해 봅시다 지용이는 야구 글러브 2개와 야구공 1개를 70000원에 샀다. 야구 글러브는 야구공보다 20000원이 더 비싸다고 할 때, 물음에 답하여 보자.

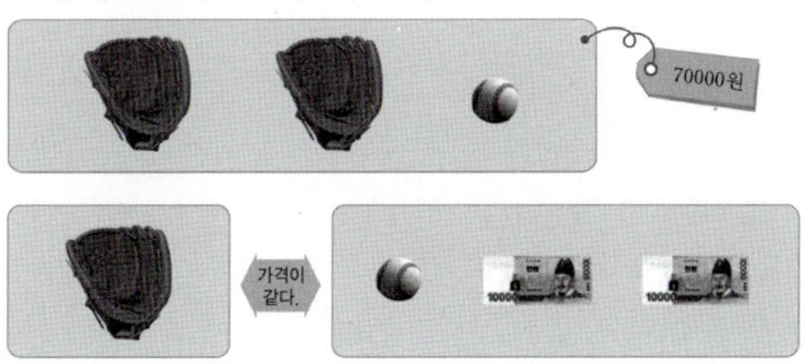

(1) 야구공 한 개의 가격은 얼마인가?

(2) 야구 글러브 한 개의 가격은 얼마인가?

[그림 2-26] 연립방정식 문제 해결 탐구활동(우정호 외, 2013b: 91)

엇을 미지수로 정하고, 미지수를 어떤 문자로 나타낼지를 결정하면서 대수적인 표현을 만들어보는 기회를 제공하는 사례이다.

3) 대수적 원리의 적용

대수적 원리는 기본적인 성질이 유지되도록 대수적인 구조를 확장하는 형식불역의 원리를 뜻한다. 우리나라 수학 교과서에서 형식불역의 원리가 대수 학습에 가장 적극적으로 사용되어 그 특성이 잘 드러나고 있는 학습 내용은 지수법칙에서 지수의 확장이다. 지수의 확장에 따르는 문제 해결 과정은 수학의 발생과정과 수학지식의 특징을 잘 보여준다.

양의 정수 n에 대해 수 a를 n번 거듭하여 곱한 것을 a의 n제곱근이라 정의하는 것은 우리의 직관이 쉽게 받아들일 수 있는 정의이다. 지수가 자연수인 경우의 지수법칙은 이러한 직관적인 이해를 바탕으로 중학교 수학에서 다루어진다.

지수법칙(1)

m, n이 자연수일 때

$$a^m \times a^n = a^{m+n}$$

지수법칙(2)

m, n이 자연수일 때

$$(a^m)^n = a^{mn}$$

지수법칙(3)

$a \neq 0$이고, m, n이 자연수일 때

1. $m > n$이면 $a^m \div a^n = a^{m-n}$
2. $m = n$이면 $a^m \div a^n = 1$
3. $m < n$이면 $a^m \div a^n = \frac{1}{a^{n-m}}$

지수법칙(4)

m이 자연수일 때

$$(ab)^m = a^m b^m, \quad \left(\frac{a}{b}\right)^m = \frac{a^m}{b^m}\ (b \neq 0)$$

[그림 2-27] 지수법칙(지수가 자연수인 경우)(우정호 외, 2013b: 37-41)

대수적 원리 즉, 형식불역의 원리가 적용된 사례는 고등학교 수학에서 지수법칙이 자연수 지수에서 정수 지수, 유리수 지수, 실수 지수로 확장되는 전개 과정에서 나타난다.

지금까지는 지수가 양의 정수인 경우만 생각하였다. 이제 지수가 0 또는 음의 정수인 경우에도 지수법칙이 성립하도록 지수의 범위를 확장해 보자.

$a \neq 0$이고, m, n이 양의 정수일 때, 지수법칙

$$a^m a^n = a^{m+n} \qquad \cdots\cdots ①$$

이 성립한다. $m=0$일 때에도 성립한다고 가정하면

$$a^0 a^n = a^{0+n} = a^n \text{이므로 } a^0 = 1$$

이어야 한다. 또, $m=-n$일 때에도 ①이 성립한다고 가정하면

$$a^{-n} a^n = a^{-n+n} = a^0 = 1 \text{이므로 } a^{-n} = \frac{1}{a^n}$$

이어야 한다. 따라서 지수가 0 또는 음의 정수인 경우는 다음과 같이 정의한다.

지수의 확장(0 또는 음의 정수인 지수)

$a \neq 0$이고, n이 양의 정수일 때

$$a^0 = 1, \quad a^{-n} = \frac{1}{a^n}$$

[그림 2-28] 지수법칙: 지수가 정수인 경우로 확장(우정호 외, 2014b: 204)

지수가 유리수인 경우에도 지수가 정수일 때와 마찬가지로 위의 지수법칙이 성립하도록 지수의 범위를 확장해 보자.

$a>0$이고 r, s가 유리수일 때, 지수법칙

$$(a^r)^s = a^{rs}$$

가 성립한다고 가정하면, 정수 m, $n(n \geq 2)$에 대하여

$$(a^{\frac{m}{n}})^n = a^{\frac{m}{n} \times n} = a^m$$

이라고 할 수 있다.

그런데 $a>0$이므로 $a^{\frac{m}{n}}>0$이다.

즉, 거듭제곱근의 정의에 의하여 $a^{\frac{m}{n}}$은 a^m의 양의 n제곱근이므로

$$a^{\frac{m}{n}} = \sqrt[n]{a^m}$$

이다.

[그림 2-29] 지수법칙: 지수가 유리수인 경우로 확장(우정호 외, 2014b: 206)

지수를 실수의 범위까지 확장하기 위하여 지수가 무리수인 경우를 $2^{\sqrt{2}}$을 예로 들어 살펴보자. $\sqrt{2}=1.41421356\cdots$이므로

$$1,\ 1.4,\ 1.41,\ 1.414,\ 1.4142,\ 1.41421,\ \cdots$$

과 같이 $\sqrt{2}$에 한없이 가까워지는 유리수를 지수로 갖는 거듭제곱

$$2^{1},\ 2^{1.4},\ 2^{1.41},\ 2^{1.414},\ 2^{1.4142},\ 2^{1.41421},\ \cdots$$

은 어떤 일정한 수에 한없이 가까워진다는 것이 알려져 있다. 이때 그 일정한 수를 $2^{\sqrt{2}}$이라고 정의한다.

이와 같은 방법을 이용하여 임의의 무리수 x에 대해서 2^x을 정의할 수 있다.

일반적으로 $a>0$일 때 임의의 실수 x에 대해서 a^x을 정의할 수 있다.

지수가 실수일 때에도 지수가 유리수일 때와 마찬가지로 다음 지수법칙이 성립한다는 것이 알려져 있다.

지수가 실수일 때의 지수법칙

$a>0$, $b>0$일 때, 임의의 실수 x, y에 대하여

1. $a^x a^y = a^{x+y}$ **2.** $a^x \div a^y = a^{x-y}$

3. $(a^x)^y = a^{xy}$ **4.** $(ab)^x = a^x b^x$

[그림 2-30] 지수법칙: 지수가 실수인 경우로 확장(우정호 외, 2014b: 209)

지수법칙의 지도 과정에서 형식 불역의 원리가 암묵적으로 다루어지더라도 학생들의 의식 속에는 이 원리가 잠재적으로 습득되어야 한다. 이는 수학의 형식주의적인 모습 이면에 감춰진 발생적인 모습을 드러내는 과정으로서 학생들이 수학의 발생적이고 창조적인 면을 인식하고 수학에 대한 바른 인식을 갖게하는 데 도움을 줄 것이다.

4) 수학 교수·학습 이론 적용 사례

가) Dienes의 수학적 다양성의 원리

Dienes가 제시한 수학 학습 원리 중 하나인 수학적 다양성의 원리는 수학적 개념의 충실한 일반화를 위한 전략으로서 일반적인 수학적 개념을 이루는 불변의 특성이 드러나게 하기 위해서는 비본질적인 모든 특성을 변화시켜야 한다는 원리이다(우정호, 2000: 267). 수학적 다양성의 원리에 따르면, 변수를 포함하는 개념은 가능한 한 많은 경우를 다루는 경험을 통해 학습되어야 한다.

대수를 일반화의 학습 측면에서 볼 때, 학교 수학에서 다루는 일반화된 식은 변수를 다양하게 변화시킴으로써 더욱 의미 있게 지도될 수 있다. 예를 들어 함수의 성질을 이해할 때 [그림 2-31]와 같이 수학교육용 프로그램을 활용하면 변수의 변화가 그래프의 모양에 가져오는 변화를 쉽게 보여주기 때문에 함수 개념의 일반화가 수월해진다.

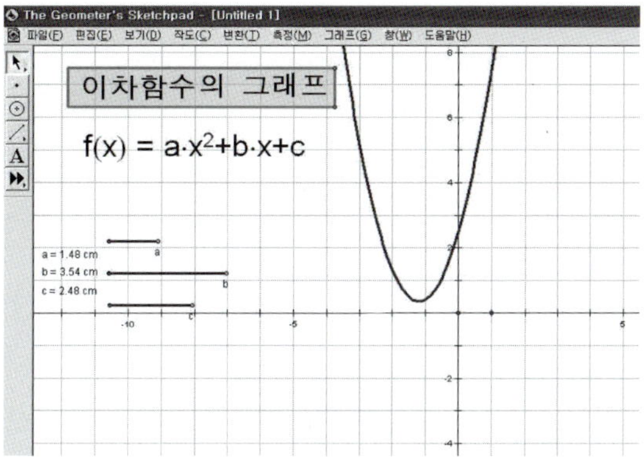

[그림 2-31] a, b, c의 변화

수학 교육용 프로그램을 이용해서 개념의 일반화를 돕는 활동은 우리나라 교육과정에서 강조하는 공학 도구 활용 측면에서도 의의가 있다.

나) Bruner의 EIS이론

학교 수학의 대수 지도 내용에 Bruner의 EIS이론을 적용하면 형식화된 대수적 표현을 활동적 표현, 영상적 표현, 상징적 표현의 순서로 의미 있게 전개해 나갈 수 있다. 다항식의 곱셈 지도나 인수분해의 지도를 예로 들어보자. Bruner의 EIS이론을 적용하여 다항식의 곱셈이나 인수분해를 지도하면 형식화된 곱셈공식과 인수분해 공식의 의미를 실제적 조작을 통한 직관적 이해를 바탕으로 학습할 수 있게 하는 교육적 이점이 있다. 특히 학생들에게는 대수식이 나타내는 의미를 새롭게 해석할 수 있는 기회가 제공된다. 또한 다항식의 곱셈과 결과를 기하적인 측면에서 바라보도록 하기 때문에 대수와 기하를 연결하여 통합적으로 이해하는 경험을 제공해 줄 수 있다.

Bruner의 EIS이론이 대수 지도에 적용된 사례는 학교 수학의 다양한 내용에서도 찾아볼 수 있다. [그림 2-32]~[그림 2-34]는 방정식의 문제 해결을 위해 지도되는 등식의 성질 학습에 EIS이론이 적용된 사례이다. [그림 2-35]도 인수분해 공식을 지도하는 활동에서 활동적 표현, 영상적 표현, 기호적 표현을 경험할 수 있게 하는 탐구활동이다.

활동해 봅시다 오른쪽 그림과 같이 접시저울에 구슬을 올려놓았더니 저울이 평형을 이루었다. 다음과 같은 활동을 할 때, 저울은 여전히 평형을 이루는지 알아보자.

(1) 양쪽 접시에 같은 무게의 물건을 올려놓는다.

(2) 양쪽 접시의 구슬의 무게를 2배로 한다.

[그림 2-32] 활동적 표현(우정호 외, 2013a: 95)

위의 탐구 활동에서 알 수 있듯이 저울의 양쪽 접시 위에 같은 무게의 추를 더하거나 빼내어도 저울은 수평을 이룬다.

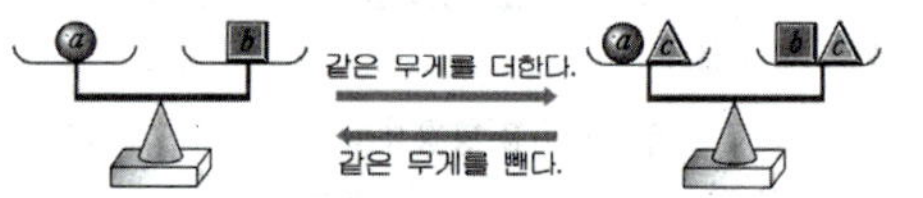

또, 저울의 양쪽 접시 위에 추의 무게를 같은 배수로 늘리거나, 같은 배수로 줄여도 저울은 수평을 이룬다.

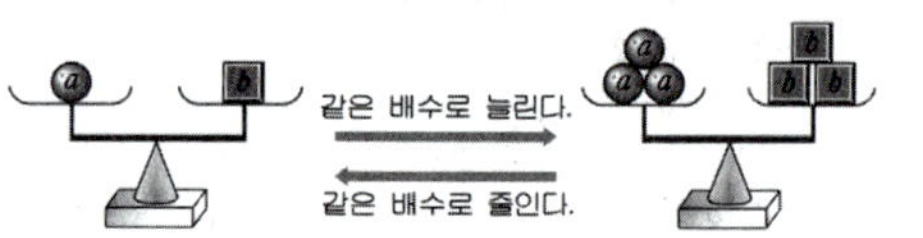

[그림 2-33] 영상적 표현(강옥기 외, 2000: 111)

등식의 성질

1. 등식의 양변에 같은 수를 더하여도 등식은 성립한다.

$a=b$이면 $a+c=b+c$

2. 등식의 양변에서 같은 수를 빼도 등식은 성립한다.

$a=b$이면 $a-c=b-c$

3. 등식의 양변에 같은 수를 곱하여도 등식은 성립한다.

$a=b$이면 $ac=bc$

4. 등식의 양변을 0이 아닌 같은 수로 나누어도 등식은 성립한다.

$a=b$이면 $\frac{a}{c}=\frac{b}{c}$ (단, $c\neq0$)

[그림 2-34] 기호적 표현(우정호 외, 2013a: 96)

생각해 봅시다 다음 [그림 1]과 같이 넓이가 a^2, ab, b^2인 세 종류의 직사각형 4개를 사용하여 [그림 2]와 같이 정사각형을 만들었다. 물음에 답하여 보자.

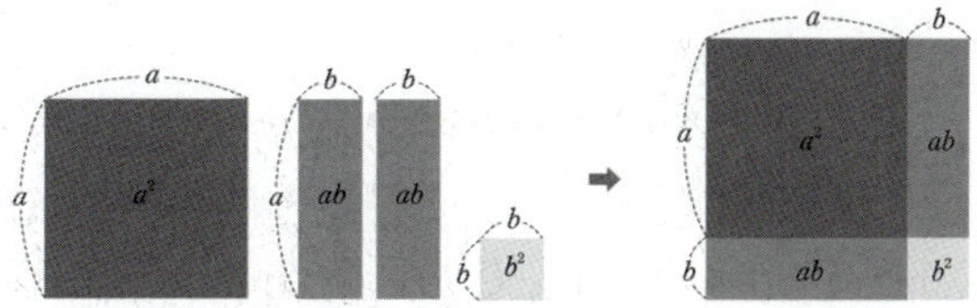

[그림 1] [그림 2]

(1) [그림 1]의 4개의 직사각형의 넓이의 합을 식으로 나타내어 보자.

(2) [그림 2]의 정사각형의 넓이를 가로의 길이와 세로의 길이의 곱으로 나타내어 보자.

(3) (1)과 (2)의 결과를 비교하여 보자.

[그림 2-35] 인수분해 지도를 위한 탐구활동(우정호 외, 2013c: 64)

다) Polya의 문제 해결론

Polya가 제시하는 문제 해결의 4단계 중 반성 단계를 대수 학습에 효과적으로 적용하면 형식화된 대수적 표현의 의미를 관계적으로 이해할 수 있게 하는 훌륭한 학습의 장을 제공할 수 있다.

고등학교 수학에서 다루는 절대부등식의 학습 내용 중에 산술평균과 기하평균의 대소관계를 예로 들어보자. 교과서에 제시된 문제와 그에 대한 대수적 풀이는 아래와 같다.

실수 a, b에 대하여 $a>0$, $b>0$일 때, 다음 부등식이 성립함을 증명하여라. 또, 등호가 성립하는 경우를 말하여라.

$$\frac{a+b}{2} \geq \sqrt{ab}$$

증명

좌변에서 우변을 빼면

$$\frac{a+b}{2}-\sqrt{ab}=\frac{a+b-2\sqrt{ab}}{2}$$

$$=\frac{(\sqrt{a})^2+(\sqrt{b})^2-2\sqrt{ab}}{2}$$

$$=\frac{(\sqrt{a}-\sqrt{b})^2}{2} \geq 0$$

이므로 $\frac{a+b}{2} \geq \sqrt{ab}$이다.

여기서 등호는 $\sqrt{a}-\sqrt{b}=0$, 즉 $a=b$일 때 성립한다.

■**참 고** | $a>0$, $b>0$일 때, $\frac{a+b}{2}$, $\sqrt{ab}$를 차례로 a와 b의 산술평균, 기하평균이라고 한다.

[그림 2-36] 절대부등식의 증명(우정호 외, 2014b: 58)

아래와 같은 대수적 증명을 학습한 후에 수학 교사는 문제 해결의 반성 단계에서 주로 다음과 같은 발문을 던질 수 있다.

> 결과를 다른 방법으로 이끌어낼 수 있는가?
> 결과를 한눈에 알 수 있는가?

그리고 교사는 적절한 안내에 의해 산술평균과 기하평균의 대소관계, 즉 $\sqrt{ab} \le \frac{(a+b)}{2}$의 결과를 [그림 2-37]과 같이 시각화하여 이해시키는 활동을 전개해 볼 수 있다. 칠판에 그림을 그려서 설명할 수도 있고 [그림 2-38]과 같이 공학 도구를 활용하여 컴퓨터 화면상에서 역동적인 시각화를 꾀할 수도 있다.

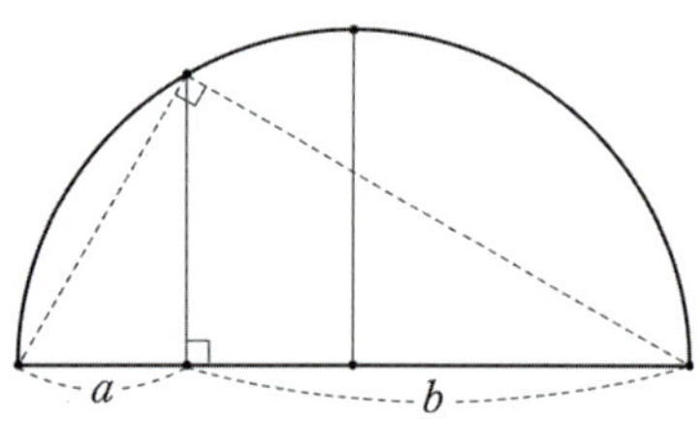

[그림 2-37] $\sqrt{ab} \le \frac{(a+b)}{2}$의 시각화

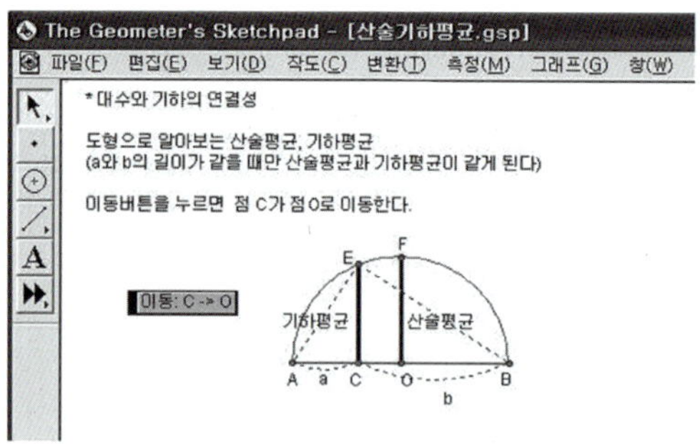

[그림 2-38] GSP에 의한 역동적 시각화

학교 수학에서 다루는 대수적 증명을 위와 같이 시각화하여 기하적으로 접근하는 것은 문제 해결의 반성 단계에서의 행할 수 있는 적절한 시도이다. 대수와 기하의 연결을 이해하게 돕는 활동이기도 하다.

다. 수업의 이해

1) '문자의 사용과 식'의 지도

문자 사용이 본격적으로 도입되기 시작하는 중학교 수학은 대수 학습의 기초이다. 문자식 지도를 위한 수업에서는 학생이 문자 사용의 필요성을 느끼게 하는 것이 중요하다. 문자를 사용한 식은 문제의 뜻을 명확하게 표현할 수 있게 돕는다. 해를 구하기 위한 형식적인 처리, 즉 계산 조작을 쉽게 할 수 있게 할 뿐만 아니라 일반적인 표현도 가능하게 해주는 이점이 있다.

교사는 문자식 도입을 위한 문제를 제시할 때, 교사는 문제 자체에 문자를 미리 기록하여 제시하지 않음으로써 학생들로 하여금 문제 상황의 표현을 위해 문자 사용의 필요성을 느끼게 하도록 할 필요가 있다. 즉, 다음과 같이 [문제 1], [문제 2]를 제시하면서 '가능하면 가장 간단하게 나타낼 수 있는 방법을 사용하여라'라는 제안으로 학생들에게 자신의 초보적인 표현 방법을 다듬어 갈 수 있는 기회를 제공한다.

[문제 1] 한 시간에 4km씩 걷는 사람이 1시간, 2시간, 3시간 걸었을 때 각각 몇 km씩 걷는지 구하여 보자.

1시간에는 ______(km)　　2시간에는 ______(km)　　3시간에는 ______(km)

[문제 2] 한 시간에 4km씩 걷는 사람이 일정한 시간만큼을 걸었다. 그가 걸은 시간 동안에 걷게 된 거리를 구할 수 있는 표현을 만들어 보아라(가능하면 가장 간단하게 나타낼 수 있는 방법을 사용하여라).

수업 시간에 학생들은 개인별로 혹은 모둠별로 위 문제를 각자의 방법으로 해결해 본다. 이때 교사는 학생들의 해결 방법들을 구분하여 분류해 주고, 학생들로 하여금 자신의 경우와 다른 해결 방법들을 살펴보고 서로 다른 방법들을 비교해 보도록 안내한다. 문자를 사용하지 않는 학생들은 문제 구조를 그림으로 나타내거나, 말로 표현하거나, □, △, ○ 등의 기호를 사용하기도 할 것이다. [그림 2-39]와 같이

생각해 봅시다 2011년 우정 사업 본부에서는 붙임 딱지형 보통 우표를 발행하였다. 이 보통 우표 한 장당 가격은 270원이다. 다음은 보통 우표를 여러 장 구입할 때 필요한 금액이 얼마인지 구하는 방법을 하진, 시완, 승연이가 그림, 말, 기호로 설명한 것이다. 각각의 장단점에 대해 서로 이야기하여 보자.

하진: 그림으로 나타내면,

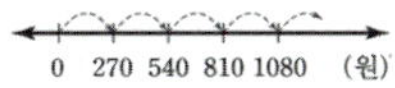

처럼 나타낼 수 있어.

시완: 말로 표현하면, '구입한 우표 수에 270원을 곱한다.' 라고 하면 돼.

승연: □를 사용하여 나타내면, 270×□로 나타낼 수 있어.

[그림 2-39] '문자식의 사용' 도입을 위한 탐구활동(우정호 외, 2013a: 75)

우리나라 중학교 교과서의 탐구 활동에서 그 사례를 확인해 볼 수 있다.

교사는 학생들로 하여금 위에서 제시된 각 해결 방법의 장단점에 대하여 생각해 보도록 한다. 학생들끼리 혹은 교사와 학생의 의사소통 과정을 거치면서 각 방법의 특징을 이야기하고, 이를 정리해 보도록 하면 다음과 같은 논의를 유도할 수 있다.

하진이처럼 수직선 그림으로 수량 사이의 관계를 표현하면 우표 수에 따라 필요한 금액이 늘어가는 규칙을 잘 드러낼 수 있다. 하지만 분수나 소수, 큰수를 다루는 문제라면 풀이 방법을 수직선이나 그림으로 나타내기가 어려워진다.

시완이처럼 말로 수량 사이의 관계를 표현하면 그 관계를 나타낼 수 있지만 문제가 복잡한 경우에는 말로 설명하기 어렵게 된다.

승연이처럼 □와 곱셈 기호를 사용하여 수량 사이의 관계를 표현하면 간결하고 명확하게 나타낼 수 있다. 하지만 나타내야 할 수량의 개수가 많은 경우에는 □, △, ○ 등을 사용하여 대상을 구분하여 나타내는 데에는 한계가 있다.

위와 같은 논의 과정을 거치면 학생들은 문자나 기호를 이용한 식의 표현이 문제의 구조를 더 간결하고 명확하게 나타내고 있어서 문제의 뜻을 쉽게 파악할 수 있다는 것을 인식할 수 있다. 뿐만 아니라 앞으로 계속적인 수학 학습을 통해 더 상위 수준의 수학 문제 해결을 해나가면서 문자를 이용한 식의 표현이 문제의 해를 구하기 위한 형식적인 처리, 즉 계산 조작을 쉽게 할 수 있고, 일반적인 표현이나 일반적인 처리도 가능하게 하는 장점이 있음을 알게 될 것이다.

2) '인수분해' 지도를 위한 사고실험 및 수업 연구

'4) 수학 교수–학습 이론 적용 사례'에서 대수적 표현을 '브루너의 EIS 이론'을 적용해 전개할 수 있음을 보였다. 아래에서는 '인수분해' 지도를 예로 들어, 교사의 사고실험과 수업 연구 그리고 모의 수업 예시를 간단히 다룬다.

교사는 실제 수업을 하기 전에 가상으로 학생을 지도해보는 과정을 실행해 볼 필요가 있다. 가상의 학생들과 대화하고 토론하며 그들의 예상 반응에 대해 미리 대응해 보는 과정을 거치면, 실제 지도과정에서 학생들에게 정교한 질문을 던질 수 있고 학생들의 탐구 활동, 개념 이해, 문제해결 과정 등을 보다 효과적으로 안내할 수 있다. 다음은 '학교수학수업연구(김남희, 2021)'에서 제시한 사고실험 예시다. 인수분해 공식을 형식화하기에 앞서 교구를 이용한 직관적 이해를 꾀하는 '교사–학생과의 (예상)대화' 예시다(김남희, 2021: 114-115). 이 가상 대화에서 EIS이론이 어떻게 적용되었는지 살펴보는 것은 수업 계획뿐만 아니라 이해 측면에서도 의미가 있을 것이다.

(활동 1) 교구를 가지고 모둠별로 자유롭게 탐구하면서 교구의 특징을 파악한다 (자유탐구 및 구조화된 놀이 단계).

(활동 2) 주어진 모형으로 더 큰 사각형을 만들어 본다.

➡활동적 표현(E)

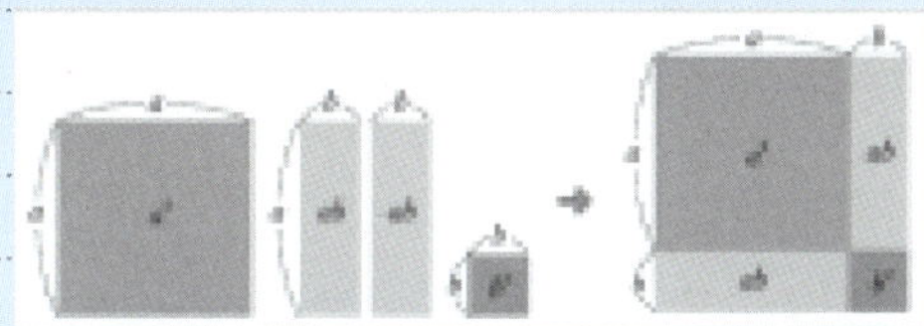

교구가 없을 경우엔 다음과 같이 색종이를 잘라 활동한다.

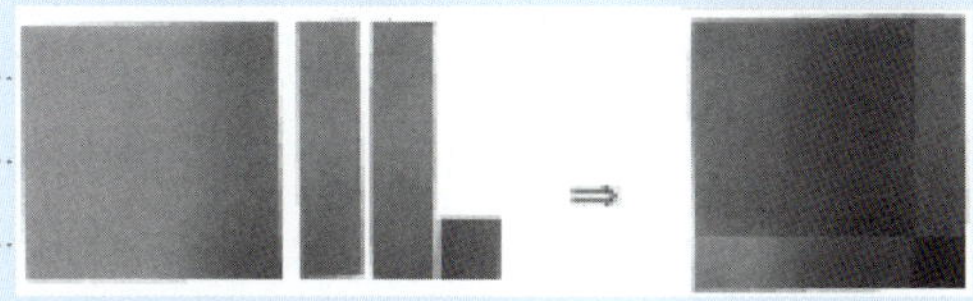

(순회 지도를 통해 활동에 겪는 학생들을 돕는다.)

교 사: 모둠별로 잘 해결했나요? 각 모둠에서 활동한 결과를 칠판에 그림으로 표현해 볼까요?

학생들: (발표 예시) 교구로 구성한 $a^2+2ab+b^2$의 넓이를 갖는 사각형을 칠판에 그림으로 나타내어본다.

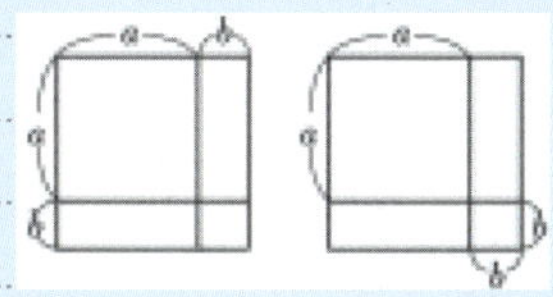

➡영상적 표현(I)

교 사: 잘했어요. 여러분이 교구를 이용해 더 큰 사각형을 만들었네요. 이 그림에 들어있는 정사각형의 한 변의 길이를 각각 a, b라고 하면 넓이를 a, b를 이용해서 나타낼 수 있나요?

학생 1: 각 부분의 넓이가 a^2, ab, b^2이니까, 모두 합쳐서 $a^2+2ab+b^2$라고 할 수 있어요.

교 사: 잘했어요. 넓이를 다른 방법으로 구한 사람도 있나요?

학생 2: 큰 사각형도 정사각형이고, 한 변이 $(a+b)$이니까 넓이는 $(a+b)^2$라고 해도 돼요.

교 사: 잘했어요. 두 학생이 구한 넓이는 서로 같은가요?

학생들: 네, 방법은 다르지만 서로 같아요.

교 사: 맞아요. 넓이가 서로 같다는 것을 식으로 나타내면 어떻게 될까요? 모둠별로 해보세요.

학생들: (모둠별로 함께 해결하고 발표) 식 $a^2+2ab+b^2=(a+b)^2$이 되어요.

교 사:	잘했어요. 위 식을 여러분이 지난 시간에 배운 곱셈공식 $(a+b)^2=a^2+2ab+b^2$과 비교해 보세요. 무엇을 알 수 있나요?
학생들:	좌변과 우변의 위치만 바뀌었어요.
교 사:	그렇죠. 잘 관찰하였네요.
	그리고 다항식 $a^2+2ab+b^2$을 인수분해한 공식은요?
학생 1:	$a^2+2ab+b^2=(a+b)^2$이 되지요.
	➡기호적 표현(S)
학생 2:	인수분해 공식과 곱셈공식이 서로 관련이 있네요. 좌변과 우변을 서로 바꾸면 돼요.
교 사:	네, 그래요. 우리는 교구를 이용해서 $a^2+2ab+b^2$이 어떻게 인수분해되는지 살펴보았어요. 그리고 인수분해 공식과 곱셈공식과의 관계를 알게 되었네요.

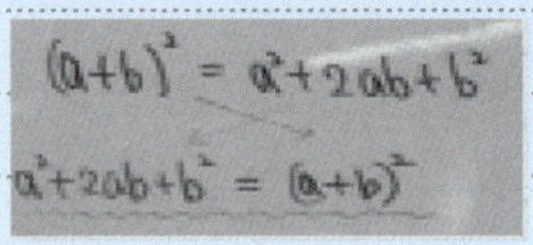

[그림 2-40] 교사-학생 대화(예시): $a^2+2ab+b^2$의 인수분해

교사의 수업 연구는 다양한 관점에서 접근할 수 있다. 그중 수학교육학에서 배운 내용들이 실제 수학 수업에 어떻게 반영되는지 생각해보는 시간을 갖는 것도 좋다. 특히 수학교육 이론이 수업 실제에 어떻게 적용될 수 있는지 생각해보는 것은 이론에 대한 이해를 더욱 깊고 풍부하게 할 뿐만 아니라 보다 효과적인 교수-학습 과정을 계획할 수 있도록 돕는다. 탄탄한 이론적 기초 위에 설계한 수업 계획은 의미있는 수업 실행을 가능하게 한다. 아래 제안 사항들을 참고하여 수업 연구를 실행해 보는 것도 도움이 될 것이다.

제안 1: 다항식의 인수분해는 다항식을 두 개 이상의 인수의 곱으로 나타내는 것이다. 용어 '인수', '인수분해'에 함의되어 있는 의미를 생각해 보자.

제안 2: 중학교 수학에서는 직사각형의 넓이를 이용한 방법으로 인수분해 공식에 대한 직관적 이해를 유도한다. 직관적 방법의 장점과 한계를 생각해 보자.

제안 3: 직사각형의 넓이를 이용해 인수분해 공식을 발견하는 학습을 '수학 내적 연결' 측면에서 평가해 보자.

제안 4: 학교 수학에서 다루는 인수분해 지도 내용과 관련지어 전공 수학 내용을 찾아 공부해 보자('인수분해의 유일성', '다항식의 나눗셈 정리' 등).

제안 5: 다음의 상황을 오수벨의 유의미학습이론에서 다루는 선행조직자 개념과 관련지어 설명해 보자. 그리고 선행조직자를 이용해 인수분해를 도입하는 방안을 생각해 보자.

[생활 속 상황]	[수학적 상황]
(의자에) 앉았다 - 일어서기	덧셈 - 뺄셈
(문을) 열었다 - 닫기	(다항식의) 인수분해-전개

사고실험과 수업 연구를 바탕으로 수업 계획을 세우고 나면 수업 실행이 한결 수월해진다. 실제 수업 과정에서는 우리나라 교육과정 분석을 통해 교육과정에서 제안하는 사항들을 반영하는 것이 좋을 것이다. 다음은 우리나라 교육과정의 교수-학습 방법에서 제안하는 내용이다(교육부, 2022: 45).

> '교구나 공학 도구를 활용하여 추상적인 수학 내용을 시각화하고 수학의 개념, 원리, 법칙에 대한 직관적 이해와 논리적 사고를 돕는다'

> '학생이 주도적으로 교구나 공학 도구를 활용하여 탐구하게 한다.'

위 제안을 고려하여 예비수학교사가 교구를 활용해 인수분해를 지도하는 모의 수업 장면이다.

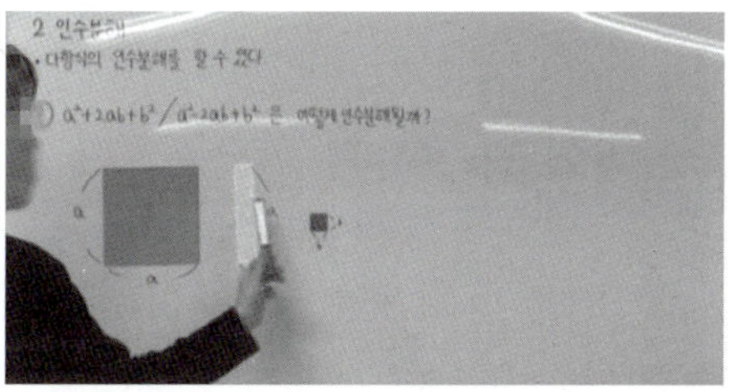

① 탐구활동 안내 주어진 세 종류의 사각형을 이용해서 더 큰 사각형을 만들어 보는 활동을 안내한다.

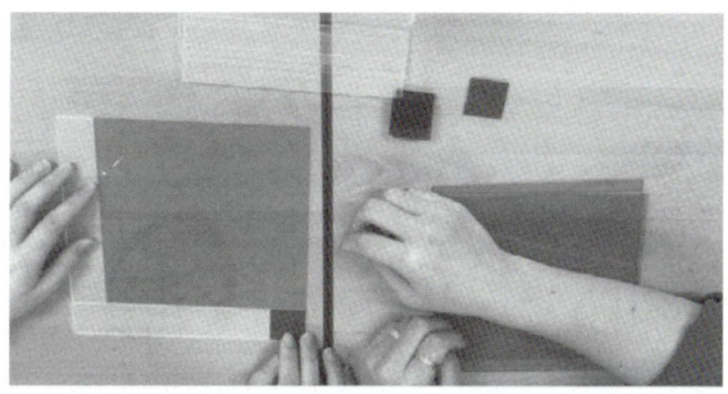

② 활동적 표현 학생의 활동에서 왼쪽 결과를 보일 때는 큰 정사각형과 작은 정사각형의 변이 서로 맞닿지 않게 만들도록 지도한다.

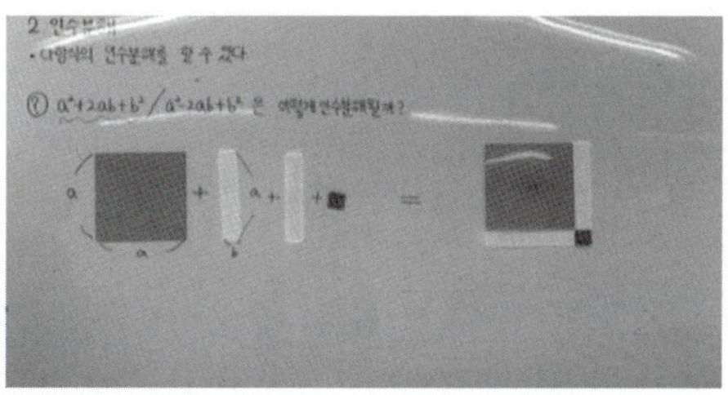

③ 영상적 표현 학생들이 활동결과를 칠판에 보이고, 각자 노트에 그 결과를 그림으로 요약해 그려보도록 안내한다.

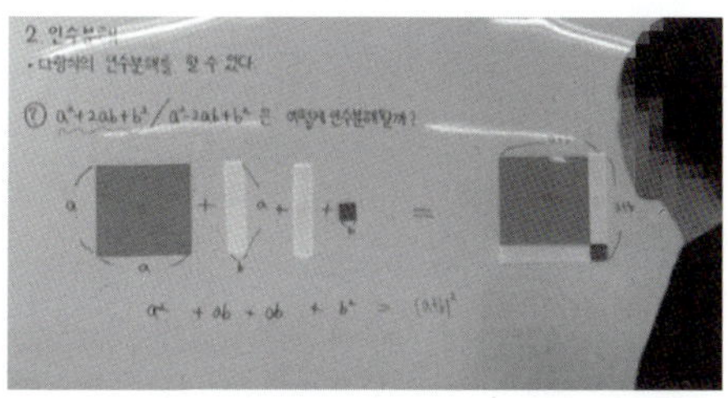

④ 상징적 표현 학생들이 노트에 그린 직사각형 그림을 보고 넓이를 구하는 식을 만들면서 인수분해 공식을 발견할 수 있도록 한다.

모의 수업 장면 예시(김남희, 2021: 126).

다른 사람의 수업 관찰, 자신의 수업에 대한 성찰, 이를 바탕으로 한 지속적인 수업 개선은 교사에게 중요한 수업도구 활동이라고 할 수 있다.

라. 공학 도구의 활용

우리나라 교육과정에서는 계산 기능 함양을 목표로 하지 않는 교수-학습 상황에서는 복잡한 계산을 할 때 공학 도구를 이용할 수 있도록 제안하고 있다(교육부, 2022: 45). 공학 도구는 수학적 환경을 재구성하여 학생의 학습 능력을 높여줄 수 있으며 학생들은 공학 도구를 이용하여 수학을 더 많이, 더 깊이 학습할 수 있다(황혜정 외, 2016: 134). 특히 컴퓨터는 추상적인 수학적 개념을 구체적인 사고와 연결시켜줄 수 있는 장을 제공하여서 형식화된 기호 체계에 의한 대수적 표현을 의미 있게 이해할 수 있게 해준다.

수학 교수-학습과정에 공학 도구를 잘 활용하려면 교사 또는 학생이 공학 도구의 사용 목적을 분명히 해야 하고, 공학 도구의 장단점과 한계를 인식하여 필요한 순간에 적절한 정도로만 사용하는 지혜로운 판단을 해야 한다.

1) 계산기나 스프레드시트를 사용한 방정식의 해 구하기

계산기나 컴퓨터 프로그램을 복잡한 수의 사칙계산이나 방정식의 풀이 등에 활용할 수 있다. [그림 2-40]은 수학 교과서에 계산기를 사용하여 방정식의 해를 구하고, 또 구한 해가 맞는지 확인해 보는 과정을 제시한 내용이다. [그림 2-42]는 연립일차 방정식의 해를 스프레드시트를 사용해 직접 구하는 방법을 안내한다.

계산기로 방정식의 해 구하기

계수에 분수나 소수 또는 큰 수가 있는 방정식은 계산기를 사용하여 해를 구하면 편리하다. 또, 구한 해가 맞는지 쉽게 확인할 수도 있다.

실행하기 **계산기로 일차방정식의 해 구하기**

일차방정식 $0.15x-1.67=5.23$을 계산기를 사용하여 풀어 보자. 계산기로 일차방정식의 해를 구할 때에는 '거꾸로 생각하기' 과정을 거쳐 결과로부터 x의 값을 구한다.

주어진 문제	거꾸로 생각하기
어떤 수 x	[4] 어떤 수 x를 얻는다.
⬇	⬆
x에 0.15를 곱한다.	[3] 그 결과를 0.15로 나눈다.
⬇	⬆
결과에서 1.67을 뺀다.	[2] 5.23에 1.67을 더한다.
⬇	⬆
결과 5.23을 얻는다.	[1] 결과 5.23

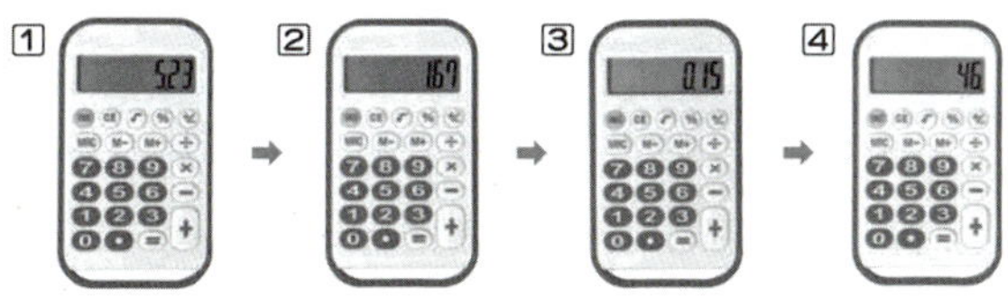

탐구하기

계산기를 사용하여 일차방정식 $\frac{x-2.5}{4}-3.7=0.25$의 해를 구하고, 구한 해가 맞는지 확인하여 보자.

[그림 2-41] 중학교 수학에서 방정식의 해 구하기(우정호 외, 2013a: 115)

○ 스프레드시트를 사용한 연립일차방정식의 풀이

스프레드시트를 사용하여 미지수가 2개인 연립일차방정식 $\begin{cases} 2x+4y=1 \\ 3x+y=3 \end{cases}$ 을 풀어 보자.

❶ 셀에 각 항의 계수와 상수항에 해당하는 수를 입력한다.

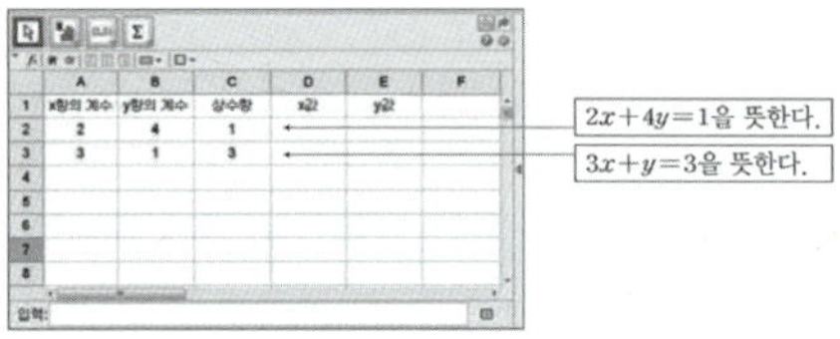

❷ x의 계수를 같게 하여 x를 없애기 위해, 각 셀에 다음 오른쪽의 수식을 차례로 입력한다.

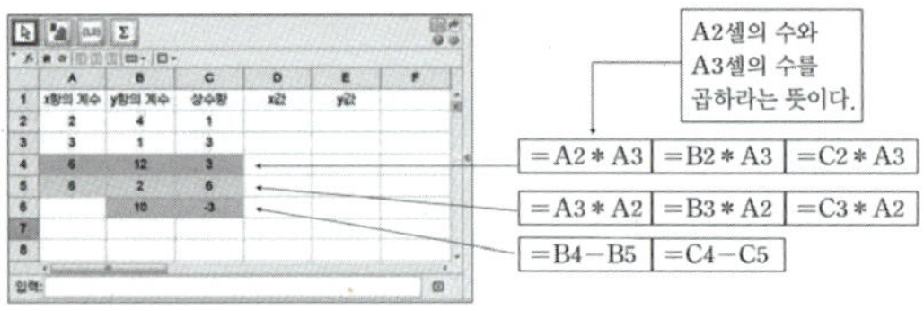

❸ y의 값을 구하고, 그것을 $2x+4y=1$의 y에 대입하여 x의 값을 구한다.

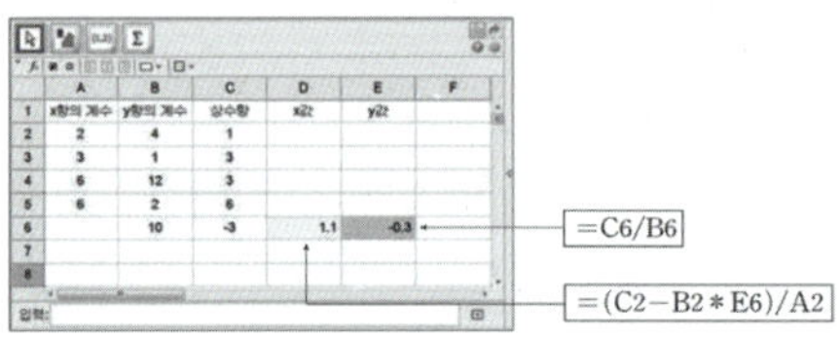

활동1 연립방정식의 각 항의 계수를 바꾸어 다른 연립방정식의 해를 구해 보자.

활동2 스프레드시트를 사용하여 연립일차방정식 $\begin{cases} 2x+5y-3z=3 \\ x+3y-z=4 \\ 3x+y+z=8 \end{cases}$ 을 풀어 보자.

[그림 2-42] 고등학교 수학에서 연립방정식의 해 구하기(우정호 외, 2014a: 115)

제시된 사례들은 공학 도구를 사용해서 직접 구한 결과가 맞는지 확인하거나, 계수가 복잡하여 손으로 구하기 어려운 경우에 해를 구하거나, 교과서에서 배운 범위에 한정되지 않고 더 복잡하고 다양한 방정식의 해를 구하는 방법을 탐색하도록 하는 데 그 의의가 있다.

2) 공학용 계산기로 인수분해하기

최근에는 복잡한 식의 인수분해나 전개를 공학 도구를 사용하여 해결하는 사례도 많이 찾아볼 수 있다. 공학용 계산기나 무료 프로그램을 사용하면 계산 기능 함양을 목표로 하지 않는 상황에서 계수가 복잡한 식의 인수분해 또는 손으로 구하기 어려운 방정식의 해를 구하는 문제도 쉽게 해결할 수 있다.

3) 수학 프로그램으로 문제 해결하기

수학 프로그램을 사용하여 함수의 그래프를 그리고 주어진 함수와 방정식 사이의 관계를 탐구하여 문제를 해결할 수도 있다. 손으로 직접 그래프를 그리고 문제를 해결하는 것은 기본 학습이다. 아래와 같은 탐구 활동은 기본 학습을 모두 배운 후에 익히면 좋다.

◎ 이차함수의 그래프와 이차방정식의 근

다음 활동은 컴퓨터 프로그램을 사용하여 이차함수의 그래프와 이차방정식의 관계를 탐구한 것이다. 컴퓨터 프로그램을 사용하여 이차함수 $y=x^2-3x-2$의 그래프에서 이차방정식 $x^2-3x-2=0$의 근을 구해 보자.

❶ 식 입력 창에 x^2-3x-2를 입력하여 이차함수 $y=x^2-3x-2$의 그래프를 그린다. ([그림 1])

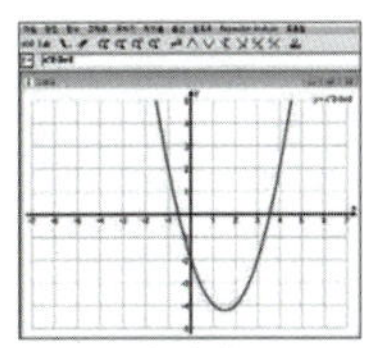

[그림 1]

❷ 이차방정식 $x^2-3x-2=0$의 근을 구하기 위해 근 구하기 기능을 선택하고 ([그림 2]), 좌표평면에서 이차함수 $y=x^2-3x-2$의 그래프와 x축의 한 교점 근처를 탐색한다.

❸ [그림 3]과 같이 이차함수 $y=x^2-3x-2$의 그래프와 x축의 한 교점이 붉게 표시되고, 좌측 하단의 창에 그 점의 x좌표가 나타난다.

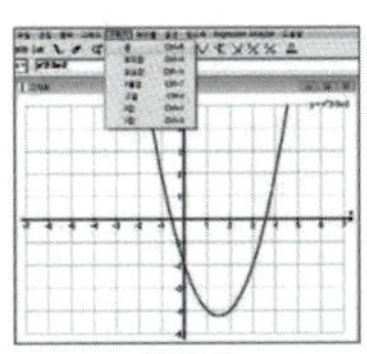

[그림 2]

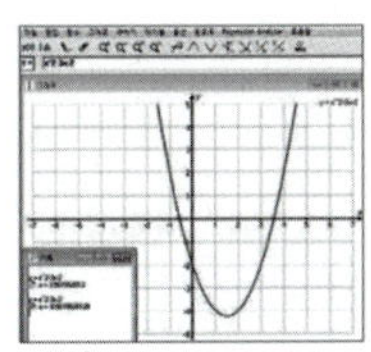

[그림 3]

활동 1 **컴퓨터 프로그램을 사용하여 이차함수 $y=x^2+4x-2$의 그래프를 그리고 이차방정식 $x^2+4x-2=0$의 두 근을 구해 보자.**

활동 2 **컴퓨터 프로그램을 사용하여 이차함수 $y=x^2-3x-2$의 최솟값을 구해 보자.**

[그림 2-43] 고등학교 수학에서 이차방정식의 근 구하기(우정호 외, 2014a: 97)

4) 수학 프로그램에서 '부등식의 영역' 시각화하기

부등식의 영역[3]을 시각화하여 다양한 대수식과 통합하여 다루면 공학 도구를 사용하여 생활 속의 디자인을 수학으로 표현할 수 있다. 다음은 수학 프로그램 GrafEq.를 활용하여 부등식의 개념을 생활 속의 디자인으로 구현한 작품이다.

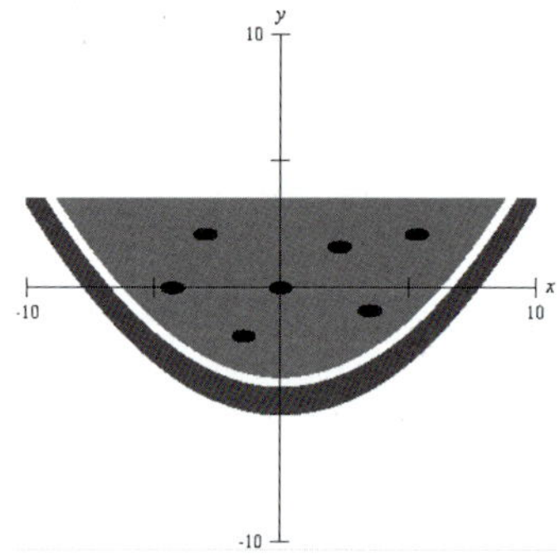

사용된 관계식	
① $y \geq \frac{1}{12} \cdot x^2 - 5$ $-5 < y < 3.5$	⑥ $\frac{(x-2.35)^2}{2^2} + \frac{(y-1.6)^2}{1^2} < 0.05$
② $y \geq \frac{1}{11.5} \cdot x^2 - 3.85$ $-5 < y < 3.5$	⑦ $\frac{(x+1.5)^2}{2^2} + \frac{(y+1.89)^2}{1^2} < 0.05$
③ $y \geq \frac{1}{11} \cdot x^2 - 3.5$ $-5 < y < 3.5$	⑧ $\frac{(x-5.3)^2}{2^2} + \frac{(y-2.1)^2}{1^2} < 0.05$
④ $\frac{x^2}{2^2} + \frac{y^2}{1^2} < 0.05$	⑨ $\frac{(x-3.5)^2}{2^2} + \frac{(y+0.9)^2}{1^2} < 0.05$
⑤ $\frac{(x+3)^2}{2^2} + \frac{(y-2.1)^2}{1^2} < 0.05$	⑩ $\frac{(x+4.3)^2}{2^2} + \frac{y^2}{1^2} < 0.05$
	⑪ $\frac{x^2}{4^2} + \frac{(y+5)^2}{0.7^2} < 5.5$

[그림 2-44] '부등식의 영역' 시각화: '수박 디자인'(김남희, 2005: 167)

학교 수학에서 학습한 대수식을 수학 프로그램에 입력하여 원하는 디자인을 표현하기 위해서 학생들은 중등수학 수업에서 학습한 다양한 수학 내용을 총체적으로 활용해야 한다. 학생들은 중등수학에서 다루었던 여러 가지 함수의 그래프, 그래프의 특징과 개형, 부등식의 영역, 조건 설정, 대칭이동, 변환, 교점 찾기, 변수의 범위 제한 등 이미 학습한 수학 지식을 상기하여 종합적으로 다루는 작업을 해야 한다. 수학 프로그램을 적절히 활용하면 단순한 수학적 지식의 재생이 아닌 창조적인 활동을 할 수 있다. 컴퓨터 환경에서는 조작의 결과를 시각적으로 볼 수 있기 때문에 식을 구성하는 변수인 문자들이 각각 어떤 역할을 하는 것인지, 모양과 위치에 변화를 가져오는 요소는 무엇인지, 같은 모양을 다른 위치에 놓으려면 수학시간에 배운 개념을 어떻게 적용해야 하는지 등에 대해서 실제로 생각하고 탐구하도록 하는 학습 상황을 만들 수 있다. 특히 수학 프로그램의 활용 상황에서는 입력한 결과가 예상한 것과 맞지 않아 시행착오를 겪기도 하지만 시각화에 의한 즉각적인 피드백으로 수정, 보완하는 학습의 기회를 갖게 되므로 '예상과 확인'의 문제 해결 전략도 경험할 수 있게 되는 장점이 있다.

3 우리나라 2022 개정 교육과정에서는 '부등식의 영역'을 고등학교 진로 선택과목인 〈경제수학〉에서 다룬다.

생각해 볼 문제

01 대수의 여러 가지 의미를 구분하고, 중등수학 교과서에서 각 의미가 드러난 학습 내용을 찾아봅시다.

02 학교수학 수업에서 방정식과 부등식의 필요성과 유용성을 드러내는 지도 방안에 대해 생각해 봅시다.

03 중학교 수학에서 다루는 대수 학습 내용에서 '교구' 활용 수업이 필요한 학습 주제를 제시하고, 제시 주제로 1차시 수업 계획안을 작성해 봅시다.

04 문제 03에서 작성한 수업 계획안과 우리나라 교육과정에서 제안하는 교수-학습 방법을 고려하여 '모의 수업'을 실행해 봅시다.

참고문헌

Chapter 02

강옥기 외 2인(2000). 수학 7-가. 서울: 두산동아.

교육부(2022). 수학과 교육과정. 교육부 고시 제2022-33호 [별책 8]. 교육부.

김남희(1992). 변수 개념과 대수식의 이해에 관한 연구. 서울대학교 대학원 교육학 석사 학위 논문, 서울대학교대학원.

김남희(1999). 학교 수학의 변수 개념 학습과 관련된 몇 가지 지도 문제에 대하여. 대한수학교육학회지 〈학교수학〉 1(1). 19~37.

김남희(2005). Grafeq. 프로그램을 이용한 수학 디자인, 그리고 생활의 발견. 수학사랑.

김남희(2021). (지도안 작성과 수업실연으로 실습하는) 학교수학수업연구 — 수학교육학습시리즈3, 실습편 —. 경문사.

김성준(2004). 대수의 사고요소 분석 및 학습 — 지도 방향 탐색. 교육학 박사 학위 논문, 서울대학교대학원.

김승호(1987). 교육의 과정에 있어서 개념의 위치 — 인식의 틀로서의 개념의 성격을 중심으로 —. 교육학 석사 학위 논문, 서울대학교 대학원.

박윤범 외(2000). 수학 7-가. 서울: 대한교과서.

박을룡 외(1995), 수학대사전 上, 한국사전연구사.

우정호(1998). 학교수학의 교육적 기초. 서울대학교 출판부.

우정호(2000). 수학 학습 지도 원리와 방법. 서울대학교 출판부.

우정호 외(2009). 고등학교 수학. 서울: 두산동아.

우정호 외(2013a). 중학교 수학①. 서울: 두산동아.

우정호 외(2013b). 중학교 수학②. 서울: 두산동아.

우정호 외(2013c). 중학교 수학③. 서울: 두산동아.

우정호 외(2014a). 고등학교 수학Ⅰ. 서울: 두산동아.

우정호 외(2014b). 고등학교 수학Ⅱ. 서울: 두산동아.

우정호 외(2014c). 미적분Ⅰ. 서울: 두산동아.

이승우(2002), 형식불역의 원리에 대한 소고, 학교수학 4(3). 463-481.

이화영(2014), 수학교육논문읽기(11): 양적추론과 대수적 사고능력의 개발, 한국수학교육학회 뉴스레터 30(6), 11-13.

장혜원(2012). 미국의 수학교육과정 규준 CCSSM의 수학적 실천에 대한 고찰. 대한수학교육학회지 수학교육학연구, 제22권 제4호. 557-580.

정상권 외(2009). 중학교 수학 1. 서울: 금성출판사.

황혜정 외(2016). 수학교육학신론. 서울: 문음사.

Amerom(2002). *Reinvention of early algebra.* Freudenthal Institute.

Booth, L. R. (1988). Children's Difficulties in Beginning Algebra. In *The Ideas of algebra K-12*, NCTM 1988 yearbook. 20~32.

Collis K. F. (1974). *Cognitive Development and Mathematics Learning.* paper prepared for PME Workshop, Centre for Science Education, Chelsea Colledge, London, 28 June.

Eves, H. (1990). *An Introduction to the History of Mathematics*, 이우영 · 신항균 역(1999). 수학사. 서울: 경문사.

Fischer, R. (1984). Offene Mathematik und Visualisierung. *mathematica didactica 7*. 139~160.

Freudenthal, H. (1973). *Mathematics as an Educational Task*. Reidel, Dordrecht.

Freudenthal, H. (1984). The implicit Philosophy of mathematics; History and Education. *Proceedings of the international Congress of Mathematicians*, vol. 2. 1695~1709.

Freudenthal, H. (1983). *The Didactical Phenomenology of Mathematical structures*, Reidel Dordrecht.

Hamlyn(1967). The Logical and Psychological Aspects of Learning. In R. S. Peters(ed.)(1973), *The Philosophy of Education*. 195~213.

Kant(1956). *Kritik der Reinen Vernunft.* Hamburg: Felix Meiner.

Kapadia, R. & Borovcnik, M.(1991). *Chance Encounters: Probability in Education.* Kluwer Academic Publishers. 1~26.

Katz, V. J. (1993a). *A History of Mathematics.* Harper-Collins College Publishers.

Katz, V. J. (1993b). The Development of algebra and algebra education. In C. Lacampagne, et al. (eds.), *The algebra initiative colloquium.*

Kieran, C. (1992). The Learning and Teaching of School Algebra. In *Handbook of Research on mathematics Teaching and learning : A project of NCTM.* 390~419.

Küchemann, D. E.(1981). Algebra. In K. M. Hart, M. L. Brown, D. E. Küchemann(Eds.), *Children's understanding of mathematics 11-16*, John Murray, 102~119.

Leinhardt, G., Zaslavsky, O., & Stein, M. K.(1990). Functions, Graphs and Graphing: Tasks, Learning and Teaching. *Review of Educational Research*, 60(1). 1~64.

Leitzel, J. R. (1989). Critical Considerations for the Future of Algebra Instruction or Reaction to : "Algebra: What Should We Teach and How Should We Teach It?".

In Wagner, S. and Kieran, C.(Eds.), *Research issues in the Learning and Teaching of Algebra*, Lawrence Erlbaum Associates, The National Council of Teachers of Mathematics. 27~32.

Polya, G. (1981). *Mathematical Discovery* I, 우정호 외 6인 역(2005), 수학적 발견 (1). 서울: 교우사.

Richard, N. (1986). Constructing a Conceptual Framework for Elementary Through LOGO Programming, *Educational Studies in Mathematics*, *17*. 336.

Sfard, A. & Linchevski, L.(1994). The Gains and The Pitfalls of Reification – The Case of Algebra. Educational Studies in Mathematics, 26. 191~228.

Silver, E. A. (1986), Conceptual and Procedural knowledge : A Focus on Relationship, In James Hilbert(Ed), *Conceptual and Procedural knowledge* : The case of Math.

Usiskin, Z. (1988). Conceptions of School Algebra and Uses of Variables, In *The Ideas of algebra K-12*, NCTM 1988 yearbook. 8~19.

Wagner, S. & Parke, S.(1993). Advancing Algebra, In Wilson, P. S.(Ed), *Research Ideas for the Classroom/High School Mathematics*, Macmillan Publishing Company, The National Council of Teachers of Mathematics. 119~139.

Wagner, S. (1981). Conservation of Equation and Function under Transformations of variable. *Journal of Research in Mathematics Education*, 12. 107~118.

Wagner, S. (1983). What are these things variables? *Mathematics Teacher*, 76(7). 74~479.

Chapter

03

함수

이 장에서는 학교 수학에서 다루는 함수 내용과 관련하여 지도 의의는 무엇인지 살펴보고, 학생들에게 함수를 지도하기 위한 기초로서 함수는 어떤 배경에 의해 발생했는지, 수학적으로는 어떻게 정련되고 발전했는지, 함수를 지도하기 위해 기본적으로 생각해야 할 교수·학습 이론은 무엇인지 알아본다. 이러한 이론적 근거를 바탕으로 현재 교육과정에서 다루고 있는 함수 내용과 교과서를 분석해봄으로써 이에 대한 이해를 돕는다. 마지막으로 함수 내용을 지도하는 구체적인 사례로 일차함수에 대한 수업 지도 방안을 생각해보며, 함수를 좀 더 효과적으로 지도하기 위한 방법으로 공학도구 활용 방안을 알아본다.

1. 수와 연산 교수·학습 이론

가. 함수 지도의 의의

함수는 20세기 초 수학교육 개혁 운동의 핵심 인물 중 한 사람인 독일의 Klein (1968)에 의해 학교 수학의 한 분야로 자리잡게 되었다. Klein은 함수적 사고의 중요성은 응용을 포함하여 수학 전체를 통합하는 데 있다고 보았다. 즉, 함수는 수학의 여러 영역을 통합하기 위해서나 현실 세계의 상황을 이해하기 위해서나 아주 중요한 내용이라는 것이다.

함수를 통해 현실 세계의 상황을 이해한다는 것은 현실 세계의 상황을 적절한 함수로 표현하고 이러한 상황에서 해결해야 할 문제를 수학적으로 접근한 후에 이를 다시 상황에 맞게 재해석하는 모델링의 과정을 통해서 이루어진다고 할 수 있다. 예를 들면, 역사적으로 오래된 태양의 운동과 달의 운동을 분석하여 주기적 변화를 인식하고 이를 이용하여 한 달의 시작을 처음으로 초승달이 보이는 날로, 하루는 일출부터 다음 일출까지로 정하였다. 그리고 달의 운동에 따른 썰물과 밀물의 주기적 현상을 관찰하거나 행성의 위치 관찰을 통한 행성 궤도의 예측 등과 같은 모델링에서부터 함수에 대한 연구가 본격화된 시기에 공을 던졌을 때 볼 수 있는 포물선과 같이 물체의 운동에 대한 모델링, 인구 증가, 속도 변화, 주식 변화, 건축 설계, 환경오염과 관련된 모델링에 이르기까지 많은 상황을 생각할 수 있다. 이와 같이 함수는 변화하는 현상을 관찰하고 설명하며 예측하는 데 많은 도움이 된다. 그러나 좀 더 근본적으로 보면 사람들, 더 나아가서는 인류가 알게 된 사물에 이름을 부여하는 행동, 전화나 휴대폰에 번호를 부여하는 행동, 사진을 통해 원래의 대상을 인식하는 행동, 퍼즐 조각을 맞추는 행동, 과자나 사탕을 나누어주는 행동, 시간에 따른 온도의 변화, 시간에 따라 나이가 증가하는 현상, 시간에 따른 키나 몸무게의 성장 등 보통 의식은 못하지만 우리가 살아가는 현실 세계는 많은 함수 상황을 포함하고 있다.

한편 함수가 수학적으로도 중요한 이유는 수학의 발전이나 통합에 핵심적인 역할을 해왔다는 것이다. 원래 수학은 이전에는 대수와 기하라는 두 개의 분야로 발전해왔다. 이 두 분야의 통합을 가능하게 한 것이 함수이다. 기하에서 다루는 도형을 공간에서의 정적인 대상으로부터 공간상에서의 연속적으로 변화하는 대상으로 보고 도형의 방정식을 고려하면서 좌표평면 위에서 다룸으로써 기하와 대수를 통합하는 것이 가능할 뿐만 아니라 함수 그래프를 통해서 대수와 무한소 계산을 함수의 내용으로 취급함으로써 대수와 함수의 결합을 가능하게 하였다. 한편 함수는 역사적 발생에서 살펴볼 바와 같이 미적분과는 불가분의 관계를 가지고 있기 때문에 자연스럽게 미적분으로 연결하는 것이 가능하다. 이 외에도 함수는 수학의 여러 영역에서 중요한 역할을 한다. 예를 들면, 우리가 어린 시절부터 다루게 되는 덧셈·뺄셈·곱셈·나눗셈 등의 이항 연산을 포함한 다양한 연산, 삼각형·직사각형·정사각형·사다리꼴·평행사변형 등 기본 도형의 넓이·둘레·대각선의 수를 구하는 것, 좀 더 나아가서 도형의 변환, 명제에 진리값을 부여하는 것, 벡터 공간에서 벡터의 덧셈, 스칼라 곱, 확률과 통계에서 확률함수나 정규분포 등도 함수이며, 추상 대수에서 다루는 군·환·체 등도 결국 함수와 관련되며, 두 집합이 같은 농도를 가지는지를 알아볼 때 사용하는 것도 함수이다. 즉, 함수는 우리가 수학을 학습하는 아주 이른 시기부터 기초 개념이 될 뿐만 아니라 추상적인 수학을 발전시키는 원동력이다(Davis, 1982; Selden & Selden, 1992).

이와 같이 함수는 현실 세계의 상황을 좀 더 이해할 수 있는 도구가 될 뿐만 아니라 수학의 분야를 통합할 수 있다는 점에서 중요하다고 할 수 있다. 따라서 우리가 학생들에게 함수를 통해 지도해야 할 것은 현실 세계의 물리적·사회적·정신적·수학적 현상 속에서의 변화를 인식하고, 변하는 대상 간의 연관성이나 종속성을 기술하고 해석하고 예측할 수 있는 정신적 능력뿐만 아니라 수학 내적으로도 함수의 수학적 본질을 인식하고 그런 본질에 따라 수학적 내용을 다룰 수 있는 능력을 의미하는 함수적 사고 능력이라고 할 수 있다.

나. 함수의 역사적 발달

함수라는 용어는 Leibniz와 Bernoulli 사이의 서신 교환에서 등장하였고, Euler에 와서야 우리에게 익숙한 의미로 쓰이기 시작하였다. 또한 Euler와 d'Alembert가 최초로 함수의 기호 f를 사용하였다. 또한 사상이라는 용어와 개념을 Euler의 1777년 논문에서 찾아볼 수 있는데, 여기에서 그는 지도 제작과 관련하여 구면에서 평면 위로의 사상을 연구하고 있었다. 사상은 집합론에서 중요한 도구이고, 위상수학에서는 연구의 대상이자 동시에 도구가 된다. 20세기가 되어서야 비로소 함수와 사상이라는 두 조류가 하나로 통합되었다.

그러나 역사적으로 볼 때 명시적으로 함수라는 용어를 사용하고 함수가 무엇인지에 대한 논의가 있기 이미 오래 전부터 인류는 함수에 대한 직관적인 관념을 사용하였다. 함수의 기원은 물리적·사회적·정신적·수학적 세계 내에서 나타나는 변수 사이의 연관성 또는 종속성을 표현하고, 가정하고, 기술하고, 생성하는 것이었다. 이러한 함수 개념은 수학적 필요성에 의해 여러 단계의 변화를 거쳐 발달해왔다. 함수에 대한 직관적인 관념은 이미 바빌로니아 시대부터 존재하였지만 이것이 수학적으로 다루어진 것은 17세기 이후 수학에서 변화에 대한 연구를 시작하면서부터였고, 이는 미적분, 해석학 더 나아가서는 현대수학의 발전에 큰 영향을 미쳤다.

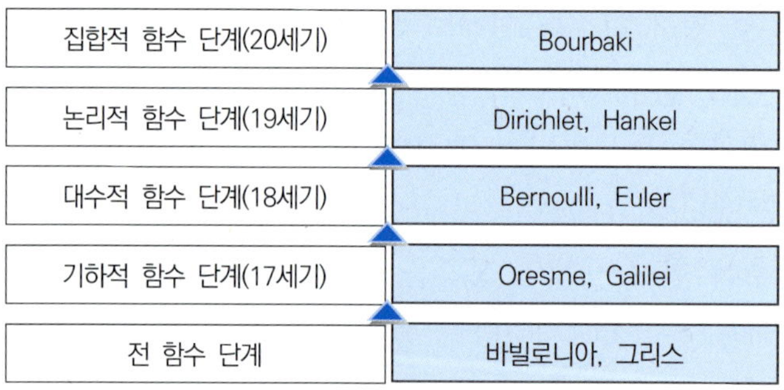

[그림 3-1] 함수의 역사적 발생 단계

이 절에서는 [그림 3-1]과 같이 함수의 역사적 발생을 천체 운동을 기술하기 위한 수단으로 사용한 전 함수 단계, 그래프와 곡선의 형태로 표현된 기하적 함수 단계, 식으로 표현된 대수적 함수 단계, 대응으로 표현된 논리적 함수 단계, 관계로 표현된 집합적 함수 단계로 나누어 알아볼 것이다.

1) 전 함수 단계

함수는 고대 바빌로니아, 그리스로 거슬러 올라갈 수 있지만, 이 당시에는 함수가 무엇인지에 대한 논의는 없었으며, 주로 태양, 달, 행성, 성운의 운동 등 자연의 변화를 관찰하기 위한 함수표 등을 사용하였다. 경험적인 수치 자료를 정리한 바빌로니아와 그리스 천문학에서 이용된 함수표가 그 예이다. 바빌로니아 사람들은 수표를 사용해서 천체 운동을 서술하려고 하였고, 천체의 위치의 주기성을 관찰하고, 관찰된 속도의 주기적인 변화를 고려하면서, 그 경로의 사이사이를 직선으로 이어서 나타내었다. 그들이 천체의 운동을 기술하고 표를 계산하는 수단이었던 함수는 오늘날의 주기 함수인 지그재그 함수를 중첩해놓은 것이었다.

[그림 3-2] 천체 운동을 표현한 지그재그 함수

한편 그리스인들은 천체 운동을 삼각함수로 기술하였다. 천체 운동을 관찰하고 그것을 시간의 함수로 해석하고 직선 또는 삼각함수로 표현하는 것은 함수의 구성에 이르는 자연스러운 과정이었다. 또한 그리스 천문학자들은 천구 위에서의 위치를 구면 삼각법을 이용해서 찾았는데, 구면 삼각법의 정확한 등장 시기는 알 수 없지만 Ptolemaeos의 천문학 저술 《Almagest》에서 찾아볼 수 있다. 이때 이미 구면 삼각형의 사인 정리와 사인과 현 사이의 관계가 알려져 있었다. 사인보다 오래된 것이 탄젠트로서 이것은 바빌로니아 수학으로 거슬러 올라가는데, 경사의 측도, 그림자 길이로서의 탄젠트는 아주 자연스럽게 발생하였다(Freudenthal, 1983).

일차함수, 이차함수, 삼차함수와 같은 기본적인 함수의 기원은 바빌로니아 수학까지 거슬러 올라간다. 특히 일차 종속에 관한 그리스 용어는 비례를 의미했고, 비례 관계를 중시하는 관습은 Kepler까지 계속되었다.[4] 예를 들면 그리스인들은 $y=ax \pm b$꼴의 일차함수에도 '비에서 좀 더 크게(작게) 주어진 양'이라는 이름을 붙였다. 이차함수, 이차방정식을 공식화하고 분류하는 데 쓰였던 것은 기하학적 용어였고 이것을 넓이를 나타내는 현대적인 식으로 표현하면, $ax=y^2$, $(a-x)x=y^2$, $(a+x)x=y^2$이며, 이 각각을 일치, 부족, 초과에 해당하는 그리스 단어 parabolic, elliptic, hyperbolic으로 나타내었다. 이것이 각각 포물선, 타원, 쌍곡선 등으로 Apollonius의 원뿔 곡선을 나타내는 방정식이다. 즉 [그림 3-3]에서 포물선을 나타내는 이차함수를 비례식 ax로 보면, 타원은 이 비례식에서 x^2만큼 부족한 것으로, 쌍곡선은 이 비례식에서 x^2만큼 초과하는 것으로 보았다. 이와 같이 이차함수는 주어진 선분이 증가하거나 감소할 때, 변화된 넓이로 기술되었다(Freudenthal, 1983).

4 비례 관계를 중요시하는 전통은 현재 일본의 중학교 수학 교과서(福林信夫 外, 2004: 75)에서도 살펴볼 수 있는데, 이 교과서에서는 정비례 관계뿐만 아니라 이차함수 $y=ax^2$에 대해서도 y가 x^2에 비례하는 것으로 보고, a를 비례정수라 부르고 있다.

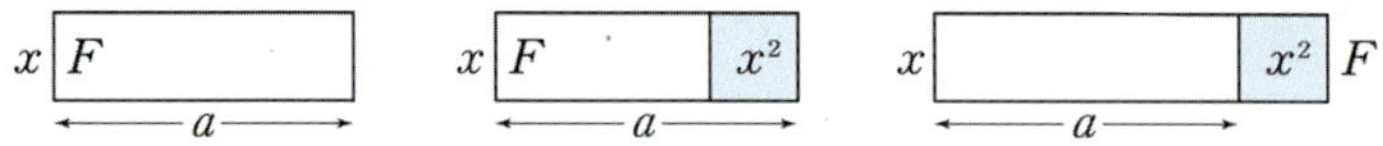

[그림 3-3] 포물선, 타원, 쌍곡선을 일치, 부족, 초과로 나타내는 기하학적 표현 (Freudenthal, 1983: 519)

이와 같이 그리스인들은 곡선이나 곡면을 방정식으로 표현하는 데 익숙했고 이때의 방정식은 기하적 언어로 나타내었다. 그러나 이때까지는 함수가 무엇인지에 대한 의식은 없었다.

2) 기하적 함수 단계

함수가 수학적으로 의식화되어 사용되고 정의되고 발달하기 시작한 것은 17세기인데, 이 단계의 함수 개념은 여러 가지 운동을 양적으로 수학화하려는 것에서 발생하였다. 이 당시에 함수에 대한 연구는 운동을 나타내는 곡선을 중심으로 곡선의 접선, 곡선 아래의 면적, 곡선의 길이, 곡선을 따라 움직이는 점의 속도 등을 구하는 것이었다. 따라서 최초의 의식적인 함수는 운동을 나타내는 곡선과 관련해서 개념화되었다는 점에서 기하적 함수라고 볼 수 있다.

기하적 함수의 대표자로는 Oresme, Galilei, Cavalieri, Newton의 스승인 Barrow 등을 들 수 있다. Galilei는 등가속도 운동을 하는 물체가 움직인 거리는 그 거리까지 움직이는 데 걸린 시간의 제곱에 비례한다는 것을 관찰하였다. Oresme은 이론 운동학에서 Galilei의 선구자로 간주되며, 등가속도 운동을 나타내기 위한 방법으로 속도와 시간을 기준으로 그래프로 나타내었는데, 이것은 오늘날 해석기하학의 그래프와 가까운 것이었다(Steiner, 1988).

이를 좀 더 구체적으로 살펴보면 Oresme은 모든 연속량은 넓이로 표현할 수 있으며, 길이나 밑변은 연속량과 관련된 하나의 선이며, 폭이나 높이는 밑변에 내린 수선으로 보았다. 이러한 생각은 규칙적인 모양이나 불규칙적인 모양의 성질에도 모두 적용할 수 있는데, 불규칙적인 경우에는 그 모양의 테두리는 곡선이며 수선들의 길이는 다양하게 변화될 수 있다.

더욱이 그 당시 대학교에서 '형상의 위도(latitudines formarum)'라는 이름으로 한 연구에서, 함수의 그래프를 이용하여 무한급수의 합 등 많은 내용을 다루었다. 그중 Oresme은 등가속도 운동을 나타내는 방법으로 속도와 시간을 기준으로 그래프를 그렸다. 수평인 직선에 시각을 표시하고, 속도는 각 시각에 대해 수직인 선분의 길이로 나타내었다. 이때 수직인 선분의 끝점들은 직선이 된다는 것과 등가속도 운동이 정지된 상태에서 시작된다면 속도를 나타내는 선분들은 직각삼각형이 된다는 사실을 알아내었다(김용운·김용국, 1986).

이 과정에서 Oresme은 Galilei가 낙하실험을 위해 결정적인 역할을 한 유명한 법칙을 인식한 것이다. Galilei는 이 법칙을 '정지 상태에서 어떤 직선이 등가속도 운동을 하는 것은 동일한 직선이 처음의 등가속도 운동에서 가장 빠른 속도와 가장 느린 속도의 합의 반에 해당되는 속도로 등속운동을 하는 것과 같다.'로 표현하였다. 이에 대해 Oresme은 '물체가 등속운동이나 등속이 아닌 운동을 하는 것은 물체가 평균속도로 등속운동을 하는 것과 같다.'와 같이 처음으로 운동학과 관련하여 더 일반적인 해석을 제시하였다(Steiner, 1988). Oresme과 Galilei는 모두 다음 [그림 3-4]가 나타내는 법칙을 증명한 것이다. 이 그림에서 가로축은 시간, 세로축은 속도를 나타낸다.

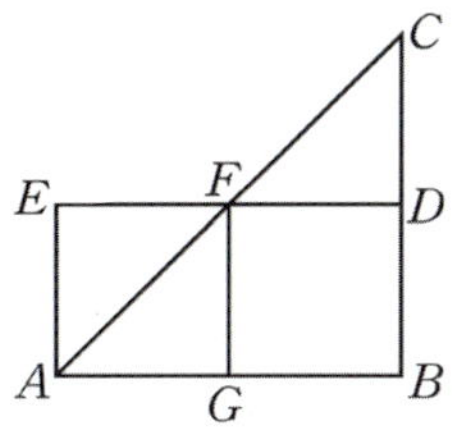

[그림 3-4] Galilei의 법칙(Steiner, 1988)

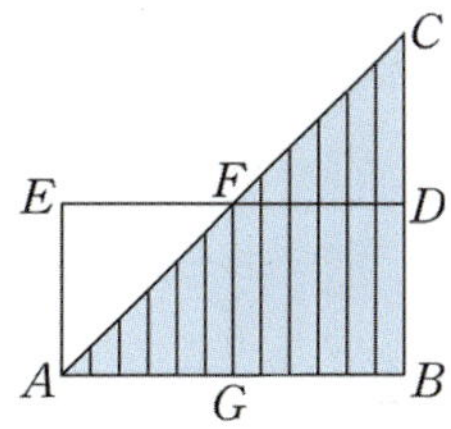

[그림 3-5] Oresme의 등가속도 운동 그래프 (김용운·김용국, 1986)

[그림 3-4]의 내용을 좀 더 생각해보면 삼각형 ABC의 넓이는 지나간 거리를 나타내기 때문에 전체 시간의 처음 절반에 해당하는 넓이와 나머지 절반에 해당하는 넓이의 비가 $1:3$임을 나타내는 것이다. 이를 [그림 3-5]와 같이 상세하게 그리면 전체 시간을 3등분하면 거리의 비는 $1:3:5$이고, 4등분하면 거리의 비는 $1:3:5:7$이 된다. 일반적으로 이들 거리의 비는 연속된 홀수의 비가 되는데, 이와 같이 n개의 연속된 홀수의 합은 n의 제곱이기 때문에 지나간 전체 거리는 시간의 제곱에 비례한다(김용운·김용국, 1986). 바로 이것이 Galilei의 낙하 법칙이다.

Galilei는 Oresme보다 더 모험적으로 직사각형의 넓이나 삼각형의 넓이를 수선으로 표시된 속도들의 합으로 보는 새로운 관점을 제시했다. 그는 나중에 특히 그의 총명한 학생인 Cavalieri가 사용한 '불가분량(Indivisibilien)'[5] 방법을 초래했고, 이미

5 Cavalieri의 불가분량 방법에 대해서는 미적분에서 다룬다.

함수론의 첫 번째 발달 단계에서 미적분학의 기본 정리를 완성시킨 도함수와 적분 사이의 관계를 암시적으로 언급하였음이 명백하다.

이와 같이 운동을 나타내는 곡선을 중심으로 함수에 대한 연구가 진행되는 과정에서 함수에 대한 정의가 필요하게 되었는데, Leibniz는 '곡선상의 한 점에 접선의 길이, 접선, 법선의 길이, 법선 등을 구하는 일을 함수(functio: Relatio)'라고 하고, 이런 것들의 좌표에 따른 변화를 관찰하였다(Steiner, 1988).

이와 같이 기하적 함수는 운동을 그래프로 표현하고 그 결과로 나타나는 곡선들에 대한 탐구로 미적분의 발달과 불가분의 관계 속에서 발생했다고 볼 수 있다.

3) 대수적 함수 단계

함수를 대수적으로 연구하는 관점의 변화는 Viète의 문자 대수와 방정식론, Descartes의 해석기하학을 기초로 18세기에 본격적으로 이루어졌다. 이는 Newton의 변화와 운동의 유량과 유율에 관련된다. 유량은 연속적으로 변화하는 양을 의미하며, 유율은 유량의 순간적인 증가 또는 감소를 나타낸다. Newton은 유량과 유율을 연구함으로써 미분과 적분을 연구하게 된 것이다. 이 과정에서 Newton은 함수에 대한 명백한 언급을 하지는 않았지만, 함수를 변량 사이의 관계로 보고, 관계 자체는 방정식으로 표현되는 것으로 생각하였음을 알 수 있다(Steiner, 1988). Newton이 생각하는 함수 개념은 Bernoulli와 Euler에 의해 좀 더 구체화되었다(Sfard, 1992).

'함수(functio)'라는 용어는 앞에서 설명한 바와 같이 Leibniz와 Bernoulli 사이의 서신 교환에서 최초로 나타난다. Bernoulli가 1698년에 Leibniz에게 보낸 편지와 1706년에 출판된 원고에서 함수는 '변하는 것과 어떤 상수가 결합된 크기'를 의미하는 것이었다.

Euler는 이런 관점을 더 명백히 표현하였는데, 그는 1748년 《무한소 해석의 입문(Introduction in analysin infinitorium)》에서 함수론에 대해 다음과 같이 체계적으로 서술하였다.

(§1) 상수는 일정하게 동일한 값을 갖는 확정적인 수이다.
(§2) 변수는 모든 확정적인 수들이 예외 없이 포함되는 불확정적인 또는 일반적인 수이다.
(§3) 변수는 그것에 어떤 특정한 값을 대입하면 확정적인 수가 된다.
(§4) 한 변수에 대한 함수는 어떤 방식으로든 변수와 수 또는 상수들이 결합되어 있

는 해석적 표현이다.

(§5) 한 변수의 함수는 따라서 다시 하나의 변수이다.

Euler는 여러 함수를 변수와 상수가 결합되어 있는 종류와 방식에 따라 대수함수, 초월함수, 유리함수(다항함수와 분수함수), 무리함수 등으로 구분했다. 더욱이 그는 특히 양의 무리함수와 음의 무리함수를 구분하였다. 또한 여기서 $f(x)$라는 기호를 처음으로 사용하였다.

그러나 Euler의 이러한 정의에 대해, d'Alembert의 진동현 문제 '양끝점이 고정된, 탄력이 있고 끈이 초기 모양으로 변형되면서 진동이 줄어드는 끈이 있다. 시간에 따른 끈의 모양을 나타내는 함수를 결정하여라.'에서 본격적인 논의가 시작된다. d'Alembert는 이 문제의 일반적인 해는 하나의 해석적 표현, 즉 하나의 식으로 주어질 것이라고 기대했고, 그 당시의 수학자들은 두 해석적 표현이 일부 구간에서 같다면, 나머지 어느 구간에서도 같을 것이라고 생각했다. 그러나 Euler는 실험을 통해 끈의 처음 모양은 다른 부분 구간에서 여러 해석적 표현을 가질 수 있으며, 단 하나의 해석적 표현이 존재하지 않는다는 것을 밝혔다. 이에 대한 논의는 수년간 지속되었지만 아무런 결론을 이끌지는 못하였다. 그러나 Euler는 하나의 해석적 표현이 가능한 함수를 연속 함수, 그렇지 않은 함수를 불연속 함수라고 생각하였다. 결국 하나의 해석적 표현으로 나타낼 수 없는 함수를 받아들임으로써 함수 개념을 확장하게 된다.

한편 Bernoulli와 Euler의 정의는 모두 변수 개념에 의존하는데, 변수 개념 자체도 모호했기 때문에 Euler는 함수의 정의에서 변수를 제거하기를 희망하고, 1755년 그의 원래의 정의를 다른 것으로 대치하였다. 그는 '만약 어떤 양이 다른 양에 종속된다면 전자를 후자의 함수라 부른다.'라고 새롭게 표현하였다(Kline, 1972).

이 과정에서 독립변수와 종속변수에 대한 구분이 명확해졌을 뿐만 아니라 각 변수가 독립변수가 될 수 있다는 것도 인식하였고, 각 변수의 구체적인 변화와 무관하게 변수들을 어떤 형태로든 서로 연결할 수 있는가 없는가 하는 것이 중요시되었다. 이것은 더 나아가 함수가 기하학적 원천과는 관계없이 대수적으로 조작 가능하다는 것을 의미한다. 그리고 주된 조작 가능성으로 합성함수와 역함수를 구하는 것이 포함되었다.

이와 같이 함수는 변화와 운동과 관련하여 연속적으로 변하는 양의 문제를 연구하는 과정에서 발생하였지만, 당시의 수학자들은 수학의 대상은 정적인 것으로 생각하였기 때문에, 가장 문제가 되는 변수라는 개념을 수학에서 다루는 것을 기피하였고, 결국 함수의 핵심적인 부분이라고 할 수 있는 변수를 제거하고 함수 개념을 다루고자 하였다.

4) 논리적 함수 단계

논리적 함수 단계는 함수 개념이 더 이상 대수식에 관련된 것이 아니라, 다만 두 변수가 대응이라는 논리적 조건에만 관련되어 있다는 의미이다. 이러한 개념은 19세기 이후에 보편화되었다.

Euler의 함수 개념에 대해 그 당시의 해석학자들은 타당성을 인정하였다. 그러나 Euler의 함수 개념을 재고해야 할 필요성들이 계속 제기되었다. 앞에서 언급한 바와 같이 그 당시의 수학자들은 연속 곡선에만 Euler의 해석적 표현이 존재하고, [그림 3-6]과 같이 비약점이 있는 불연속 곡선에는 Euler의 해석적 표현이 존재하지 않는 것으로 생각하였다.

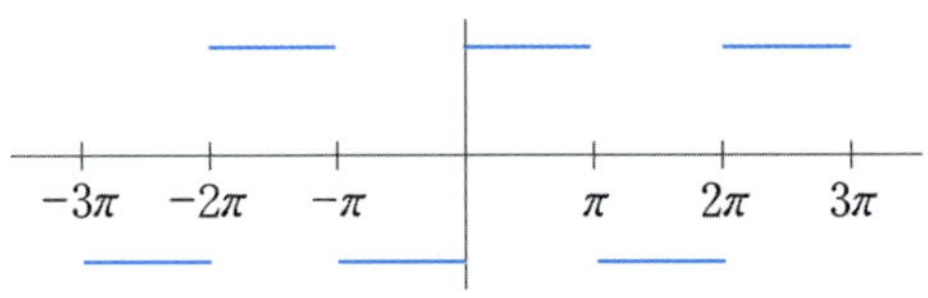

[그림 3-6] 비약점이 있는 불연속 함수

그러나 사람들은 Fourier 급수에 대한 연구로 인해 큰 충격을 받았다. [그림 3-6]에 제시된 불연속 함수는 Fourier 급수로 다음과 같이 나타낼 수 있음이 밝혀졌기 때문이다.

$$\frac{4}{\pi}\sum_{n=1}^{\infty}\frac{\sin(2x+1)x}{(2n+1)}$$

더욱이 다음 함수와 같이 연속함수에 적절한 연산을 적용해서 만든 불연속 함수인 Dirichlet 함수의 출현으로 인해서 함수 개념을 재고할 필요성은 더욱 고조되었다.

$$\begin{aligned} f(x) &= \begin{cases} 1 & (x\text{가 유리수일 때}) \\ 0 & (x\text{가 무리수일 때}) \end{cases} \\ &= \lim_{n\to\infty}\left(\lim_{k\to\infty}(\cos^2 n!\pi x)^k\right) \end{aligned}$$

이에 Dirichlet는 '주어진 구간에서 x의 각 값에 y의 유일한 값이 대응할 때, y는 x의 함수'라고 정의하였다. 즉, 한 변수가 다른 변수에 종속되든지 안 되든지, 식으로 표현될 수 있든지 없든지 중요하지 않았고, 한 변수의 각 값에 다른 변수의 유일한 값이 대응되느냐 되지 않느냐의 논리적 조건에만 관심을 갖게 되었다.

이와 같은 방식으로 함수를 정의함으로써 함수에서 변수 개념을 없앴을 뿐만 아니라 일가성과 임의성을 강조하게 된다(Freudenthal, 1983). 변수 개념을 없앤 원인은 변수에 관해 언급할 때마다 시간에 따라 변화하는 어떤 것에 마주치기 때문에 변수는 순수해석학에는 속하지 않는다는 것이었다. 한편 일가성이란 정의역의 각 원소에 대해 치역의 단 하나의 원소가 대응된다는 조건으로 함수와 함수가 아닌 것을 구분하는 기준이 된다.

기하적 함수 개념은 원래 곡선과 밀접한 관련이 있었고, 이 곡선들은 사실상 다가함수이었다. 더욱이 함수에 대한 최초의 접근에는 독립변수와 종속변수의 구분이 없었다. 거기에는 오직 상호 종속성만이 있었고 필요에 따라서 어떤 변수들은 독립변수로 지정하고 다른 것은 종속변수로 지정하였다. 그러나 고차 도함수에 이르자마자 이런 구분이 필요하게 되었는데, 이계도함수에 이르게 되면서 d^2u/dv^2의 분모와 분자의 비대칭성을 알게 되었다는 것이다. 이와 같이 종속변수와 독립변수를 구분한 이후부터 $f(x, y, z)=0$과 같은 방정식에서 한 변수를 다른 변수로 나타낼 때, 한 가지가 아니라 여러 가지로 나타낼 수 있는데, 이때 사용되는 다가기호들을 혼동없이 다루려면 많은 주의를 필요로 하였다. 따라서 함수를 일가함수로 제한하게 되었고, 결국 일가성을 일반적으로 함수의 정의로 인정했던 것이다.

임의성이란 함수는 어떤 특별한 표현에 의해 기술되거나 또는 어떤 규칙성을 따르거나 또는 어떤 특별한 형태를 가진 그래프에 의해 묘사될 필요가 없다는 것을 의미한다(Even, 1990). 앞에서도 설명하였듯이 Euler의 해석적 표현이라는 함수 개념이 d'Alembert의 진동현, Fourier 급수, Dirichlet 함수 등 이러한 개념으로는 설명하기 어려운 함수들을 접하게 되는 과정에서 임의의 대응이라는 개념으로 전환하게 된 것이다.

5) 집합적 함수 단계

집합적 함수는 논리적 함수에 포함시켜 생각해도 무방하지만 좀 더 엄밀한 의미의 공리론적 집합론을 기초로 함수를 정의하는 것을 의미한다.

미적분을 포함한 해석학이 발전하면서 사람들은 그 당시의 해석학의 기본 개념에는 미묘한 틈이 존재한다는 사실을 인식하기 시작했다. 따라서 이러한 틈을 메우고 해석학을 엄밀하게 하려는 노력이 이어졌고, 그중 대표적인 것이 함수의 연속성과 미분가능성에 대한 연구였다. 그러나 이러한 노력은 근본적인 해결책이 되지 않았는데, 그 이유는 미분법은 연속량을 연구하는 경우가 많지만 어디에서도 이러한 연속성의 개념이 다루어지지 않았기 때문이다. 이러한 비판은 결국 근본적인 수의 연속체 문제로 귀결되었고, Dedekind, Cauchy, Cantor 등이 해석학의 기초가 되는 실수의 구조를 엄밀하게 하려는 노력을 기울이게 되었다. Dedekind와 Cauchy의 이러한 노력이 집합적 함수 개념을 형성하는 계기가 되었다.

집합이라는 말 대신에 체계라는 말을 사용하기는 하였지만 처음으로 집합론적 함수 개념을 충분히 파악해서 사용한 사람은 Dedekind이다. 그는 다음과 같이 일반적인 함수 개념에 대해 언급하고 있다(Steiner, 1988).

> (§1) 서로 다른 대상들 a, b, c ⋯ 등이 어떤 동기에 의해서 하나의 공통된 관점에 의해서 파악되고 정신적으로 결합되면, 그것들이 하나의 체계 S를 이룬다고 한다.
>
> (§2) 일반적인 함수 개념은 다음과 같은 사상(mapping)이다.
> 한 체계 S의 사상 Φ는 S의 각 특정한 원소 s에 s의 상이라 불리고 $\Phi(s)$로 표현되는 하나의 특정한 대상이 속하는 법칙을 의미한다.

이런 정의에 이어서 Dedekind는 확장된 추상적인 사상이론을 발전시켰는데, 이에 포함된 S의 부분집합의 상, 항등사상, 사상들의 합성, 역, S에서 Z로의 사상 등에 대한 정의는 현재까지도 유효하다. Dedekind는 한 체계의 사상의 예로서 자신의 원소에 특정한 부호나 명칭을 부과하는 것까지 고려하는 아주 일반적이고 임의적인 함수까지 고려하였다. 그는 사상은 좀 더 일반적인 의미로, 함수는 수 집합에 한정해서 사용하였지만, 그 이후로 집합의 범위가 다양해짐에 따라 현재는 사상이라는 말과 함수라는 말은 동의어로 쓰인다. 원래 사상이라는 개념과 용어는 지도제작법과 관련해서 구면에서 평면 위로의 사상을 연구한 Euler의 논문에서 그 전조를 찾아볼 수 있는데, Dedekind의 사상 이론과 후속 연구들은 함수 연산을 포함한 추상적인 이론을 더욱 발전시킴으로써 수학의 새로운 계기를 마련한다.

해석학이 발전하기 이전에는 수학을 지배해온 대수적 연산은 수와 수의 쌍의 사칙연산, 거듭제곱, 거듭제곱근, 지수와 같은 연산에 제한되어 있었다. 함수의 출현과 더불어 함수와 함수의 쌍의 연산이 가능해지고, 합성과 역은 이전에는 모르고 있었던 풍부한 대상, 즉 많은 함수들을 창조하였고, 수학적 사고에 새로운 조작 가능성을 제공했다(Freudenthal, 1983). 한편 이러한 함수의 합성과 역이라는 조작 가능성은 그 이후의 추상수학을 위한 새로운 관점을 제공하여 더 많은 수학을 탄생시켰다. 예를 들면 벡터공간의 선형사상, 군의 준동형사상 등이 대수학에 도입되었을 뿐만 아니라 거리공간, 위상공간 등의 개념이 도입되었고, 그러한 공간 사이의 연산자가 중요한 역할을 하였으며, 더 나아가서는 대수의 카테고리 이론이 나오면서 수학은 사상의 학문으로 간주되고 있다.

이러한 사상 개념은 이후에 집합론의 일부로 포함되었고, 관계로서의 집합적 함수 개념이 탄생하게 되었다. Bourbaki는 1939년에 다음과 같이 함수를 관계로 정의하였다(Steiner, 1988).

> E, F를 집합이라 하자. E의 변수 x와 F의 변수 y 사이의 관계가 만약 모든 $x \in E$에 대하여 x와의 주어진 관계에 있는 $y \in F$가 하나만 있다면 그 관계를 함수적 관계라 한다.

Bourbaki는 또한 함수를 순서쌍의 집합 $E \times F$의 부분집합으로 정의하기도 하였다. 이와 같이 역사적으로 물리적·사회적·정신적·수학적 변화를 관찰하기 위해 탄생한 함수 개념을 의식하고 다듬기까지는 오랜 시간이 필요하였으며, 그 과정에서 함수 개념을 종속성에서 대응으로, 동적인 것에서 정적인 것으로, 규칙적인 것에서 임의적인 것으로, 다가함수에서 일가함수로 전환했다. 그 이후로 함수 개념은 해석학의 발전에 핵심적인 역할을 하였으며, 함수에 합성과 역이라는 조작 가능성을 부여함으로써 추상수학으로의 새로운 발전 가능성을 제시하였다.

다. 함수 교수·학습 관련 연구

1) 함수의 여러 측면과 함수의 도입

함수는 역사적으로도 여러 측면이 있고, 학생들이 함수를 어떻게 이해하는가를 고려한다면 더 다양한 측면이 있을 수 있다. 여기서는 함수의 여러 측면으로 종속성, 그래프, 공식, 행동, 과정, 대응, 순서쌍, 대상에 대해 생각해 볼 것이다. 수학자에게는 함수의 한 측면이 다른 측면을 포함할 수도 있고, 한 측면이 다른 측면으로 쉽게 전환될 수도 있지만, 함수를 처음 접하게 되는 학생들에게는 함수의 서로 다른 측면들 사이를 전환할 수 있는 능력이 결여되어 있을 뿐만 아니라 함수의 어느 한 측면에 대해 잘 알고 있는 것이 다른 측면을 이해하는 데 방해가 될 수도 있다. 따라서 학생들에게 함수를 지도하기 위한 수업 계열이 함수의 학습에 상당히 중요한 문제가 될 수 있다(Selden & Selden, 1992).

종속성은 변화하는 현상에서 두 변수 사이의 종속 관계를 의미한다. 이는 함수가 역사적으로 발생하게 된 근원이라 할 수 있다. 학생들은 이러한 종속성을 다루면서 독립변수와 종속변수의 의미 등을 이해할 수 있다. 그래프는 함수를 표현하는 데 널리 사용하는 방법으로 증가, 감소, 극값, 최대, 최소, 변곡점 등을 설명할 수 있는 시각적 이미지를 의미한다. 이는 전 함수 단계에서 천문학의 대상이었던 태양, 달, 행성 등의 주기적 변화나 궤도 등을 나타내었던 직관적인 방법으로부터 기하적 함수 단계에서 운동과 관련된 곡선을 거쳐 순서쌍을 좌표평면이나 좌표공간에 나타내는 것까지를 모두 포함한다. 함수를 그래프로 생각하는 학생은 연속적인 곡선은 함수로 받아들이지만 불연속적인 곡선을 함수로 받아들이기는 쉽지 않을 것이다.

공식은 주로 변수 사이의 종속 관계를 독립변수를 포함한 대수식으로 나타내는 것을 의미한다. 함수를 공식으로 생각하는 학생은 이러한 함수 개념을 확장해서 구간에 따라 두 개 이상의 공식으로 표현되는 함수나 임의의 대응이나 순서쌍으로 제시되는 함수를 이해하기는 어려울 것이다. 행동은 대상에 대한 반복 가능한 조작을 의미하는 것으로 함수를 나타내는 대수식에 수나 식을 대입해서 계산할 수 있는 능력과 관련된다. 예를 들면 먼저 x를 곱하고 1을 더하는 것으로 함수를 이해하는 것이다. 함수를 행동으로 생각하는 학생은 변수를 다른 식으로 치환하는 조작 등을 통해 함수의 합성이나 역을 구할 수 있을 것이다. 그러나 함수가 하나의 대수식이 아니라 구간에 따라 다른 식으로 표현되거나 식으로 제시되지 않는 경우에는 함수로 이해하거나 합성과 역을 구하는 일은 쉽지 않을 것이다. 과정은 컴퓨터 프로그램이 자료를 처리하듯이 함수를 입력, 변환, 출력의 처리 과정으로 보는 것을 의미한다. 함수를 과정으로 생각하는 학생들은 함수는 하나의 입력에 대하여 유일한 하나의 출력을 얻는 입출력 기계, 함수 기계로, 함수는 유일한 출력이 있는 변수가 포함된 연산으로, 독립변수를 택하여 어떤 행동을 취하여 결과를 얻는 과정으로 본다.

대응은 두 집합 X, Y가 있을 때, 임의의 $x \in X$에 대하여 유일한 y가 존재하는 것을 의미한다. 이는 Dirichlet의 정의로, 전사, 단사, 일대일 함수의 개념과 함께 정의역, 치역의 개념 등을 함께 다룬다. 순서쌍은 Bourbaki가 정의한 함수 개념을 의미하는 것으로 이는 역사적으로 복잡한 과정을 거쳐 정의된 추상적인 개념이다. 학생들은 이 개념을 매우 추상적으로 느낄 수도 있지만, 고등수학에서는 유용한 개념일 수 있다. 마지막으로 대상은 함수 자체를 하나의 실체로 파악하는 것을 말한다. 함수를 대상으로 이해하는 학생은 함수를 집합의 한 원소로 볼 수도 있고, $f+g$, $f-g$, fg, f/g, cf, $f\circ g$와 같은 함수 연산이 가능하고, $\phi(fg)=\phi(f)\phi(g)$ 등의 함수를 대상으로 하는 사상을 이해할 수 있다. 학생들은 함수 연산을 할 때나 미적분을 할 때 도함수를 구하는 과정에서 대상으로서의 함수를 인식해야 하지만 별로 성공적이지 못하다. 예를 들면 $D(f+g)=Df+Dg$, 즉 두 함수의 합의 도함수는 각 함수의 도함수의 합과 같다는 것을 다루면서도 함수를 대상으로 파악하기가 쉽지 않다는 것이다(Dubinsky & Harel, 1992; Schwingendorf, Hawks, & Beinekel, 1992; Selden & Selden, 1992).

지금까지 함수 개념의 여러 측면으로 종속성, 그래프, 공식, 행동, 과정, 대응, 순서쌍, 대상에 대해 살펴보았다. 학생들은 이러한 측면 중에서 일부만을 파악하고 한 측면에서 다른 측면으로의 전이가 쉽지 않다. 그러나 함수의 여러 측면에 대한 이해는 수학의 응용뿐만 아니라 추상수학을 이해하는 데도 중요하다.

학생들에게 함수를 도입할 때 어떤 측면을 강조할 것인지는 중요한 문제이다. 그 중에 가장 많은 논쟁을 불러일으키는 문제는 함수를 도입할 때 종속성을 강조할 것인가, 대응을 강조할 것인가이다. Klein이 함수를 학교 수학에 처음 도입할 때는 종속성을 강조하였지만, 세계적인 수학교육의 동향과 관련하여 현대화 운동의 영향을 받아 대응을 강조하기 시작하였다.

함수는 역사적으로 현실 세계의 변화와 종속성을 설명하기 위한 도구로서 발생한 역동적인 개념이고, 함수가 수학적으로 중요하게 부각되는 이유는 함수의 연산 특히 합성과 역함수의 조작 가능성임을 고려한다면, 함수를 대응으로 도입하는 것은 학생들이 함수의 변화적 속성과 역동적인 측면을 파악하는 데 적절하지 못하다고 보는 관점이 있다. 반면 학생들에게 함수와 관련해서 지도해야 할 목표가 대응이라면 종속의 관점에서 대응의 관점으로 발전시키기가 어렵기 때문에, 또는 종속성의 관점은 엄밀하지 않기 때문에 함수를 대응으로 도입하는 것이 더 적절하다고 보는 관점도 있다.

그러나 이러한 문제는 쉽게 결정할 수 없다. 2절 함수 지도의 실제 부분에서 우리나라의 교육과정에서는 함수의 도입에서 어떤 측면을 강조하고 있는지 살펴볼 것이다.

2) Freudenthal의 교수학적 현상학에 따른 함수 지도

교수학적 현상학은 Freudenthal(1983)이 주장하는 것으로 수학은 어떤 배경이 되는 현상에 관련된 문제를 해결하고 다양한 상황에 관련된 개념을 일반화하고 형식화하는 과정에서 발달된 것이므로, 학생들에게 이러한 수학을 가르칠 때 발생 배경이 된 현상들을 적절하게 반영해야 한다는 의미이다. 따라서 함수를 지도할 때 기본적으로 교과서를 집필하는 사람이나 학생들을 가르치는 교사는 역사적·수학적 분석을 통해 함수가 발생하게 된 현상을 충분히 이해하고 학생들의 현실 세계에서 함수가 응용되는 상황을 분석하고, 학생들에게 함수를 처음 접하게 하는 상황에서부터 수학적으로 촉진할 수 있는 상황에 이르기까지 점차적으로 함수를 학습할 수 있는 문제들을 찾는 노력을 기울여야 한다. 이 절에서는 학생들의 현실 세계에서 접하게 되는 비례관계, 일차함수, 이차함수, 지수함수, 로그함수, 삼각함수, 대응과 사상 등에 대한 다양한 함수 현상을 살펴보고, 교수학적 현상학에 따른 함수 지도에 대해 알아본다.

가) 다양한 함수 현상

(1) 증가와 감소에 관련된 현상

학생들이 어린 시기에 경험하게 되는 함수 현상으로 증가와 감소 현상이 있다. 그 예로는 어두워진다, 밝아진다, 뜨거워진다, 차가워진다, 언다, 녹는다, 커진다, 작아진다, 많아진다, 적어진다, …일수록 …이다와 같이 언어로 표현할 수 있는 많은 현상이 있으며, 이러한 현상에 대해 대략적인 변화 형태를 대략적인 그림 형태로 예측해 보는 활동이 가능할 것이다.

시간에 따른 온도 변화도 쉽게 접할 수 있는 현상이며, 학생들이 속한 지역의 하루, 일주일, 한 달, 일 년간의 변화를 살펴보고 그 특징을 파악하고, 다른 지역에 대한 온도 변화를 조사하고 살펴보고 비교하며, 대략적인 온도 변화에 대한 표나 그래프를 보고 북극, 남극, 적도, 다른 여러 지역 중 어느 지역에 해당되는지를 예측하고 확인하고, 지구의 평균 변화와 관련하여 지구의 온난화와 같은 여러 요인을 같이 고려해보는 활동도 해볼 수 있다. 또한 온도 변화에 대한 자료가 이산적으로 제시되기 때문에 내삽의 경험도 가능하다.

시간에 따른 나이 변화는 불연속적인 함수를 경험할 수 있는 좋은 예가 될 것이다. 시간에 따른 키, 몸무게 등의 성장에 관련된 변화도 쉽게 경험할 수 있는 현상으로 학생 개개인의 성장에 대한 변화를 알아보는 것에서부터 다른 학생들과의 비교도 가능하며 남학생과 여학생의 성장을 비교하는 활동도 가능하다. 나무의 나이테를 보고 그 나무의 성장 과정에 대한 예측을 해보는 것도 이에 포함될 수 있다.

용기에 액체를 담거나 목욕탕에 물을 채우거나, 차에 휘발유를 넣는 것 등 시간에 따라 용량이 변하는 현상들도 쉽게 접하는 것으로 시간에 따라 부피, 높이, 표면의 넓이 등은 어떻게 변하는지 등 다양한 활동이 가능하다. 또한 육상, 수영, 스케이트, 쇼트트랙, 봅슬레이 등 다양한 스포츠 상황에서 시간에 따른 속도의 변화나 거리의 변화에 대한 예측과 확인 활동도 가능하고 여러 선수들의 그래프를 보면서 교점의 의미는 무엇인지 한 선수의 그래프가 다른 선수의 그래프보다 위에 있다는 것은 무엇을 의미하는 것인지 해석할 수도 있다.

(2) 포물선 운동과 관련된 현상

학생들이 쉽게 접하는 함수 현상 중에 어린 시절부터 공 던지기, 축구, 농구, 배드민턴, 테니스, 다이빙, 스키 등 스포츠나 분수대의 물줄기 등을 통해서 많이 접하게 되는 포물선 모양을 그려내는 변화가 있다. 이러한 포물선의 성질을 이용한 것으로 포물면 거울이나 아치형을 띠는 다리나 건물 모양도 살펴볼 수 있다.

일반적으로 공의 운동과 관련된 내용을 다룰 때는 공기 저항이 없는 이상적인 경우를 보통 생각하지만, 이와 더불어 공기 저항을 고려한다면 어떻게 변화할지에 대해서도 예측하는 활동을 같이 할 수도 있고, [그림 3-7]과 같은 다리나 건물의 설계와 관련해서도 학생들이 간단한 설계와 직접 모형을 만들어보는 활동도 가능할 것이다.

[그림 3-7] 포물선 모양의 시드니 항구의 다리

(3) 주기적 변화와 관련된 현상

학생들이 쉽게 접할 수 있는 현상 중에는 주기적인 변화를 특성으로 갖는 것들이 있다. 그 예로는 밀물과 썰물의 변화에 따른 수면의 변화를 살펴보고 밀물 현상이 일어나는 시간과 썰물 현상이 일어나는 시간은 언제부터 언제까지인지 설명하거나 수면의 높이가 가장 높은 시각과 가장 낮은 시각을 알아볼 수 있다. 바퀴 위의 한 동점의 자취나 비행기의 프로펠러의 움직임 등과 관련해서 시간을 한 축으로 하는 좌표평면에 표현하였을 때 어떤 곡선이 될 수 있는지 살펴보고 거꾸로 그래프 위의 한 점을 잡았을 때 그것이 궤도 위의 어떤 점이 될지를 살펴보는 활동이 가능하다.

달의 모양 변화, 하루, 한 달, 일 년의 반복, 계절의 반복과 관련된 주기성도 많이 접할 수 있는 현상으로 달이나 태양의 운동 경로 등에 대한 것도 탐구할 수 있다. 최근 기상 이변이 많기는 해도 연간 온도, 강수량, 기압의 변화 등도 어느 정도 주기성을 가지고 있으며, 예를 들면 허리케인이 자주 발생하는 시기가 어느 정도는 주기적으로 나타난다는 것과 같은 사실을 알아보고 미래의 기상에 대해 예측해보는 활동도 가능하다.

이러한 주기성은 바이오 곡선과 같이 인간의 신체적, 정서적 변화나 혈압의 변화와도 관련이 깊다. 동물 중에는 이러한 주기성을 생명 보존의 수단으로 사용하는 것이 있는데, 예를 들면 낙타는 적절한 체온 변화를 통해 자신의 삶을 유지한다. 또한 집이나 건물에 있는 자동 온도 조절이 되는 냉난방기기도 주기성과 관련이 있다. 처음에는 온도가 올라가거나 내려가기만 하겠지만 정해놓은 온도에 다다르는 순간부터는 약간 정지 상태에 있다가 어느 정도 온도가 변화하면 다시 작동되는 동작이 반복된다.

(4) 지수적 성장과 관련된 현상

학생들이 경험하는 현상에는 처음에는 별 차이가 없지만 시간이 지나갈수록 '점점 더 빠르게', '점점 더 느리게'와 같은 표현을 할 수 있는 지수적인 성장이라 부를 수 있는 것들이 많다. 학생들이 잘 알고 있는 이야기 중에도 이러한 예를 찾아볼 수 있는데 중국의 옛이야기인 '장기판 위의 곡식' 등이 해당되며, 학생들은 이야기 속에 나타나는 상황을 이해하다보면 지수적 증가라는 것이 얼마나 위력이 큰 것인지를 잘 경험할 수 있다. 또한 박테리아나 미생물의 성장, 인구 증가, 천연 자원의 소모, 음식물의 문제, 오염의 증가, 방사선 물질의 소멸 시간, 약이 인체에 흡수되는 비율 등도 이에 해당된다. 방사선 물질과 관련해서는 반감기라는 성질을 적절히 이용하여 화석의 연대 등을 파악하며, 인구 증가와 관련해서는 일정한 주기마다 인구 조사를 통해 출생률, 사망률, 이주율과 같은 인구가 변화하는 요인과 더불어 인구의 변화를 설명하고 예측함으로써 이러한 자료를 바탕으로 하는 정책의 변화 등에 대해 생각해 볼 수도 있다. 경제적인 현상과 관련하여 은행 예금이나 보험과 관련된 복리 등도 지수적인 성장에 대한 좋은 예이다.

학생들이 살아가는 세계에는 S자형의 곡선 또는 로지스틱 곡선으로 잘 알려져 있는 생성·발전·성숙·쇠퇴의 과정을 거치는 자연 현상이나 사회 현상이 많다. 예를 들면 동물이나 식물의 수, 인구의 장기적 변화나 가구, 가정용 전기 제품, 주택 등 비교적 장기적으로 사용할 수 있는 소비재의 구매율 등이 이에 해당될 수 있다.

(5) 대응과 사상에 관련된 현상

학생들은 어린 시기부터 퍼즐 맞추기, 물건의 개수 세기, 과자를 가족이나 친구들에게 나누어 주기 등을 통해서 대응과 관련된 경험을 한다. 또한 여러 가지 모양을 통의 뚜껑 위에 있는 구멍 모양에 맞추어 넣는 놀이를 통해서도 이러한 경험을 한다. 그러나 학생들이 그림을 그리기 시작하면서 그리려고 한 대상과 그림 사이의 관계나 3차원 물체를 종이에 투시해서 그리는 것을 통해 기하학적인 대응을 경험하는데, 이는 점을 점으로 대응시키는 것이며 여기서 중요한 것은 대응시키는 행동을 경험하고, 더 나아가서, 같은 대상에 대한 여러 가지 그림을 통해 사상을 합성하고 역을 경험하는 것이다(Freudenthal, 1973, 1983).

이러한 경험은 닮음이나 합동과 같은 기하학적 변환을 통해서도 할 수 있다. 예를 들면 학생들이 쉽게 주변에서 접할 수 있는 것으로 빛에 의해 스크린에 투사되는 그림자, 카메라의 원리를 이용한 여러 가지 현상, [그림 3-8]과 같이 다양한 축척에 의한 지도의 확대와 축소 등이 제공될 수 있으며, 점에서 점으로 이동시키는 사

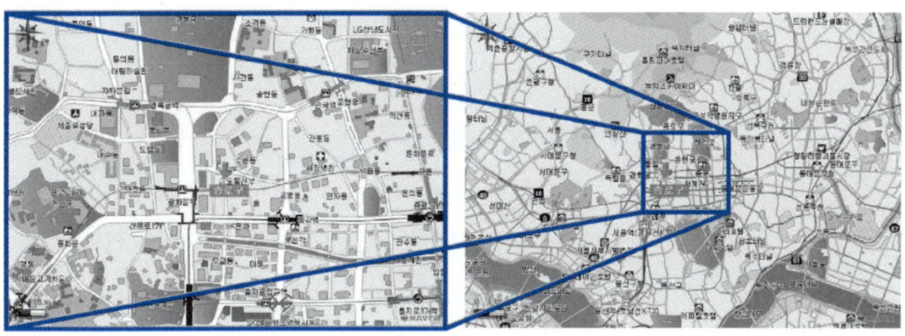

[그림 3-8] 지도의 확대와 축소

상에 대한 자연스러운 접근을 통해서 여러 가지 함수의 합성과 역에 대한 경험을 제공할 수 있다.

지표면을 기준으로 하는 높이와 깊이도 함수 경험으로서 중요한 역할을 할 수 있다. 이런 함수의 구체적인 모델로서 [그림 3-9]와 같은 등고선을 들 수 있다. 등고선에서는 산봉우리, 계곡, 길, 오르막길, 급경사 등을 알 수 있지만, 관점을 변화시키면 지표면에 해당되는 높이, 온도, 기압, 인구밀도의 함수, 더 나아가서는 같은 등고선을 갖는 장소의 함수로 고려할 수도 있다. 또한 등고선에 대한 탐구는 이후에 3차원 그래프를 이해하는 데 도움이 될 수 있다.

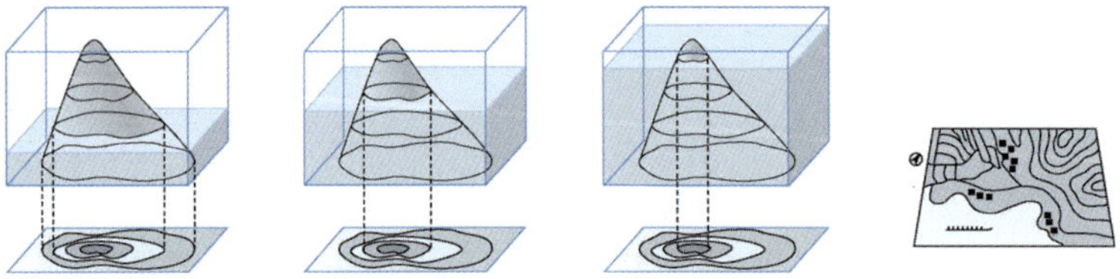

[그림 3-9] 높이의 함수로서의 등고선

나) 교수학적 현상학에 따른 함수의 지도

앞에서 살펴본 바와 같이 학생들이 경험할 수 있는 함수 현상은 매우 많다. 그러나 이러한 현상을 자연스럽게 학생들이 함수로 인식하는 것은 아니다. 좀 더 의식적인 반성의 단계가 필요하다. 따라서 이러한 현상을 어떻게 교수학적으로 구체적인 함수 경험으로 다룰 것인지의 문제를 고민할 필요가 있다. 앞의 함수 개념의 여러 측면과 함수 도입의 문제에서도 살펴보았지만, 함수를 지도하는 관점은 다양할 수 있다. 여기서는 교수학적 현상학에 따른 함수 지도, 구조주의적 관점에 따른 함수 지도에서 이러한 현상을 어떻게 다룰 것인지에 대해 알아본다.

교수학적 현상학에 따른 함수 지도에 대해 생각해보면 처음에는 다양한 현상에 대한 직관적 경험을 제공하고, 학생들에게 그러한 현상에서 나타나는 종속성의 특성, 예를 들면 증가와 감소, 비례적인 변화, 주기적인 변화, 지수적인 변화, 대응적인 관계 등을 인식하게 하고, 이를 좀 더 구체적이고 분석적으로 다루기 위해 표, 그래프, 식 등과 연결하여 특성을 더 명확히 하고, 이를 바탕으로 구체적인 함수 이름에 해당되는 정비례와 반비례, 일차함수, 이차함수, 삼각함수, 지수함수, 임의의 대응 등을 알게 하고, 좀 더 구체적인 특성을 파악하게 한 후, 함수에 대한 여러 경험을 바탕으로 함수가 무엇인지에 대한 논의를 통해 적절한 함수 개념을 도입하고 미적분을 위한 기초를 제공하는 방법이 있을 수 있다. 즉, 다양한 현상을 출발점으로 점차적으로 함수의 형식적 지도로 나아가는 방향을 생각해 볼 수 있다. 구조주의적 관점에 따른 함수 지도는 학생들에게 대응을 통해 함수를 정의하고 이와 관련하여 정의역, 치역, 공변역 등을 지도하고, 함수의 예로 특정한 함수들을 다루면서 응용문제로 몇 가지 함수 현상을 다룰 수 있을 것이다.

함수를 지도하는 관점 중에 어느 것을 선택할 것인가 하는 것은 국가 교육과정이 추구하는 전체적인 방향과 맞물려 있기 때문에 어느 하나의 관점이 다른 관점보다 무조건적으로 좋다고 말할 수는 없다. 그러나 가능하다면 다양한 현상을 다루어 보고 이를 함수로 받아들이는 경험이 필요할 것이다.

3) Krabbendam의 질적 접근에 따른 함수 그래프 지도

함수를 표, 그래프, 식과 같이 표현하는 방식은 수치적인 특성이 있어서 어떤 함수 관계를 형식화하는 데 도움이 된다. 특히 그래프는 표와 식에 비하면 아주 정확하지는 않지만 전체적인 개관을 통해 증가와 감소, 지수적 변화, 주기적 변화 등 함수의 특성을 쉽게 파악할 수 있는 장점이 있다. 이 절에서는 함수 그래프를 지도하는 다양한 방식과 더불어 Krabbendam의 질적 접근에 대해 살펴보고자 한다.

그래프를 지도하는 방식은 두 가지 기준에 따라 분류할 수 있다. 한 가지 기준은 그래프를 읽거나 그릴 때 공간에서 초점을 어디에 두느냐 하는 것이다. 이에 따라 점별 접근, 국소적 접근, 전체적 접근으로 구분할 수 있다(Freudenthal, 1983).

점별 접근은 그래프를 해석할 때 한 점에만 초점을 맞추는 것으로, 그 점에 해당되는 독립 변수에 대한 종속 변수의 값을 읽거나 그 점의 종속 변수에 해당되는 독립 변수의 값을 읽는 것을 의미한다. 예를 들면 $y=x^2+2x+3$이 그려져 있다면 이 그래프의 점 $(1,\ 6)$에 초점을 맞추어 $x=1$일 때의 y값을 읽거나 $y=6$일 때 x값을 읽는 것을 의미한다.

국소적 접근은 한 점이 아니라 한 점의 근방에서 그래프의 변화를 보는 것으로 증가와 감소, 양수와 음수, 연속, 극대와 극소, 기울기의 정도, 불연속적인 점, 오목과 볼록 등의 성질을 읽는 것을 의미한다. 예를 들면 $y=x^2+2x+3$의 그래프 위의 점 $(1,\ 6)$의 근방에서는 함숫값이 모두 양수이고, x값이 조금 증가하면 y값도 증가하며, 불연속적인 점은 없고, 아래로 볼록이라는 것을 알 수 있음을 의미한다.

전체적 접근은 국소적 접근과 달리 한 점의 근방에서 그래프의 변화를 살펴보는 것이 아니라 어떤 구간이나 전체 구간에 걸쳐 그래프를 해석하는 것으로 양의 구간, 음의 구간, 증가와 감소 구간, 연속인 구간, 극대와 극소, 최대와 최소, 단조성, 주기성 등의 성질을 읽는 것을 말한다.

다른 한 가지 기준은 수치적인 값에 초점을 두는지 그렇지 않은지에 따르는 것으로 양적 접근과 질적 접근으로 구분할 수 있다(Krabbendam, 1982).

양적 접근은 정확한 수치적 자료를 이용해서 좌표평면이나 좌표공간에 이를 정확하게 그림으로써 변화의 특징을 설명하고 예측하는 것을 의미한다.

질적 접근이란 산에 대한 그래프를 모양대로 그리고, 산의 경사의 변화, 정상 등을 전반적으로 설명하는 것과 같이 어떤 상황을 수량화되지 않은 상태로 개략적으로 표현하고 설명하는 것을 의미한다. 이는 개략적으로 전체적인 변화를 파악하는 데 유용하다.

그래프를 의미 있게 사용하려면 여러 가지 접근 방식의 통합이 필요하다(Tierney, 1988). 일반적으로 학생들은 점별 접근, 국소적 접근, 양적 접근에 대한 경험이 많지만, 질적 접근에 대해서는 그렇지 못하다.

그래프를 처음 다루는 단계에서는 좌표평면이나 모눈종이와 같은 고정된 틀이 제시되기 이전에 비수치적이고 개략적인 형태의 그래프를 그려보고, 이를 해석하는 활동에 주목하는 질적인 접근으로 시작하고, 그 이후의 정교화 단계에서 수치적이고 좀 더 정확한 표현의 단계로 전환하는 것이 바람직하다(Verstappen, 1982; Krabbendam, 1982). 이러한 접근은 함수를 본격적으로 배우기 이전의 초등학생들에게도 정말 필요한 방법이지만, 그 이후의 중·고등학교 학생들에게도 주어진 상황에 대한 정보에서 종속 관계나 대응 관계에 대한 개략적인 시각적 이미지인 그래프를 추측해보고, 좀 더 정교하게 표, 식, 그래프를 다룸으로써 함수 현상에 대한 심도 있는 이해를 위해서 필요하다.

질적 접근의 예로는 이산적인 변화 상황으로 운동장의 시간별 학생수를 조사해보거나 연속적인 변화 상황으로 식물의 성장을 관찰하게 하고 그 결과를 모눈종이나 좌표평면 위에 그래프로 나타내보게 한 다음 그 그래프를 이야기로 설명하도록 유도하는 것 등을 생각해 볼 수 있다. 식물의 성장 과정을 실측한 자료를 보고 '이 식물은 처음 4일 동안 자라지 않다가 그 다음 이틀 동안은 천천히 자라다가 좀 더 빨리 자라기 시작하다가 다시 천천히 자란다.'와 같이 전체적인 변화 상황을 개략적으로 설명하는 것도 생각할 수 있다.

일정한 속도로 여러 가지 모양의 용기에 물을 따를 때 용기에 담긴 물의 높이의 변화를 사고실험으로 추측해보고 대략적인 그래프로 나타내본 후 변화를 설명하고, 실제적인 측정 활동을 통해 표를 작성하거나 가능하다면 컴퓨터 시뮬레이션을 통한 측정 활동 및 표나 정확한 그래프의 작성을 통해 결과를 확인해보는 등의 활동이 필요하다. 예를 들면 [그림 3-10]의 첫 번째, 세 번째의 용기에 일정한 속도로 물을 따르는 상황을 비교할 수 있다. 전자는 '비커의 굵기가 일정하니까 물은 일정한 속도로 올라갈 것이다. 그러니까 이런 식으로 선이 곧게 올라갈 것이다.'와 같이 추론할 수 있다. 후자는 우선 물의 높이를 '처음에는 플라스크의 모양이 더 넓으니까 물은 조금 더 천천히 올라갈 것이다. 그리고 이 높이 이후로는 플라스크의 목이 좁아지므로 물은 빠른 속도로 올라갈 것이다. 그러니까 처음에는 그래프의 선이 굽어지고 그 다음부터는 더 선이 가파르게 올라갈 것이다.'와 같이 추론하고 이에 따른 그래프를 대략적으로 그려본다. 이러한 예측을 한 후 학급 논의와 실제적인 측정 활동을 통해서 그 결과를 확인한다.

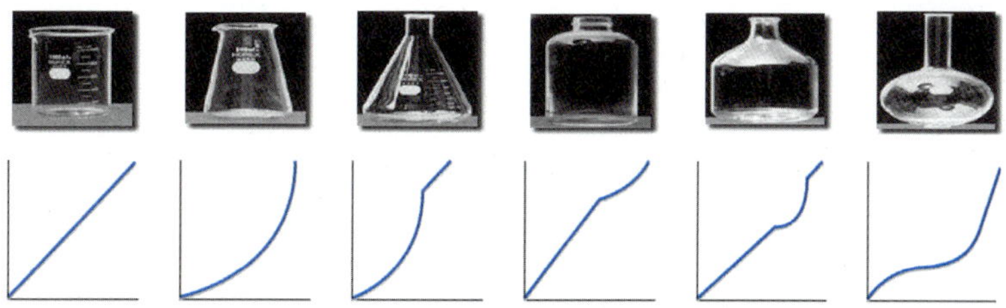

[그림 3-10] 다양한 모양의 비커에 일정한 속도로 담을 때 물의 높이의 변화에 대해 예측한 그래프

이 단계를 거쳐 그린 그래프를 비교하고 토론하게 함으로써 좌표평면에 기준이 부여되어야 한다는 사실을 인식시키고 좀 더 엄밀한 그래프 활동으로 진행한다. 표를 이용해서 그래프를 추측하는 활동도 해본다. 이런 과정을 거친 이후에 구체적인 측정 활동을 통해서 수량화하는 단계로 이어질 수 있다. 이때 교사는 구체적 맥락에서 드러나는 변화를 표현할 여러 가지 수학적 도구를 사용하도록 할 수 있다. 측정을 통하여 변하는 대상 간의 관계를 표로 나타내거나, 화살표를 사용하여 표현하거나, 함수기계를 사용하거나, 그래프로 나타낼 수 있다. 이런 과정을 통해서 학생들은 변하는 대상을 의식화하고 독립변수와 종속변수에 대한 암묵적인 관념을 갖게 될 것이다.

4) Janvier의 번역 활동에 따른 함수 지도

수학에서 함수를 표현하는 양식은 상황·언어적 표현, 표, 그래프, 공식 등으로 구분할 수 있는데, 이들 사이의 번역 과정은 측정하기, 그래프 개형 그리기, 모델링, 읽기, 점 찍기, 공식 알아내기, 해석하기, 점의 좌표 읽기, 곡선 알아내기, 매개변수 인식하기, 계산하기의 요소로 구성되며, [표 3-1]과 같이 요약할 수 있다(Janvier, 1980, 1982).

[표 3-1] 함수 표현 양식 간의 번역 활동

	상황·언어적 표현	표	그래프	공식
상황·언어적 표현		측정하기	그래프 개형 그리기	모델링
표	읽기		점 찍기	공식 알아내기
그래프	해석하기	점의 좌표 읽기		곡선 알아내기
공식	매개변수 인식하기	계산하기	그래프 개형 그리기	

이 표를 이해하는 방식을 살펴보면, 둘째 줄, 넷째 칸의 그래프 개형 그리기는 상황·언어적 표현을 그래프로 나타내는 데 그래프 개형 그리기의 번역 과정이 이루어짐을 의미하는 것이다. 셋째 줄, 넷째 칸의 점 찍기는 표를 그래프로 나타내는 데는 표에 나타난 값들을 좌표평면 위에 점을 찍어 표현하는 번역 과정이 이루어짐을 의미하는 것이다. 번역 활동에는 같은 방식 사이의 번역 활동도 포함되는데, 이를 호환이라 부른다. 그리고 번역 활동은 한 단계에서 완성되지 않는 것도 있다. 예를 들면, 표 → 그래프 → 공식, 공식 → 표 → 그래프 등으로 번역될 수도 있다. 이때 번역 과정의 상보성이 중요시되어야 한다. 예를 들면, 그래프를 언어로 해석하는 것과 언어적 표현을 그래프로 나타내는 것이 서로 연결되어야 한다.

함수의 그래프 개형 그리기는 주어진 공식에 수를 대입해서 표를 만들고, 적당한 축척을 정해서 좌표평면 위에 점을 나타내고 그 점들을 이어서 부드러운 곡선으로 이어주는 것을 의미한다. 그러나 여기서 학생들의 활동이 중단된다면, 이 활동은 더 큰 의미를 갖지 못한다. 학생들에게 증가 구간, 불연속성 등과 같은 그래프의 전반적인 특성을 개관할 수 있게 하고, 그래프에 맞는 상황을 찾아봄으로써 의미를 부여할 수 있도록 해야 한다. 이러한 활동이 부족한 경우에 학생들이 갖게 되는 일반적인 오개념을 살펴보면 [그림 3-11]과 같이 그래프를 어떤 상황에 대한 그림과 혼동하는 것이다. 즉 학생들에게 [그림 3-11]과 같은 그림을 제시하고 그래프를 해석하도록 하면, 산을 올라가는 것으로 보거나 위로 올라가고, 아래로 내려가고, 위로 올라가는 것으로 설명하는 경우가 종종 있다. 그러나 이 그래프가 의미할 수 있는 상황 중 하나는 어떤 지점에서 출발한 사람이 그 지점으로부터 얼마나 멀리 가는지를 측정할 때, 앞으로 진행하다가 뒤로 되돌아가다가 다시 앞으로 진행하는 것이다.

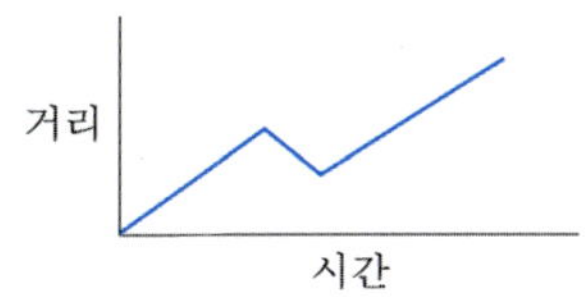

[그림 3-11] 시간·거리의 그래프

그래프 개형 그리기와 해석하기는 함수에 대한 기본적인 이해가 시작되는 곳이다. 학생들에게는 그래프가 어떤 상황을 얼마나 효율적으로 기술하는가를 알게 하는 기회를 제공한다. 이때 중요한 것은 너무 세부적인 사항에 초점을 맞추기보다는 그래프의 개략적인 형태를 이해하고 해석하는 것이 중요하다. 다음 [그림 3-12]에 제시된 활동은 유레카라는 프로그램을 활용해서 학생들이 그래프의 개략적인 형태를 추측하고 해석하는 것이다(Swan, 1982). 이 프로그램은 함수의 그래프와 관련하여 변하는 과정을 점진적으로 그려주는 그래프로 목욕시 시간에 따른 목욕탕 속의 물의 높이의 변화 과정을 시간에 따라 화면상에 나타내준다. 따라서 함수의 질적 접근에 도움을 줄 수 있다.

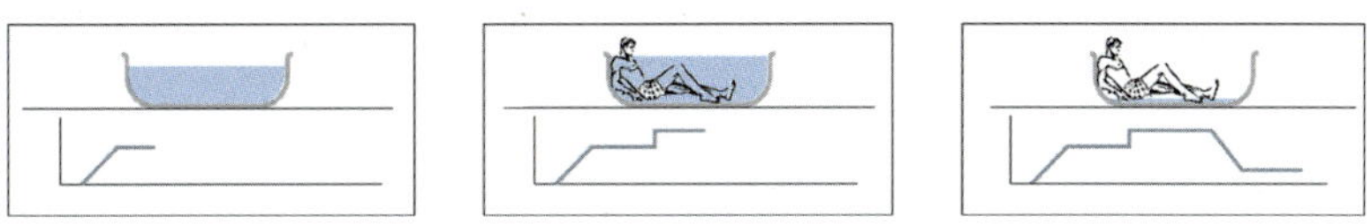

[그림 3-12] 목욕탕 물의 변화에 대한 그래프

측정하기와 식 알아내기는 어떤 문제 상황에서 측정한 결과를 표로 나타낸 다음 그에 적합한 대수식을 찾아보는 것을 의미한다. 곡선 알아내기는 함수의 대수식과 그래프를 연결하는 과정이다. 예를 들면, 함수식 $y=(x-2)(x+3)$와 여러 가지 그래프가 제시되어 있을 때 옳은 그래프를 찾는 문제나 아니면 $y=x(a-x)$의 그래프가 제시되었을 때, a의 값을 찾는 것과 같은 과정으로 학교 수학에서 많이 다루는 내용이다.

매개변수 인식하기는 식에서 변수가 여러 개 있는 경우에 그중에 매개변수를 가려내고 매개변수에 따르는 함수의 변화를 이해하도록 하는 과정을 의미한다. 예를 들면 $x^2+y^2=1$을 해석할 때, 단순히 원의 방정식으로 이해할 수도 있지만, 점 $(x,\ y)$가 원의 중심을 기준으로 회전하는 것으로 해석하면, x나 y가 모두 원의 중심각 t에 관련된다는 것을 알 수 있고, 결과적으로는 $x=\cos t$, $y=\sin t$로 나타낼 수 있다. 따라서 원 위의 점은 매개변수 t에 따른 변화로 해석할 수 있다. 이러한 과정도 회전차와 같은 구체적인 맥락을 통해서 생각해보게 할 수도 있다.

대수적 모델링은 함수 지도에서 가장 어려운 부분일 수도 있는데, 주어진 상황이나 언어적 진술에서 변수를 인식하여 기호화하고, 변수 사이의 함수 관계를 찾아 문제를 해결한 후 문제 상황에 적합하게 해석하는 것을 포함한다.

이와 같은 함수의 여러 가지 표현들 사이의 번역은 함수를 하나의 규칙이나 그래프에 고착시켜서 생각하지 않고 함수를 폭넓게 이해하는 데 도움이 될 것이다.

5) 함수 학습의 인식론적 장애

함수 학습과 관련해서 학생들은 종종 어려움을 겪는 경우가 있는데, 이는 한편으로는 단지 현재의 학생들뿐만 아니라 이미 역사적으로 선조들도 경험한 것일 수도 있고, 다른 한편으로는 함수를 지도하는 방법과 관련해서 초래되는 것일 수도 있다. 함수 학습의 어려움에 대한 관점을 두 가지 정도로 생각해 볼 수 있다. 첫째는 수학을 배우는 과정에서 불가피하게 나타나는 현상으로 학생들이 성장하면서 어려움을 극복해 나가는 것으로 보는 관점이고, 둘째는 학생들의 수학적 성장을 심각하게 방해하는 요인으로 보는 관점이다. 최근에는 학생들이 학습과정에 겪는 어려움에 대해 긍정적인 관점으로 받아들이는 경향이 있다. 이 절에서는 Sierpinska(1992)의 인식론적 장애와 Vinner(1992)의 개념 이미지와 개념 정의의 불일치에서 비롯되는 함수 학습 과정의 어려움에 대해 살펴볼 것이다.

인식론적 장애는 어떤 특정한 맥락에서 성공적이고 유용하였던 지식이 학생의 인지 구조의 일부가 되었지만, 새로운 문제 상황이나 더 넓어진 문맥에서는 부적합해진 경우를 말한다. 이는 특별한 교수 방법의 부족함 때문이 아니라 개념의 의미 그 자체에 기인하는 것으로 일부의 사람들에게 한정된 것이 아니라 다른 문화권이나 다른 시대의 사람들에게도 발견되기도 한다(Sierpinska, 1992). 함수에 대한 인식론적 장애를 몇 가지만 살펴보면 변하는 대상의 인식에 대한 어려움, 독립변수와 종속변수의 구분, 함수와 비례 관계의 구분, 함수와 인과 관계의 구분, 함수와 함수의 다양한 표현 사이의 구분, 변수 개념의 확장 등이다. 학생들 중에는 이러한 장애를 큰 어려움 없이 극복하는 학생들도 있는 반면, 그렇지 않은 학생들도 있기 때문에 학생들을 지도할 때는 이러한 장애들에 대해 긍정적인 관점을 가지고 함수에 대한 이해를 높일 수 있도록 해야 한다.

개념 정의는 수학의 형식적인 정의를 의미하며, 개념 이미지는 개념 이름과 더불어 마음속에 연상되는 비언어적 실체를 의미한다(Vinner, 1992). 학생들은 개념 정의보다는 개념 이미지에 의해 많은 영향을 받는 경향이 있다. 개념 이미지가 무엇인지를 좀 더 살펴보면 어떤 수학적 개념이 시각적 표현을 갖는 경우에는 시각적 표현일 수도 있고, 인상이나 경험의 집합일 수도 있다. 어떤 개념의 명칭에 부수적으로 연상되는 시각적 표현, 정신적인 그림, 인상, 경험 등은 언어로 표현될 수 있으나, 우리가 어떤 개념 명칭을 듣거나 보았을 때, 우리의 기억 속에 처음으로 떠오르는 것은 그러한 언어적 형태가 아니다. 예를 들어, 사람들이 함수라는 말을 들었을 때 떠오르는 것은 $y=f(x)$라는 식일 수도 있고, 함수의 그래프일 수도 있고, 다항함수, 지수함수, 삼각함수 등 특별한 함수일 수도 있다. 따라서 개념 이미지는 개인에 따라 많은 차이를 보일 수 있다. 학생들이 개념 정의를 말하거나 쓸 수 있다고 해서 개념의 이해를 보장하는 것은 아니다. 예를 들어, 학생들이 '두 집합 X, Y에서 집합 X의 각 원소에 집합 Y의 원소가 하나씩만 대응될 때, 그러한 대응 f를 집합 X에서 집합 Y로의 함수라고 한다.'라고 말하거나 쓸 수 있다고 해서 함수의 의미를 충분히 이해했다고 말하기는 어렵다. 학생들의 개념 이미지는 그 개념의 예와 예가 아닌 것에 대한 경험의 결과일 수 있다. 따라서 학생들이 어떤 개념의 예라고 생각하는 수학적 대상들의 집합과 그 정의에 의해 결정되는 수학적 대상의 집합과는 반드시 같지는 않다. 그러한 두 집합이 같지 않은 경우에 학생들의 함수에 대한 반응은 교사의 기대와 다를 수 있다(Vinner & Dreyfus, 1989).

함수 학습과 관련해서 위에서 언급한 인식론적 장애와 개념 정의와 개념 이미지의 불일치에서 비롯되는 어려움은 중복되는 것이 많기 때문에, 여기서는 두 가지 근거에서 비롯되는 어려움을 통합하여 몇 가지로 나누어 살펴볼 것이다.

첫째, 학생들은 변화 현상을 관찰하면서 변하는 대상이 무엇인지, 그 대상을 변하게 하는 것이 무엇인지 명확히 파악하지 못하는 경향이 있다. 예를 들면 다음에 제시된 문제에서 학생들에게 그래프를 그리게 하고, x축과 y축에 어떤 양이나 변수를 써넣어야 하는지를 물어보면 학생들은 정확한 답변을 하기가 쉽지 않다는 것이다(Monk, 1992).

> 집의 벽면에 비스듬히 기대어 있는 5m 길이의 사다리의 밑부분이 미끄러지고 있다. 사다리의 밑부분이 벽면에서 3m 떨어졌을 때 밑부분이 미끄러지는 속도가 1m/초일 때, 사다리의 윗부분이 벽에서 미끄러지는 속도는 얼마인가?

학생들은 위의 문제 상황에서 사다리의 밑부분이 일정한 속도로 내려오더라도 윗부분의 속도는 점점 빨라진다는 점을 고려하여 [그림 3-13]과 같이 그래프를 제시하였다. 그러나 학생들은 x축, y축에 넣어야 할 양이나 변수로 처음에는 변위 대 변위, 중간에는 위치 대 위치, 나중에는 위치 대 변위로 수정하였다. 이때 변위는 초기의 바닥에서부터 사다리의 끝부분까지의 거리에서 주어진 시각에서의 위치와의 차를 의미한다.

[그림 3-13] 시간에 따른 속도의 그래프

둘째, 학생들은 함수의 정의에서 독립변수와 종속변수의 비대칭성을 잘 인식하지 못한다. 이는 역사적으로도 오랜 시간이 걸린 것인데, 함수 개념이 곡선에서 서로 다른 선분 사이의 관계를 인식하게 하는 맥락에서 발생했다는 것을 안다면 쉽게 이해할 수 있는 부분이다. 함수 개념이 생성되는 초기에는 타원이 $\frac{x^2}{a^2}+\frac{y^2}{b^2}=1$이라는 방정식으로 나타낸다면 변수의 순서는 중요하지 않다. 학생들은 첫째 좌표에 의해 유일하게 결정되는 것이 둘째 좌표이고, 그 역이 성립하지 않는다는 것을 인식하는 데 어려움이 있다.

셋째, 학생들은 함숫값은 독립변수에 따라서 변화되어야 한다는 선입관을 가지고 있다. 이로 인해 상수함수를 함수로 받아들이는 데 어려움이 생긴다. 그 이유는 학생들이 비례 관계나 인과 관계와 같은 특수한 경험에만 집착하기 때문인데, 수학사와 과학사에서도 이런 특수한 관계에 주목하는 현상을 찾아볼 수 있다. 일찍이

Euclid 《원론》에서 다룬 비례 관계에 관한 이론은 확고한 이론적 기반을 확보했으며, 17세기까지 비례 관계는 지배적인 위치를 점하고 있었다(Sierpinska, 1992). 예를 들면 함수의 역사적 발생에서도 살펴보았듯이 $y = ax \pm b$를 비에서 더 크게(작게) 주어진 양으로 보거나 $y = ax^2$도 x^2에 비례하는 것으로 해석하였다. 한편 아리스토텔레스는 과학의 주된 과제 중의 하나는 인과 관계, 곧 어떤 현상들이 왜 일어나는지를 설명하는 것으로 보았다. 실제로 Galilei가 수학적인 기술을 위한 학문으로 과학의 수학화를 추구하기 이전에는 과학에서 인과 관계가 무엇보다도 중요시되었다(Kline, 1972). 그러나 이러한 관점이 지나치게 지배적인 경우에는 임의의 대응이라는 함수의 일반적 개념으로 확장하는 데 어려움이 있을 수 있다.

넷째, 학생들은 함수를 체계적인 규칙이나 대수식으로 보는 경향이 강하며, 종속변수의 값을 구하기 위해 독립변수에 실행된 조작이라고 생각하는 경향이 있다. 이러한 경향은 함수 개념을 대응으로 도입하는 경우에도 마찬가지이다. 따라서 함수를 임의의 대응이라는 관점에서 지도하는 것이 함수의 본질적인 측면인 변화를 기술하고, 해석하고, 예측하는 측면을 반영할 수도 없을 뿐 아니라, 임의의 대응이라는 의미를 학생들의 마음속에 심어주는 데도 큰 역할을 하지 못한다고 할 수 있다. 이러한 현상은 역사적 발생에서도 대수적 함수의 시기에 모든 수학자들에게 받아들여졌던 생각이고, 이러한 생각을 전환해야 할 필요성 때문에 수학자들이 자신의 생각을 수정하고 확장한 것을 고려한다면, 이러한 관점을 가진 학생들에게도 자신의 관점을 변화시켜야만 하는 상황을 제공해주는 것이 필요할 것이다.

다섯째, 학생들은 함수는 모든 정의역에서 한 가지 규칙이나 대수식으로 표현되어야 한다고 생각하는 경향이 있다. 따라서 한 가지 이상의 규칙이나 대수식으로 표현된 함수들을 받아들이는 데 어려움이 있으며, 함수의 그래프는 규칙적이고 체계적이어야 하며, 갑작스런 그래프상의 변화가 일어나면 함수가 아니라고 생각한다. 이는 함수의 임의성을 이해하지 못한 결과이다(Sfard, 1992). 이러한 현상은 함수의 역사에서도 수학자들에게 많은 충격을 주었던 것이며, d'Alembert의 진동현 문제 이후로 본격적인 논의를 거쳐 해결되었던 문제이다. 보통 학생들이 접하게 되는 함수들의 첫째 예는 어디서든 연속이고 기껏해야 유한개의 점에서 미분 불능이고 그래프 표현에서는 곡선의 일부이며 한 가지 공식에 의해 제시되는 경우가 대부분이다. 이런 함수들이 학생들의 함수에 대한 개념 이미지를 구성하게 된다면, 이런 경우에는 함수의 정의에 나타나는 임의성을 보여줄 수도 없고 이해시키기가 어렵다. 함수의 일반적인 개념을 파악할 수 있기 위해서는 함수 개념 정의를 제시하기 전에 우리가 보통 다루는 기본 함수 외에도 다양한 현상을 통한 함수의 임의성을 경험할 수 있도록 해야 한다.

여섯째, 학생들은 함수를 함수의 다양한 표현, 즉 표, 대수식, 곡선으로서의 그래프 등과 동일시하는 경향이 있다(Sfard, 1992; Sierpinska, 1992). 표는 함수를 나타내는 가장 오래된 방법이다. 함수를 표로 생각하는 것은 함수를 수열로 인식하게 하는 것을 가능하게 하며, 보간법을 이용하여 중간값에서 정확한 함숫값을 구할 수 있다고 생각할 수 있게 한다. 함수를 좌표평면 위에서의 곡선으로 생각하는 것은 곡선 위의 점에서의 접선, 법선, 넓이를 찾는 것과 관련된 미분학의 발전에서 함수 개념이 발전한 역사적 발생 단계에서도 나타났던 현상이다. 이때 함수의 그래프는 함수를 나타내는 대수식의 기하학적 모델일 뿐이고 정확성이 중요한 것은 아니다. 이러한 관점에 따라 학생들은 함수의 그래프를 점의 자취, 선분을 표현하는 것으로 해석한다. 즉, 그래프 위의 점 (x, y)를 그래프 위를 이동하는 점이나 x축에서 점 (x, y)까지의 거리를 나타내는 선분으로 생각한다. 따라서 x에 y가 대응된다는 생각을 가지기 어렵다.

일곱째, 학생들은 함수에서 중요한 변수 개념을 이해하는 데 어려움이 있다. 역사적으로 보았을 때 함수는 물리적·사회적·정신적·수학적 대상의 변화를 기술하기 위한 수단으로 발생한 것이지만, 미적분의 발달로 인해 다양한 함수를 다루게 되면서 동적인 변화의 개념은 사라지고 정적인 관계의 개념이 강조되었다. 이 과정에서 가장 중요한 요인이 변수라는 개념인데, 수학자들은 수학에서 변수라는 개념을 제거하려고 노력해 왔으며, 그 과정에서 변수는 원래 변하는 대상에서 자리지기의 개념으로 탈바꿈하게 되었다. 따라서 이러한 배경에 대한 충분한 이해 없이 변수를 다룬다는 것은 학생들에게 쉬운 일은 아니다.

여덟째, 학생들은 함수의 정의에서 나타나는 일가성, 일대일 함수, 일대일 대응의 의미를 혼동하기가 쉽다. 이런 어려움은 학생들이 함수 개념을 외부로부터 제시받았을 뿐 자신의 경험을 조직하는 행동을 통해서 일가성의 의미를 추상해내지 못한 결과이다. 정의역의 각 원소에 대해 치역의 단 하나의 원소가 있다는 일가성 조건은 우리가 함수 개념을 학교에서 다룰 때, 함수와 함수가 아닌 것들을 구분하는 기준이 된다. 그러나 문제는 왜 일가성이 필요한가 하는 것이다. 역사적으로 일가성이 함수 개념의 정의로 인정되는 데는 수학적인 이유가 있었음을 고려할 때, 학생들이 이런 문제에서 겪는 어려움을 교사는 이해할 수 있어야 한다.

학생들이 함수를 배우는 과정에서 겪는 어려움은 대응에 의한 형식적 정의에서 시작하는 지도 방법 때로는 종속성의 관점에 따른 지도 방법에 기인하는 것도 있지만 함수 개념의 의미 그 자체에 기인하는 것도 있다. 따라서 학생들에게 함수를 지도할 때는 적절한 순간에 다양한 함수를 경험시킴으로써 이러한 어려움들을 극복하고 함수의 의미를 확장시켜나갈 수 있도록 하는 것이 중요하다.

2. 함수 교수·학습 실제

가. 교육과정의 이해

우리나라 교육과정의 함수와 관련해서 다루는 주요 내용 요소를 학교급별로 제시하면 다음의 표와 같다.

[표 3-2] 수학과 교육과정에서 함수 영역의 내용 요소

학교급	내용 요소	
초등학교	• 규칙	• 대응 관계
중학교	• 좌표평면과 그래프 • 일차함수와 일차방정식의 관계	• 일차함수와 그 그래프 • 이차함수와 그래프
고등학교	• 함수 • 지수함수와 로그함수	• 유리함수와 무리함수 • 삼각함수

초등학교와 중학교에서는 함수와 관련된 내용을 변화와 관계라는 영역에서 다루고 있다. 초등학교에서는 규칙을 찾고 여러 가지 방법으로 표현하는 활동과 두 양의 대응 관계를 탐구하고, □, △ 등을 사용하여 식으로 나타내고 설명하는 데 초점을 둔다. 중학교에서는 좌표평면과 그래프를 이해하고 다양한 상황을 그래프로 나타내고 해석하며, 일상 언어, 표, 그래프, 식 사이의 상호 변환 활동을 하며, 일상생활의 예를 통해 정비례와 반비례를 도입하고, 변화 현상을 기초로 한 양이 변함에 따라 다른 양이 하나씩 정해지는 두 양 사이의 대응 관계로 함수 개념을 도입하고, 일차함수와 이차함수의 개념과 그래프 그리기와 성질을 알아보고 일차함수와 일차방정식과의 관계를 다룬다. 고등학교에서는 함수 개념을 좀 더 형식적으로 두 집합 사이의 대응 관계로 정의하고, 구체적인 예를 통해 일대일대응, 항등함수, 상수함수, 일대일함수, 합성함수, 역함수 등을 다루고, 유리함수와 무리함수와 그래프를 다룬다. 이외에도 선택에 따라 지수함수와 로그함수, 삼각함수를 다룬다. 이러한 과정을 통해서 실생활, 자연 현상, 사회 현상 등에서 찾아볼 수 있는 다양한 변화 현상 등을 수학적으로 이해하고, 더 나아가서는 수학의 여러 분야를 통합하는 핵심적인 아이디어임을 이해하도록 하는 것이 함수 교육을 통해서 지향해야 할 함수적

사고라 할 수 있다.

나. 교과서의 이해

최근 함수 교육과 관련하여 강조되고 있는 부분은 함수의 직관적 도입과 관련된 질적 접근과 수학적 연결성 등과 관련된 함수의 응용이나 수학적 모델링, 테크놀로지의 활용 등이다. 교육과정의 내용과 관련하여 이런 강조점들이 어떻게 다루어지는지 알아볼 것이다.

1) 함수 지도의 전 단계

본격적인 함수 지도에 앞서 초등학교에서는 전 단계에 해당되는 내용이라 할 수 있는 규칙 찾기와 규칙과 대응을 다룬다. 예를 들면, [그림 3-14]와 같이 일상생활의 상황에서 대응 관계를 찾아 식으로 나타낸다.

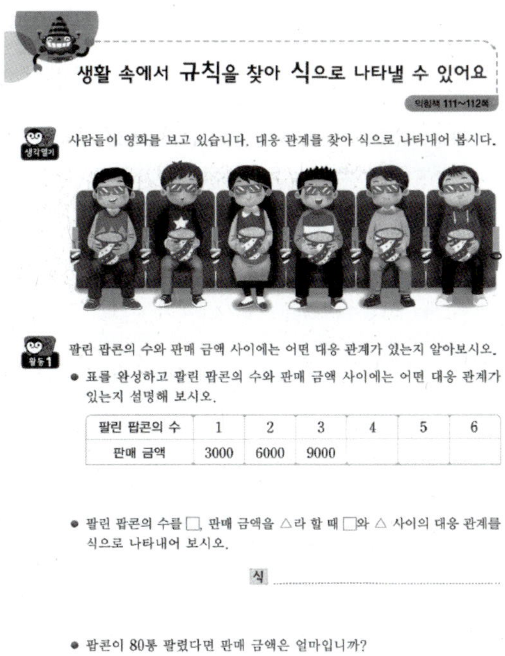

생활 속에서 규칙을 찾아 식으로 나타낼 수 있어요

익힘책 111~112쪽

생각열기 사람들이 영화를 보고 있습니다. 대응 관계를 찾아 식으로 나타내어 봅시다.

활동1 팔린 팝콘의 수와 판매 금액 사이에는 어떤 대응 관계가 있는지 알아보시오.

- 표를 완성하고 팔린 팝콘의 수와 판매 금액 사이에는 어떤 대응 관계가 있는지 설명해 보시오.

팔린 팝콘의 수	1	2	3	4	5	6
판매 금액	3000	6000	9000			

- 팔린 팝콘의 수를 □, 판매 금액을 △라 할 때 □와 △ 사이의 대응 관계를 식으로 나타내어 보시오.

식 ....

- 팝콘이 80통 팔렸다면 판매 금액은 얼마입니까?

[그림 3-14] 규칙과 대응(교육부, 2014: 180)

2) 함수 개념 지도

함수 개념을 지도하는 방법은 앞의 이론 부분에서도 다루었듯이 크게 대응 관점과 종속 관점으로 나누어 생각해 볼 수 있다.

중학교에서는 [그림 3-15]와 같이 일상생활의 상황을 통하여 'x, y와 같이 변하는 양을 나타내는 문자를 변수'라고 하고, '변수 x의 값이 변함에 따라 y의 값이 하나씩 정해지는 두 양 사이의 대응 관계가 성립할 때 y를 함수라 한다.'와 같이 함수를 종속 관점에서 정의하고 있다.

이러한 함수에 대한 정의와 더불어 중학교 교과서에서는 정의역, 함숫값, $f(x)$ 기호, 치역, 공역, $y=f(x)$ 기호 등의 용어가 소개된다.

함수는 무엇인가?

생각해 봅시다 회수는 매년 생일에 키를 재어 벽에 표시해 두었다. 10세일 때부터 14세일 때까지 회수의 키를 잰 수치가 오른쪽 그림과 같을 때, 아래 빈칸을 채워 보자.

회수의 나이		회수의 키
10세	→	142.1cm
11세	→	cm
12세	→	cm
13세	→	cm
14세	→	cm

위의 생각해 봅시다 에서 회수의 나이가 x세일 때 회수의 키를 $y$cm라고 하면, x의 값에 따른 y의 값의 변화를 다음과 같이 표로 나타낼 수 있다.

x(세)	10	11	12	13	14	…
y(cm)	142.1	148.5	154.0	157.3	160.4	…

위의 표에서 x의 값이 10, 11, 12, …로 변함에 따라 y의 값이 142.1, 148.5, 154.0, …으로 각각 하나씩 정해진다. 이때 x, y와 같이 변하는 양을 나타내는 문자를 **변수**라고 한다. 위의 두 변수 x, y와 같이 x의 값이 변함에 따라 y의 값이 하나씩 정해지는 두 양 사이의 대응 관계가 성립할 때, y를 x의 **함수**라고 한다.

예를 들어 한 개에 1300원인 비누를 x개 살 때, 지불해야 하는 금액을 y원이라고 하면 x의 값이 1, 2, 3, …으로 변함에 따라 y의 값이 1300, 2600, 3900, …으로 하나씩 정해지므로 y는 x의 함수이다.

참고 초등학교에서 배운 정비례($y=ax$)와 반비례($xy=a$)도 x의 값이 변함에 따라 y의 값이 하나씩 정해지므로 y는 x의 함수이다.

[그림 3-15] 중학교의 함수 개념 도입 맥락(우정호 외, 2013a: 123)

이런 방식으로 도입된 함수 개념은 고등학교에서는 좀 더 엄밀하게 다루어지는데, [그림 3-16]과 같이 '두 집합 X, Y가 주어졌을 때, 집합 X의 각 원소에 집합 Y의 원소를 짝지어 주는 것을 X에서 Y로의 대응'이라고 설명한 후에, 대응 관계를 중심으로 함수를 '집합 X의 각 원소에 집합 Y의 원소가 오직 하나씩만 대응할 때, 이 대응 f를 집합 X에서 집합 Y로의 함수라 하고, 기호로 $f: X \to Y$와 같이 나타낸다.'와 같이 정의한다.

■ **함수의 뜻**

생각해 봅시다

문화재는 선조들의 삶과 지혜를 보여 주는 귀중한 유산이다. 우리나라에서는 문화재 보호법에 따라 중요 문화재를 국보, 보물, 중요 무형 문화재, 사적, 명승, 천연기념물, 중요 민속 문화재로 지정하여 보호하고 있다. 예를 들어 국보 제1호는 조선 시대에 처음 건립된 숭례문이고, 국보 제21호는 통일 신라 시대에 제작된 불국사 3층 석탑이다. 다음 그림에서 국보와 국보의 제작 시대를 화살표로 짝지어 보자.

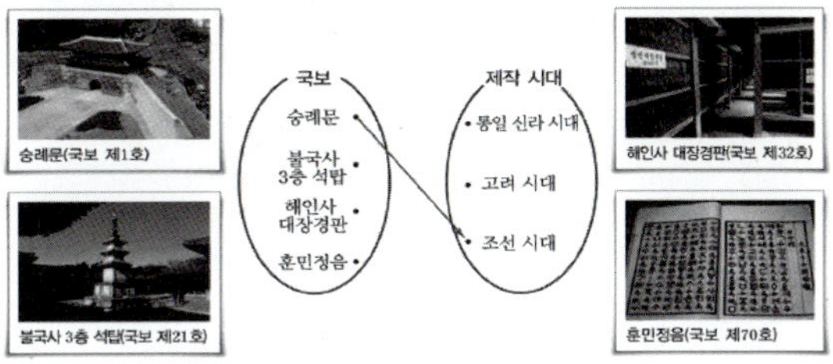

두 집합 X, Y가 주어졌을 때, 집합 X의 원소에 집합 Y의 원소를 짝지어 주는 것을 집합 X에서 집합 Y로의 **대응**이라고 한다. 또, 집합 X의 원소 x에 집합 Y의 원소 y가 짝지어지면 x에 y가 대응한다고 한다.

집합 X의 각 원소에 집합 Y의 원소가 오직 하나씩만 대응할 때, 이 대응 f를 집합 X에서 집합 Y로의 함수라 하고, 기호로

$$f: X \longrightarrow Y$$

와 같이 나타낸다.

[그림 3-16] 고등학교의 함수 개념 도입 맥락(우정호 외, 2013e: 76, 77)

이러한 함수에 대한 정의와 더불어 함수 기호, 함숫값, 정의역, 공역, 치역 등의 용어가 소개된다.

위와 같이 함수 개념은 중학교에서는 실생활의 변화 현상에서 한 양이 변함에 따라 다른 양이 하나씩 정해지는 두 양 사이의 대응 관계로 함수 개념과 용어가 도입되는 반면, 고등학교에서는 집합 사이의 임의의 대응을 강조하며 변수 개념이 사라지면서 집합을 위주로 함수 개념과 용어가 도입되고 있다. 따라서 함수 개념은 종속의 관점에서 임의의 대응이라는 관점으로의 전환을 꾀하고 있음을 알 수 있다.

앞의 이론 부분에서 살펴보았듯이 학생들이 일반적으로 대응이라는 관점으로 함수 개념을 배운다고 해도 학생들에게 함수가 무엇인가라는 질문을 했을 때 학생들이 가지고 있는 생각은 종속성, 그래프, 공식, 행동, 과정, 대응, 순서쌍, 대상 등 다양하며, 학생들이 겪게 되는 어려움도 다양하다. 함수에 대한 다양한 생각의 통합이나 어려움의 극복을 위해서는 결국은 다양한 현상에 기초한 함수의 예를 충분히 접

하면서 함수가 무엇인지에 대한 자신의 생각을 계속 수정하고 발전시켜 나가도록 하는 것이 중요하다.

3) 함수 유형과 맥락

함수 영역에서는 중학교에서 일차함수와 이차함수, 고등학교에서는 유리함수와 무리함수, 삼각함수, 지수함수와 로그함수 등의 다양한 함수들을 다룬다. 각 유형의 함수는 교과서마다 약간의 차이는 있지만 도입 맥락과 함수의 정의, 함수의 그래프와 그 성질, 함수의 활용 맥락으로 구성되어 있다.

가) 일차함수

일차함수는 중학교에서 다루는데, 교과서에서는 일차함수 도입 맥락으로 [그림 3-17]과 같이 소방차의 물탱크 채우기 등과 같은 맥락을 생각해 본 후에 시간 x와 물의 양 y의 대응 관계가 함수인지 알아보고, x와 y 사이의 관계를 식으로 나타내는 활동을 통해 일차함수를 '일반적으로 함수 $y=f(x)$에서 $y=ax+b(a \neq 0,\ a,\ b$는 상수)와 같이 y가 x에 대한 일차식으로 나타내어질 때, 이 함수를 x에 대한 일차함수라고 한다.'와 같이 정의한다.

일차함수는 무엇인가?

생각해 봅시다 물탱크의 용량이 2000L인 어느 소방차의 물탱크에 20L의 물이 채워져 있다. 1초에 5L씩 물을 넣어 이 물탱크를 가득 채우려고 한다. 물을 넣는 시간을 x초, 물탱크의 물의 양을 yL라고 할 때, 물음에 답하여 보자.

(1) 다음 표의 빈칸에 알맞은 수를 써넣어 보자.

시간(초)	0	1	2	3	4
물탱크의 물의 양(L)	20				

(2) y는 x의 함수인지 말하여 보자.

위의 생각해 봅시다 에서 물탱크에 물을 1초에 5L씩 넣고 있으므로 물을 넣는 시간이 x초일 때, 물의 양은 $5x$L 증가한다. 따라서 물을 넣는 시간을 x초, 물탱크의 물의 양을 yL라고 하면

$$y=5x+20$$

과 같이 y는 x에 관한 일차식으로 나타내어진다. 이때 x와 y 사이에는 x의 값이 변함에 따라 y의 값이 하나씩 정해지는 대응 관계가 성립하므로 y는 x의 함수이다.

일반적으로 함수 $y=f(x)$에서

$$y=ax+b\ (a,\ b\text{는 상수},\ a \neq 0)$$

와 같이 y가 x에 관한 일차식으로 나타내어질 때, 이 함수를 x의 **일차함수**라고 한다.

[그림 3-17] 일차함수의 도입 맥락(우정호 외, 2013b: 143)

일차함수의 의미를 다룬 후에는 일차함수의 그래프에서 일차함수 $y=ax$의 그래프와 일차함수 $y=ax+b$의 관계를 평행이동으로 설명하고, x절편, y절편, 기울기의 의미를 다룬다. 이때 기울기를 도입하는 맥락으로 비탈면의 기울어진 정도는 (수직거리)/(수평거리)임을 생각해보게 한다. 이를 이용해서 일차함수 $y=ax+b$의 그래프에서 x의 값의 증가량에 대한 y의 값의 증가량의 비율은 항상 일정하고, 이 비율은 x의 계수 a와 같고, a는 이 일차함수의 그래프가 기울어진 정도를 나타냄을 알게 하고 이런 뜻에서 a를 일차함수 $y=ax+b$의 그래프의 기울기라고 함을 알게 한다. 또한 일차함수의 그래프를 그리기 위한 조건, 즉 두 점, 두 절편, 기울기와 y절편을 아는 것 등을 다룬다. 마지막으로 일차함수 $y=ax+b$의 성질을 다룬다.

일차함수의 활용 맥락으로는 친환경 자동차의 주행 거리와 전력량, 소리의 속력과 온도 등을 생각해 볼 수 있다.

나) 이차함수

이차함수는 중학교와 고등학교에서 다루고 있다. 중학교에서는 이차함수의 도입 맥락으로 다이버의 낙하 거리와 시간, 자동차의 속력과 브레이크를 밟은 후의 진행 거리, 눈썰매를 타고 내려올 때 시간과 위치 등과 같은 맥락을 생각해 본 후에 두 양 x와 y 사이의 대응 관계를 추론해보고 식으로 나타내는 활동을 통해 표현은 조금 다를 수 있지만 이차함수를 '함수 $y=f(x)$에서 y가 x에 대한 이차식 $y=ax^2+bx+c$ (a, b, c는 상수, $a \neq 0$)로 나타내어질 때, 이 함수를 x의 이차함수라고 한다.'와 같이 정의한다.

이차함수의 의미를 도입한 후 이차함수 $y=ax^2$의 그래프 그리는 방법, 모양, a에 따른 성질 등에 대해 다룬 후, 이차함수 $y=ax^2+q$, $y=a(x-p)^2$, $y=a(x-p)^2+q$의 그래프와 $y=ax^2$의 그래프 관계를 알아보고, 이차함수의 일반형 $y=ax^2+bx+c$의 그래프에 대해 다룬다.

이차함수의 활용인 최댓값과 최솟값에서는 [그림 3-18]과 같이 비스듬히 던진 테니스공을 고속카메라로 촬영한 모습을 보고 공이 바닥으로부터 가장 높이 있을 때가 어디인지와 같은 맥락을 생각해 보고 '어떤 함수의 모든 x의 함숫값 중 가장 큰 값을 그 함수의 최댓값, 가장 작은 값을 그 함수의 최솟값이라고 한다.'와 같이 정의하고, 정의역 전체에 대한 최댓값과 최솟값을 다룬다.

이차함수의 최댓값과 최솟값은 어떻게 구하는가?

생각해 봅시다 오른쪽 그림은 비스듬히 던진 테니스공을 초고속 카메라로 촬영한 것이다. 물음에 답하여 보자.

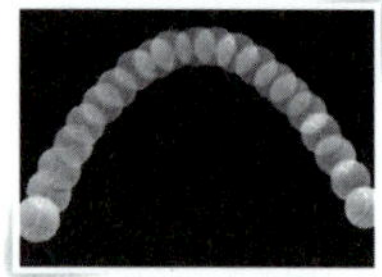

(1) 테니스공이 어떤 모양의 곡선을 그리며 움직이는지 말하여 보자.

(2) 공이 바닥으로부터 가장 높은 위치에 있는 경우는 (1)의 곡선의 어느 위치에 있을 때인지 추측하여 보자.

[그림 3-18] 이차함수의 활용 맥락(우정호 외, 2013c: 137)

고등학교에서는 중학교에 이어 제한된 범위에서 이차함수의 최댓값과 최솟값을 다루고, 이차함수의 그래프와 직선의 위치 관계, 이차함수와 이차방정식, 이차부등식의 관계를 다룬다.

다) 유리함수와 무리함수

유리함수와 무리함수는 고등학교에서 다룬다. 교과서에서는 유리함수의 도입 맥락으로 [그림 3-19]와 같이 지구로부터 떨어진 거리와 몸무게 사이의 관계 등과 같은 맥락을 생각해 본 후에 유리함수를 '함수 $y=f(x)$에서 $f(x)$가 x에 대한 유리식일 때, 이 함수를 유리함수라고 한다.'와 같이 정의하고, 다항식은 유리식의 특수한 경우이므로 다항함수도 유리함수이며, 유리함수 $y=f(x)$에서 $f(x)$를 기약분수식으로 고쳤을 때, 분모가 상수가 아니면 이 함수를 분수함수임을 정의한다.

■ **유리함수**

생각해 봅시다 물체의 무게는 중력의 영향에 따라 결정된다. 물체가 지구에서 멀리 떨어지면 그만큼 중력의 영향이 덜하기 때문에 물체의 무게는 가벼워진다.
지구의 반지름의 길이를 6400km라고 할 때, 어떤 사람의 몸무게가 지구 표면에서 60kg이면 지구로부터 $x$km 떨어진 곳에서의 몸무게 $y$kg은 다음 식을 만족한다고 한다.

$$y=\frac{6400\times 60}{x+6400}$$

지구로부터 1600km 떨어진 지점과 3200km 떨어진 지점에서 이 사람의 몸무게를 각각 구해 보자.

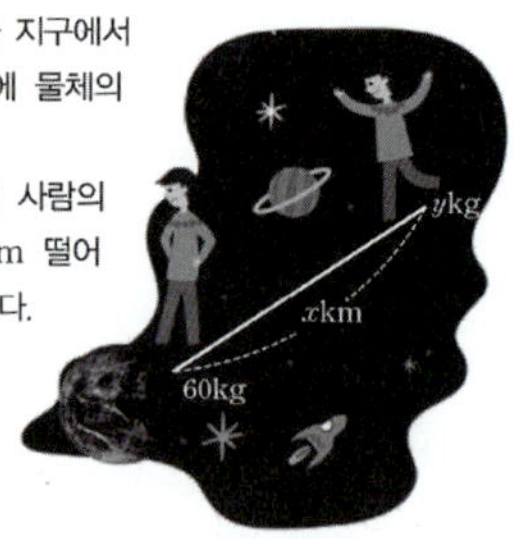

함수 $y=f(x)$에서 $f(x)$가 x에 관한 유리식일 때, 이 함수를 **유리함수**라고 한다.

[그림 3-19] 유리함수의 도입 맥락(우정호 외, 2013d: 103)

유리함수의 의미를 정의한 후에 분수함수 $y=\frac{k}{x}$의 그래프를 다루면서 '곡선 위의 점이 한없이 가까워지는 직선을 그 곡선의 점근선이라고 한다.'와 같이 점근선을 정의하며, 그래프의 여러 가지 성질에 대해 알아본다. 이어서 분수함수 $y=\frac{k}{x-p}+q$ $(k \neq 0)$의 그래프는 $y=\frac{k}{x}$의 그래프를 x축의 방향으로 p만큼 평행이동한 것임을 다루고, 분수함수 $y=\frac{ax+b}{cx+d}(ad-bc \neq 0,\ c \neq 0)$의 그래프는 $y=\frac{k}{x-p}+q(k \neq 0)$의 꼴로 변형하여 그릴 수 있음을 다룬다.

유리함수의 활용 맥락으로는 자기자본비율인 BIS 비율, 두 저항을 병렬로 연결할 때 한 저항과 전체 저항, 지렛대가 균형을 이룰 때 지렛목까지의 거리와 물체의 무게 사이의 관계, 관악기에서 관의 길이와 주파수의 관계, 스쿠버 다이빙에서 수심과 공기방울의 부피 관계 등을 생각할 수 있다.

무리함수의 도입 맥락으로 [그림 3-20]과 같이 소방 호스에서 뿜어져 나오는 물의 압력과 속력의 관계 등과 같은 맥락을 생각해 본 후에 무리함수를 '함수 $y=f(x)$에서 $f(x)$가 x에 관한 무리식일 때, 이와 같은 함수를 무리함수라 한다.'와 같이 정의한다.

■ **무리함수**

생각해 봅시다

날씨가 춥고 건조해지면 화재 발생 위험이 높아지므로 충분한 사전 예방을 하고 화재 발생 시 초기에 진압할 수 있도록 만반의 준비를 갖춰야 한다. 어느 소방차의 소방 호스 노즐 끝에서의 물의 압력이 xPa일 때, 소방 호스에서 뿜어져 나오는 물의 속력 $y$km/s는 다음 식을 만족한다고 한다.

$y=c\sqrt{x}$ (단, c는 상수)

물의 압력이 2배로 높아지면 이 소방 호스에서 뿜어져 나오는 물의 속력은 몇 배 더 빨라지는지 말하여 보자.

압력을 나타내는 단위인 Pa는 '파스칼'이라고 읽는다.

함수 $y=f(x)$에서 $f(x)$가 x에 관한 무리식일 때, 이 함수를 **무리함수**라고 한다. 예를 들어 $y=\sqrt{x-2}$, $y=\sqrt{1-4x}$는 무리함수이다.

[그림 3-20] 무리함수의 도입 맥락(우정호 외, 2013d: 112)

무리함수의 정의를 알아본 후에 $y=\sqrt{ax}$의 그래프와 역함수에 대해 다루고, 무리함수$y=\sqrt{ax+b}+c$는 무리함수 $y=\sqrt{ax}$를 평행이동한 것임을 알게 한다.

무리함수의 활용 맥락으로는 우주선에서 탈출 속도와 지상으로부터 높이 사이의 관계, 진자의 주기와 진자 길이의 제곱근의 관계, 지진 해일의 전파 속력과 수심의 관계, 급제동 시에 생기는 바큇자국인 스키드 마크의 길이와 자동차의 추정 속력 등을 생각해 볼 수 있다.

라) 삼각함수

삼각함수는 고등학교에서 다룬다. 교과서에서는 삼각함수의 도입 맥락으로 [그림 3-21]과 같이 고대의 천문학자들이 태양, 지구, 달이 이루는 각을 이용하여 지구와 달, 태양 사이의 거리의 관계 등과 같은 맥락을 생각해 본 후에, 삼각비의 정의를 확장하여 삼각함수를 '좌표평면에서 x축의 양의 부분을 시초선, 동경 OP가 나타내는 일반각의 크기를 θ라디안이라 하자. 동경 OP와 반지름의 길이가 r인 원의 교점을 $P(x,\ y)$라고 하면, $\frac{y}{r}$, $\frac{x}{r}$, $\frac{y}{x}\ (x \neq 0)$의 값은 θ의 크기에 따라 각각 한 가지로 결정된다. 곧, $\theta \rightarrow \frac{y}{r}$, $\theta \rightarrow \frac{x}{r}$, $\theta \rightarrow \frac{y}{x}$와 같은 대응은 각각 함수이다. 이와 같은 함수를 각각 사인함수, 코사인함수, 탄젠트함수라고 하며, 이것을 기호로 각각 $\sin\theta = \frac{y}{r}$, $\cos\theta = \frac{x}{r}$, $\tan\theta = \frac{y}{x}(x \neq 0)$와 같이 나타낸다.'로 정의한다.

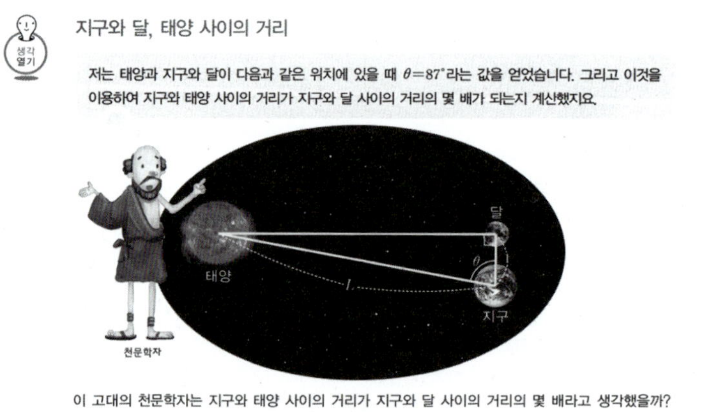

[그림 3-21] 삼각함수의 도입 맥락(우정호 외, 2008a: 321)

삼각함수를 정의한 후에 $y = \sin\theta$, $y = \cos\theta$, $y = \tan\theta$의 그래프, 주기, 점근선 등에 대해 알아보고, 삼각함수 사이의 관계를 다룬다.

삼각함수의 활용 맥락으로 태양의 황도상의 위치에 따라 계절 구분을 하기 위해 만든 24절기와 관련해서 춘분 이후의 날짜 수와 낮의 길이의 관계, 삼각방정식과 삼각부등식과 관련하여 빛의 굴절 현상 등을 생각해 볼 수 있다.

마) 지수함수와 로그함수

지수함수는 고등학교에서 다룬다. 교과서에서는 지수함수의 도입 맥락으로 [그림 3-22]와 같이 '무어의 법칙' 등과 같은 맥락을 생각해 본 후에 지수함수를 'a가 1이 아닌 양수일 때, 실수 전체의 집합을 정의역으로 하는 함수 $y=a^x$을 a를 밑으로 하는 지수함수라고 한다.'와 같이 정의한다.

생활 속에서 수학 읽기 | 황의 법칙

컴퓨터 기술의 발달은 정보를 기억하는 장치의 용량도 빠른 속도로 늘리고 있다. 1960년대에 고든 무어는 마이크로 칩의 용량이 18개월마다 2배씩 증가한다는 이론을 제시하였다. 이를 '무어의 법칙'이라고 하는데 실제 마이크로 칩의 용량이 향상되는 속도는 이와 같았다.

그러나 2002년 국제 반도체 회로 학술회의에서 우리나라의 황창규는 마이크로 칩의 집적도가 1년마다 2배씩 증가할 수 있다고 주장하였다. '황의 법칙'으로 불리는 이 규칙이 유명해지게 된 것은 실제 1999년에 256 MB 플래시 메모리를 개발한 후 2000년 512 MB, 2001년 1 GB, 2002년 2 GB, 2003년 4 GB, 2004년 8 GB, 2005년 16 GB, 2006년 32 GB, 2007년 64 GB의 제품을 계속해서 개발함으로써 그 규칙을 실제로 증명했기 때문이었다.

1 2000년부터 x년이 지난 후에 개발된 메모리의 용량을 y GB라고 할 때, 다음 표의 빈칸에 알맞은 것을 써넣어 보자.

x	0	1	2	3	4	5	6	7
y	0.5	1	2	4				

2 x와 y 사이의 관계를 식으로 나타내어 보자. 이 대응 관계는 함수인가?

의견 나누기 **3** 순서쌍 (x, y)를 좌표평면 위에 나타내어 보고 어떤 모양인지 이야기하여 보자.

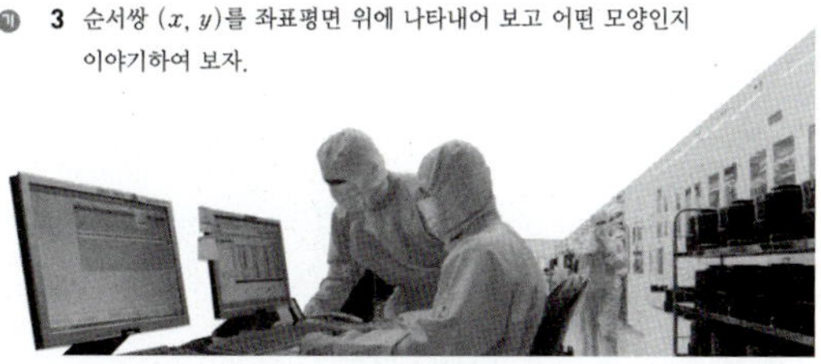

[그림 3-22] 지수함수의 도입 맥락(정상권 외, 2009a: 73)

지수함수의 정의를 다룬 후에, 지수함수의 그래프와 지수함수의 성질 등에 대해 알아본다.

지수함수의 활용 맥락은 음료 회사의 알루미늄 캔의 재활용과 관련된 문제, 지수방정식과 지수부등식에서는 종이를 반으로 계속 접을 때 종이의 두께, 이분법으로 번식하는 아메바 문제, 암세포의 증식, 기압과 고도의 관계, 반감기 등을 생각해 볼 수 있다.

로그함수도 고등학교에서 다룬다. 교과서에서는 로그함수의 도입 맥락으로 [그림 3-23]과 같이 리히터 규모 등과 같은 맥락을 생각해 본 후에 로그함수를 지수함수의 역함수로 도입한다. 일반적으로 '지수함수 $y=a^x(a>0,\ a\neq1)$은 실수 전체의 집합에서 양의 실수 전체의 집합으로의 일대일 대응이므로 그 역함수가 존재한다. $y=a^x$에서 로그의 정의에 의하여 $x=\log_a y$이고, 이 식에서 x와 y를 바꾸어 놓으면 $y=a^x$의 역함수 $y=\log_a x(a>0,\ a\neq1)$를 얻는다. 이 함수를 a를 밑으로 하는 로그함수라고 한다.'와 같이 정의한다.

로그함수의 정의를 알아본 후에 지수함수의 역함수의 성질을 이용하여 로그함수의 그래프를 그리고, 로그함수의 성질, 점근선 등에 대해 알아본다.

생활 속에서 수학 읽기 | 리히터 규모

지진의 강도를 나타낼 때에는 미국의 리히터가 1935년에 개발한 '리히터 규모'라는 단위를 보통 사용한다.

리히터 규모는 지진이 발생한 지점으로부터 100 km 떨어진 지점에서 측정한 지진파의 최대 진폭을 이용하여 정의하며, 지진파의 최대 진폭이 10배씩 커질 때마다 리히터 규모는 1씩 증가한다.

이를 표로 나타내면 다음과 같다.

최대 진폭(μm)	1	10	10^2	10^3	10^4	10^5	10^6	10^7
리히터 규모	0	1	2	3	4	5	6	7

1 지진파의 최대 진폭이 x μm일 때의 리히터 규모를 y라고 하자.
x와 y 사이의 대응 관계는 함수인가?

2 x와 y 사이의 대응 관계를 식 $y=f(x)$로 나타내고, 그 그래프를 그려 보자.

의견나누기 3 함수 f의 역함수는 어떤 함수인가?

[그림 3-23] 로그함수의 도입 맥락(정상권 외, 2009a: 96)

로그함수의 활용 맥락으로 로그방정식과 로그부등식에서 방사성 원소에 의한 연대 측정, 별의 밝기에서 겉보기 등급과 절대 등급의 관계 등을 생각해 볼 수 있다.

지금까지 여러 함수 유형을 살펴보았다. 함수 개념을 대응으로 정의하는 과정에서는 국보와 국보의 제작 시대 등과 같이 불연속이고 하나의 식으로 나타내기 어려운 함수 등을 다루는 반면, 그 이후에 다루는 함수는 대부분 연속함수이고 하나의 식으로 나타낼 수 있는 함수들이 대부분이다. 또한 교과서마다 약간의 차이는 있지만 도입 맥락과 함수의 정의, 함수의 그래프와 성질, 함수의 활용 맥락의 순으로 되어 있다. 이러한 함수 지도 방법은 구조주의적 관점을 근간으로 하되, 함수와 관련된 현상도 일부 다루고 있다고 할 수 있다.

학생들이 함수를 배우는 과정에서 겪는 어려움은 대응에 의한 형식적 정의에서 시작하는 지도 방법 때로는 종속성의 관점에 따른 지도 방법에 기인하는 것도 있지만 함수 개념의 의미 그 자체에 기인하는 것도 있다. 따라서 학생들에게 함수를 지도할 때는 적절한 순간에 다양한 함수를 경험시킴으로써 이러한 어려움들을 극복하고 함수의 의미를 확장시켜 나갈 수 있도록 하는 것이 중요하다.

4) 함수 표현과 번역

함수를 표현하는 방식은 상황·언어적 표현, 표, 그래프, 공식 등이고, 이들 간의 번역 활동으로 그래프 개형 그리기와 해석하기, 점 찍기와 점의 좌표 읽기, 측정하기와 공식 알아내기, 그래프에서 곡선 알아내기, 매개변수 인식하기, 대수적 모델링 등이 있다. 교과서에 제시된 함수 표현 간의 번역 활동에 대해 살펴보자.

처음 각각의 함수 유형에 대해 다룰 때는 [그림 3-24]와 같이 함수에 대한 식이

$y=ax+b$의 그래프는 어떤 모양일까?

일차함수 $y=2x+3$의 그래프를 그려 보자.

일차함수 $y=2x+3$에서 x의 값에 의하여 정해지는 y의 값을 구하여 표를 만들면 다음과 같다.

x	…	-3	-2	-1	0	1	2	…
y	…	-3	-1	1	3	5	7	…

이 표에 나타난 x와 y의 값의 순서쌍을 좌표평면 위에 나타내면 오른쪽 그림의 6개의 점이 된다. 또, x의 값을 수 전체의 집합에서 택하여 순서쌍 (x, y)를 좌표평면 위에 나타내면 이 점들을 잇는 직선이 된다.

이 직선이 일차함수 $y=2x+3$의 그래프이다.

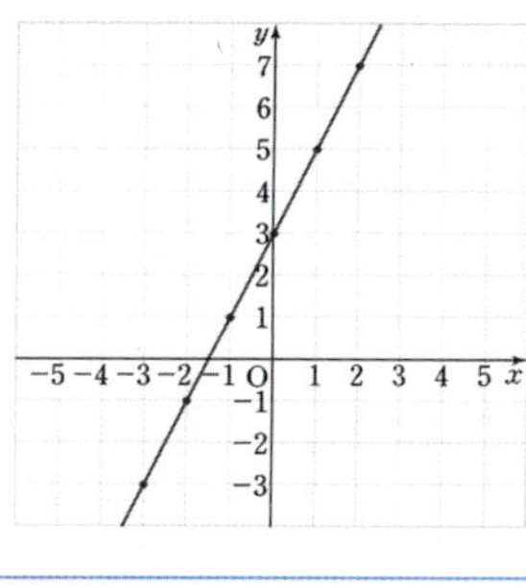

[그림 3-24] 함수 표현 간의 번역 활동: 식→표→그래프(정상권 외, 2009: 136)

제시되고, 이를 계산하여 표를 작성한 후에, 그래프 개형 그리기의 활동이 이루어진다. 즉, 공식을 계산하여 표를 작성하고 이에 따라 점을 찍고 나머지 부분은 내삽과 외삽을 이용하여 그래프의 개형을 그리는 것이 함수를 다룰 때 가장 많이 하게 되는 번역 활동이다.

이러한 함수 그래프 개형 그리기와 관련해서 점 찍기와 점의 좌표 읽기 등은 자연스럽게 연결되는데, 점의 좌표 읽기는 다음 [그림 3-25]와 같은 문제에서 많이 다루게 된다.

예제 2

오른쪽 그림은 일정한 온도에서 어떤 기체의 부피 V(mL)와 압력 P(기압) 사이의 관계를 나타낸 그래프이다. 다음 물음에 답하여라.

(1) 다음 표를 완성하여라.

P	1	2	3	4	6
V					

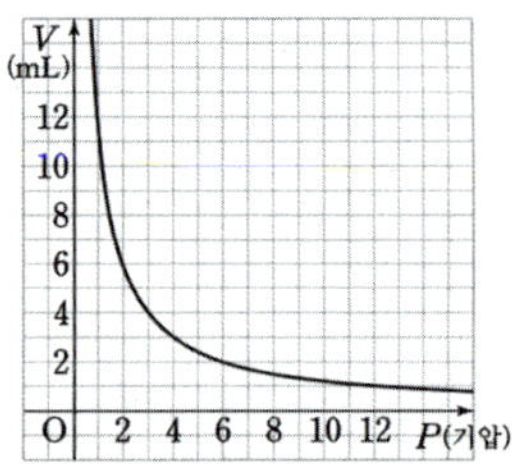

(2) (1)의 표를 보고 부피 V와 압력 P 사이의 대응 관계를 식으로 나타내어라.

(3) 압력이 9기압일 때, 이 기체의 부피를 구하여라.

[그림 3-25] 그래프에서 점의 좌표 읽기(정상권 외, 2008: 159)

함수 그래프 개형 그리기와 해석하기는 앞에서 살펴본 바와 같이 공식을 알고 정확한 계산을 하는 양적 접근도 있지만, 어떤 상황이나 언어적 표현을 개략적인 그래프로 나타내고 해석하는 개략적인 질적 접근도 있다. 이와 같은 활동은 우리나라 교과서에 보편적인 것은 아니지만 일부 교과서에서 찾아볼 수 있다. [그림 3-26]은 언어로 제시된 상황을 그래프로 표현하여 문제를 해결하는 활동이고, 앞에서 설명한 Krabbendam의 질적 접근의 한 예이기도 하다. 이러한 그래프와 더불어 전체적인 변화에 대한 언어적 표현과 이를 그래프와 연결하는 경험을 제공해줄 수 있다.

측정하기와 공식 알아내기는 [그림 3-27]과 같이 실제 자료를 측정하여 표를 작성해서 식을 찾는 활동으로 대수적 모델링과도 연결되어 있다.

일차함수의 그래프는 직선이라는 것을 배웠다. 그러나 생활 속에서 만나는 여러 상황을 모두 일차함수로 설명할 수는 없으며, 그래프로 나타내면 직선이 아닌 다른 형태가 되기도 한다. 생활 속의 상황을 나타낸 그래프를 보고, 어떻게 이러한 그래프를 그렸는지 생각하여 보자.

윤범이의 일기

오늘 아빠와 엄마, 동생과 함께 영화관에 갔다. 우리 가족은 음료수 4개를 사서 영화관으로 들어갔다.

동생은 목이 말랐는지 음료수를 받자마자 조금 마시더니 금방 맛이 없다며 뚜껑을 닫아버렸다. 그러나 영화를 모두 보고 나서는 다시 남은 음료수를 조금 더 마신 후 남겼다. 엄마께서는 우리가 자리에 잘 앉았는지 확인하시고는 영화를 보시면서 조금씩 음료수를 드시고, 영화가 끝날 때쯤 모두 드셨다. 아빠께서는 영화를 보시는 중에는 음료수를 드시지 않았는데 영화가 끝날 무렵 한 번에 음료수를 다 드셨다. 나는 영화를 보기 전에 음료수를 반 정도 마시고, 영화를 보다가 중간에 남은 반을 모두 마셨다. 오랜만에 가족이 다 함께 영화관에 가서 영화도 보고 즐거운 시간을 가졌다.

윤범이네 가족이 음료수를 마시는 상황을 다음과 같이 그래프로 나타낼 수 있다.

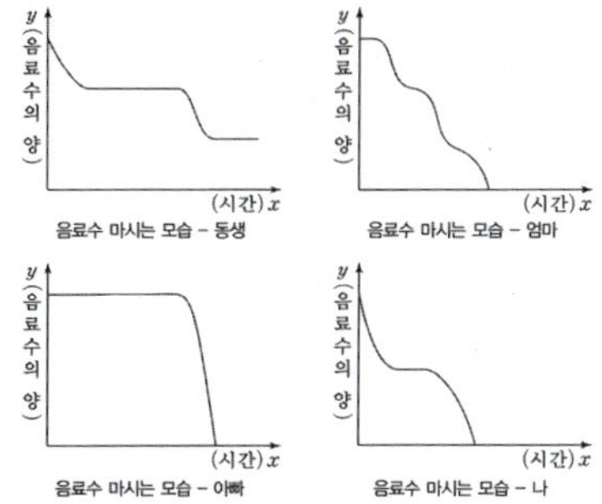

위의 그래프에서 음료수를 다 마시지 않았다는 것을 그래프를 보고 알 수 있는지 확인하여 보자. 또, 음료수를 마시지 않는 시간 동안 그래프가 어떻게 그려졌는지 확인하여 보자.

[그림 3-26] 상황·언어적 표현에서 그래프 개형 그리기 번역 활동(우정호 외, 2009: 157)

오른쪽 그림과 같이 실 끝에 물체를 매단 진자를 만들어 왕복 운동을 하게 해 보자.

진자의 길이가 길어질수록 추가 한 번 왕복하는 데 걸리는 시간, 즉 주기도 길어지는 것을 발견할 수 있다.

❶ 각자가 만든 진자의 주기를 측정하여 보자. 이때 측정값의 정확도를 높이는 방법을 생각하여 보자.

❷ 진자의 길이를 x라 하고 주기를 y라고 하자. x의 값을 다양하게 변화시킬 때, y의 값을 구하여 보자. 이렇게 구한 값을 표로 나타내어 보자.

x								
y								

❸ 2에서 구한 x와 y 사이의 대응 관계를 좌표평면 위에 그래프로 나타내어 보자.
그래프는 어떤 모양인가?

❹ 진자의 주기는 진폭이나 추의 질량에 관계없이 일정하며, 진자의 길이가 길어질수록 주기가 길어진다는 사실은 갈릴레이가 다양한 실험을 통하여 밝혀내었다고 한다.
과학 서적 등을 참고하여 진자의 길이와 진자의 주기 사이에 성립하는 관계식을 조사하여 보자.

[그림 3-27] 측정하기와 공식 알아내기(이재학 외, 2008: 272)

그래프에서 곡선 알아내기는 많이 경험하는 것으로 [그림 3-28]과 같은 예를 생각해 볼 수 있다.

그래픽 계산기에 삼각함수의 식을 입력하여 그 그래프를 그려 보자.

오른쪽 [그림 1]은 $y=\sin x$, $y=\sin\frac{1}{2}x$, $y=\sin 2x$를 차례로 입력하여 그 그래프를 한 화면에 나타낸 것이다.

이 그래프를 보면 세 함수의 주기가 서로 다른 것을 알 수 있다. 화면에 나타난 각각의 그래프 중에서 $y=\sin\frac{1}{2}x$와 $y=\sin 2x$의 그래프를 찾아보자.

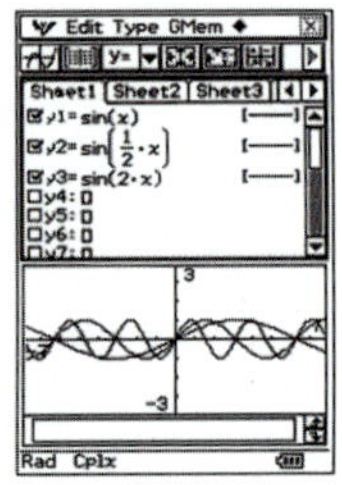

[그림 1]

[그림 3-28] 그래프에서 곡선 알아내기(우정호 외, 2008a: 359)

공식에서 매개변수를 인식하는 과정은 쉬운 것은 아니지만, 반지름이 r이고 중심이 (0, 0)인 원 위를 움직이는 점을 중심각에 따른 위치의 변화로 생각했을 때 $x=r\cos t$, $y=r\sin t$로 인식하는 것을 예로 들어볼 수 있다. 우리나라 교육과정에는 매개변수에 대한 언급은 미분에서 처음 도입되며, 이와 관련된 예는 [그림 3-29]와 같다.

생활 속에서 수학 읽기

수영장에서의 곡선

어느 수영장에 있는 높이 4 m의 미끄럼틀을 타면 출발 후 t초가 지나는 동안 수평 방향으로는 $2t$ m만큼 나아가고 수직 방향으로는 t^2 m만큼 내려온다고 한다. 즉, 미끄럼틀을 타고 내려오는 사람 P의 좌표 (x, y)는 시각 t에 따라 다음과 같이 나타낼 수 있다.

$$\begin{cases} x=2t & \cdots\cdots① \\ y=4-t^2 & \cdots\cdots② \end{cases} \quad (0\le t\le 2)$$

1 시각 t의 변화에 따른 x좌표와 y좌표의 값을 다음 표에 써넣어 보자.

t	0	$\frac{1}{4}$	$\frac{1}{2}$	$\frac{3}{4}$	1	$\frac{5}{4}$	$\frac{3}{2}$	$\frac{7}{4}$	2
x									
y									

2 1에서 구한 점 P(x, y)를 오른쪽 좌표평면에 나타낸 후 부드러운 곡선으로 연결하여 보자. 대략 어떤 모양이 되는가?

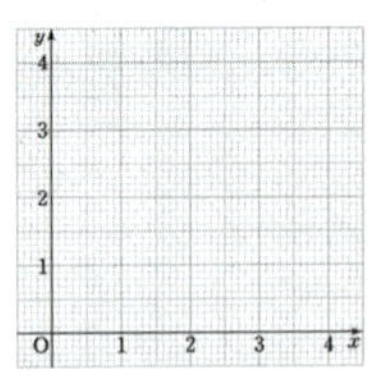

발표하기 3 ①에서 t를 x의 식으로 나타내고, 이것을 ②에 대입하여 보자. x와 y 사이에는 어떤 관계식이 성립하는가?

의견나누기 4 3에서 구한 방정식의 그래프를 2의 좌표평면에 나타내어 보자. 2에서 그린 곡선과 같은 모양인가?

[그림 3-29] 매개변수 인식(정상권 외, 2009b: 142)

대수적 모델링은 주어진 상황에서 변수를 인식하고 적절한 함수 관계를 찾는 것으로 [그림 3-30]과 같은 예를 생각해 볼 수 있다.

어떤 고립된 섬에 매와 비둘기가 살고 있으며 매는 비둘기를 먹이로 하는 포식자이다. 몇 년 동안 관찰하였더니 이 섬에서의 매의 수 x와 비둘기의 수 y는 서로 다음과 같은 상관관계가 있는 것으로 모델링되었다.

$$x=-10\cos\frac{\pi}{2}t+20$$

$$y=100\sin\frac{\pi}{2}t+150$$

여기서 t는 관찰이 시작된 후의 시각을 연 단위로 나타낸 것이다. 예를 들어 관찰이 시작된 지 1년 후 매의 수 x와 비둘기의 수 y는 각각 다음과 같다.

$$x=-10\cos\frac{\pi}{2}+20=20(\text{마리})$$

$$y=100\sin\frac{\pi}{2}+150=250(\text{마리})$$

[그림 3-30] 대수적 모델링(이재학 외, 2008: 305)

위에서 살펴본 함수 표현 간의 번역 활동은 다양하게 경험되어야 하지만, 그중에서도 양적 접근과 관련된 번역 활동과 더불어 상황이나 언어적 표현에서 그래프를 개략적으로 해석하고 예측해보는 질적 접근과 관련된 번역 활동도 좀 더 고려할 필요가 있다.

5) 함수 연산

함수 연산은 다양하지만 그중에서 합성과 역은 역사적 발생에서도 살펴보았듯이 수학의 발전에 매우 중요한 내용이다. 여기서는 함수 연산 중 합성과 역에 초점을 맞추어 살펴본다.

함수의 합성과 역은 고등학교에 도입된다. 합성함수에 대해 살펴보면 환율과 관련해서 원화에 대한 엔화의 가치와 달러에 대한 엔화의 가치를 알 때 달러에 대한 원화의 가치를 구하는 맥락이나 전기에너지와 태양 전지의 넓이를 도입 맥락으로 하여 다음과 같이 합성함수를 정의한다.

> 일반적으로 두 함수
>
> $$f : X \to Y,\ g : Y \to Z$$
>
> 가 주어졌을 때, 집합 X의 각 원소 x에 집합 Z의 원소 $g(f(x))$를 대응시킴으로써 X를 정의역, Z를 공역으로 하는 새로운 함수를 정의할 수 있다. 이 함수를 f와 g의 합성함수라 하고, 기호로
>
> $$g \circ f : X \to Z$$
>
> 와 같이 나타낸다.
> 함수 $g \circ f : X \to Z$는 X의 원소 x에 대하여 Z의 원소 $g(f(x))$를 대응시키므로,
>
> $$z = (g \circ f(x)) = g(f(x))$$
>
> 가 성립한다(이재학, 2008: 234).

이러한 정의에 이어 몇 개의 함수에 대한 합성함수를 구하는 문제를 다루는데, 이 과정은 주로 함수를 과정으로 이해하는 정도까지 다루고 있다.

역함수에 대해서는 은행나무의 나이와 키의 관계를 알아보는 상황을 도입 맥락으로 역함수에 대해 다음과 같이 정의한다.

> 일반적으로 함수 $f : X \to Y,\ y = f(x)$가 일대일 대응이면 Y의 각 원소 y에 대하여 $f(x) = y$인 X의 원소 x가 오직 하나뿐이다. 따라서 Y의 원소 y에 $f(x) = y$인 X의 원소 x를 대응시키면 Y에서 X로의 함수를 얻을 수 있다. 이 함수를 f의 역함수라 하고, 기호로
>
> $$f^{-1} : Y \to X$$
>
> 와 같이 나타낸다(이재학, 2008: 238).

이러한 정의에 이어 역함수의 성질에 대한 내용을 다룬다.

합성함수와 역함수에 대한 내용은 그 뒤를 이어 이차함수, 유리함수, 무리함수,

삼각함수, 지수함수, 로그함수 등을 다루면서 함수의 역함수를 구하는 문제로 이어진다. 그러나 합성함수 등을 고려하여 아주 다양한 함수들을 만들어보는 경험을 하기 위해서는 단순히 식을 구하는 문제로는 한계가 있다. 따라서 적절한 도구, 예를 들면 적절한 소프트웨어를 활용해서 이러한 함수들을 만들어보는 경험이 도움이 될 것이다.

다. 수업의 이해

이 절에서는 등속운동 맥락에서 일차함수의 기울기 지도에 관련된 수업을 계획하고, 예상되는 학생들의 반응에 대해 생각해 볼 것이다.[6]

1) 수업 계획

본 수업은 수평면을 직선으로 움직이는 수레의 운동을 시간기록계를 이용하여 종이 테이프 위에 일정한 시간 간격에 따라 간 거리를 점으로 나타내고, 이를 그래프로 표현하여 시간에 따른 거리의 그래프의 특징을 탐구하게 하려는 것이다. 등속운동의 경우에 시간에 따른 거리의 그래프는 직선이 되며, 일정한 시간 동안 움직인 거리의 비는 항상 일정함을 알고, 이것이 기울기임을 파악하게 하며, 더 나아가서 속도가 빠르면 직선의 기울기는 커지고, 속도가 느리면 직선의 가울기가 작아짐을 알게 한다. 또한 등가속도운동의 경우에는 점점 더 속도가 빨라지고, 시간에 따른 속도의 그래프는 직선이지만, 시간에 따른 거리의 그래프는 직선이 아니라 곡선의 형태가 나타나며, 일정한 시간 동안 움직인 거리의 비도 점점 커짐을 알게 한다. 한편 속도가 불규칙한 운동의 경우에는 시간에 따른 속도 그래프, 시간에 따른 거리 그래프가 불규칙한 형태가 나타남을 알게 한다. 따라서 시간에 따라 증가하는 형태가 다양함을 알게 하고, 그중에 특수한 경우가 일차함수임을 알게 한다. 수업안의 흐름에 대한 개요는 [그림 3-31]과 같다.

6 본 절의 내용은 신은주(2005)를 기반으로 각색한 내용이다.

도입

- 수평면을 움직이는 수레의 운동을 시간기록계를 통해 종이테이프에 진동 주기 1/60초로 타점을 찍는 활동하기 등속운동, 등가속도운동, 불규칙한 운동 등 다양한 경우를 고려하여 준비

전개

- 수평면을 움직이는 수레의 운동을 타점으로 나타낸 종이테이프에서 공통적인 성질을 중심으로 분류하기 등속운동, 등가속도운동, 불규칙한 운동 등을 중심으로 분류
- 일정한 간격으로 타점이 찍힌 종이테이프들을 각각 0.1초 간격으로 잘라 다음과 같이 잘라 붙이고, 가로축의 의미, 세로축의 의미, 모양의 의미, 시간과 속도의 관계에 대해 알아보기

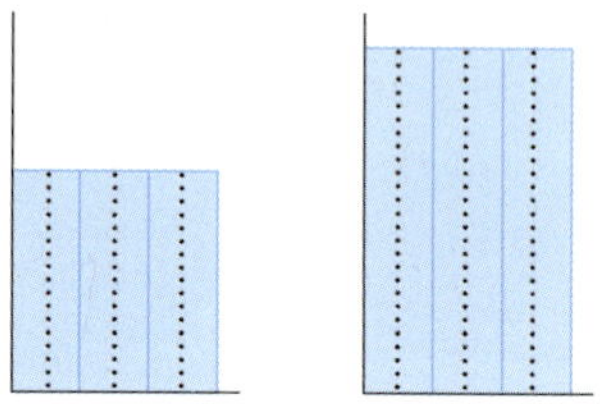

- 일정한 간격으로 타점이 찍힌 종이테이프들을 각각 0초부터 0.1초, 0초부터 0.2초, 0초부터 0.3초까지 잘라 다음과 같이 붙이고, 가로축의 의미, 세로축의 의미, 모양의 의미, 시간과 거리의 관계, 끝점을 이은 직선에서 기울기의 의미에 대해 알아보기

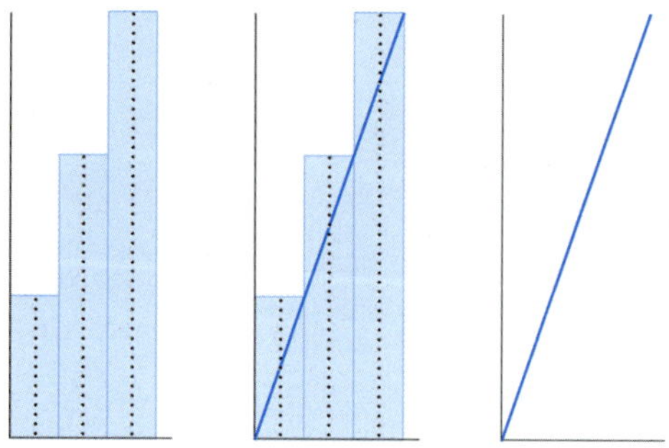

- 일정한 간격으로 타점이 찍힌 종이테이프들을 서로 비교해서 속도, 기울기, 직선의 관계에 대해 알아보기

발전

- 일정한 간격이 아닌 수레의 운동을 나타내는 종이테이프를 0.1초 간격으로 잘라 붙이고, 가로축의 의미, 세로축의 의미, 시간과 속도의 관계에 대해 알아보기
- 일정한 간격이 아닌 수레의 운동을 0초에서 0.1초, 0초에서 0.2초, 0초에서 0.3초까지 종이테이프를 잘라 붙였을 때의 모양을 예측하고, 실제로 확인해보기

정리

- 수레의 운동 중에 일정한 간격으로 타점이 찍히는 것과 비슷하게 변화하는 현상들을 찾아보게 하고, 이러한 변화를 일차함수라 하고, 변하는 정도를 나타내는 것이 기울기임을 알게 하기
- 수레의 운동 중에 일정하지 않은 간격으로 타점이 찍히는 변화는 일차함수는 아니지만 함수의 중요한 예임을 알게 하기

[그림 3-31] 일차함수 기울기 지도에 대한 수업안의 흐름에 대한 개요

2) 학생들의 예상 반응

이 절에서는 전개의 내용과 관련하여 학생들의 반응을 예상해 본다.

가) 수레의 이동 시간과 속도 그래프의 이해

학생들은 [그림 3-32]의 그래프를 보며, 종이테이프의 높이, 가로축, 세로축의 의미에 대해 이야기한다.

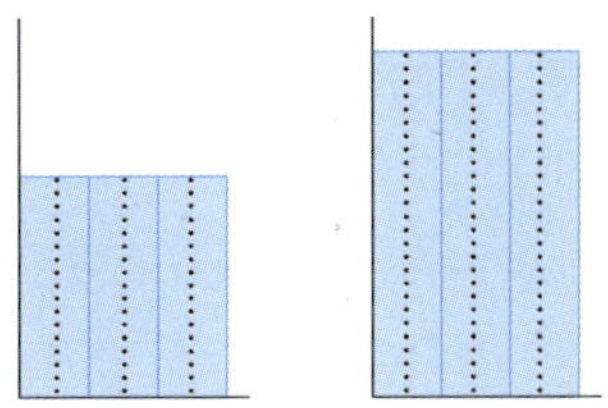

[그림 3-32] 두 수레의 운동을 타점으로 나타낸 종이테이프를 각각 0.1초 간격으로 잘라 붙인 그래프

교　사 : 이 그래프에서 종이테이프의 높이는 무엇을 의미할까?

학생 1 : 수레가 움직여서 간 거리요.

교　사 : 얼마의 시간 동안 움직인 거리일까?

학생 1 : 6개의 점이 0.1초라고 했으니까 0.1초 동안 수레가 간 거리요.

교　사 : 그렇지, 종이테이프의 높이는 수레가 0.1초 동안 이동한 거리이지.

교　사 : 수레가 달릴 때 수레에 부착된 종이테이프에 시간기록계에서 타점이 찍히는 거야. 이 그림처럼 점이 찍혀 있지? 점이 찍힌 간격은 어떤가?

학생 1 : 똑같이 찍혀요.

교　사 : 그럼, 속도는?

학생 1 : 똑같이 움직여요.

교　사 : 그럼, 가로축은?

학생 1 : 속도? 아니다. 종이테이프의 가로.

교　사 : 종이테이프 가로가 무엇을 의미할까? 수레의 운동과 종이테이프를 자르는 방식을 연관해서 생각해 볼까? 또 여기 종이테이프의 높이, 즉 세로축이 수레가 0.1초 동안 이동한 거리라고 했으니까. 잘 생각해 볼까?

학생 1 : 0.1초씩 자르니까요. 그럼, 초요? 여기는 0.1초요.

학생 2 : 그림 밑에 있어요. 0.1초 간격으로 종이테이프를 잘라 붙인 모양. 그러니까 수레가 이동한 시간이요. 0.1초씩 잘랐으니까 테이프 하나가 0.1초니까. 근데 이 길이가 초야? 이건 길이니까 센티미터인데 …

학생 1 : 이 길이를 재라는 게 아니니까. 이 점이 0.1초면 이 길이가 0.1초 때 테이프 길이잖아. 그러니까 이 점이 0.1초야. 그리고 이 점이 0.2초면 이 길이가 또 0.1초가 지나고 그니까 0.2초… 시간

교　사 : 그래. 가로축은 수레가 이동한 시간이지.

위와 같이 학생들이 그래프를 만드는 과정에서 문제의 상황을 제대로 파악하지 못한다면, 가로축, 세로축, 종이테이프의 높이가 무엇을 의미하고, 종이테이프의 높이가 다 같다는 것이 수레 운동의 어떤 특성을 보여주는지를 이해하기 어려울 것이다. 일반적으로 그래프를 그리는 방식을 보면 문제에 x, y가 무엇인지 이미 표현되어 있기 때문에 가로축과 세로축이 무엇을 나타내는지는 이미 결정되어 있는 경우가 많다. 따라서 함수 지도 이론에서 그래프 지도와 관련해서 질적 접근에서 살펴보았듯이, 학생들이 축이 무엇을 의미하고, 어떤 수들을 표시해야 되는지에 대한 좀 더 기초적인 경험이 필요하다. 위의 수업 내용은 그 과정을 보여주고 있다.

학생들이 위의 그래프를 어느 정도 파악한 후에는 [그림 3-33]의 왼쪽 그래프(①)와 오른쪽 그래프(②)가 어떤 점에서 차이가 있는지를 논의한다.

교　사 : 그래프 ①, ②에서 종이테이프의 높이는 무엇을 의미할까?

학생 1 : 수레가 움직여서 간 거리요.

교　사 : 그런데 그래프 ②에서 종이테이프의 길이가 그래프 ①의 종이테이프의 길이보다 긴데, 이것은 무엇을 뜻하는 걸까?

학생 1 : 응, 그래프 ②에서 종이테이프 위의 점 사이의 간격이 넓으니까. 더 빨리 가는 것, 즉 속도가 더 빠르다는 것을 뜻해요.

학생들은 타점 사이의 거리가 멀다는 것은 속도가 빠르기 때문이라고 생각하고, 0.1초 간격으로 잘라 붙인 종이테이프의 높이가 서로 다른 것은 속도 차이 때문이라는 것을 알게 된다.

나) 수레의 이동 시간과 거리의 그래프 이해

학생들은 0초에서 0.1초, 0초에서 0.2초, 0초에서 0.3초까지의 종이테이프를 잘라 붙인 [그림 3-33]의 그래프 ①을 만들고, 종이테이프의 높이, 가로축, 세로축, 시간과 거리의 그래프에서 기울기의 의미, 시간과 거리의 관계식에 대해 알아본다.

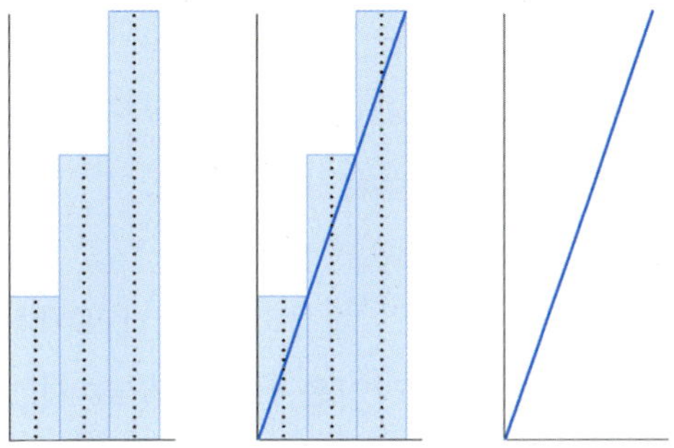

[그림 3-33] 시간에 따른 수레의 이동 거리

(1) 수레의 이동 시간과 거리 그래프에서 종이테이프의 높이, 가로축, 세로축의 이해

교　사 : 그래프 ①에서 종이테이프의 높이는 무엇을 의미할까?

학생 1 : 수레가 움직여서 간 거리요.

교　사 : 얼마의 시간 동안 움직인 거리일까?

학생 1 : 6개의 점이 0.1초라고 했으니까, 각각 0.1초, 0.2초. 0.3초 동안 수레가 간 거리요.

교　사 : 그러면 가로축은 무엇을 의미할까?

학생 1 : 아까와 같아요. 가로축은 수레가 이동한 시간이고, 세로축은 수레가 이동한 거리예요.

교　사 : 앞의 그래프와 다른 점은 없나?

학생 2 : 다른 점이 있어요. 아까하고 자른 방법이 달라요. 아까는 0.1초마다 간 거리를 잘랐지만, 이번에는 0.1초까지, 0.2초까지, 0,3초까지 간 거리를 잘랐거든요.

학생 1 : 아, 그러면 세로축은 수레가 이동한 거리가 맞는데 시간이 달라요. 아까는 0.1초씩 이동한 거리를 잰 것이고, 지금은 시간이 계속 커지니까 시간에 따라 움직인 전체 거리예요.

교　사 : 그러면 종이테이프의 높이, 즉 시간에 따른 전체 이동 거리가 어떻게 변하는 것 같지?

학생 2 : 3칸, 6칸, 높이가 3칸씩 더 커져요.

교　사 : 종이테이프 길이가 3칸씩 늘어난다는 것이 무슨 뜻일까? 조금 더 정확히 표현해볼까? 아까 학생 1이 말한 것하고 연결해서 생각해보면 좋겠는데.

학생 1 : 0.1초마다 3칸씩 늘어나는 거니까 이동한 거리가 0.1초마다 3칸씩 늘어나는 거예요.

학생 2 : 0.1초까지 움직인 거리가 3칸이고, 0.2초까지 움직인 거리가 6칸이고, 0.3초까지 움직인 거리가 9칸이에요.

학생들은 종이테이프를 붙인 방식을 생각하여 그래프에서 종이테이프의 높이가 어떤 시간까지 수레가 이동한 전체 거리임을 이해하였고, 시간이 0.1초 증가할 때, 이동 거리가 3칸씩 증가한다는 사실도 알아낸다. 결국 학생들은 [그림 3-33]의 그래프 ① 에서 가로축을 시간, 세로축을 이동 거리로 이해하고, 시간에 따른 이동 거리의 변화를 파악하게 된다. 특히 학생들이 처음에 알아낸 변화는 점화식 $f(x_{n+1})=f(x_n)+3$과 같은 형태임을 알 수 있다.

(2) 수레의 이동 시간과 거리의 그래프에서 기울기의 의미 이해

학생들은 이어서 [그림 3-33]의 가운데 그래프(②)와 오른쪽 그래프(③)와 같이 종이테이프의 오른쪽 위의 점들을 이어서 직선의 형태로 나타내고 기울기의 의미를 알아본다.

교　사 : 그래프 ①에서 오른쪽 위의 끝점을 연결하면 어떻게 될까?

학생 1 : 이렇게 쭉 올라가요. 똑같이.

교　사 : 한 번 이어볼까? 그럼, 기울기가 생기지? 이 그래프에서는 기울기가 무엇을 나타낼까?

학생 1 : 네. 기울기가 있어요.

학생 2 : 점점 빨라지는 거요.

교　사 : 자, 우리가 앞에서 했던 수레의 운동과 연결시켜서 생각해 볼까? 수레가 어떻게 운동하고 있었지?

학생 1 : 똑같은 속도로요.

학생 2 : 커져요. 아닌가? 여기서 눈금이 3칸씩 커져요.

학생 1 : 그게 아니라 0.1초마다 3칸씩 커지니까 속도는 같은 거지. 커지는 것은 속도가 아니라 전체 거리거든.

교　사 : 그렇지. 속도는 같고, 전체 거리가 3칸씩 커지는 거지. 그러면 그래프 ② 에서 세로축은 무엇을 의미할까?

학생 1 : 세로축은 전체 이동 거리를 나타내요.

교　사 : 그래프 ②에서 직선의 그래프가 변할까?

학생 1 : 아니요. 똑같이 기울어져 있어요.

학생 2 : 이만큼 기울어져 있어요.

교　사 : 그러면 여기서 직선의 기울기는 무엇을 나타낼까?

학생 1 : 시간의 변화량에 대한 거리의 변화량이요.

교　사 : 그러면 기울기는 어떻게 구하면 될까?

학생 2 : 거리의 변화는 3칸이고, 시간의 변화는 0.1초요. 여기, 저기 다 같아요.

학생 1 : 그러니까 기울기는 3을 0.1로 나누면 되요. 음, 30이네요.

교　사 : 그러면 30이 무엇을 뜻한다고?

학생 2 : 속도요.

학생들이 처음에는 종이테이프의 오른쪽 위의 끝점을 이어서 만든 직선을 원래의 상황과 잘 연결하지 못 하지만, 직선의 비스듬한 정도가 속도가 점점 빨라지는 것을 의미하는 것이 아니라 시간에 따라 거리가 길어짐을 의미하며, 이 비는 항상 일정하다는 사실을 알게 된다. 교사는 [그림 3-33]의 그래프 ③에서 이러한 사실을 다시 한 번 확인한다.

(3) 수레의 이동 시간과 거리의 관계식 구하기

학생들은 수레의 이동 시간과 거리의 관계식을 다음과 같이 구해본다.

교　사 : 그러면 수레의 이동 시간과 거리의 관계식을 구할 수 있을까? 시간에 따라 이동 거리가 어떻게 변했지?

학생 1 : 똑같이요.

학생 2 : 0.1초마다 3칸씩이요.

학생 1 : 0.1에 3, 0.2에 6, 0.3에 9니까.

학생 2 : 시간에 30씩을 곱하면 거리가 되네요.

학생 1 : 그러면 거리는 30 곱하기 시간이네요.

교 사 : 우리 문자를 써서 한 번 나타내볼까? 시간을 무엇으로 나타내면 좋을까?

학생 2 : x요.

교 사 : 그러면 거리는?

학생 1 : y요.

학생 2 : $y = 30 \times x$요.

교 사 : 그러면 이 식에서 30은 무엇을 의미할까?

학생 1 : 기울기, 즉 속도요.

이와 같은 방식으로 학생들은 등속운동의 상황 속에서 일차함수의 기울기가 의미하는 바를 이해할 수 있게 된다. 발전에 제시된 활동도 이와 같은 방식으로 진행할 수 있다. 이러한 수업은 앞에서 살펴본 질적 접근과 더불어 증가와 관련된 다양한 현상 중에서 특별한 경우가 일차함수이며, 시간에 따른 변화가 일정하다는 성질을 가진다는 것을 실제적인 맥락과 관련해서 이해하는 데 도움이 될 것이다.

라. 공학 도구의 활용

그래픽 계산기나 컴퓨터 소프트웨어를 활용하면 함수를 이해하고 모델링 활동을 통하여 다양한 현상을 이해하고 해석하며 예측하는 데 도움이 된다. 우리나라 교육과정에 따른 교과서에도 공학 도구의 활용을 안내하고 있다. 이 절에서는 교과서에 제시된 공학용 계산기나 컴퓨터 소프트웨어의 활용을 예시하고, 손쉽게 다룰 수 있는 스프레드시트의 하나인 Excel 프로그램을 활용하여 함수의 성질 이해와 수학적 모델링에 관련된 활동을 살펴볼 것이다.

1) 교과서에 제시된 그래픽 계산기와 컴퓨터 소프트웨어의 활용

교과서에는 다양한 공학 도구의 활용이 포함되어 있다. 예를 들어, [그림 3-34]와 같이 공학용 계산기를 이용하여 인수분해와 이차방정식의 풀이를 알아보게 하거나 [그림 3-35]와 같이 무리함수의 그래프를 그려 보고, 계수의 변화에 따른 그래프의 변화를 탐구한다.

또한 [그림 3-36]과 같이 탐구형 기하 소프트웨어를 이용하여 단위원 위의 점을 이동할 때 중심각의 변화에 따라 사인함수가 그려지는 모습과 원리를 알아보고, 마지막으로 [그림 3-37]과 같이 스마트폰 애플리케이션을 이용하여 삼각함수의 그래프를 탐구한다.

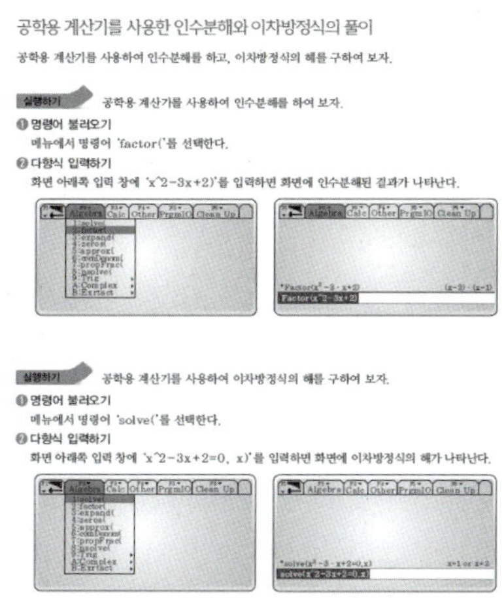

[그림 3-34] 인수분해와 이차방정식의 풀이 (우정호 외, 2013c: 103)

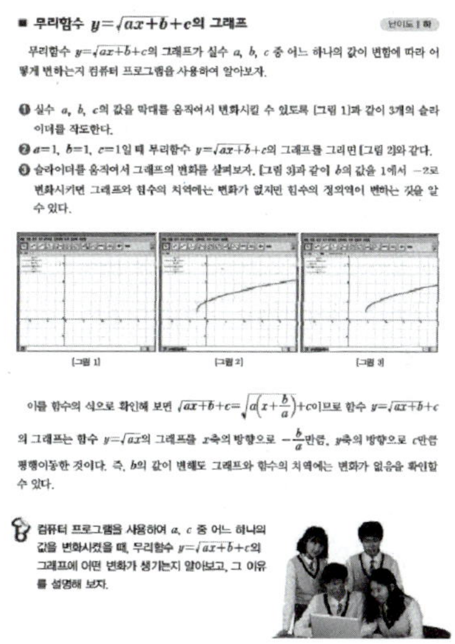

[그림 3-35] 무리함수의 그래프 그리기 (우정호 외, 2013d: 117)

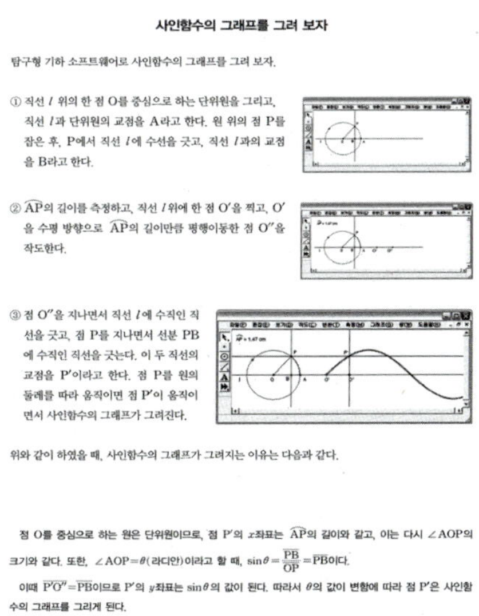

[그림 3-36] 탐구형 소프트웨어를 이용한 사인함수 그래프(우정호 외, 2008b: 359)

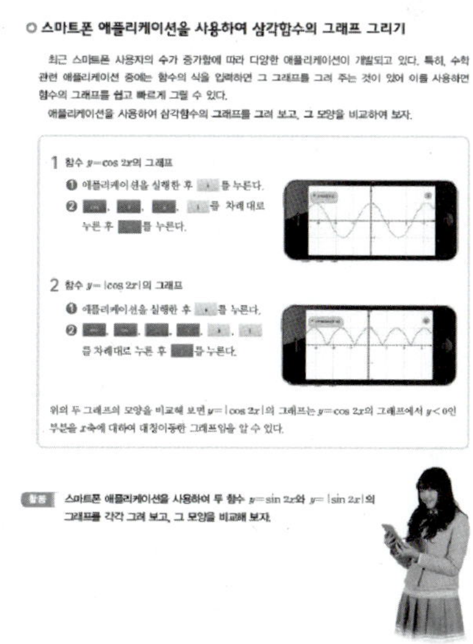

[그림 3-37] 스마트폰 애플리케이션을 이용한 삼각함수 그래프(우정호 외, 2013e: 93)

2) Excel 프로그램을 활용한 함수의 성질 이해

여러 유형의 함수를 학습할 때 중요한 것 중의 하나는 각 함수에 대한 정의와 성질이다. 특히 함수의 성질은 함수의 그래프를 해석하고 식과 그래프를 연결하는 것과 관련된다. Excel 프로그램을 활용하면 함수의 그래프에서 매개변수가 변할 때 함수의 그래프가 어떻게 변하는지를 쉽게 알아볼 수 있다. 여기서는 이차함수와 삼각함수에 대해서만 살펴본다.

가) 이차함수

이차함수 $y=ax^2+b$에 대한 그래프를 [그림 3-38]과 같이 그린 다음 스크롤바를 드래그하면, a, b값의 변화에 따라 화면상에서 그래프의 모양이 즉각적으로 달라짐을 알 수 있다. [그림 3-39]의 왼쪽 그래프는 a의 값은 2, 4, 6, b의 값은 1인 세 그래프를 동시에 그린 것이고, 오른쪽 그래프는 a의 값은 2, b의 값은 0, 10, 20인 그래프를 동시에 그려서 비교할 수 있도록 그린 것이다. a, b값을 변화시키면서 그래프의 모양을 관찰함으로써 이차함수의 특징을 더 잘 파악할 수 있다.

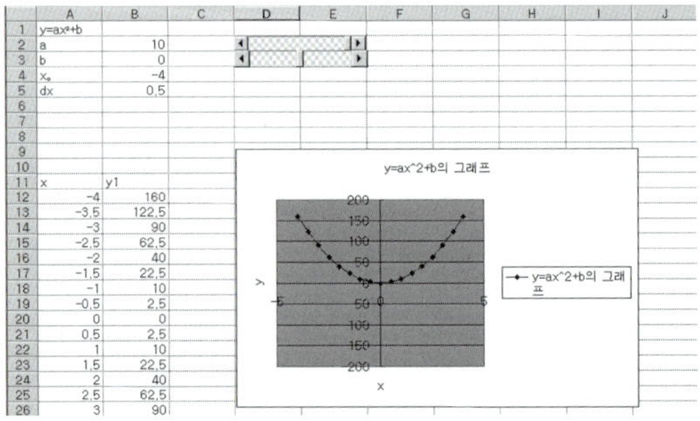

[그림 3-38] $y=ax^2+b$의 그래프

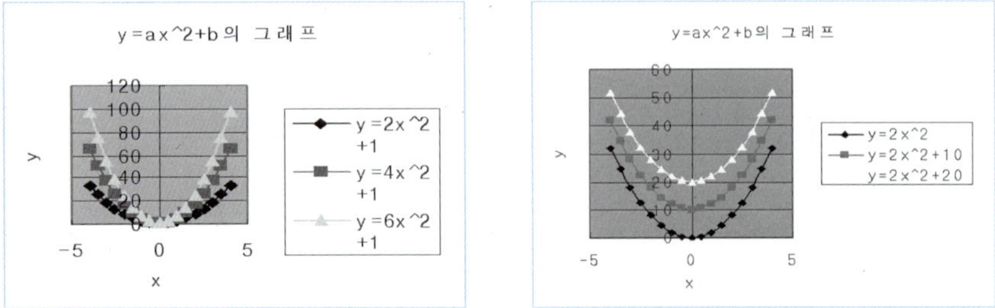

[그림 3-39] a, b의 변화에 따른 $y=ax^2+b$의 그래프

나) 삼각함수의 그래프

삼각함수의 그래프 $y = \sin x$, $y = \sin bx$, $y = a\sin x$, $y = a\sin bx$를 [그림 3-40]과 같이 동시에 그려봄으로써, a, b값에 따라 각각의 함수가 어떻게 모양이 변하는지, 주기, 최댓값, 최솟값 등은 어떻게 변하는지 살펴볼 수 있다.

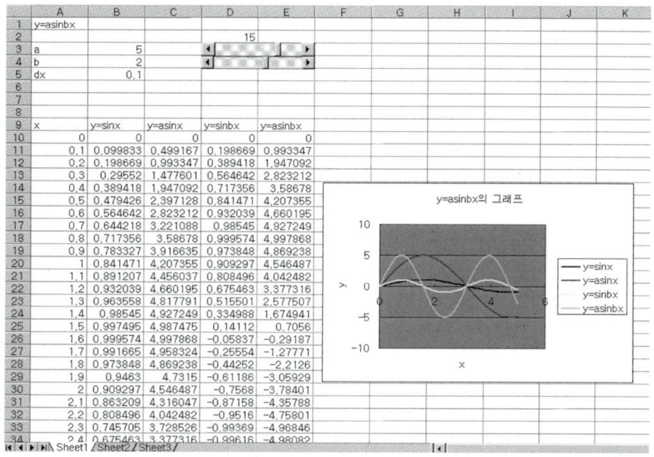

[그림 3-40] a, b의 변화에 따른 $y = a\sin bx$의 그래프

다) 합성함수의 그래프

합성함수는 소프트웨어를 이용하면 더 효과적으로 지도할 수 있다. 다음 [그림 3-41]은 $g(x) = a\sin bx$, $f(x) = \dfrac{1}{x}$일 때, $g \circ f(x) = a\sin\left(\dfrac{b}{x}\right)$의 그래프이다.

Excel 프로그램을 이용하여 합성함수의 그래프가 어떻게 될지를 예측해보고, 확인하는 활동과 a, b의 변화에 따른 그래프의 변화를 살펴봄으로써 함수의 여러 가지 성질에 대한 이해를 심화할 수 있다.

3) Excel 프로그램을 활용한 수학적 모델링

Excel 프로그램은 함수 자체에 대한 이해를 심화할 뿐만 아니라 함수를 활용하여 현실 상황을 이해하는 데도 많은 도움이 된다. 여기서는 미국의 생태물리학자인 Alfred Lotka와 이탈리아 수학자 Vito Volterra가 처음으로 제시한 포식자와 먹이 사이의 상호작용에 대한 모델인 Lotka-Volterra 모델에 대해 살펴보자.[7]

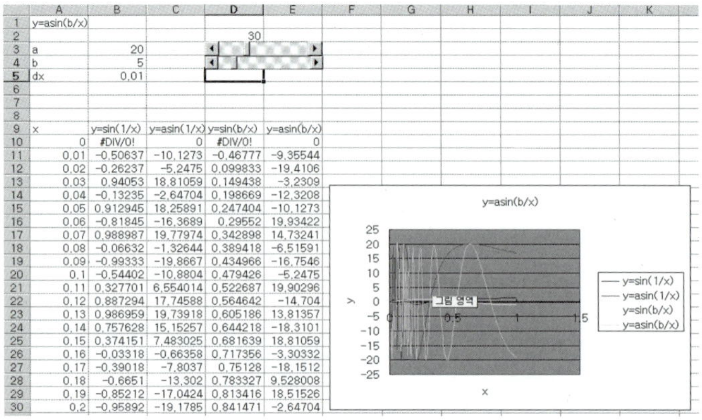

	A	B	C	D	E
1	y=asin(b/x)				
2				30	
3	a	20			
4	b	5			
5	dx	0,01			
6					
7					
8					
9	x	y=sin(1/x)	y=asin(1/x)	y=sin(b/x)	y=asin(b/x)
10	0	#DIV/0!	0	#DIV/0!	0
11	0,01	−0,50637	−10,1273	−0,46777	−9,35544
12	0,02	−0,26237	−5,2475	0,099833	−19,4106
13	0,03	0,94053	18,81059	0,149438	−3,2309
14	0,04	−0,13235	−2,64704	0,198669	−12,3208
15	0,05	0,912945	18,25891	0,247404	−10,1273
16	0,06	−0,81845	−16,3689	0,29552	19,93422
17	0,07	0,988987	19,77974	0,342898	14,73241
18	0,08	−0,06632	−1,32644	0,389418	−6,51591
19	0,09	−0,99333	−19,8667	0,434966	−16,7546
20	0,1	−0,54402	−10,8804	0,479426	−5,2475
21	0,11	0,327701	6,554014	0,522687	19,90296
22	0,12	0,887294	17,74588	0,564642	−14,704
23	0,13	0,986959	19,73918	0,605186	13,81357
24	0,14	0,757628	15,15257	0,644218	−18,3101
25	0,15	0,374151	7,483025	0,681639	18,81059
26	0,16	−0,03318	−0,66358	0,717356	−3,30332
27	0,17	−0,39018	−7,8037	0,75128	−18,1512
28	0,18	−0,6651	−13,302	0,783327	9,528008
29	0,19	−0,85212	−17,0424	0,813416	18,51526
30	0,2	−0,95892	−19,1785	0,841471	−2,64704

[그림 3-41] a, b의 변화에 따른 $y = a\sin\left(\frac{b}{x}\right)$의 그래프

가) 문제 상황

정부에서 어떤 지역을 조사한 결과, 그 지역에 살고 있는 토끼와 여우의 수는 각각 1000마리, 100마리이다. 여우는 토끼를 먹이로 하기 때문에 토끼의 수가 감소하면 여우의 수도 감소하고, 토끼의 수가 증가하면 여우의 수도 증가할 것이다. 한편 여우의 수가 증가하면 먹이가 많이 필요하기 때문에 토끼의 수는 감소한다. 따라서 토끼의 수와 여우의 수는 서로의 생존에 많은 영향을 미친다.

> 토끼의 성장률이 0.04, 여우의 포식률이 0.0004, 여우의 감소율이 0.08, 양육 비율이 0.0001이라면, 시간이 지남에 따라 토끼와 여우의 수는 어떻게 변하는가? 만약 정부가 이 지역에 여우가 너무 많다고 생각하여 일정 수의 여우를 제외한 모든 여우를 사냥하도록 한다면, 토끼와 여우의 수에는 어떤 변화가 일어나겠는가?

이때 포식률은 매달 한 마리의 여우가 먹는 같은 기간 내의 토끼의 퍼센트를 의미한다. 여우는 잘 먹을수록 새끼를 더 많이 낳으므로, 태어나는 여우 수는 토끼의 수에 비례하는데, 이때 비례상수를 양육 비율이라 한다.

나) 관계식 구하기

한 달 동안에 변하는 토끼의 수에 영향을 미치는 요인은 증가하는 토끼의 수와

7 Lotka-Volterra 모델에 대해서는 김현주(2004)를 참조한 것이다.

여우의 먹이가 되는 토끼의 수로 볼 수 있다. 한 달 동안에 여우의 수에 영향을 미치는 요인은 토끼를 먹고 새끼를 낳아 증가하는 여우의 수와 죽는 여우의 수로 볼 수 있다. 따라서 이를 간단히 표현하면 다음과 같다.

$$[\text{토끼}]\ \frac{\text{변한 토끼 수}}{\text{토끼 수}}=\text{토끼 성장률}-\text{여우 포식률}\times\text{여우 수}$$

$$[\text{여우}]\ \frac{\text{변한 여우 수}}{\text{여우 수}}=-\text{여우 감소율}+\text{양육 비율}\times\text{토끼 수}$$

토끼 성장률을 a, 여우 포식률을 b, 여우 감소율을 c, 양육 비율을 d, n번째 달의 토끼 수를 R_n, n번째 달의 여우 수를 F_n이라 할 때, 이들 사이의 관계를 식으로 나타내면 다음과 같다.

$$\Delta R_n = R_n(a - bF_n)$$

$$\Delta F_n = F_n(-c + dR_n)$$

$$R_{n+1} = R_n + \Delta R_n$$

$$F_{n+1} = F_n + \Delta F_n$$

이를 Lotka-Volterra 방정식이라 한다.

다) Excel로 변화의 특성 탐색하기

Excel을 이용하여 처음 토끼 수와 여우 수를 다양하게 변화시키면서 포식자·먹이 그래프를 살펴볼 수 있는데, [그림 3-42]는 토끼 수가 1000, 여우 수가 100일 때의 그래프이다.

[그림 3-42]를 살펴보면, 처음에는 여우 수가 조금씩 증가하면서 토끼 수가 감소하며, 토끼 수가 점점 감소하면서 여우 수도 따라서 감소하며, 토끼 수는 다시 증가하기 시작하고 그래프가 다시 최고점에 다다르면 다시 여우 수가 증가해서 최고점에 다다르고, 조금 후에 토끼 수가 최저점에 다다르는 과정을 계속 반복하면서 전체적으로 토끼 수나 여우 수의 증가와 감소의 폭이 커짐을 알 수 있다.

만약 중간에 여우 수를 인위적으로 줄인다면 이러한 증가와 감소 현상은 어떻게 달라지는지를 알아보기 위해 36개월이 되었을 때, 여우 수가 갑자기 50마리로 줄었다고 가정해보자. 그러면 다음 [그림 3-43]의 그래프를 얻을 수 있다.

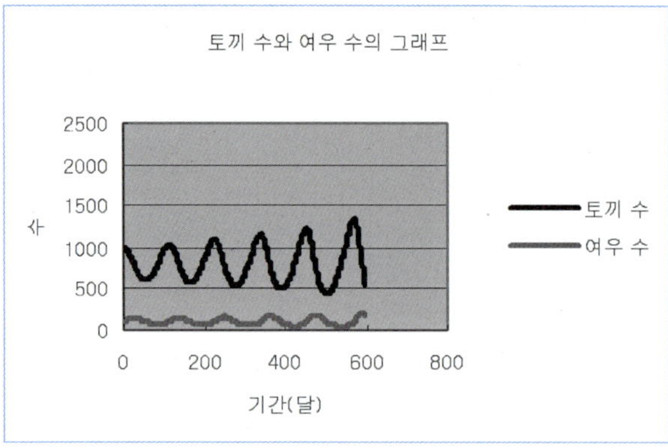

[그림 3-42] 처음 토끼 수 1000, 여우 수 100일 때의 포식자·먹이 그래프

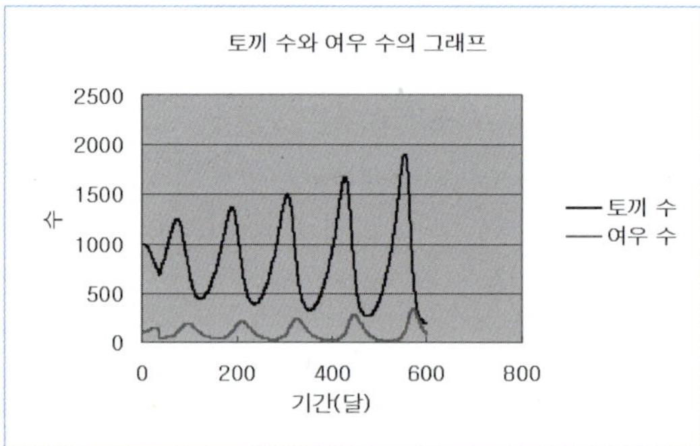

[그림 3-43] 36개월에 여우 수를 50마리로 줄였을 때의 포식자·먹이 그래프

한편 처음에 토끼 수와 여우 수가 다르다면 어떤 상황이 될지를 알아보기 위해 토끼 수 500, 여우 수 100인 경우, 토끼 수 800, 여우 수 100인 경우의 그래프를 그려보면 [그림 3-44], [그림 3-45]와 같다.

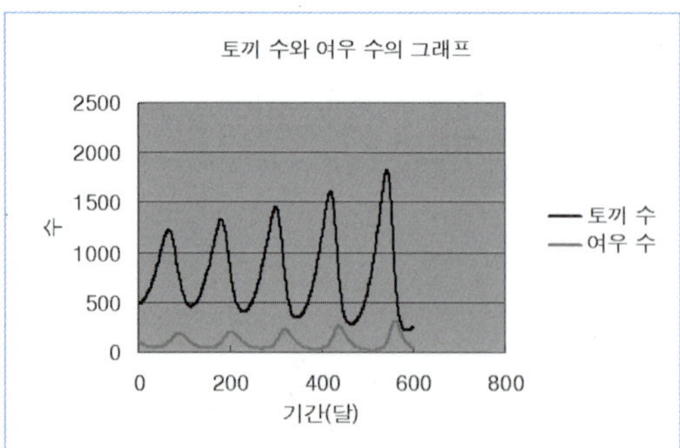

[그림 3-44] 처음 토끼 수 500, 여우 수 100일 때의 포식자·먹이 그래프

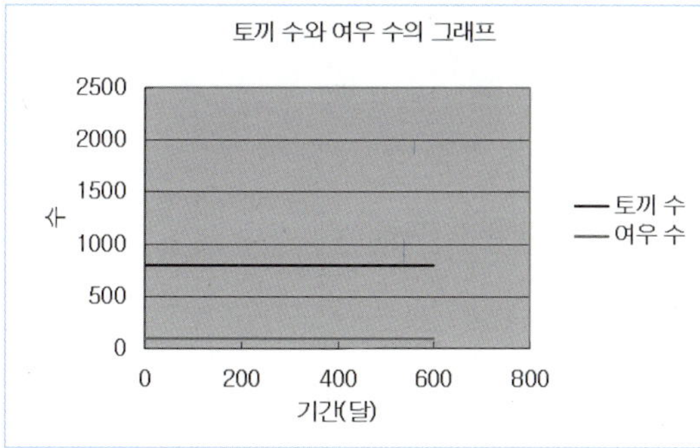

[그림 3-45] 처음 토끼 수 800, 여우 수100일 때의 포식자·먹이 그래프

[그림 3-44]는 초기에는 약간의 차이가 있지만 전체적으로는 1000, 100일 경우와 거의 비슷한 유형을 보이고 있다. [그림 3-45]는 계속 토끼 수와 여우 수가 일정하게 유지되고 있음을 알 수 있다.

지금까지 살펴본 바와 같이 포식자·먹이 생태계는 주기적인 변화를 한다. 이때 나타나는 특징은 포식자가 증가하고 감소하는 시점이 상호 교대된다는 점이다. 또한 이러한 특징은 [그림 3-45]와 같이 특수한 경우를 제외하면 초기 조건을 바꾸거나 중간에 수의 변화에도 불구하고 거의 같다. 이와 같이 Excel과 같은 소프트웨어를 이용하면, 지필 환경에서 하기 어려운 현상에 대한 탐구가 가능하며, 이를 기초로 함수의 의미를 좀 더 이해하는 데 도움이 될 것이다.

생각해 볼 문제

01 중등학교 수학 교과서에 제시된 '질적 접근'의 사례를 찾아봅시다.

02 Freudenthal의 교수학적 현상학에 따라 중학교의 일차함수를 지도하는 단원의 흐름을 구상해 봅시다.

03 무리함수와 관련된 다양한 현상을 교과서를 포함한 자료에서 찾아보고, 이러한 현상들을 활용하여 무리함수를 도입하는 수업 지도안을 구상해 봅시다.

04 함수 개념을 도입할 때, 중학교와 고등학교 교과서의 차이점을 비교해 보고, 함수의 역사적 발달 단계에 비추어 그 이유를 설명해 봅시다.

참고문헌

Chapter 03

교육부(2014). 수학 4-2. 서울: 천재교육.

교육부(2022). 수학과 교육과정. 교육부 고시 제2022-33호 [별책 8]. 교육부.

김용운·김용국(1986). 수학사대전. 서울: 우성문화사.

김현주(2004). Excel을 활용한 생물 현상의 수학적 모델링. 청람수학교육 15집, 95~128. 한국교원대학교 수학교육연구소.

신은주(2005). 등속도운동에서 일차함수 교수-학습 과정에 관한 사례연구: 수학과 과학의 통합교육 관점을 기반으로. 수학교육학연구, 15(4), 419~444.

우정호 외(2008a). 고등학교 수학. 서울: 두산동아.

______(2008b). 고등학교 수학 익힘책. 서울: 두산동아.

우정호 외(2009). 중학교 수학 익힘책 2. 서울: 두산동아.

우정호 외(2010). 중학교 수학 익힘책 3 전시본. 서울: 두산동아.

우정호 외(2013a). 중학교 수학 1. 서울: 두산동아.

우정호 외(2013b). 중학교 수학 2. 서울: 두산동아.

우정호 외(2013c). 중학교 수학 3. 서울: 두산동아.

우정호 외(2013d). 고등학교 수학 Ⅱ. 서울: 두산동아.

우정호 외(2013e). 미적분 Ⅱ. 서울: 두산동아.

이재학 외(2008). 고등학교 수학. 서울: 금성출판사.

정상권 외(2008). 중학교 수학 1. 서울: 금성출판사.

______(2009). 중학교 수학 2. 서울: 금성출판사.

정상권 외(2009a). 고등학교 수학 Ⅰ. 서울: 금성출판사.

______(2009b). 고등학교 수학 Ⅱ. 서울: 금성출판사.

福林信夫 外(2004). 中學校 數學3. 大阪: 啓林館.

Davis, R. B. (1982). Teaching the concept of function: Method and reason. *Conference of functions report 1*(pp. 47~55). Enschede: SLO Foundation for curriculum development.

Dubinsky, E., & Harel, G. (1992). The nature of process of function. In E. Dubinsky, & G. Harel(Eds.), *The concept of function: Aspects of epistemology and pedagogy*(MAA Notes No. 25, pp. 85~106). Washington, DC: Mathematical

Association of America.

Even, R. (1990). Subject matter knowledge for teaching and the case of functions. *Educational Studies in Mathematics*, *21* (6), 521~544.

Freudenthal, H. (1973). *Mathematics as an educational task*. Dordrecht: Kluwer Academic Publishers.

______(1983). *Didactical phenomenology of mathematical structures*. Dordrecht: D. Reidel Publishing Company.

Janvier, C. (1980). Translation processes in mathematics education. *Proceedings of the fourth International Conference for the Psychology of Mathematics Education*, 237~242.

______(1982). Approaches to the notion of function in relation to set theory. *Conference of functions report 1* (pp. 114~124). Enschede: SLO Foundation for curriculum development.

Klein, F. (1968). *Elementarmathematik vom höheren Standpunkte aus*, vierte Auflage, Bd. 1. Verlag von Julius Springer.

Kline, M. (1972). *Mathematical thought from ancient to modern times*, Vol. 1. London; Oxford University Press, Inc.

Krabbendam, H. (1982). The non-quantitative way of describing of relations and the role of graphs. *Conference of functions report 1*(pp. 125~146). Enschede: SLO Foundation for curriculum development.

Monk, S. (1992). Students' understanding of a function given by a physical model. In E. Dubinsky, & G. Harel(Eds.), *The concept of function: Aspects of epistemology and pedagogy*(MAA Notes No. 25, pp. 175~194). Washington, DC: Mathematical Association of America.

National Council of Teachers of Mathematics. (2000). *Principles and Standards for School Mathematics*. Reston, VA: Author.

Schwingendorf, K., Hawks, J. & Beinekel, J. (1992). Horizontal and vertical growth of the student's conception of function. In E. Dubinsky, & G. Harel (Eds.), *The concept of function: Aspects of epistemology and pedagogy* (MAA Notes No. 25, pp. 133~150). Washington, DC: Mathematical Association of America.

Selden, A., & Selden, J. (1992). Research perspectives on conceptions of function summary and overview. In E. Dubinsky, & G. Harel(Eds.), *The concept of function: Aspects of epistemology and pedagogy*(MAA Notes No. 25, pp. 1~24).

Washington, DC: Mathematical Association of America.

Sfard, A. (1992). Operational origins of mathematical objects and the quandary of reification – The case of function. In E. Dubinsky, & G. Harel(Eds.), *The concept of function: Aspects of epistemology and pedagogy*(MAA Notes No. 25, pp. 59~84). Washington, DC: Mathematical Association of America.

Sierpinska, A. (1992). On understanding the notion of function. In E. Dubinsky, & G. Harel (Eds.), *The concept of function : Aspects of epistemology and pedagogy*(MAA Notes No. 25, pp. 25~58). Washington, DC: Mathematical Association of America.

Steiner, H. G. (1988). Aus der Geschichte des Funktionsbegriffs. In H. G. Steiner (Ed.), *Das mathematische Denken und die Schulmathematik*(pp. 166~192). Göttingen: Vandenhoeck & Ruprecht.

Swan, M. (1982). The teaching of functions and graphs. *Conference of functions report 1* (pp. 151~165). Enschede: SLO Foundation for curriculum development.

Tierney, C. C. et al. (1988). Telling stories about the plant growth: Fourth grade students interpret graphs. *Proceedings of the 12th International Conference for the Psychology of Mathematics Education*, Ⅲ, 66~73.

Verstappen, P. (1982). Some reflections on the introduction of relations and functions. *Conference of functions report 1*(pp. 166~184). Enschede: SLO Foundation for curriculum development.

Vinner, S. & Dreyfus, T. (1989). Images and definitions for the concept of function. *Journal for Research in Mathematics Education*, 20(4), 356~366.

Vinner, S. (1992). The function concept as a prototype for problems in mathematics learning. In E. Dubinsky, & G. Harel (Eds.), *The concept of function: Aspects of epistemology and pedagogy*(MAA Notes No. 25, pp. 195~214). Washington, DC: Mathematical Association of America.

Chapter

04

기하와 증명

기하학은 도형의 성질과 공간의 구조에 대한 학문이며, 증명은 고대 그리스 시대 이래로 수학의 핵심적인 부분으로서 학교 수학에서도 중심적인 위치를 차지해왔다. 이 장에서는 기하와 증명 교수·학습의 이론으로서, 기하와 증명 지도의 의의, 기하학의 역사적 발달, 기하 개념의 이해와 적용, van Hieles의 기하적 사고 수준 이론, Freudenthal의 증명 교수·학습론, 수리철학적 관점에 따른 증명의 다양한 의미 등에 살펴볼 것이다. 다음으로 기하와 증명 교수·학습의 실제로서, 교육과정의 이해, 학생들의 증명 학습 실태, 증명 교수·학습 개선 방향, 공학 도구를 활용한 증명 지도 등에 살펴볼 것이다.

1. 기하와 증명 교수·학습 이론

수학교육 이론은 수학 교육과정, 수학 교과서, 수학 수업 등의 다양한 수학교육 현상을 바라볼 수 있는 안목을 제공한다. 이 절에서 살펴볼 기하와 증명 교수·학습에 대한 이론 또한 기하와 증명에 대한 수학교육 현상을 파악하는 데에 많은 도움을 줄 것이다.

가. 기하와 증명 지도의 의의

기하는 2차원과 3차원 공간적 관계의 기술과 추론에 대한 학문이다. 학생들은 기하 영역에서 도형과 공간의 구조에 대해서 학습하고, 도형의 특성과 공간적 관계를 분석하는 방법을 학습할 수 있다. 학생들은 기하 모델과 공간 추론을 활용하여 물리적 환경을 포함한 여러 가지 현상을 해석하고 기술할 수 있으며, 이는 문제 해결에 중요한 도구가 된다. 또한 기하 개념은 수학의 다른 영역과 실세계 상황의 문제를 표현하고 해석하는 데에 유용하다. 학생들은 구체적 모델, 그림, 역동적인 기하 소프트웨어와 같은 공학 도구를 활용하여 기하와 관련된 활동에 능동적으로 참여할 수 있다.

한편 수학교육은 학생들의 수학적 사고 능력을 개발하는 데에 목적이 있다. 수학적 사고의 근원이 되는 것이 바로 추론이며, 여러 가지 추론 방식 중에서도 연역적 추론은 논리적 사고와 비판적 사고 함양에 크게 기여한다. 학교 수학에서 증명은 이러한 연역적 추론 능력을 개발하고 수학적 이해를 증진시킴으로써 수학적으로 사고하는 힘을 양성하는 데에 많은 도움을 준다.

그러나 오늘날 학교 수학에서 증명은 수학적 사고 방법으로서의 의미를 살리지 못하고 다분히 피상적이고 형식적으로 지도되고 있으며, 대부분의 학생들은 단지 기계적인 방식으로 증명을 암기하고 있다는 문제점이 제기되고 있다. 중학교 2~3학년에서 상당히 많은 시간을 할애하여 평면도형에 대한 증명을 다루고 있지만, 대부분의 학생들은 증명을 제대로 이해하지 못할 뿐만 아니라 증명 수업 시간을 가장 지루하고 따분한 시간으로 여긴다는 것은 잘 알려진 사실이다. 이 장에서는 이러한 문제의식하에, 기하와 증명 교수·학습의 이론과 실제를 좀 더 심층적으로 살펴봄으로써 개선 방향을 탐색하고자 한다.

나. 기하학의 역사적 발달

1) 기하학의 발생

기하학의 발생은 고대 이집트 문명과 바빌로니아 문명으로 거슬러 올라간다. 이러한 고대 문명에서 추상적인 도형은 절대적이고 근원적인 의미를 갖는 대상으로 인식되었다. 기하학의 영문 표기인 geometry라는 명칭에서 알 수 있듯이, 기하학은 토지(geo)를 측정하는(metry) 것으로부터 시작되었다. 이집트와 바빌로니아 시대에는 실용성을 위해 땅의 넓이, 도형의 길이, 부피 등을 연구하였으며, 도형의 관찰보다는 계산법을 중요시하여 구체적인 문제를 처리하기 위한 기술을 발달시키는 데에 주요한 목적이 있었다. 고대 문명에서 발달된 기하학은 논리적 체계가 결여되어 있으므로 학문으로 보기에는 어려움이 있다. 그러나 고대에 발생된 기하학의 싹은 이후 그리스에서 체계적인 학문으로 발달된 기하학의 밑거름이 되었다.

학문으로서의 기하학은 그리스에서부터 시작되었다. 그리스인은 기원전 8세기경부터 동쪽은 흑해, 소아시아로부터 서쪽은 남부 이탈리아에 이르는 넓은 영역을 상업 무역의 활동 무대로 삼아 여러 가지 자연 환경과 생활 풍습, 문화를 접함으로써 풍부한 지식을 흡수하였다. 그리고 서로 다른 자연 환경과 사회 및 관습에서 발생된 여러 가지 기술과 학문, 사상 등을 접하면서 모순에 부딪히자 '왜 그럴까?' 하는 의문과 호기심에서 비롯하여 일반적인 원리에 따라 조리 있게 따져 들어가는 논리적 사고가 싹트기 시작한 것이다. Thales, Pythagoras, Euclid 등의 뛰어난 학자들은 이집트, 바빌로니아의 수학을 받아들여 수학적 지식을 이론적으로 체계화하였다.

2) 유클리드 기하

가) Euclid 《원론》의 형성

Euclid는 기원전 365년쯤 태어나 나중에 알렉산드리아에 초빙되어 무세이온의 수학 교수직을 수행한 학자이다. Euclid는 Thales와 Pythagoras를 거쳐 축적된 수학 지식을 체계적으로 집대성하여 총 13권으로 이루어진 《원론(Elements)》을 저술하였다.[1] 《원론》에는 기하학, 수론, 약간의 기하학적 대수 등과 관련된 약 465개의 명제가 수록되어 있다. [그림 4-1]은 Euclid 《원론》의 일부이다.

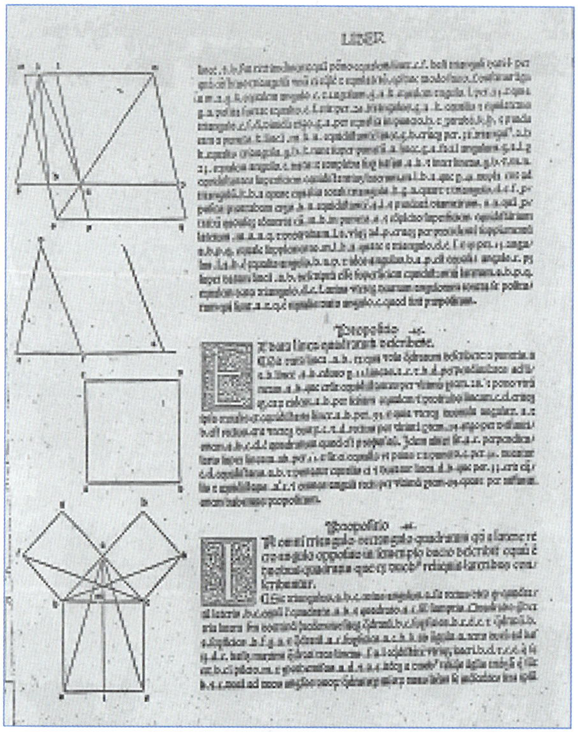
LIBER

[그림 4-1] Euclid 《원론》의 일부

Euclid는 《원론》에서 기본적인 수학적 대상을 정의로서 기술하고, 직관적으로 자명한 진리를 공리와 공준으로 상정하였다. 그리고 정의, 공리, 공준으로부터 수학의 모든 명제들을 체계적으로 연역적으로 이끌어내었다. Euclid는 《원론》에서 23개의 정의, 9개의 공리, 5개의 공준을 제시하였다.

Euclid가 상정한 정의, 공리, 공준의 일부를 제시하면 다음과 같다.

▸ 정의

• 점이란 부분이 없는 것이다.

1 Euclid 《원론》의 그리스어 명칭은 'Stoicheia'였으나, 후에 영어로 'Elements'로 번역되었다.

- 선이란 폭이 없는 길이이다.
- 직선이란 그 위의 모든 점이 곧게 놓여 있는 선이다.
- 면이란 길이와 폭만을 갖는 것이다.
- 평면이란 그 위의 모든 직선이 곧게 놓여 있는 면이다.
- 한 직선이 다른 직선과 만났을 때 생기는 이웃한 각이 서로 같을 때, 같게 되는 이 각을 각각 직각이라고 한다. 이때 한쪽 선분은 다른 직선과 수직이라고 한다.
- 동일한 평면상에서 양쪽 방향으로 한없이 연장하여도 서로 만나지 않는 두 직선을 평행선이라고 한다.

▸ 공리 (Axiom)

- 같은 것에 같은 것은 모두 서로 같다.
- 같은 것에 어떤 같은 것을 더하면 그 전체는 서로 같다.
- 같은 것에서 어떤 같은 것을 빼면 나머지는 서로 같다.
- 서로 포개어지는 것은 같다.
- 전체는 부분보다 크다.

▸ 공준 (Postulate)

P1. 한 점에서 또 다른 한 점으로 한 직선을 그릴 수 있다.

P2. 유한직선(선분)을 무한히 연장시킬 수 있다.

P3. 임의의 점을 중심으로 하고 그 중심으로부터 그려진 임의의 유한 직선과 동일한 반경을 갖는 원을 그릴 수 있다.

P4. 모든 직각은 서로 같다.

P5. 한 직선이 두 직선과 만날 때, 같은 쪽에 있는 내각의 합이 두 직각보다 작으면 이 두 직선은 무한히 연장될 때 그쪽에서 만난다.

위에 제시된 공리는 일반적인 수준에서 인간이 직관적으로 자명하게 느끼는 이치나 상식 수준의 내용을 기술한 것이며, 공준은 더 특별하게 도형과 관련하여 인간이 자명하게 느끼는 것을 기술했음을 알 수 있다.

한편 《원론》의 정의를 살펴보면, Euclid는 점(point)을 부분이 없는 것으로 정의하였다. 그러나 현실 세계에서 부분이 없는 점을 상상할 수 있을까? 종이에 점을 찍으라고 하면, 대부분의 학생들은 종이에 '·'을 그릴 것이다. 그런데 종이에 그린 ·은 아무리 작게 그린다고 하더라도 크기를 갖게 된다. 그러므로 Euclid가 《원론》에서 정의한 점, 즉 부분이 없는 점은 우리 눈에 보이는 현실 세계에서는 찾을 수 없다. Euclid가 《원론》에서 정의한 점은 우리 눈에 보이지 않는 세계인 이데아(idea)의 대상인 것이다. 종이에 그린 ·은 이데아의 대상인 점(point)을 현실 세계에 나타내기 위한 모델이며, 학자에 따라서는 ·을 'spot'으로 부르기도 한다.

여기에서 Euclid의 《원론》이 플라톤주의(Platonism)에 근원을 두고 있음을 확인할 수 있다. Plato의 수학적 관점은 '이데아론'에서 비롯되는 바, 이데아는 영구불멸의 완전한 실재인 이상적 세계로 상정된다. Plato에 따르면 수학적 대상은 실재하며, 수학적 대상의 존재성은 인간의 활동과는 전혀 무관한 것이다. 수학의 대상인 수나 도형은 불변의 이데아로 간주되며, 수학을 한다는 것은 이미 존재하는 그러한 수학적 대상의 성질과 관계를 발견하는 과정이다. Euclid는 이러한 Plato의 수학관을 《원론》에서 구현했다고 할 수 있다.

나) 공리적 방법

Euclid가 《원론》에서 체계화한 방법을 이해하기 위해, '삼각형의 내각의 합은 180°이다'라는 명제를 증명해 보자. 다음은 중학교 교과서에 제시된 증명이며, 대부분의 대학생들도 다음과 같은 방법으로 증명할 것이다.

삼각형의 세 내각의 크기의 합은 180° 임을 평행선의 성질을 이용하여 확인해 보자.

오른쪽 그림과 같이 삼각형 ABC에서 변 BC의 연장선 위에 한 점 D를 잡고, 점 C에서 변 BA에 평행한 반직선 CE를 그으면 $\overline{BA}//\overline{CE}$ 이므로

$\angle A = \angle ACE$ (엇각),

$\angle B = \angle ECD$ (동위각)

이다. 따라서 다음이 성립한다.

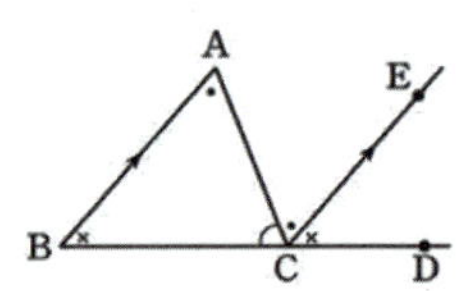

$$\angle A + \angle B + \angle C = \angle ACE + \angle ECD + \angle C$$
$$= \angle BCD = 180°$$

즉 삼각형의 세 내각의 크기의 합은 180° 임을 알 수 있다.

[그림 4-2] 〈중학교 수학 1〉 '삼각형의 내각의 합은 180°'의 증명(황선욱 외, 2013: 238)

위의 그림에 나타난 증명 방법이 어디에 근원을 두고 있는가를 자세히 살펴보도록 하자. 삼각형의 내각의 크기의 합은 180°임을 증명하기 위해, 먼저 꼭짓점 C를 지나

고 변 AB에 평행인 반직선 CE를 그은 다음에, 이미 참이라고 알려진 성질인 '평행인 두 직선에서 엇각의 크기는 같다'를 이용하였다. 정말 평행인 두 직선에서 엇각의 크기는 같은가? 대부분의 대학생들은 이 명제를 쉽게 증명할 수 있을 것이다.

'평행인 두 직선에서 엇각의 크기가 같다'는 '평행인 두 직선에서 동위각의 크기가 같다'와 '맞꼭지각의 크기는 같다'는 성질을 이용하여 쉽게 증명할 수 있다. 여기에서 다시, '맞꼭지각의 크기는 같다'와 '평행선에서 동위각의 크기는 같다'라는 명제를 증명해보자. '맞꼭지각의 크기는 같다'라는 명제는 평각의 크기가 180°임을 이용하여 쉽게 증명할 수 있으며, 평각의 크기가 180°라는 것은 '모든 직각은 서로 같다'는 《원론》의 제4공준으로부터 비롯된다.

이제 남은 일은 '평행선에서 동위각의 크기는 같다'는 명제를 증명하는 것이다. 이 명제는 어떻게 증명할 수 있는가? 이 명제는 '평행선 공준'으로 알려져 있는 《원론》의 제5공준을 활용하여 다음과 같이 증명할 수 있다.

명제: 두 직선이 평행이면 동위각의 크기는 같다.

(증명)
평행인 두 직선(l, m)에서 동위각의 크기가 같지 않다고 하자.
그러면, 다음 그림과 같이 어느 한 쪽에 있는 내각의 합($\angle a + \angle b$)이 두 직각(180°)보다 작게 된다.

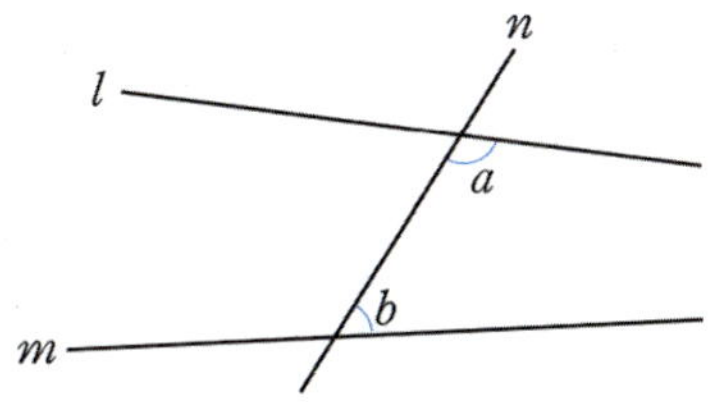

제5공준에 의해 두 직선 l, m은 만나게 되고 평행하지 않게 된다. 이것은 두 직선 l, m이 평행이라는 것에 모순이 된다.
그러므로 평행인 두 직선에서 동위각의 크기는 같다.

[그림 4-3] 평행선에서 동위각의 크기가 같다는 성질의 증명

위에서 논의한 과정을 나타내면 다음의 표와 같다.

[표 4-1] 공리적 방법의 예

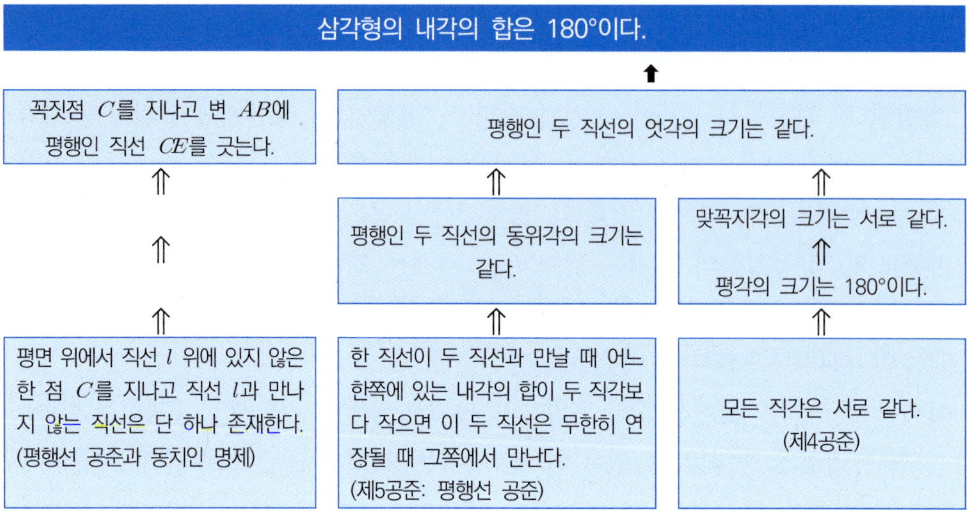

위의 표에서 알 수 있는 바와 같이, '삼각형의 내각의 합은 180°'가 성립하는 이유를 계속해서 찾아가다보면, 그 뿌리가 모두 공리와 공준에 닿아 있다. 이와 같은 맥락에서 Euclid가 《원론》에서 체계화한 방법을 공리적 방법이라고 한다. Euclid 《원론》의 수학사적 의의는 방대한 내용과 함께 수학적 명제를 체계화한 방법에 있는 바, 그 체계화 방법이 바로 공리적 방법인 것이다. 공리적 방법은, 인간이 직관적으로 자명하게 참으로 인정하는 사실을 공리와 공준으로 상정한 다음, 공리와 공준으로부터 다른 수학적 명제를 이끌어내는 방법이다. 이와 같이 정의, 공리, 공준, 이미 참이라고 알려진 성질을 이용하여 새로운 참인 명제를 이끌어내는 것을 연역적 추론이라고 한다. 이런 의미에서, Euclid가 《원론》에서 수학적 지식을 체계화한 방법을 공리적 방법, 연역적 방법이라고 한다. Euclid의 공리적 방법, 연역적 방법은 이후 수학의 학문적 발전에 근본 토대를 제공하였으며, 수학이라는 학문의 고유한 방법으로 정착되었다.

다) 연역적 추론과 귀납적 추론

'평행사변형에서 대변의 길이가 같음을 보여라'는 문제를 해결해보자. [그림 4-4]에 제시된 (a)와 (b)의 해결 방법을 비교해보자. 대부분의 대학생들은 (b)의 방법으로 문제를 해결할 것이다. 그렇다면 (a)의 방법과 (b)의 방법의 차이점은 무엇일까? 우리나라에서는 중학교에서 (b)의 방법을 다루며, (b)에서는 '평행사변형에서 대변

활동 2 평행사변형의 성질을 알아봅시다.

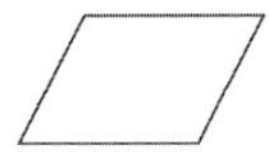

● 평행사변형에서 마주 보는 변의 길이는 어떠하다고 생각합니까?

● 평행사변형에서 마주 보는 변의 길이를 재어 보시오.

● 평행사변형에서 마주 보는 변의 길이는 어떻습니까?

● 평행사변형에서 발견한 성질을 말해 보시오.

(a) 〈수학 4-2〉 귀납적 추론(교육과학기술부, 2010: 53)

평행사변형에서 두 쌍의 대변의 길이가 각각 서로 같음을 알아보자.

오른쪽 그림의 평행사변형 ABCD에서 대각선 AC를 그으면

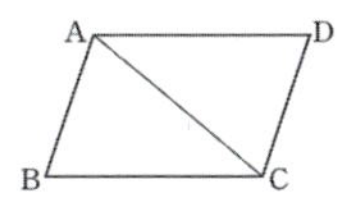

△ABC와 △CDA에서 $\overline{AB} /\!/ \overline{DC}$이므로

$\angle BAC = \angle DCA$ (엇각) ……①

이다. 또, $\overline{AD} /\!/ \overline{BC}$이므로

$\angle ACB = \angle CAD$ (엇각) ……②

$\overline{AC}$는 공통인 변 ……③

이다. ①, ②, ③에서 한 변의 길이가 서로 같고, 그 양 끝각의 크기가 각각 서로 같으므로

$\triangle ABC \equiv \triangle CDA$이다. 따라서

$\overline{AB} = \overline{DC}$, $\overline{AD} = \overline{BC}$

임을 알 수 있다.

즉, 평행사변형에서 두 쌍의 대변의 길이가 각각 서로 같다.

(b) 〈중학교 수학 2〉 연역적 추론(우정호 외, 2013b: 257)

[그림 4-4] 귀납적 추론과 연역적 추론

의 길이가 같음을 증명했다'고 말할 수 있다.

(a)에서는 평행사변형에서 대변의 길이가 같음을 증명했다고 할 수 없다. 그렇다면, (a)의 방법에 대해 어떻게, 또는 무엇이라고 이야기할 수 있을까? (a)에서는 평행사변형에서 대변의 길이가 같음을 증명하지는 못했지만, 나름대로 정당화했다고 할 수 있다. 여기에서 정당화는 어떤 수학적 명제가 참임을 주장하는 것을 의미하며, 이는 정당화라는 용어를 매우 광범위하게 사용하는 것이다. 이 장에서는 정당화라는 용어를 이와 같이 광범위한 의미로 사용하기로 한다.[2]

(a)에서는 평행사변형의 대변의 길이를 각각 자로 재어봄으로써 대변의 길이가 같

2 어떤 학자는 (a)의 방법을 정당화 방법으로도 인정할 수 없다고 주장하기도 한다. 이렇게 주장하는 학자는 '정당화'라는 용어를 매우 엄격하고 좁은 의미로 사용하고 있으며, 이때의 '정당화'는 '증명'과 동일한 의미로 사용되고 있다고 할 수 있다.

음을 확인하고 있다. (a)에서는 평행사변형에서 대변의 길이가 같음을 귀납적 추론을 통해, 또는 비형식적 추론을 통해 정당화한 것이다. 귀납적 추론은 실험, 측정, 관찰, 구체적 조작 등을 통하여 몇 가지 사례에 대해 어떤 명제가 참임을 보인 다음에, 이 사례가 속한 전체 범주의 대상에 대해 그 명제가 참임을 주장하는 것이다.

(b)에서는 두 쌍이 대변이 평행인 사각형이 평형사변형이라는 정의, 평행선에서 엇각의 크기가 같다는 성질, 합동인 삼각형에서 대응하는 변의 길이가 같다는 성질 등을 이용하여, 평행사변형에서 대변의 길이는 같음을 이끌어내었다. 이와 같이 정의, 공리, 공준, 이미 참이라고 알려진 성질 등을 이용하여 새로운 참인 명제를 이끌어내는 것을 연역적 추론이라고 한다. 수학에서 '증명'이라는 용어는 '연역적 추론을 통해 어떤 명제가 참임을 밝히는 것'으로 규정된다.

라) 종합적 방법과 분석적 방법

Euclid 《원론》은 수학 내용을 공리적 방법으로 체계화한 최초의 책으로서 수학사에서 매우 중요한 의미를 갖는다. 그럼에도 불구하고, 16세기 이후에 Euclid 《원론》이 기하 교육의 원형으로서 과연 적절한가에 대해서 여러 수학교육자들이 문제를 제기하였다.

Euclid 《원론》의 교육적 가치에 대한 문제 제기는, 《원론》이 담고 있는 내용이 아니라 《원론》이 기술된 형식에 대한 것이다. Euclid 《원론》이 인간의 숨을 질식시킬 정도로 형식적이고 엄밀한 모습으로 기술되어 있다는 점 때문에, 수학교육자들은 《원론》에 담긴 기하 내용을 《원론》에 기술된 방식 그대로 지도하는 것은 교육적으로 문제가 있다고 주장한다. 사실 Euclid 《원론》에 제시되어 있는 수많은 수학 명제와 증명이 'Euclid'라는 천재의 머릿속에서 어느 한순간에 나온 것은 아닐 것이다. 비형식적 추론이라고 할 수 있는 귀납적 추론, 유비 추론을 통해 발견한 사실을 연역적 추론을 통해 정돈하고 체계화하는 작업이 필연적으로 발생했을 것이다. 그러나 그러한 발견 과정은 Euclid 《원론》에 나타나 있지 않다.

따라서 Euclid 《원론》에 대한 수학교육적 문제 제기는, Euclid 《원론》이 담고 있는 내용을 학교 수학에서 완전히 추방하자는 주장이 아니라, 《원론》에 제시된 완벽하고 무결점인 모습 그대로를 학생들에게 일방적으로 제시해서는 안 된다는 주장으로 받아들이는 것이 바람직하다. Euclid 《원론》에 제시된 내용을 지도하되, 그 내용을 발견하고 명제를 증명하게 된 맥락과 배경을 충분히 드러내어 학생들의 인지 수준에 적절하게 변환시켜 가르칠 필요가 있다는 것이다.

Euclid 《원론》의 기술 방식은 종합적 방식이라고 할 수 있다. 종합적 방식이란 공준이나 공리, 정의에 근거해서 가정으로부터 결론을 이끌어내는 선형적 방식을 말한다. 이러한 종합적 방식은 단지 증명의 외형적인 모습에 불과하다. Euclid 《원론》의 종합적 방식은, Euclid가 《원론》을 저술하는 과정에서 경험하였을 무수한 수학적 추론 과정을 보여주지 못하고, 다만 수학적 사고의 결과만을 세련된 형식으로 제시하면서 고상하고 우아한 표현 방식을 보여줄 뿐이다.

실제로 증명 방법을 찾고 증명을 완성하는 과정은, 가정에서 결론으로 선형적으로 이루어지지 않는다. 증명 방법을 찾기 위해서는, 결론이 참이기 위해서 우선 만족되어야 할 선행 조건을 탐색하는 과정이 필연적으로 먼저 일어나야 한다. 이와 같이 결론에서 시작하여, 그 결론이 참이기 위해서 성립되어야 할 선행 조건들을 거꾸로 올라가면서 가정과 연결시키는 방식을 분석적 방식이라고 한다.

다음의 [표 4-2]는 분석적 방식과 종합적 방식을 예시한 것이다. [표 4-2]의 (a)는 분석적 방식에 의해 증명 방법을 찾는 과정을 제시한 것이다. [표 4-2]의 (b)는 (a)에 제시된 증명 방법을 군더더기 없이 깔끔하게 정리해 놓은 것이다. (a)와 같은 분석적 방식에 의해 구체적인 증명 방법과 과정을 찾을 수 있으며, 이러한 증명 방법과 과정을 정리하여 (b)와 같이 수학적으로 우아하고 세련되게 표현할 수 있다.

그러므로 학생들이 증명 방법을 찾도록 돕기 위해서는 증명을 종합적 방식으로만 지도해서는 곤란하다. 종합적 방식만으로 지도되는 증명은, 증명이 어떻게 해서 그런 모습으로 나타나게 되었는가를 학생들에게 이해시킬 수 없다. 증명 방법은, [표 4-2]의 (a)와 같은 분석적 방식을 통해 찾을 수 있다. 이와 같이 분석적 방식을 통해 발견한 증명 방법을 종합적 방식으로 우아하게 정리하여 기술해 놓은 모습이 바로 Euclid 《원론》에 제시된 것과 같은 형태의 증명의 모습이다. 완성된 형태로 기술되어 있는 증명에는 분석적 방식이 나타나 있지 않으며, 가정에서 결론을 선형적으로 이끌어내는 종합적 방식만이 드러나 있다.

물론 분석적 방식을 동원한다고 해서 모든 학생들이 증명 방법을 능숙하게 찾을 수 있는 것은 아니다. 증명 방법 찾기에서 보조선이 결정적인 역할을 하는 경우도 있으며, 직관적인 통찰이 필요한 경우도 있다. 그러나 분석적 사고와 종합적 사고를 통합하여 증명을 지도하는 것이, 종합적 방식만으로 증명을 지도하는 것보다 학생들의 증명 학습에 더 많은 도움을 주는 것으로 파악하는 것이 바람직하다.

한편 종합적 방식과 분석적 방식을 위와 같이 규정하는 것은 다소 완화된 관점이

[표 4-2] 분석적 방식과 종합적 방식

예제 4

∠AOB의 내부의 한 점 P에서 반직선 OA와 OB에 내린 수선의 발을 각각 D, E라고 할 때, $\overline{PD}=\overline{PE}$이면 $\overline{OP}$는 ∠AOB의 이등분선임을 보여라.

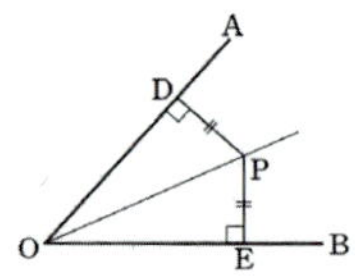

먼저, 결론이 뜻하는 것이 무엇인지 생각해 보자. ...... ①
결론은 선분 OP가 $\angle AOB$의 이등분선이라는 것이다.
이것은 $\angle AOP = \angle BOP$을 의미한다.
그렇다면 $\angle AOP = \angle BOP$가 성립하기 위해서는 먼저 무엇이 성립해야 할까?
(그렇다면 $\angle AOP = \angle BOP$가 성립하기 위한 선행 조건은 무엇인가?) ...... ⓘ
......
$\angle AOP$와 $\angle BOP$가 대응각이 되는 합동인 두 삼각형이 있으면 좋겠다.
그렇다면, $\angle AOP(\angle DOP)$와 $\angle BOP(\angle EOP)$가 각각 내각이 되는 두 삼각형을 찾아보자.
$\angle DOP$는 $\triangle DOP$의 내각이고, $\angle EOP$는 $\triangle EOP$의 내각이다.
이제, 문제는 $\triangle DOP$와 $\triangle EOP$가 합동인가를 조사하는 것이다.
그런데, $\triangle DOP$와 $\triangle EOP$는 모두 직각삼각형이다.
직각삼각형의 합동조건을 생각해 보자.
RHA, RHS 합동조건 중에 어떤 것이 성립할까?
RHA 합동조건을 생각해 보자.
$\angle OPD$와 $\angle OPE$의 크기가 같은가는 알 수 없으므로 RHA 합동조건은 안 된다.
이제, RHS 합동조건을 생각해 보자. ...... ②
가정에서 $\angle PDO = \angle PEO = 90°$, $\overline{PD} = \overline{PE}$ 이고 ...... ③
빗변 OP는 공통이므로
RHS 합동조건에 의해, $\triangle DOP \equiv \triangle EOP$
따라서, $\angle DOP = \angle EOP$
따라서 선분 OP는 $\angle AOB$의 이등분선이다. ...... ④

(a) 분석적 방식

예제 4

∠AOB의 내부의 한 점 P에서 반직선 OA와 OB에 내린 수선의 발을 각각 D, E라고 할 때, $\overline{PD}=\overline{PE}$이면 $\overline{OP}$는 ∠AOB의 이등분선임을 보여라.

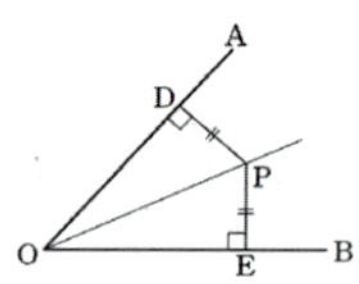

증명 △POD와 △POE에서

$\overline{PD}=\overline{PE}$ (가정) ......①
∠PDO=∠PEO=90° (가정) ......②
$\overline{OP}$ 는 공통 ......③

①, ②, ③으로부터 두 직각삼각형의 빗변과 다른 한 변의 길이가 같으므로

△POD≡△POE
∴ ∠POD=∠POE

따라서 $\overline{OP}$는 ∠AOB의 이등분선이다.

알아두기
〔가정〕
∠PDO=∠PEO=90°
$\overline{PD}=\overline{PE}$
〔결론〕
∠POD=∠POE

(b) 종합적 방식(양승갑 외, 2001: 61)

라고 할 수 있다. 분석적 방식을 처음으로 체계화한 Pappus는 분석법에 대해 다음과 같이 언급하였다(Heath, 1981: 400~401, 우정호, 2000: 42에서 재인용).[3]

> 분석은 찾고 있는 것을 마치 인정된 것처럼 여기고 그로부터 잇달은 결과를 거쳐 종합의 결과로 인정되는 것까지 나아간다. 왜냐하면 분석에서 우리는 찾고 있는 것을 마치 이루어진 것처럼 가정하고, 이것이 결과되는 것이 무엇인지를 찾고, 다시 후자의 선행하는 원인이 무엇인지를 찾는 식으로 우리의 발자취를 되밟아 이미 알려져 있는 것이나 제1 원리의 부류에 속하는 것에 이를 때까지 계속하기 때문이며, 우리는 그러한 방법을 분석 또는 거꾸로 풀이하는 것이라고 부른다.
>
> 그러나 종합에서는 그 과정을 뒤집어 분석에서 마지막에 도달한 것을 이미 이루어진 것으로 여기고 앞에서 선행자였던 것을 결과로 자연스러운 순서로 배열하고 그들을 차례로 잇달아 연결함으로써 마지막에 찾고 있는 것의 구성에 이르는데, 이것을 우리는 종합이라고 부른다.

Pappus가 언급하는 분석법은 '결론이 참인 것으로 인정하고', 참으로 인정한 결론의 충분조건(또는 필요충분조건)이 되는 명제들을 계속 찾아감으로써 이미 알려져 있는 것에 도달하는 것을 의미한다. 위에서 Pappus가 규정한 분석법을 교수·학습 상황에 직접적으로 적용하면, [표 4-2]의 (a)의 ⓘ 부분을 "$\angle AOP = \angle BOP$가 이루어진 것처럼 가정하자" 또는 "$\angle AOP = \angle BOP$을 인정된 것으로 여기자"와 같이 수정해야 한다. 그러나 이러한 표현은, 수학자와 교사에게는 혼동을 일으키지 않지만, 증명을 학습하는 학생들에게는 매우 큰 혼란을 야기할 가능성이 있다. 학생들은 증명해야 할 원래 명제의 결론을 다시 '가정'해야 하는 상황에서 원래 명제의 가정과 혼동하는 어려움에 직면하게 된다. 학생들의 입장에서는, "원래 명제의 가정이 있는데, 결론을 가정한다는 것이 무슨 말인가?" 하고 혼란스러워할 것이다. 물론 분석법의 명확한 의미를 이해하는 학생이라면, 분석법이 교수·학습 상황에 즉각적으로 적용되어도 별다른 어려움을 야기하지 않겠지만, 대다수의 학생들은 당황스럽게

---

3 Descartes는 Pappus의 분석법을 현대적으로 부활시켰다. Descartes는 모든 문제를 수학 문제로 변형하고, 수학 문제를 다시 대수 문제로 변형하고, 대수 문제를 다시 방정식으로 변형함으로써 방정식을 해결하는 것으로 모든 문제를 해결할 수 있다고 주장하였다.

보통 대수 문제를 해결할 때는 '구해야 하는 미지의 양'을 x로 놓고 방정식을 세운다. 이때 바로 x가 Pappus의 주장에서 '찾고 있는 것을 마치 인정된 것처럼 여기는' 것이다. 찾고 있는 것, 즉 구해야 하는 미지의 양을 마치 인정된 것처럼 x로 놓고 방정식을 세우는 과정에 이미 분석법이 내포되어 있다고 할 수 있다.

생각할 것이다.

실제로 많은 학생들은 증명해야 할 명제의 결론을 증명 과정에서 사용하는 오류를 범하는 경우가 많다(이 장 2절의 '학생들의 증명 학습 실태' 참고). 그렇지 않아도 가정과 결론을 혼동하여 결론을 증명 과정에서 사용하는 오류를 보이는 학생들이 많은데, 이 학생들에게 "결론이 이루어졌다고 가정하면"이라는 표현은 매우 큰 어려움을 줄 수 있다. 이런 이유로 인해 [표 4-2]의 (a)에서는 분석법을 다소 완화시켜 적용하였다. "$\angle AOP = \angle BOP$가 이루어진 것처럼 가정하자" 대신에, "$\angle AOP = \angle BOP$가 성립하기 위해서는 먼저 무엇이 성립해야 할까?"로 발문하였다. 이와 같이 전문 수학자의 수준에서 논의되는 내용을 학교 수학에 반영할 때는 미세한 부분까지 관심을 기울여야 한다. 여기에 바로 신중한 교수학적 변환의 필요성이 있다고 할 수 있다. 교수학적 변환의 과정에서 신중을 기하지 않고, 전문 수학자의 논의 수준과 내용을 교수·학습 상황에 직접적이고 즉각적으로 적용할 때, 극단적인 교수학적 현상의 발생 위험이 커지게 된다.

마) Euclid《원론》의 교수학적 변환

현재 학교 수학에서 다루는 많은 내용은 Euclid《원론》에 수록된 내용들이다. 학교 수학에 Euclid《원론》의 내용이 어떤 방식으로 반영되어 있는지 살펴보자.

'학교 수학'은 초·중·고등학교에서 일반 학생들을 대상으로 대중교육의 일환으로 지도되는 수학을 의미한다. 반면에 전문 수학자들이 연구하는 학문 분야로서의 수학을 '학문 수학'으로 명명한다. 학문 수학을 가르치고 배우기 위한 목적에서 학교 수학으로 변환하는 것을 '교수학적 변환'이라고 한다. 교수학적 변환은 교육과정 개발자, 교과서 저자, 교사 등의 다양한 주체에 의해 이루어진다.

다음 그림과 같이 점이 연속적으로 움직이면 선이 되고, 선이 연속적으로 움직이면 면이 된다. 따라서 선은 무수히 많은 점으로 이루어져 있고, 면은 무수히 많은 선으로 이루어져 있다.

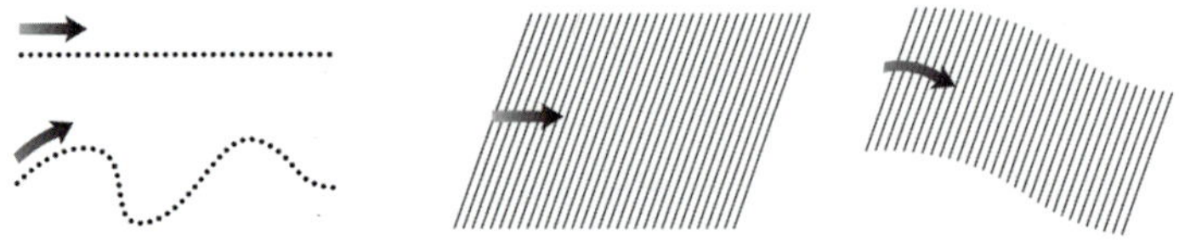

[그림 4-5] 중학교 교과서에서의 점, 선, 면(우정호 외, 2013a: 199)

Euclid 《원론》은 학문 수학에 해당하며, 중학교 교과서의 수학 내용은 학교 수학에 해당된다. 학문 수학의 내용이 학교 수학의 내용으로 어떻게 변환되어 있는가에 주목할 필요가 있다. 앞에서 살펴본 바와 같이, Euclid는 점, 선, 면을 이데아의 대상으로 정의하였다. 중학교 수학 교과서에서는 [그림 4-5]와 같이 점, 선, 면을 도입하고 있다. 별도의 정의를 하지 않고 학생들의 기존 지식에 의존하여 자연스러운 맥락에서 도입하고 있음을 확인할 수 있다.

또한 중학교 교과서에서는 "점이 연속적으로 움직이면 선이 되고, 선이 연속적으로 움직이면 면이 된다"고 설명하고 있다(우정호 외, 2013a: 175). 교과서의 이러한 설명에는 Euclid 《원론》에 제시된 정의가 스며들어 있다고 할 수 있다. 교과서 저자들은 학문 수학으로서의 Euclid 《원론》에 제시된 내용을 학생들의 인지 수준에 맞추어 학교 수학의 내용으로 변환한 것이다.

[그림 4-6]은 Euclid 《원론》의 제1공준과 이에 해당하는 중학교 교과서의 내용이다. Euclid 《원론》에서는 공준으로 상정하여 기본 전제로 삼은 내용을, 중학교 교과서에서는 학생들의 직관에 의지하여 설명하고 있다.

(a) 《원론》의 제1공준 : 한 점에서 또 다른 한 점으로 한 직선을 그릴 수 있다.

(b) 오른쪽 그림과 같이 한 점 A를 지나는 직선은 무수히 많지만 서로 다른 두 점 A, B를 지나는 직선은 오직 하나뿐이다. 즉, 서로 다른 두 점은 하나의 직선을 결정한다.

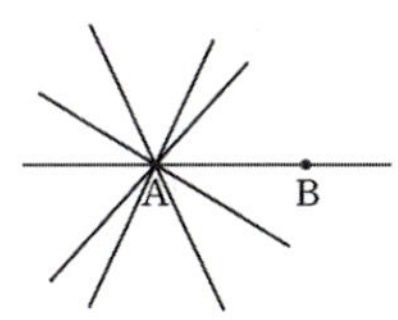

[그림 4-6] 《원론》의 제1공준과 중학교 교과서의 내용(우정호 외, 2013a: 201)

다음의 [그림 4-7]은 '평행인 두 직선에서 동위각의 크기는 같음'을 설명하고 있는 중학교 교과서의 내용이다. Euclid 《원론》에서는 제5공준(평행선 공준)을 사용하여 '평행인 두 직선에서 동위각의 크기가 같음'을 증명한다([그림 4-3] 참고). 그러나 중학교 1학년 학생들에게 '공준'의 의미를 설명하는 것은 어려우므로, 교과서 저자들은 학문 수학의 대상인 공준을 내세우지 않고 [그림 4-7]과 같이 학생들의 직관에 의지하여 '평행인 두 직선에서 동위각의 크기는 같음'을 설명한다. 그런 다음에는, 이 명제로부터 '평행인 두 직선에서 엇각의 크기는 같음', '삼각형의 내각의 합은 180°', '삼각형의 외각의 합은 360°', … 등의 명제를 연역적으로 추론한다.

오른쪽 그림과 같이 평행한 두 직선 l, m과 다른 한 직선 n이 만날 때 생기는 동위각인 $\angle a$, $\angle b$의 크기는 서로 같다. 즉,

$$\angle a = \angle b$$

이다.

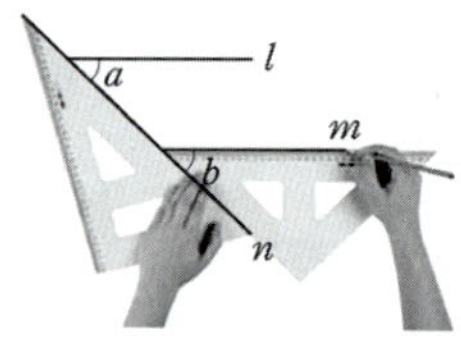

[그림 4-7] 평행선에서 동위각의 크기가 같음: 중학교 교과서(우정호 외, 2013a: 211)

이제 Euclid 《원론》의 연역적 추론 방식과 중학교 교과서의 연역적 추론 방식의 차이점을 살펴보자. Euclid 《원론》에서는 먼저 정의, 공리, 공준을 기본 전제로 내세운 다음, 그것들로부터 다른 모든 명제를 연역한다. 반면에 중학교 교과서에서는 Euclid 《원론》에서 정의, 공리, 공준으로 제시된 내용을 학생들의 직관이나 수학적 상식에 의존하여 자연스럽게 도입한다. 또한 중학교 교과서에서는 Euclid 《원론》에서 공준을 이용하여 증명하는 기본적인 명제를 직관적으로 설명함으로써 참임을 정당화한다([그림 4-7] 참고). 그런 다음에는 이 참인 명제를 근거로 하여 새로운 참인 명제들을 계속적으로 연역한다.

Freudenthal은, 중학교 교과서에서와 같이 학생들의 수학적 상식에서 출발하여 적은 범위의 수학 내용을 조직화하는 것을 '국소적 조직화'로 명명하였다. 반면에 Euclid 《원론》과 같이, 기본이 되는 전제로서 정의, 공리, 공준을 설정한 다음 그것으로부터 전체 수학 내용을 모두 조직화하는 방식을 '전반적 조직화'로 명명하였다. 국소적 조직화와 전반적 조직화에 대해서는 이 장의 'Freudenthal의 증명 교수·학습론'에서 자세히 살펴보기로 한다.

3) 해석 기하

가) 해석 기하의 의미

해석 기하(analytic geometry)는 Descartes가 창안한 기하학으로서, 좌표 개념을 도입하여 도형을 다루는 것을 의미한다. 해석 기하에서는, 직선 위의 점에 하나의 수를 대응시키고, 2차원 평면의 점에 2개의 수를 대응시키며, 3차원 공간의 점에 3개의 수를 대응시켜 점의 위치를 나타내며, 점에 대응하는 수를 그 점의 좌표(coordinate)라고 한다. 이와 같이 좌표축을 정하여 점의 위치를 좌표로 나타낼 수 있는 평면을 좌표평면이라고 한다. 좌표를 'Cartesian coordinate'라 명명하기도 하는

데, 여기에서 'Cartesian'은 Descartes의 라틴어에 해당하는 'Cartesius'에서 유래한 것이다.

다음의 그림은 좌표가 도입된 상황을 나타낸 것이다. 좌표가 도입됨으로써 위치와 방향을 명확하게 기술할 수 있다.

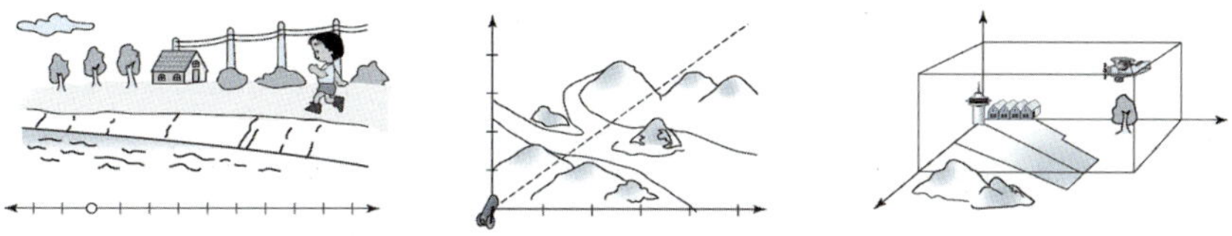

[그림 4-8] 좌표의 도입

Euclid는 직선, 원 등의 도형을 전체적이고 종합적으로 파악한 반면에, Descartes는 직선이나 원을 분해하여 직선이나 원 위에 있는 각각의 점을 연구하였다. Descartes는 직선이나 원 위에 있는 점의 좌표 $(x,\ y)$에서 x와 y 사이에 성립하는 방정식의 관점에서 도형을 연구한 것이다. Descartes의 해석 기하(또는 좌표 기하)와 대비되는 관점에서 Euclid 《원론》의 기하학을 종합 기하(또는 논증 기하)로 명명하기도 한다. [그림 4-9]는 종합 기하와 해석 기하에서 직선을 어떻게 다루고 있는지를 나타내고 있다.

이때 두 점 A, B를 지나는 직선을 직선 AB라 하고, 이것을 기호로

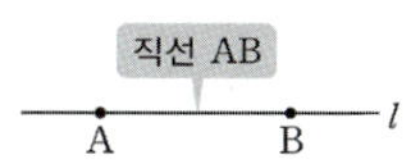

$\overleftrightarrow{\mathbf{AB}}$

와 같이 나타낸다. 또, 직선 AB를 하나의 소문자 l로 나타내고 직선 l이라고도 한다.

(a) 종합 기하에서의 직선(우정호 외, 2013a: 201)

좌표평면에서 두 점 $\mathrm{A}(x_1,\ y_1)$, $\mathrm{B}(x_2,\ y_2)$를 지나는 직선 l의 방정식을 구해 보자.

(i) $x_1 \neq x_2$일 때, 직선 l의 기울기 m은

$$m=\frac{y_2-y_1}{x_2-x_1}$$

이고, 이 직선이 점 $\mathrm{A}(x_1,\ y_1)$을 지나므로 구하는 직선의 방정식은 다음과 같다.

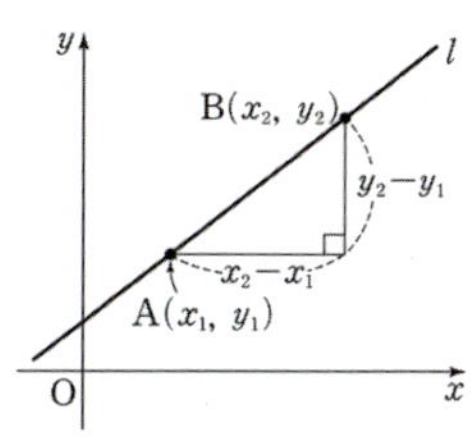

$$y-y_1=\frac{y_2-y_1}{x_2-x_1}(x-x_1)$$

(b) 해석 기하에서의 직선(우정호 외, 2013c: 166)

[그림 4-9] 종합 기하와 해석 기하에서의 직선의 설명

학교 수학에서 Euclid의 종합 기하는 초등학교부터 중학교 3학년까지 주로 다루며, Descartes의 해석 기하는 고등학교 1학년 때 본격적으로 다룬다. 동일한 수학 명제에 대해 종합 기하와 해석 기하의 증명 방법은 그 접근 방식에서 서로 다르다. 다음의 [그림 4-10]은, '$\triangle ABC$의 세 변의 수직이등분선은 한 점에서 만난다'라는 수학 명제에 대한 종합 기하와 해석 기하의 서로 다른 증명 방법을 나타낸 것이다.

예제 1 삼각형의 세 변의 수직이등분선은 한 점에서 만난다. 그 이유를 설명하여라.

풀이 오른쪽 그림의 △ABC에서 변 AB, BC의 수직이등분선의 교점을 O라고 하면 $\overline{OA}=\overline{OB}=\overline{OC}$이므로

$\overline{OA}=\overline{OC}$ ……①

점 O에서 변 AC에 내린 수선의 발을 D라고 하면 두 직각삼각형 ADO와 CDO에서

$\overline{OD}$는 공통인 변 ……②

①, ②에서 두 직각삼각형의 빗변의 길이와 다른 한 변의 길이가 각각 서로 같으므로

△ADO≡△CDO

따라서 $\overline{AD}=\overline{CD}$이므로 $\overline{OD}$는 변 AC의 수직이등분선이다.

즉, △ABC의 세 변의 수직이등분선은 한 점 O에서 만난다.

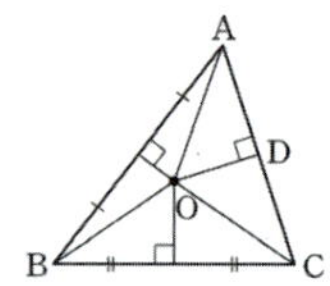

(a) 종합 기하의 증명 방법(우정호 외, 2013b: 245)

다음은 삼각형 ABC의 세 변의 수직이등분선이 한 점에서 만남을 설명하는 과정이다. ㉠, ㉡, ㉢, ㉣에 알맞은 것을 써넣어 보자.

오른쪽 그림의 삼각형 ABC에서 $\overline{AB}$와 $\overline{AC}$의 중점을 각각 D, E라고 하면 $D\left(\frac{a-c}{2}, \frac{b}{2}\right)$, $E\left(\frac{a+c}{2}, \frac{b}{2}\right)$

직선 AB에 수직인 직선의 기울기는 $-\frac{\boxed{㉠}}{b}$이므로

$\overline{AB}$의 수직이등분선의 방정식은

$y=-\frac{\boxed{㉠}}{b}x+\frac{\boxed{㉡}}{2b}$ …… ①

직선 AC에 수직인 직선의 기울기는 $-\frac{\boxed{㉢}}{b}$이므로 $\overline{AC}$의 수직이등분선의 방정식은

$y=-\frac{\boxed{㉢}}{b}x+\frac{\boxed{㉡}}{2b}$ …… ②

①, ②의 y절편이 같으므로 $\overline{AB}$와 $\overline{AC}$ 각각의 수직이등분선의 교점은 ㉣ 위에 있다. 이때 ㉣은 $\overline{BC}$의 수직이등분선이므로 삼각형 ABC의 세 변의 수직이등분선은 한 점에서 만난다.

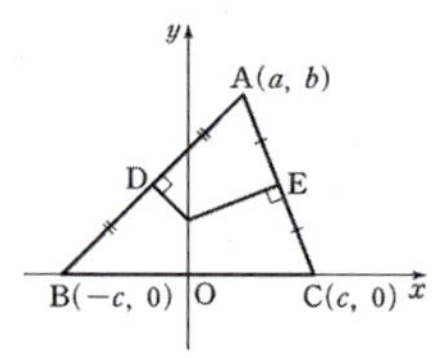

(b) 해석 기하의 증명 방법(우정호 외, 2013c: 174)

[그림 4-10] 종합 기하와 해석 기하의 증명 방법

나) 해석 기하의 지도

해석 기하는 도형을 대수적인 방법으로 접근하는 분야로서, 우리나라의 교육과정에서는 고등학교 1학년에서 집중적으로 다루고 있다. 고등학교 1학년에서는, 그 이전에 학습한 도형에 대한 여러 성질과 관계를 해석 기하적인 관점에서 대수적 방법

으로 접근하여 도형의 여러 성질을 새롭게 탐구하는 것을 목적으로 한다.

학교 수학에서 기하는 다양한 접근이 가능한 분야이며, 교수·학습에서 여러 가지 가능성과 어려움을 내포하고 있는 분야이다. 기하의 여러 가지 접근 방법은 서로 다른 안목을 제공하므로, 학생들이 종합 기하, 해석 기하, 변환 기하 등의 내용을 학습하여 이들 기하 체계를 비교, 대조하고 상호 번역할 수 있는 기회를 가질 수 있도록 지도해야 한다. 그리고 주어진 문제를 다양한 방법으로 다루어볼 기회를 가짐으로써 문제에 따라 각 접근법의 장단점이 있음을 이해하도록 해야 한다(우정호, 1998: 304-305).

한편 학생들은 고등학교 1학년에서 해석 기하의 많은 내용을 학습하지만, 해석 기하의 수학적 의미를 거의 인식하지 못하고 있다. Euclid 기하의 종합적 방법, 해석 기하의 대수적 방법이 서로 조화를 이룰 수 있는 구체적인 방안을 탐색할 필요가 있다. 예를 들어, 학생들이 고등학교에서 도형을 해석 기하적인 방법으로 다룬 후에, 이를 중학교에서 학습했던 종합 기하적인 방법과 비교하고 통합할 수 있도록 교육과정과 교과서를 구성할 필요가 있다. [그림 4-10]에 제시된 내용을 학생들과 함께 다룸으로써 동일한 수학적 명제를 증명하는 다양한 방법이 존재하며, 동일한 수학적 대상을 서로 다른 관점에서 파악할 수 있음을 학생들이 인식하도록 하는 것은 교육적으로 큰 의미가 있다. 특히 학생들은 수학적 개념이나 사실들을 서로 관련시키지 못하고 개별적으로 고립화하여 기억하고 이해하는 경향이 강하다. [그림 4-10]에 제시된 내용을 함께 다루어봄으로써 학생들은 수학의 여러 개념들과 수학적 방법들이 서로 관련되어 있음을 낮은 수준에서나마 인식할 수 있을 것이다.

4) 비유클리드 기하

비유클리드 기하는 학교 수학에서 다루는 내용은 아니지만, 수학사와 수학교육에서 매우 중요한 의미를 가지므로 여기에서 간단히 다루기로 한다.

Euclid 기하가 공표된 후에, 많은 수학자들은 Euclid 《원론》의 제5공준에 대해 의심스러워하였다. Euclid 공준을 읽은 많은 학생들도 제5공준에 대해서는 고개를 갸우뚱하면서 다시 한 번 읽게 된다. 학생들은 다른 4개의 공준에 대해서는 간단하고 당연한 내용이라고 생각하며, 심지어는 '이렇게 당연한 내용을 무엇 때문에 공준이라는 이름으로 제시했을까?' 하고 반문할 것이다. Euclid는 《원론》에서 인간이 직관적으로 자명하다고 느껴서 의심스러워하지 않는 명제들을 공준 또는 공리로 내세우고, 공리와 공준으로부터 참인 수학 명제를 연역적으로 추론하였다. 그러나 제5공준의 의미를 파악하기 위해서는 제5공준의 내용을 자세히 읽거나 도형을 그리면서 의미를 파악해야 한다.

수학자들은 제5공준인 평행선 공준이 다른 4개의 공준에 종속적인가를 의심하면서 다른 4개의 공준으로부터 제5공준을 유도하고자 시도하였다. 이러한 연구가 계속된 결과, 제5공준(평행선 공준)과 다른 새로운 명제를 공준으로 내세우면 모순 없는 새로운 기하 체계를 형성할 수 있음을 발견하였다. 평행선 공준 대신에 다른 공준을 내세워 얻게 되는 새로운 기하 체계를 비유클리드 기하라고 한다.

비유클리드 기하학에는 대표적으로 쌍곡 기하학과 타원 기하학이 있다([그림 4-11] 참고). 쌍곡 기하학에서는, Euclid 기하에서 평행선 공준과 동치 명제인 '평면 위에서 직선 l 위에 있지 않은 한 점 A를 지나고 직선 l과 만나지 않는 직선은 단 하나 존재한다' 대신에 '평면 위에서 직선 l 위에 있지 않은 한 점 A를 지나고 직선 l과 만나지 않는 직선은 여러 개 존재한다'를 공준으로 내세운다. 이렇게 하여 형성된 쌍곡 기하학에서는, 삼각형의 내각의 합이 180°보다 작게 된다. 타원 기하학에서는 Euclid 기하의 평행선 공준 대신에 '평면 위에서 직선 l 위에 있지 않은 한 점 A를 지나고 직선 l과 만나지 않는 직선은 하나도 존재하지 않는다'를 공준으로 내세우며, 여기에서는 삼각형의 내각의 합이 180°보다 크게 된다.

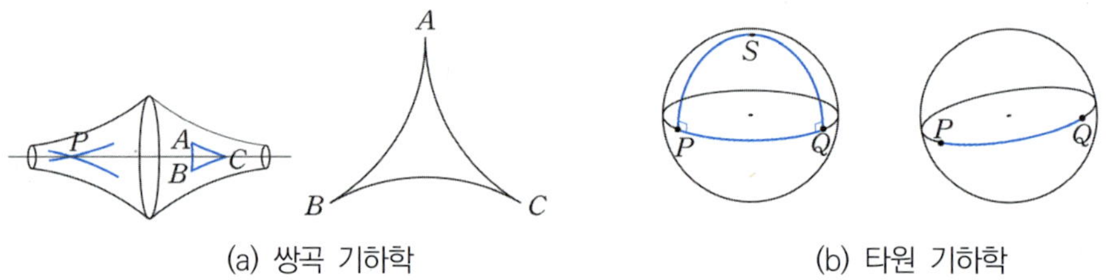

[그림 4-11] 비유클리드 기하학

비유클리드 기하의 출현으로 인해 수학자들은 어떤 공리라도 무모순의 조건만 만족한다면, 그것으로 하나의 공리계를 세울 수 있음을 확신하게 되었다. 비유클리드 기하의 출현은 집합론의 형성과 함께 수학기초론에 대한 논쟁을 촉발시켰다. 수학기초론 논쟁은 이후의 준경험주의, 구성주의로 연결되는 수리철학 논의의 중요한 한 축을 형성한다. 수리철학은 수학 교수·학습 이론을 구축하는 데에 사상적 방향과 근본 원리를 제공하며, 수학 교수·학습에 관련된 여러 개념에 많은 영향을 미치므로 수학교육학에서도 매우 중요한 분야이다.

5) 변환 기하적 관점

위에서 살펴본 Euclid 기하, 해석 기하, 비유클리드 기하 이외에도 사영 기하, 화법 기하, 위상 기하, 프랙탈 기하 등이 발달되었다. 이들 기하의 내용은 현재 학교 수학에 거의 반영되어 있지 않으므로, 이 책에서 다루지 않기로 한다. 그러나 사영 기하, 화법 기하, 위상 기하, 프랙탈 기하의 내용을 교사가 심층적으로 연구하여 정규 수학수업 시간 외의 시간, 예를 들어 '수학 교과 재량 활동 시간'이나 '수학 특별 활동 시간'에 다루는 것은 충분히 가능한 일이다.

Klein은 1872년에 당시까지 발달된 여러 기하학을 변환을 중심으로 체계적으로 분류하고자 하였으며, 이러한 Klein의 시도를 변환 기하적 관점이라고 한다.[4] 변환 기하적 관점이란 도형의 성질을 변환의 관점이나 함수적 관점에서 파악하는 것을 의미한다. 예를 들어, Euclid 기하는 합동 변환에서의 불변인 성질, 즉 어떤 도형을 합동 변환시켰을 때 변환 전과 변환 후에 바뀌지 않는 성질을 연구하는 분야이다. 마찬가지로 위상 기하는 위상 변환에서 불변인 성질을 다루는 분야이다.

변환에는 합동 변환, 닮음 변환, 아핀 변환, 사영 변환, 위상 변환 등이 있다. 합동 변환은 크기와 모양이 변하지 않는 변환이며, 대표적으로 평행이동, 대칭이동, 회전이동 등이 있다. 각각의 변환에서 보존되는 성질의 관계는 [표 4-3]과 같다(우

[표 4-3] 여러 가지 변환과 불변인 성질

성질 \ 변환	합동	닮음	아핀	사영	위상
곡선의 개폐성	○	○	○	○	○
내부, 외부, 경계점	○	○	○	○	○
선형순서, 원형순서	○	○	○	○	○
연결성	○	○	○	○	○
직선성	○	○	○	○	×
볼록성	○	○	○	×	×
평행성	○	○	○	×	×
거리의 비	○	○	○	×	×
각의 측도	○	○	×	×	×
길이	○	×	×	×	×
기 하 학	유클리드 기하		아핀 기하	사영 기하	위상 기하

4 Klein은 독일에서 '수학교육 근대화 운동'을 주도하였으며, 최초의 수학과 교육과정이라고 할 수 있는 '메란(Meran) 교육과정'을 구성한 학자로도 유명하다.

정호, 1998: 301 참고).

학교 수학에서 변환 기하와 관련되는 내용은 대부분 합동 변환과 관련된다. 우리나라 교육과정에서는, 초등학교에서 다루는 '평면도형의 이동'과 고등학교에서 다루는 '도형의 이동'이 합동 변환과 관련되는 내용이다([그림 4-12], [그림 4-13] 참고). 초등학교 저학년의 '평면도형의 이동'에서 다루는 내용은 '밀기', '뒤집기', '돌리기'이다. 밀기, 뒤집기, 돌리기는 각각 평행이동, 대칭이동, 회전이동을 의미하는 비형식적 용어이다. 밀기, 뒤집기, 돌리기 등의 내용은 고등학교의 '도형의 이동'에서 평행이동 및 원점, x축, y축에 대한 대칭이동으로 연결된다.

한편 중학교에서 일차함수와 이차함수($y=ax+b$, $y=ax^2+bx+c$)의 그래프를 지도하기 위해 기본적인 일차함수와 이차함수($y=ax$, $y=ax^2$)의 그래프의 평행이동을 활용하고 있다([그림 4-14] 참고). 중학교에서는 평행이동을 도형의 이동이라는 변환 기하적 관점에서 다루는 것이 아니라 함수의 그래프를 지도하기 위한 수단으로 다루고 있다.

활동 1 주어진 도형을 오른쪽으로 뒤집으면 어떻게 되는지 알아보시오.

준비물 3쪽

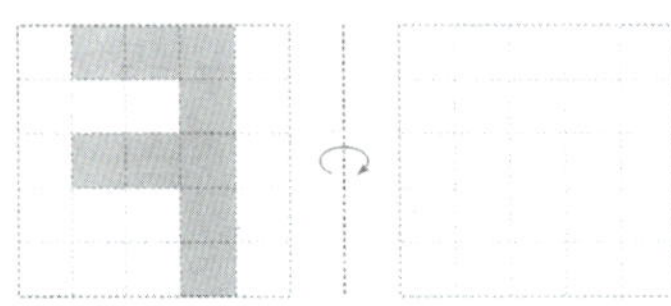

● 도형을 오른쪽으로 뒤집으면 어떻게 될지 생각해 보시오.

[그림 4-12] 초등학교에서의 변환 기하 관련 내용(교육부, 2014a: 72)

좌표평면 위의 한 점 또는 도형을 일정한 방향으로 일정한 거리만큼 옮기는 것을 평행이동이라고 한다.

좌표평면 위의 점 $\mathrm{P}(x,\ y)$를 x축의 방향으로 a만큼, y축의 방향으로 b만큼 평행이동한 점을 $\mathrm{P}'(x',\ y')$이라고 하면

$$x'=x+a$$
$$y'=y+b$$

이다. 따라서 점 P'은 $\mathrm{P}'(x+a,\ y+b)$이다.

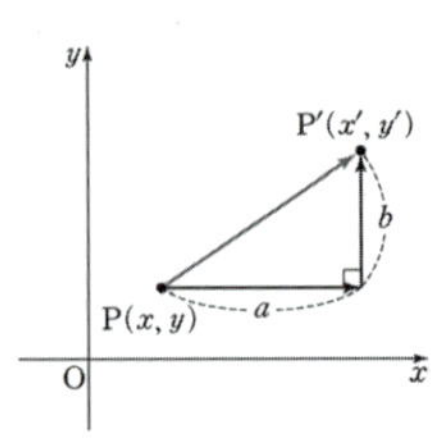

[그림 4-13] 고등학교에서의 변환 기하 관련 내용(우정호 외, 2013c: 204)

따라서 두 일차함수의 그래프를 그려 보면 오른쪽 그림과 같이 일차함수 $y=2x+3$의 그래프는 일차함수 $y=2x$의 그래프를 y축의 방향으로 3만큼 옮긴 것과 같다.

이와 같이 한 도형을 일정한 방향으로 일정한 거리만큼 옮기는 것을 **평행이동**이라고 한다.

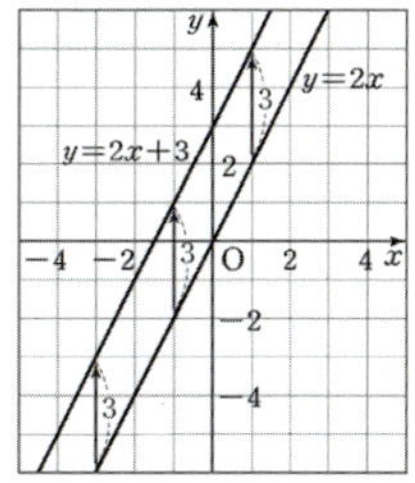

[그림 4-14] 중학교에서의 평행이동의 지도(우정호 외, 2013b: 147)

한편 초등학교 교사들은 '평면도형의 이동'과 '도형의 대칭'에서 다루는 내용이 학생들의 인지 수준에 비해 매우 어렵다고 언급하였다. 이는 초등학교 교사들이 도형 영역의 다른 내용에 대해서는 학습에 별다른 어려움이 없다고 언급한 것과 대조를 이룬다. 고등학교 교사들 또한 기하 영역 중에서 '도형의 이동'과 관련된 내용이 지도하기에 매우 어렵다고 언급하였다(임재훈 외, 2004). 교사들이 도형 영역 중에서 유독 변환 기하와 관련된 내용에 대해 교수·학습의 어려움을 토로하고 있는 것에 주목할 필요가 있다.

다. 기하와 증명 교수·학습 관련 연구

1) 기하 개념의 이해와 적용

학생들은 기하 문제 해결을 매우 어려워한다. 이 절에서는 학생들의 기하 문제 해결에서의 어려움을 기하 개념 획득과 관련지어 살펴보고자 한다. 물론 문제 해결이 오로지 개념 획득과 관련지어 파악될 수 있는 단순한 성질의 것은 아니다. 문제 해결은 개념 획득과 관련된 측면 이외에도 다양한 여러 측면이 혼재해 있는 복합적인 성질의 것이라고 할 수 있다.

가) 개념의 형성과 이해

Skemp(1989)는 개념을 공통 성질에 대한 상징적 표현으로 규정하면서, 개념을 형성하는 대표적인 조작으로 추상화와 분류를 들고 있다. 추상화는 공통 성질을 인식하는 활동이고 분류는 이러한 공통 성질에 근거하여 경험들을 모으는 활동을 의미한다. Skemp는 개념 형성을 일상생활 경험과 다루고자 하는 대상에서 공통 성질을 추상화하고 분류하는 정신 작용으로 주장하였다.

Kant는 '개념을 갖는 일', 즉 '개념을 이해'한다는 것은 어떤 특정한 대상을 이미 알고 있는 개념의 사례로 인식할 수 있는 것이라고 주장하였다. 다시 말해서 개념을 이해한다는 것은, 어떤 경험적 대상을 보편적인 개념 아래로 포괄할 수 있는 능력, 즉 구체적인 사례를 추상적인 개념을 통해서 볼 수 있는 힘을 일컫는다(김승호, 1987: 71에서 재인용). 이상의 논의를 종합하면, 어떤 개념을 형성하고 이해했다는 것은 그 개념을 통해 현상과 대상을 파악할 수 있다는 것을 의미한다.

나) 개념의 적용

중·고등학교에서 대다수의 기하 문제는 하나의 개념뿐만 아니라 개념의 체계(a system of concepts, 또는 concepts in a system)를 이용할 것을 요구한다. 개념의 체계란 여러 개념이 관련되어 있는 체계를 말한다. 개념을 모종의 체계로 파악한다는 것은 개념들 사이의 관련성을 구축한다는 것으로서, 이는 효율적인 개념 이해와 학생들의 논리적 사고 능력의 발달을 촉진한다.

문제가 요구하는 개념을 파악하지 못하고 그 결과 개념을 이용하지 못한다면 결코 문제를 해결할 수 없다. 그러므로 문제 해결 맥락에서 개념으로 조작하기 위해서는, 즉 개념을 적용하기 위해서는 굳건한 개념 체계가 필수적이다. 그렇다면 굳건한 개념 체계를 어떻게 형성할 수 있을까? 이 절에서는 개념 체계를 형성할 수 있는 한 방식으로 개념들 사이의 '수직적 관련성'과 '수평적 관련성' 구축에 대해 살펴보기로 한다.

(1) 수직적 관련성

개념들 간의 '수직적 관련성'이란 개념들 간의 위계 구조, 즉 개념들 간의 계통성을 일컫는다. 다시 말해서 개념 A와 개념 B가 수직적으로 관련되어 있다는 것은, 개념 A와 개념 B 사이에 논리적인 종속 관계가 성립한다는 것으로서, 개념 A가 개념 B를 기초로 해서(또는 개념 B가 개념 A를 기초로 해서) 생성된다는 것이다. 개념 A가 개념 B를 기초로 해서 생성된 개념이라고 했을 때, 개념 A가 개념 B보다 더 추상화되었다고 할 수 있다. 예를 들어, 삼각형의 외심 개념은 선분의 수직이등분선 개념을 기초로 해서 생성되며, 삼각형의 내심 개념은 각의 이등분선 개념을 기초로 해서 생성된다. 따라서 삼각형의 외심과 선분의 수직이등분선, 삼각형의 내심과 각의 이등분선은 각각 수직적으로 관련되었다고 할 수 있다.

수직적 관련성은 새로 학습한 개념이 학습자에게 의미 있는 지식으로 정착되는 것과 관련된다. 개념 A가 개념 B를 기초로 해서 생성된다고 할 때, 학생들에게 개념 B가 형성되어 있다면 개념 A를 형성하기가 훨씬 수월할 것이다. 그러므로 교사는 새로운 개념 학습에 토대가 될 선수 개념이 무엇인가를 파악하고 있어야 한다. 교사는 학습자가 이미 형성한 개념에 근거해서 새로운 개념을 이해하고 학습할 수 있도록 도울 필요가 있다. 수직적 관련성은 Skemp(1989)가 주장한 학습의 준비성과 연결되며, 학습의 준비성은 추상화된 상위 개념의 학습은 하위 개념의 형성을 토대로 함을 의미한다. Skemp에 따르면, 개념 학습에서 생기는 어려움은 새로운 개념 학습에 필요한 하위 개념이 충분히 형성되지 않은 데서 비롯된다(김응태 외, 1985: 180).

(2) 수평적 관련성

개념 X를 형성했다는 것은, 개념 X를 통해 어떤 대상이나 현상을 파악할 수 있음을 의미한다. 개념들 사이의 '수평적 관련성'을 구축했다는 것은, 여기에서 한 발 더 나아가서, 어떤 대상이나 현상을 여러 개념을 통해 동시에 파악하는 것을 의미한다. '수직적 관련성'으로 연결된 개념들이 서로 종속적인 관계를 맺는다면, '수평적 관련성'으로 연결된 개념들은 독립적이면서도 상호보완적인 관계를 맺는다. 실제로 어떤 대상은 여러 개념의 특성을 동시에 갖고 있어서 여러 개념을 통해 동시에 파악해야 할 필요가 있다.

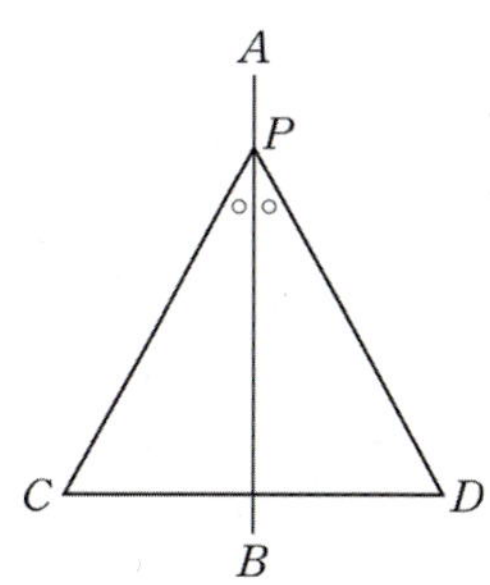

예를 들어, 오른쪽 그림에서 선분 CD의 수직이등분선을 AB라고 하자. 선분 AB 위의 점 P에서 점 C와 D를 직선으로 연결했을 때, 직선 AB는 $\angle CPD$의 이등분선이 된다. 즉, 직선 AB는 선분 CD의 수직이등분선인 동시에 $\angle CPD$의 이등분선이 되는 것이다.

개념들 사이의 수평적 관련성은 특히 기하 문제 해결과 밀접한 관계가 있다. 문제를 해결하기 위해서는 문제에 제시된 조건이 의미하는 여러 개념을 동시에 파악할 필요가 있다. 특히 기하 문제를 해결하기 위해서는 문제에 제시된 그림을 해석하는 능력이 필요한데, 이때 그림에 포함되어 있는 여러 개념을 동시에 파악하는 능력이 중요하다.

어떤 대상을 여러 개념을 통해서 동시에 파악하기 위해서는 유연한 관점의 변화가 필요하다. 유연한 관점의 변화는, X라는 개념을 통해서 바라보던 대상을 다시 Y라는 개념을 통해서 볼 수 있음을 의미한다. 즉, 어떤 대상이 개념 X의 사례인 동시에 개념 Y의 사례라는 것을 파악하는 것이다.

문제 해결에서 X라는 개념으로 제시되는 대상을 Y라는 개념의 관점에서 다시 재해석할 수 있는 능력은 대단히 중요하다. 다음의 문제를 살펴보자.

> 오른쪽 그림과 같이 평행한 두 직선 l과 m이 있다. 또 다른 직선 k가 점 P, Q에서 각각 직선 l, m과 만난다. 이때 $\angle SPQ$의 이등분선이 직선 m과 만나는 점을 R이라고 하자. $\angle SPQ$가 140° 일 때, $\angle PRQ$의 크기는 얼마인가?

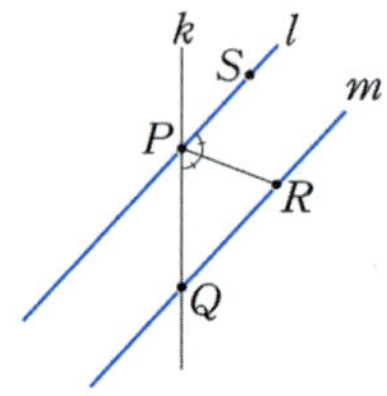

위의 문제를 해결하기 위해서는 엇각인 $\angle SPR$와 $\angle PRQ$의 크기가 같다는 사실을 이용해야 한다. 학생들은 직선 PR이 $\angle SPQ$의 이등분선인 동시에, 평행한 두 직선 l, m과 점 P, R에서 만남으로써 크기가 같은 엇각을 만드는 직선이라는 것을 파악해야 한다. 즉, 문제에 분명하게 제시된 각의 이등분선이라는 개념에서 문제에 숨어 있는 엇각 개념으로 이행함으로써 관점의 변화가 이루어져야 한다. 직선 PR이 $\angle SPQ$의 이등분선인 동시에 크기가 같은 엇각을 만드는 직선이라는 것을 파악하지 못하는 학생은 이 문제를 해결할 수 없다.

선행 연구들에 따르면, 학생들이 어떤 대상을 둘 이상의 개념을 통해서 동시에 바라보는 데에 어려움을 겪는다(Menchinskaya, 1969; Schoenfeld, 1986). 학생들은 문제를 설명하는 기하 그림을 재해석하지 못하는 경향이 있으며, 그 결과 한 그림에서 둘 이상의 개념에 상응하는 요소를 파악하지 못한다.

다) 장애의 원인 및 교수학적 시사점

그렇다면 개념들 사이의 수직적 관련성과 수평적 관련성 구축에서의 심리적 어려움의 원인은 무엇인가? 이하에서는 학생들의 장애를 개념의 개별화, 개념의 고착화, 선행 개념의 방해 등과 관련지어 살펴보고, 이로부터 도출할 수 있는 교수학적 시사점을 살펴보기로 한다.

■ 개념의 개별화

학생들은 개념을 '개별화'하는 경향이 있는데, 이는 학생들이 각각의 개념을 분리된 것으로 파악한다는 것이다. 학생들은 개념들이 서로 충돌하지 않도록 개념들 사이에 칸막이를 설치하여 개념을 개별화하고 구획화하는 경향이 있다(Hiebert & Lefevre, 1987). 개별화된 개념은 학생들을 구속하여 한 개념에서 다른 개념으로 이행할 수 있는 가능성을 박탈하며, 개념들 사이의 관련성 구축을 방해한다.

학습의 초기 단계에 개별적으로 학습된 개념들은 학생들에게서 분리된 채로 존재한다. 다시 말해서, 학생들의 개념은 개별화되고 고립되어 관계를 맺지 못한 채로 존재한다. 개념이 지나치게 개별화된 특성을 지니게 되면 문제 해결에 적용되기 어렵다. 그러므로 개념의 개별화 경향을 극복하고 여러 개념 간의 관련성을 구축할 수 있는 사고 활동이 필요하다.

또한 학생들이 개념을 제대로 이해하도록 돕기 위해서는, 학생들에게 이미 확립되어 있는 하위 개념에 근거해서 새로운 개념을 도입하고 설명해야 한다. 학생들이 새로운 개념을 이미 확립되어 있는 개념들의 관계망과 연결할 수 있을 때, 새로운 개념은 관계망에 통합되어 의미 충실한 지식이 된다. 반면에 학생들에게 형성되어 있는 개념에 근거하지 않고 새로운 개념을 제시할 경우에 그 개념은 다른 개념과 분리되어 개별적으로 존재하게 된다. 이렇게 학생들에게 개별적으로 존재하는 개념은 기억하기에 쉽지 않으며, 문제 해결에 적용하기는 더욱 어려워진다.

■ 개념의 고착화

학생들이 획득한 개념은 범위가 매우 좁은데, 이는 학생들이 개념을 특정 맥락에만 고착시키기 때문이다. 학생들의 이러한 경향을 '개념의 고착화' 경향이라고 할 수 있다.

기하 영역에서는 학생들의 개념 이해를 돕기 위하여 개념의 예가 되는 그림을 제시하는 것이 보통이다. 그러나 학생들은 개념을 설명하기 위해 제시한 그림, 즉 개념 사례를 그 개념과 강하게 결부시켜 개념을 개념 사례에 고착시킨다. 이러한 개념의 고착화는 개념의 본질적 요소와 비본질적 요소를 구분하지 못하게 하며, 학생들은 도형의 모양과 시각적으로 지각되는 특징을 본질적인 요소로 간주하게 된다. 학생들은 비본질적이지만 반복적인 특징을 개념의 본질적인 특징으로 인식하기도 한다.

위에서 제시한 문제에서도 학생들은 제시된 그림이 교과서에서 흔히 볼 수 있는 표준적인 그림이 아니라는 이유로 인해 '직선 PR은 크기가 같은 엇각을 만든다'는 개념을 파악하지 못할 수도 있다. 실제로 교과서에 제시된 표준적인 그림에만 국한

해서 개념을 이용하는 학생들을 쉽게 볼 수 있다. 학생들의 개념 이해를 돕기 위해서 제시된 시각적 보조 장치가 개념을 비조작적인 것으로 왜곡하는 것이다. 고착된 시각적 도구는 기하 문제 해결에서 장애로 작용한다.

그러므로 문제 해결에서 개념을 적극적으로 적용할 수 있도록 돕기 위해서는 학생들에게 다양한 맥락과 질적으로 다른 시각적 경험을 제시해야 한다. 이는 Dienes의 '수학적 다양성의 원리'와 일관된다. 학생들에게 비본질적인 성질의 다양한 변형을 제시함으로써 비본질적인 성질과 본질적인 성질을 비교할 수 있도록 해야 한다. 이러한 경험을 통해 학생들은 본질적인 성질과 비본질적인 성질을 분리해낼 수 있을 것이다. 학생들은 개념을 정확하게 이용하기 위해서 개념의 본질적인 성질과 비본질적인 성질을 분명하게 인식해야 한다.

▪ 선행 개념의 방해

어떤 대상에서 두드러지는 개념은 그 대상을 다른 개념으로 해석하는 것을 방해하기도 한다. 즉, 문제에 분명하게 제시되어 있어서 기하 그림을 해석하는 데에 먼저 이용된 '선행 개념'은, 그 그림을 다른 개념의 관점에서 재해석하는 것을 방해한다. 위의 문제에서는, 문제에 분명하게 제시되어 있는 '직선 PR은 $\angle SPQ$의 이등분선'이라는 선행 개념이, '직선 PR은 크기가 같은 엇각을 만든다'는 후행 개념으로 이행하는 것을 방해할 수도 있다.

'선행 개념의 방해'는 기하 그림을 오직 한 개념에 관해서만 바라보는 제한적인 방식에서 기인한다. 이는 Duval이 제시한 '중복 장애'와 일관된다. '중복 장애'란 기하 문제를 해결할 때, 변, 각, 꼭짓점 등 똑같은 요소를 두 번 이상 존재하는 것처럼 고려해야 할 때 곤란을 겪는 현상을 말한다.

이상에서는 기하 개념의 이해와 적용을 문제 해결과 관련지어 간략하게 살펴보았다. 문제를 성공적으로 해결하기 위해서는 문제 해결의 토대가 되는 어떤 개념을 견실하게 이해하는 동시에 여러 개념들을 체계적으로 관련지어야 한다. 개념들 사이의 상호관련성과 개념들 사이의 자유로운 이행은 개념 학습에서 강조되어야 할 매우 중요한 부분이다.

2) van Hieles의 기하적 사고 수준 이론

van Hieles(1986)은 중학교에서 교사로 재직하던 중, 자신이 증명을 열심히 지도함에도 불구하고 학생들이 증명을 이해하지 못하는 상황을 분석하였다. van Hieles

에 따르면, 기하적 사고에는 다섯 수준이 존재하며, 각 수준에는 독특한 언어 구조가 있어서 서로 다른 수준에 있는 사람끼리는 의사소통에 많은 어려움을 겪는다. 이에 van Hieles은 교사가 학생들의 수준을 파악하고 학생들의 수준에서 지도할 것을 권고하였다. 다시 말해서 교사는 학생의 수준에 적절한 언어로 풍부한 사고를 유발해야 하며, 학생들이 다음 수준으로 진행할 수 있도록 지도해야 한다는 것이다.

가) van Hieles의 기하적 사고 수준

• 제1수준: 시각적 인식 수준

제1수준은 시각적 인식 수준으로서 이 수준의 학생들은 전체적인 모양새로 도형을 인식하며 도형의 성질에 주목하지 않는다. '이 도형이 왜 정사각형일까요?'라는 질문에 대해 이 수준의 학생들은 '정사각형처럼 보이니까요'라고 대답한다. 학생들은 도형을 시각적 전체로 인식하며 따라서 시각적 이미지로서의 도형을 정신적으로 표현할 수 있다. 그러나 학생들은 도형의 성질에 주목하지 않으며, 도형의 성질을 인식하지 못한다.

• 제2수준: 기술적/분석적 인식 수준

제2수준은 기술적/분석적 인식 수준으로서 학생들은 도형의 성질에 주목하며 도형의 성질을 분석할 수 있다. 학생들은 시각적으로 지각되는 모양을 분석함으로써 도형의 성질을 알게 되고 결과적으로 도형을 성질에 의해 인식하고 특징짓는다. 학생들은 도형을 전체적으로 바라보지만 시각적 형태로서가 아닌 성질의 집합으로서 고려하게 되며, 시각적 이미지는 배경으로 물러나게 된다. 따라서 각 도형은 그 도형을 특징짓는 데 필요한 성질들의 집합이 된다. 예를 들어, 마름모를 네 변의 길이가 같은 도형으로 생각하게 된다. 그러나 학생들은 도형들 사이의 포함 관계를 거의 인식하지 못한다. 이 수준에서의 사고 대상은 성질의 집합으로서의 도형이다.

• 제3수준: 관계적/추상적 인식 수준

제3수준은 관계적/추상적 인식 수준으로서 도형의 성질이나 도형 자체가 논리적으로 정렬된다. 학생들은 개념에 대한 추상적 정의를 형성하고, 개념의 성질에 대한 필요조건과 충분조건을 구분하며, 기하 영역에서 논리적으로 논쟁하기도 한다. 도형의 성질의 일부는 도형의 정의로 채택되고 나머지 성질은 논리적 방법으로 정리되며, 학생들은 여러 도형 사이의 관계와 한 도형의 여러 성질 사이의 관계를 이해한다. 학생들은 도형들의 성질을 정렬함으로써 도형들을 위계적으로 분류할 수 있다. 예를 들어, 이 수준의 학생들에게 정사각형은 마름모인 동시에 직사각형이고 평행사변형이며 사다리꼴이다.

제3수준의 학생들은 다양한 성질을 발견함에 따라 성질들을 조직할 필요성을 느낀다. 한 성질은 다른 성질의 전제가 된다는 것을 인식하는 논리적 사고는 연역적 추론을 향한 첫걸음이라고 할 수 있다. 그러나 학생들은 완전한 연역적 추론, 즉 완전한 형식적 증명을 이해하지는 못하며, 연역적인 체계를 전체적으로 파악하는 수준에는 이르지 못한다. 제3수준의 학생들에게 연역적 추론은 소규모로 또는 국소적으로 파악된다. 다시 말해서, 제3수준의 학생들은 비형식적 연역적 추론을 할 수 있다. 예를 들어, 학생들은 사각형이 두 개의 삼각형으로 분해될 수 있고 한 삼각형의 내각의 합은 180°이므로 사각형의 내각의 합이 360°라는 사실을 연역할 수 있다.

• **제4수준: 형식적 연역 수준**

제4수준은 형식적 연역 수준으로서, 연역의 의의가 전반적으로 완전하게 이해된다. 학생들은 기하학의 이론 전체를 전개하는 공리적 방법의 의의를 이해하게 된다. 학생들은 공리적 체계 내에서 정리를 확립할 수 있으며, 무정의 용어, 공리, 정의, 정리 사이의 논리적인 차이점을 인식한다. 또한 학생들은 형식적인 연역적 추론을 이해하며 형식적 증명을 구성할 수 있다. 다시 말해서 학생들은 '제시된 조건'의 결과로서의 결론을 논리적으로 정당화하는 일련의 명제를 만들어낼 수 있다. 대학교에서 수학을 전공하는 대학생들의 대부분은 제4수준의 사고를 할 수 있다.

• **제5수준: 엄밀한 수학적 수준**

제5수준은 엄밀한 수학적 수준으로서, 대상의 구체적 성질이나 성질들 사이의 관계의 구체적 의미가 사상된다. 즉, 여러 가지 구체적 해석을 떠나서 발전하는, 여러 수학 체계에 대하여 형식적으로 추론할 수 있는 수준이다. 이 수준에서는 모델을 참고하지 않고 기하를 연구할 수 있으며, 공리, 정의, 정리 등의 문장을 형식적으로 다룸으로써 추론할 수 있다. 다양한 공리 체계와 논리 체계에 대한 논의의 가치를 이해할 수 있으며, 다양한 수학 체계 안에서 가장 엄밀한 방식으로 추론할 수 있다. 이 수준에서는 기하학의 이론이 추상적인 연역적 체계로서 구성된다. 수학적 구조를 잘 이해하며, 구조에 관한 고차원적 수준의 명제를 정당화할 수 있는 등 전문적인 수학자의 수준이라고 할 수 있다. 제5수준의 추론을 통해 공리적인 여러 기하 체계들을 확립하고 정련시키는 동시에 유클리드 기하, 비유클리드 기하와 같은 여러 기하 체계를 비교할 수 있다.

van Hieles 이론을 살펴보면, 증명 교수·학습이 성공적으로 이루어지기 위해서는 여러 가지 사전 활동들이 전제되어야 함을 알 수 있다. 단지 '증명'이라는 용어를 도입한다고 해서 증명을 의미 있게 학습할 수 있는 것은 아니며, 도형을 관찰하고 도형의 성질들을 학생들 스스로 분석하는 경험을 토대로 했을 때 비로소 의미 있는 증명 학습이 이루어진다는 것이다. 한 도형의 여러 성질들 사이에 그리고 여러 도형들 사이에 어떤 관련성이 있는가를 탐색하는 과정에서 학생들이 증명의 필요성을 인식할 수 있도록 지도하는 것이 바람직하다.

나) van Hieles 이론에 따른 교과서 이해

이 절에서는 van Hieles의 수준 이론을 토대로 교과서를 살펴보기로 한다.

[그림 4-15]는 초등학교에서 '네모'와 '세모'를 다루는 내용이다. 교실에서의 물건을 살펴보고 전체적인 모양새와 시각적 이미지로 네모 모양과 세모 모양을 다루고 있다는 점에서 van Hieles의 제1수준에 해당한다고 할 수 있다.

활동 2 교실에서 ■, ▲, ● 모양의 물건을 찾아보시오.

● 교실에서 찾은 ■, ▲, ● 모양의 물건을 빈칸에 그리거나 쓰고, 친구들과 빙고 놀이를 해 보시오.

[그림 4-15] van Hieles 제1수준에 해당하는 초등학교 교과서 내용(교육부, 2013: 48)

[그림 4-16]은 구체적 조작 활동을 통해 '삼각형의 세 각의 크기의 합이 180°이다'라는 성질을 다루고 있는 초등학교 교과서의 내용으로, van Hieles의 제2수준에 해당한다.

[그림 4-17]은 '평행사변형에서 두 쌍의 대변의 길이가 각각 같음'을 다루고 있는

중학교 교과서의 내용으로, 중학교 기하 단원에서 집중적으로 다루는 증명 및정당화와 관련된다. 평행사변형은 '두 쌍의 대변이 각각 평행인 사각형'으로 정의되므로, [그림 4-17]은 '사각형에서 두 쌍의 대변이 각각 평행이면 두 쌍의 대변의 길이가 각각 같음'을 다루고 있다고 할 수 있다. 다시 말해서 사각형에서 '두 쌍의 대변이 각각 평행'이라는 성질과 '두 쌍의 대변의 길이가 각각 같음'이라는 성질 사이의 관계를 다루고 있다. 따라서 [그림 4-17]에 제시된 내용은 van Hieles의 제 3수준에 해당된다고 할 수 있다. 제4수준에서는 무정의 용어, 공리, 정의, 정리 사이의 논리적인 차이점을 인식할 수 있어야 하지만, 중학교 교과서에서는 무정의 용어나 공리를 다루지 않는다.

활동 1 삼각형의 세 각의 크기의 합을 알아보시오.

- 종이에 삼각형을 그린 후 가위로 오려 보시오.
- 색연필로 세 각의 안쪽을 색칠한 후 삼각형을 잘라 보시오.

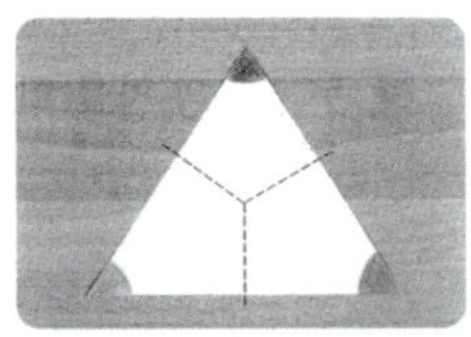

- 세 각의 꼭짓점이 한 점에 모이도록 이어 붙여 보시오.

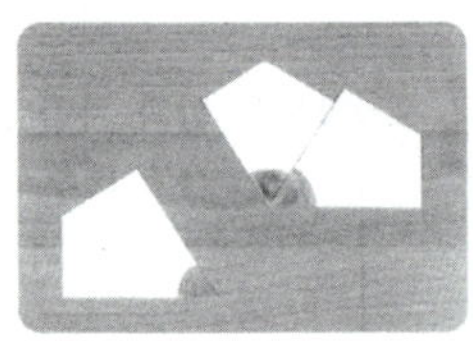

- 삼각형 모양을 잘라 세 각을 이어 붙여 알게 된 것을 이야기해 보시오.

[그림 4-16] van Hieles 제2수준에 해당하는 초등학교 교과서 내용(교육부, 2014b: 92)

[그림 4-17]은 한 도형에서 여러 성질 사이의 관계를 다루고 있는 중학교 교과서의 내용이다. 한 사각형에서 '두 쌍의 대각의 크기가 같음'이라는 성질과 '두 쌍의 대변이 평행'이라는 성질 사이의 관계를 다루고 있다. [그림 4-17]에 제시된 내용은, 우리나라의 중학교 기하 단원에서 집중적으로 다루는 증명을 제시하고 있다. van Hieles 수준 이론에 비추어보면, 제3수준에 해당된다고 할 수 있다. 제4수준에서는 무정의 용어, 공리, 정의, 정리 사이의 논리적인 차이점을 인식할 수 있어야 하지만, 중학교 교과서에서는 무정의 용어나 공리를 다루지 않는다.

평행사변형에서 두 쌍의 대변의 길이가 각각 서로 같음을 알아보자.

오른쪽 그림의 평행사변형 ABCD에서 대각선 AC를 그으면

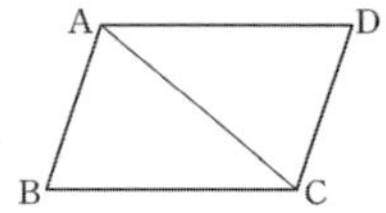

△ABC와 △CDA에서 $\overline{AB} /\!/ \overline{DC}$이므로

$\angle BAC = \angle DCA$ (엇각) ……①

이다. 또, $\overline{AD} /\!/ \overline{BC}$이므로

$\angle ACB = \angle CAD$ (엇각) ……②

$\overline{AC}$는 공통인 변 ……③

이다. ①, ②, ③에서 한 변의 길이가 서로 같고, 그 양 끝각의 크기가 각각 서로 같으므로 △ABC≡△CDA이다. 따라서

$\overline{AB} = \overline{DC}$, $\overline{AD} = \overline{BC}$

임을 알 수 있다.

즉, 평행사변형에서 두 쌍의 대변의 길이가 각각 서로 같다.

[그림 4-17] van Hieles 제3수준에 해당하는 중학교 교과서의 내용(우정호 외, 2013b: 257)

학생들의 사고 수준을 조사한 연구들은, 학생들이 증명 학습을 시작할 때의 사고 수준과 증명 학습 성취도 사이의 관계를 보고하였다. Senk(1985)는 제1수준에서 증명 학습을 시작하는 학생들은 15%의 증명 성공률을, 제2수준에서 증명 학습을 시작하는 학생들은 20%의 성공률을, 그리고 제3수준의 학생들은 85%의 성공률을 보인다고 보고하였다.

3) Freudenthal의 기하 교수 · 학습론

Freudenthal에 따르면 기하 영역에서의 수학화는 '① 주변 현상을 도형이라는 본질로 조직 ⇒ ② 도형의 성질 발견 ⇒ ③ 국소적 조직화: 정의하기와 증명하기 ⇒ ④ 전체적 조직화: 공리화 ⇒ ⑤ 존재론적 결합 끊기'의 순서로 이루어진다.

Freudenthal은 학생들이 기하를 활동으로 경험하게 하는 것, 즉 학생들이 기하를 재발명할 수 있도록 지도할 것을 강조하였다. 학습자의 실제로부터, 그리고 증명이 조직화를 위한 수단으로서 요구되는 현상을 학생들에게 제시함으로써 증명이 자연스럽게 도입되도록 해야 한다는 것이다. Freudenthal이 학생들의 기하 재발명에서 중심적인 활동으로 제안하는 것이 바로 국소적 조직화 활동이며, 국소적 조직화는 전체적 조직화와 대비되는 개념이다.

국소적 조직화는 공리에서 출발하는 것이 아니라 학습자가 접하고 있는 영역에서 참이라고 인정되는 사실, 즉 학습자의 실제로부터 시작해서 부분적으로 조직화하는

것을 말한다. 전체적 조직화는 기하의 전체 영역을 정의와 공리로부터 출발하는 공리 체계로 조직하는 것이다. Euclid 《원론》과 같은 체계적인 조직화 방식이 바로 여기에 속한다.

'존재론적 결합 끊기'는 형식주의자인 Hilbert의 기하학 체계와 같은 것을 의미한다. Hilbert가 제안한 방법은 수학을 완전한 형식 체계로 보는 것이다. 수학을 형식 체계로 보면, 명제는 형식적인 추론 규칙에 따라 다루는 의미 없는 기호의 유한 번의 연쇄로 간주된다. 수학을 추상적인 기호를 다루는 형식 체계로 보면, 기호가 의미하는 내용이나 존재론적 의미는 전혀 문제가 되지 않으며, 기호를 다루는 규칙 체계가 건전한가 하는 문제만 남게 된다. 기호가 의미하는 것이 문제가 되지 않으므로 그 기호를 다른 기호로 나타내어도 상관없다. 예를 들어, 점, 선, 면 대신 컵, 접시, 책상이라는 용어를 사용하여도 무방하다. 형식적인 체계 내에서 이런 용어들은 의미, 즉 존재론적 의미를 지니지 않는 무정의 용어로 다루어진다. 이런 맥락에서 Euclid의 기하학 체계를 '실질적 공리학', Hilbert의 기하학 체계를 '형식적 공리학'으로 명명하기도 한다. 실질적 공리학에서 점, 선, 면은 우리가 보통 생각하는 맥락에서의 존재론적, 실질적 의미를 갖는 반면에, 형식적 공리학에서 점, 선, 면은 아무런 의미를 갖지 않는 하나의 용어에 불과하다.

이하에서는 ① 주변 현상을 도형이라는 본질로 조직, ② 도형의 성질 발견, ③ 국소적 조직화의 과정 등을 평행사변형을 예로 들어 살펴보기로 한다. 전체적 조직화와 존재론적 결합 끊기는 중·고등학교 수준을 넘어서는 것이므로 다루지 않기로 한다.

① 주변 현상을 도형이라는 본질로 조직

학생들에게 주변의 여러 현상(모양)을 관찰하여 공통점을 발견하게 하고, 발견한 공통적인 특성에 따라 모양을 분류하게 한다. 특히 ▱처럼 생긴 도형을 평행사변형이라고 부르도록 안내한다. 주의할 것은, 여기에서 평행사변형의 정의를 제시해서는 안 된다는 것이다. Freudenthal은 '정의'가 아닌 '정의하기'를 지도해야 하며, '정의하기'는 국소적 조직화 단계에서 다루어야 한다고 주장하였다.

② 도형의 성질 발견

학생들에게 다음의 왼쪽 그림과 같은 평행사변형을 가지고 오른쪽 그림과 같이 책상 위를 덮는 활동을 하도록 안내한다. 다음의 그림에서 a, b, c, d, x, y, z, u

는 이후의 설명을 편리하기 위해 도입된 문자이다.

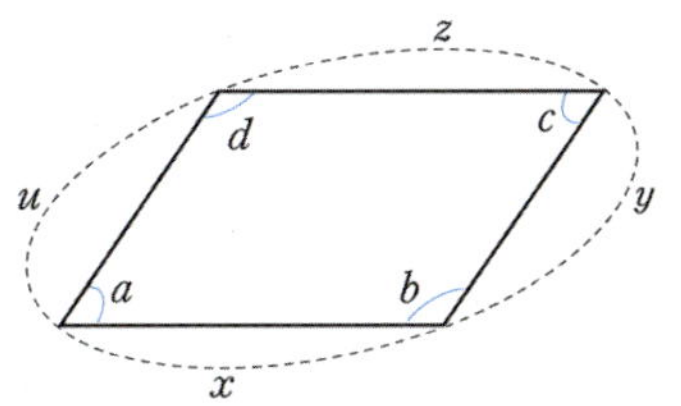

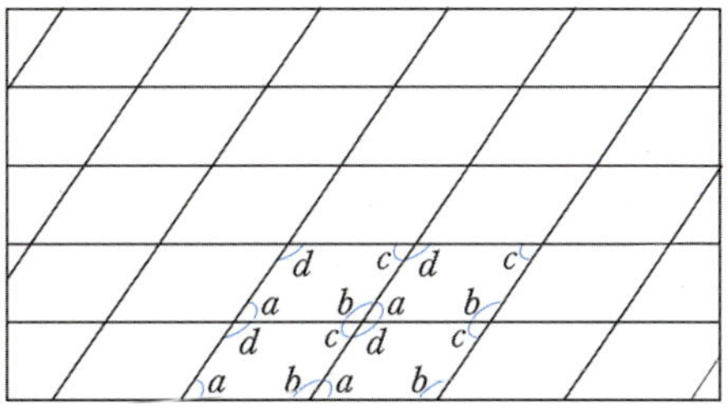

위의 활동에서 학생들은 평행사변형의 성질을 발견할 수 있다. 학생들은 오른쪽 그림에서 $x=z$, $u=y$, $\angle a=\angle c$, $\angle b=\angle d$ 등을 발견할 수 있다. 다시 말해서, 학생들은 ㉠ 대변의 길이가 같다, ㉡ 대각의 크기가 같다, ㉢ 두 쌍의 대변이 평행이다(왜냐하면 동위각의 크기가 같으므로) 등의 평행사변형의 성질을 발견할 수 있다.

이제 학생들에게 스스로 발견한 평행사변형의 성질, ㉠, ㉡, ㉢ 사이에 어떤 관계가 있는가를 조사하도록 안내한다. Freudenthal에 따르면 바로 여기에서 연역이나 증명의 필요성이 생긴다는 것이다. 평행사변형의 여러 성질들이 서로 어떻게 관련되는가를 논리적으로 조직화하기 위해서 연역이나 증명을 해야 한다는 것이다.

③ 국소적 조직화: 정의하기, 증명하기

평행사변형의 성질, ㉠, ㉡, ㉢이 서로 어떻게 관련되는가를 조직화하기 위해서 ㉠, ㉡, ㉢ 중에서 어느 하나를 다른 것들을 이끌어내는 기본 성질로 설정할 수 있다. 기본 성질로 설정하는 과정이 바로 Freudenthal이 주장하는 '정의하기'이다. 실제로 평행사변형을 보통은 '두 쌍의 대변이 평행인 사각형'으로 정의하지만, 평행사변형을 '두 쌍의 대각의 크기가 같은 사각형'으로 정의하여도 수학적으로 아무런 문제가 없다. 이런 과정을 통해 학생들은 정의하는 법을 배우고, 정의란 그것이 기술하는 것 이상을 의미한다는 것, 즉 정의는 대상의 여러 성질에 대한 연역적 조직화의 수단이며 첫 번째 단계라는 것을 경험하게 된다(Freudenthal, 1983: 417).

대학교 수준의 수학 교재들을 보면 똑같은 개념을 서로 다르게 정의하는 경우를 많이 볼 수 있다. 어떤 수학자는 X라는 수학 개념을 A로 정의한 후에, 새로운 명제 B가 정의 A와 필요충분조건에 있음을 증명한다. 또 다른 수학자는 X라는 개념을 B로 정의한 후에, 새로운 명제 A가 B와 필요충분조건에 있음을 증명한다. 결국, A와 B는 필요충분조건에 있는 명제들이며, X라는 개념에 대해 A를 정의(Freudenthal의 용어를 빌면 '기본 성질')로 택하든 B를 정의로 택하든 전혀 문제가 되지 않는 것이다. 이러한 수학자들의 활동이 바로 '정의하기'이다. 수학자들이 일상적으로 행하는 이러한 수학화 활동을 학생들의 수준에서도 경험하게 하자는 것이 바로 Freudenthal의 수학과 교수·학습 이론의 핵심이다.

평행사변형의 성질들을 조직하는 수단으로서 정의를 도입하고 그 성질들을 증명을 통해 국소적으로 조직화함으로써 학생들 스스로 명제를 만드는 경험을 할 수 있다. 증명은 국소적 조직화 과정에서 그 필요성이 자연스럽게 부각되며, 이렇게 지도된 증명만이 수학적 '안목'이 되어 일상생활 및 과학의 도구로서 실제적인 응용성을 갖게 된다.

그러므로 학생들이 자신의 수학적 실제로부터 부분적으로 조직화하는 국소적 조직화 경험을 통하여 조직화의 수단으로서의 증명의 필요성을 인식하고 증명의 의미를 이해하는 활동이 이루어져야 한다. 국소적 조직화 활동을 통해, 학생들에게 수학의 명제는 논리적으로 서로 관련되어 있고 서로 다른 것에 종속된다는 개념을 지도하는 것이 중요하다. 정의로부터 시작하여 형식적 구조를 지도하는 현재의 방법은 그 원시적인 틀이 어디에서 유래된 것인가를, 다시 말해서 수학자들이 연역 체계를 왜 그리고 어떻게 창조하고 있는가를 학생들에게 전혀 설명해주지 못한다.

Freudenthal은 증명 교육 실패의 원인을 학교 수학에서 기하가 충분히 연역적이지 않은 데서 찾는 것은 잘못된 발상이라고 비판하면서, 기하 교육이 실패한 것은 학생들에게 연역을 재발명 방법으로 지도하지 않고 강제로 부과했기 때문이라고 주장한다. 연역 체계로서의 기하는 아동들에게 인간 정신의 위력을 느끼게 할 수 있는 최상의 수단이기는 하지만, 이것이 지나쳐서 아동에게 정신적 열등감을 심어주어서는 안 된다는 것이다.

Freudenthal에 따르면, '정의-정리-증명'의 순서로 진행되는 현재의 증명 교육은 재고의 여지가 있다. Freudenthal은 수학의 역사와 수학자들의 실제적인 수학적 활동에 대한 고찰을 통해, 정의는 처음부터 제시되는 것이 아니라 여러 명제들을 논리적으로 연결하기 위한 연역의 고리로서 필요한 것이며, 증명은 여러 성질들을 조직하기 위한 활동이며, 정리는 이러한 조직화 활동의 결과물임을 주장하였다. '정의-정리-증명'의 순서로 이루어지는 증명 교육은 지식의 자연스러운 발생의 순서를 거꾸로 뒤집는 오류를 범하는 것으로써, Freudenthal은 이를 '반교수학적으로 전도'된 것이라고 강하게 비판한다. 이는 학생들에게 진정한 수학적 사고 활동으로서의 증명을 지도하지 못하고 증명의 기록에 불과한 기성의 수학을 단지 외부적으로 부

[표 4-4] van Hieles과 Freudenthal의 기하와 증명 교수 · 학습론

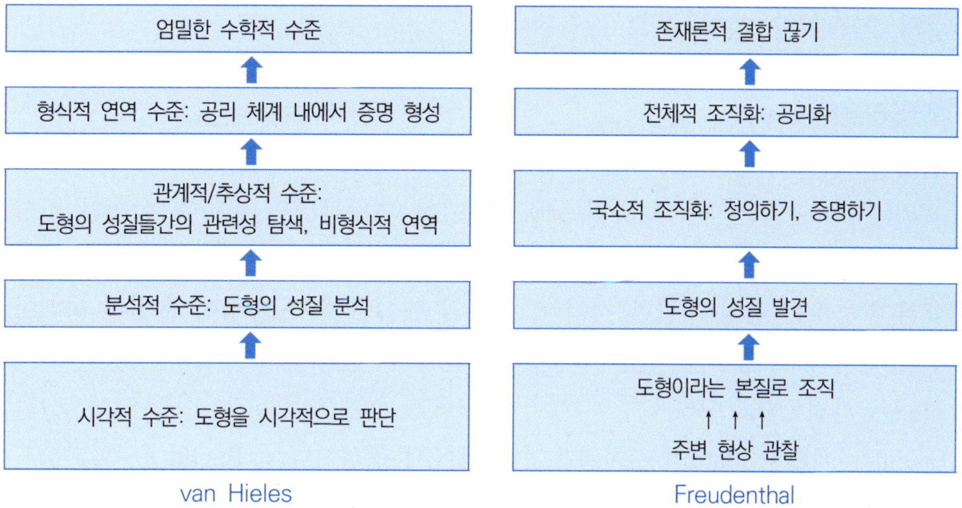

과함으로써, 형식적이고 빈약한 증명 교육을 고착시킬 위험이 있다는 것이다. 따라서 수학화의 도구로서 연역을 재발명하는 학습이 이루어지도록 학생들을 격려해야 하며, '정의'보다는 '정의하기'를, '증명'보다는 '증명하기'를 학생들이 경험할 수 있도록 지도해야 할 것이다.

이상에서 살펴본 기하와 증명 교육에 대한 van Hieles과 Freudenthal의 이론을 간단하게 나타내면 [표 4-4]와 같다.

4) 수리철학적 관점에서 본 증명의 의미

현대에 이르러 수학적 지식의 본질에 대한 인식이 달라짐에 따라 증명에 대한 철학적 관점도 변해왔다. 증명에 관한 수리철학적 관점은 '학교에서 증명을 어떻게 가르치고 배워야 하는가?'라는 증명의 교수·학습 문제를 논의하는 데에 중요한 배경으로 작용한다. 이 절에서는 대표적인 수리철학이라고 할 수 있는 절대주의, 준경험주의, 사회적 구성주의의 관점을 중심으로 각각의 수리철학에서 증명을 어떻게 파악하는지 살펴보기로 한다. 여기에서의 논의는 실제 증명 수업을 이해하고 증명 지도의 개선 방향을 탐색할 때 분석의 틀로 제공될 것이다.

가) 절대주의

절대주의는 절대적 진리로서의 수학의 존재성 및 수학의 절대적 기초를 인정하는

수리철학으로서, 18세기까지 서양 철학을 지배하였던 플라톤주의, 19세기 초의 논리주의, 직관주의, 형식주의로 대표된다.

(1) 플라톤주의

절대주의적 관점은 Plato의 철학에 뿌리를 두고 있다고 할 수 있다. Plato의 수학적 관점은 '이데아론'에서 비롯되는데 이데아는 영구불멸의 완전한 실재인 이상적 세계로 상정된다. Plato에 따르면 수학적 대상은 실재하며, 수학적 대상의 존재성은 인간의 활동과는 전혀 무관한 것이다. 수학의 대상인 수나 도형이 불변의 이데아로 간주되며, 수학을 한다는 것은 이미 존재하는 그러한 수학적 대상의 성질과 관계를 발견하는 과정이다.

Euclid는 이러한 Plato의 수학관을 《원론》에서 구현하였다. Euclid 《원론》에서 증명은, 이데아를 명백하게 기술하는 것으로 상정된 정의, 자명한 진리인 공리와 공준으로부터 새로운 정리를 이끌어내는 수단이었다. 증명을 통해 유도된 새로운 정리만이 진리로 인정되었으며, 증명은 인간을 참된 진리의 상태에 도달할 수 있게 하는 유일한 합리적인 과정이었다. 다시 말해서, 증명은 수학에서 다루는 내용의 절대적 진리성을 정당화하기 위한 유일한 방법으로서, 수학적 명제가 참임을 보증하는 이성에 근거한 핵심적인 방법으로 기능하였다.

그러나 19세기 초의 비유클리드 기하의 출현으로 인해, 수학자들은 어떤 공리라도 무모순의 조건만 만족한다면 그것으로부터 하나의 공리계를 세울 수 있음을 확신하게 되었다. 수학자들은 기하 이외의 다른 수학 분야 또한 공리적으로 전개하려고 하였지만, 집합론과 함수론 등에서 처리하기 곤란한 여러 가지 패러독스가 발견되었다. 이러한 패러독스들은 공리 체계 내에서 도출되었으며, 필연적으로 공리 체계의 확실성과 공리적 방법 자체에 심각한 문제를 야기하였다.

수학자들은 여러 가지 패러독스에 직면하여 수학의 기초를 구축하는 데에 근본적인 오류가 있다고 판단하였다. 그 결과, 수학 지식의 본성을 설명하고 그 확실성과 절대적 기초를 재확립할 목적으로 여러 가지 수리철학이 대두되었는데, 논리주의, 직관주의, 형식주의로 대표되는 수학 기초론에 대한 논의가 바로 그것이다.

(2) 수학기초론: 논리주의, 직관주의, 형식주의

논리주의에서 증명은 오직 논리학의 공리와 정의로부터 수학적 명제를 이끌어내는 수단이었다. 논리주의자들에게 증명은 수학적 명제가 논리적으로 항상 참임을

[표 4-5] 절대주의 수리철학과 증명에 대한 관점

	수학 인식론	증명관
플라톤 주의	• 수학적 지식은 영구불멸의 완전한 이상적 세계인 이데아	• 수학 내용의 절대적 진리성을 정당화하는 유일한 방법
논리주의	• 수학은 논리의 일부분, 수학적 개념을 논리의 개념으로 환원 • 수학적 지식의 확실성은 논리의 확실성으로 대체	• 수학 지식을 논리적으로 정당화하는 장치 • 수학적 진리는 논리의 공리와 추론 규칙만으로 입증 가능
직관주의	• 직관은 수학적 지식의 근원으로서 다른 어떤 논리보다 선행 • 수학적 활동은 직관적으로 자명한 공리에 근거한 내성적 구성	• 수학 명제의 참은 구성가능성과 동치 • 구성적 증명만을 인정, 비구성적 논증과 배중률 배제
형식주의	• 수학을 의미가 배제된 형식 체계로 재조직 • 수학의 확실성: 무모순성과 완전성	• 증명은 특별한 규칙을 따르며 의미를 고려하지 않는 기호 조작 • 엄밀한 연역적 증명은 무모순성과 완전성을 보장하는 수단

(tautological) 보이는 수단인 동시에, 자신들의 공리 체계가 논리적으로 항상 참인 수학적 명제를 이끌어내는 데에 위력적임을 드러내는 수단이었다. 그러므로 논리주의에서 증명은 수학 지식을 논리적으로 정당화하기 위한 장치라고 할 수 있다.

직관주의에서 수학적 명제로서의 적법성은 구성 가능성과 일치하며, 수학적 진리는 유한 번의 단계로 구성 가능함으로써 보증된다. 직관주의에서의 수학적 지식은 제한된 구성적 논리에 기초한 '구성적 증명'에 의해 확립되며, 수학적 대상의 의미는 그것이 구성되는 과정에 의존한다. 고전적인 존재성 증명에서는 존재성의 논리적 필연성을 입증하는 것이 중요한 반면, 직관주의적 존재성 증명에서는 그 존재성이 주장된 수학적 대상을 어떻게 구성하는지를 보여주어야 한다(Ernest, 1991). 직관주의에서 수학 명제는 기본적 직관에 근거한 정신적 구성을 통해 그 명제가 참임을 보이는 경우에만 참으로 인정된다. 직관주의자들은 직관적으로 안전한 '구성적 증명' 방식을 이용하여 수학적 지식을 이끌어냄으로써 확실한 기초를 제공할 수 있다고 생각하였던 것이다.

형식주의에서 어떤 명제 P의 증명은 P_1, P_2, $\cdots$, $P_n(=P)$으로 이루어지며, 여기에서 P_i는 공리, 정리, 또는 추론 규칙에 의해 이전의 명제로부터 유도된 것이다. 증명에 포함된 절차는 단순히 기호 조작으로 파악되며, 기호의 의미는 전혀 고려되지 않는다. 따라서 형식주의에서 증명은 각각의 기호가 특정한 규칙에 따라 이전의 기호로부터 유도되며, 의미를 고려하지 않는 일련의 기호들일 뿐이다.

이상의 논의를 통하여, 절대주의 수리철학자들은 무엇을 타당한 증명으로 인정할 것인가와 증명의 세부 내용에서 상당한 관점의 차이를 보이기는 하지만, 수학적 명제를 정당화하는 수단으로 증명의 본질을 파악하는 데에는 공통된 관점을 가지고 있음을 알 수 있다. 증명은, 플라톤주의에서는 수학 명제가 절대적으로 참임을 정당화하는 수단으로, 논리주의에서는 수학 명제가 논리적으로 참(tautology)임을 정당화하는 수단으로 기능한다. 직관주의에서는 구성적 증명을 통해 구성 가능성이 입증되는 명제만을 참인 명제로 인정하며, 형식주의에서는 증명을 의미없는 기호 조작으로 환원함으로써 무모순성과 완전성을 정당화하고자 한다. 결국 절대주의 인식론에서 증명은 새로운 수학적 진리와 확실성을 보증하는 원천으로서, 공리 체계 내에서 수학적 진리를 공리에서 정리로 전달하는 유일한 메커니즘으로 작용한다.

따라서 절대주의 수리철학에서는 증명의 종합적 방식이 부각될 수밖에 없다. 절대적 수리철학에서 증명은 정당화의 수단으로 기능하므로, 가정에서 결론을 이끌어 내는 과정의 각 단계가 각각의 수리철학에서 요구하는 적법성을 갖추고 있는가가 중요하다. 증명 방법을 찾고 증명을 완결하기 위한 과정에서 수학자들이 거쳤을 분석적 사고와 시행착오를 포함한 무수한 사고 실험보다는 완결된 증명의 모습에 주목할 수밖에 없다. 완결된 증명의 모습에는 분석적 방식이 드러나지 않으며, 가정으로부터 결론을 이끌어내는 선형적이고 단계적 절차로서의 종합적 방식이 부각된다.

그러나 실제로 증명 방법을 찾기 위해서는 분석적 방식이 동원되어야 한다. 종합적 방식만으로 증명을 지도하면, 증명이 어떻게 해서 그런 모습으로 완결되어 나타나게 되는가를 학생들이 이해하는 데에 도움을 줄 수 없다.

나) 준경험주의

준경험주의는 Lakatos로 대표되는 수리철학으로서, 수학적 지식은 준경험적이고 오류 가능하며 인간의 창조적 활동, 즉 발명의 산물이라고 주장한다. Lakatos는 수학적 지식은 절대적 진리도 아니고 절대적 확실성도 갖지 않으며 오류 가능하므로 끊임없는 개선의 여지가 있다고 주장한다.

Lakatos는 이른바 논리주의, 형식주의 등의 절대주의 수리철학은, 의심의 여지가 없는 것으로 인위적으로 인정되는 공리로부터 연역적 절차를 통해 명제로 진리값을 전달하는 체계로서의 수학을 발달시키기 위해 설계된 'Euclid적 체계'라고 비판하면서, 수학의 역사 발생적 논리에 따른 수학 인식론을 제기하였다. Lakatos는 수학은 경험 과학인 자연 과학과 유사한 방식으로 진행되며, 추측(가설)에 대한 거짓이 공리와 정의에 재전달된다는 의미에서 준경험적이라고 주장하였다.

절대주의적 관점에서 증명은 절대적 진리로 인정되는 공리로부터 정리를 연역함으로써 정리가 참임을 정당화하는 수단이었다. 그러나 Lakatos는 증명의 목적이 명제의 진리성과 확실성을 확보하는 것이라는 절대주의적 관점을 거부하면서, 증명의 근본 전제가 되는 공리가 참임을 보이지 못하는 절대주의는 순환 논리에 빠질 수밖에 없다고 주장하였다.

Lakatos에 따르면, 증명의 진정한 기능은 이미 주장된 정리를 비판함으로써 정리를 개선하는 데에 있다. Lakatos는 증명을 사고실험과 초기 형태의 정리라고 할 수 있는 원시적 추측을 정련시키기 위해 분석하는 방법으로 간주하였다.

> 나는 사고실험 또는 '준실험(quasi-experiment)'에 대해 유서 깊은 '증명'을 계속 사용할 것을 제안한다. 증명은 원시적 추측을 부분 추측이나 보조 정리로 분해하여, 가능한 한 멀리 떨어져 있는 지식체에 포함시키는 것이다(Lakatos, 1976: 9).

Lakatos는 자신의 증명 관점을 설명하기 위하여, 다면체에서 Euler의 정리 $V-E+F=2$ (V는 꼭짓점의 개수, E는 모서리의 개수, F는 면의 개수)에 대한 다음과 같은 Cauchy의 증명을 예로 들고 있다.

1단계: 표면이 얇은 고무로 되어 있고 속이 빈 다면체를 상상해보자. 그 다면체의 어느 한 면을 잘라내면, 나머지 면들을 평면 위에 평평하게 펼쳐서 평면 지도를 만들 수 있다. 이 과정에서 면과 모서리는 변형될 것이고, 모서리는 곡선이 될 수도 있지만, 꼭짓점의 개수 V와 모서리의 개수 E는 변하지 않을 것이다. 그러나 한 면을 제거하였기 때문에 면의 개수 F는 1이 줄게 될 것이다. 따라서 본래의 다면체에 대하여 $V-E+F=2$라고 하면, 평면 지도에서는 $V-E+F=1$이 된다.

2단계: 평평하게 펼쳐놓은 평면 지도에서 삼각형이 아닌 다각형이 있으면 대각선을 그어 삼각형으로 만든다. 대각선을 그을 때마다 E와 F가 1씩 증가하게 되므로 $V-E+F=1$의 값은 변하지 않는다.

3단계: 모든 면이 삼각형으로 분할된 평면 지도에서 삼각형을 하나씩 제거해 나간다. 삼각형을 하나 제거하려면 모서리를 하나 제거하거나(그러면 면과 모서리가 하나씩 제거된다) 또는 모서리 한 개와 꼭짓점 하나를 동시에 제거해야 한다. 따라서 삼각형 하나를 제거하기 전에 $V-E+F=1$이었다면 그 삼각형을 제거

> 하였을 때도 $V-E+F=1$은 변하지 않는다. 이러한 절차를 계속해 나가면 최종적으로 단 하나의 삼각형만이 남게 되며, 이 삼각형에서 $V-E+F=1$이다. 그런데 모든 삼각형에서 $V-E+F=1$이므로, 최종적으로 남은 삼각형의 $V-E+F=1$이라는 기초 명제는 참이 된다. 따라서 다면체에서 $V-E+F=2$라는 원래의 추측은 참이다(Lakatos, 1976: pp. 29-30).

Lakatos가 주장하는 증명은 두 가지 의미를 내포하는데, 증명의 본질은 사고 실험이라는 것과, 증명 절차는 추측을 부분 추측으로 분해하여 그것을 이미 알고 있는 것과 연결시키는 과정이라는 것이다.

먼저 증명의 본질이 사고 실험이라는 것은, 준경험적인 학문 체계로서의 수학에서 증명이 발견의 수단임을 시사한다. 사고 실험은 머릿속에서 어떤 대상들을 다루면서 사고 활동의 결과를 관찰함을 의미한다. 따라서 증명은 곧 사고 실험이라는 관점은, 사고 실험을 통한 증명의 재검토 과정에서 반례에 의해 증명과 추측을 반박하고 개선함으로써 새로운 개념을 발견할 수 있음을 시사한다. 이러한 Lakatos의 관점에서는 추측(원래의 명제)이 참임을 밝히는 방법을 찾는 자세보다 증명을 통해 추측(원래의 명제)을 비판하고 개선하려는 자세가 더욱 중요하게 된다(강문봉, 1993: 84).

다음으로 '증명이 추측을 부분 추측 또는 보조 정리로 분해하여 그것을 가능한 한 멀리 떨어져 있는 지식체에 포함시키는 것'이라는 Lakatos의 관점은, 분석적 방식으로서의 증명을 강조한 것으로 해석할 수 있다. 위에서 언급한 Cauchy의 증명을 상세히 살펴보면, '모든 다면체에서 $V-E+F=2$이다'라는 추측을 분해하여 우리가 참인 것으로 알고 있는 '삼각형에서는 $V-E+F=1$이다'라는 기초 명제를 이끌어내었다. 여기에서 '삼각형에서는 $V-E+F=1$이다'라는 기초 명제가 바로 Lakatos가 언급한 '가능한 한 멀리 떨어져 있는 지식체'에 해당한다. '다면체에서 $V-E+F=2$이다'라는 정리를 증명하기 위하여 어떤 공리, 정의, 가정으로부터 선형적으로 결론을 이끌어내는 것이 아니라, 정리를 보조 정리로 분해하여 참이라고 알고 있는 기초 명제와 연결시키는 이러한 방식이 바로 분석적 방식과 관련된다.

절대적 인식론에서 증명의 본질은 정리가 절대적으로 참임을 정당화하는 수단으로 파악되며, 정리가 증명되면 그것으로 증명 작업은 일단락된다. 그러나 준경험주의에서 수학적 지식은 잠정적으로 참으로 인정되는 추측에 불과하기 때문에, 어떤 정리를 증명한 것으로 모든 것이 끝나는 것은 아니며, 증명한 이후에도 증명을 분석함으로써 추측과 증명을 개선하는 끊임없는 과정이 진행된다. Lakatos에게서 증명은 어떤 정리를 정당화하는 수단이 아니라, 증명 분석을 통하여 추측을 개선해 나가고 증명 자체를 반박함으로써 새로운 개념을 발견해내는 발견의 수단이다. 다시 말해서, 증명은 비판을 용이하게 하기 위해 추측을 가능한 한 작은 부분으로 분해하여 분석하는 사고 실험을 의미하며, 증명에 의한 비판으로부터 추측의 잘못된 부분들을 찾고 수정해 나가는 계속적인 발견의 과정이다.

준경험주의 수리철학의 입장을 수학교육에 직접적으로 반영하기보다는, 현재의 증명 교육에서 결여된 부분을 보완한다는 의미에서 적용 가능한 것만을 완화시켜 도입할 필요가 있다. 절대주의 수리철학에 대한 논의에서, 증명을 지나치게 정적인 정당화의 맥락에서 종합적 방식으로만 부과하는 것은, 학생들에게 아무런 의미도 주지 못하는 공허한 교수·학습으로 흐를 위험이 있음을 확인하였다. 따라서 Lakatos가 강조하는 발견의 맥락과 절대주의에서 강조하는 정당화의 맥락을 통합함으로써 증명 교육을 보완할 방안을 탐색할 필요가 있다. 또한 Lakatos가 강조한 증명의 분석적 방식을, 증명의 외형적 모습만을 선형적으로 제시하는 종합적 방식을 보완하는 한 방안으로 고찰해 보는 것은 교수학적으로 충분한 의의가 있다고 할 수 있다.

다) 사회적 구성주의

사회적 구성주의에서는 수학적 지식을 사회적 합의를 통한 사회적 구성개념으로 규정한다. 또한 수학적 지식의 객관성은 절대적인 진리로서 객관적인 것이 아니라 사회적으로 객관적인 것으로 대체된다. 사회적 객관성은 객관성을 사회적으로 인정되는 것과 동일시함으로써 인간을 초월한 이상적인 것으로서의 객관성을 배제한다.

사회적 구성주의의 또 다른 특징은 주관적 지식과 객관적 지식의 두 형태를 모두 고려하는 동시에 나아가 이 두 지식을 생산적인 순환 관계 속에서 연결한다는 점이다. 새로운 수학 지식은 개인적 창조의 산물인 주관적 지식으로부터 공표를 거쳐 상호주관적인(intersubjective) 조사, 재형식화, 수용 과정을 통해 객관적 지식에 이르게 된다. 여기에서 사람과 사람 사이의 사회적인 협의 과정이 필요하게 된다. 또한 각 개인은 수학을 학습하여 객관적 지식을 내면화하고 재구성함으로써 주관적 지식으로 변용하며, 변용된 주관적 지식을 이용하여 다시 새로운 수학적 지식을 창조하고 공표한다. 이와 같이 주관적 지식과 객관적 지식 사이의 순환이 이루어지며, 수학의 주관적 지식과 객관적 지식은 서로 창조와 재창조에 기여하게 된다.

사회적 구성주의에서 수학은 조직화된 사회의 필요성으로부터 발생하는 것으로 주장된다. 증명 또한 인간과 독립적으로 존재하는 별개의 것이 아니라 인간의 실제와 관련된 것으로 파악된다.

사회적 구성주의에서는 수학자 개인의 증명이 객관적인 수학적 지식으로 인정되는 실제적인 연구 과정에 주목한다. Hanna(1983)에 따르면, 정밀한 조사, 수정, 정련의 과정을 거치는 증명은 수학 공동체에서 충분히 흥미롭고 중요한 것으로 인정하는 정리의 증명뿐이다. 즉, 의미 있는 수학적 지식을 이끌어낼 것 같지 않은 정리의 증명은 수학 공동체에서 처음부터 무시되고 조사되지 않는다. 수학 공동체에서 인정하지 않는 수학자 개인의 증명은 주관적 지식에 불과할 뿐, 객관적 지식으로서의 수학적 증명으로 채택되지 않는다.

그러므로 사회적 구성주의에서 증명의 타당성에 대한 기준은 수학자 공동체에 의존하며, 타당한 증명이란 수학 공동체의 인정을 거쳐 사회적으로 합의된 것이다. 어떤 수학자 개인의 증명이 수학 공동체에서 인정받기 위해서는 다른 동료 수학자들을 확신시켜야 한다. 따라서 사회적 구성주의에서 증명의 일차적 기능은 자기 자신을 포함해서 다른 사람을 확신시키기 위한 설명이며, 증명은 수학자들 사이의 의사소통의 수단이다.

위에서 고찰한 바와 같이, 사회적 구성주의에서 증명은 설명, 확신의 수단으로 파악된다. 이러한 사회적 구성주의 관점은, 증명을 통해 학생들에게 수학 명제가 의미하는 바에 대한 통찰을 제공함으로써 명제를 이해하고 확신하도록 지도해야 함을 시사한다. 교실에서 증명의 목적은 '엄밀함'이나 '정직성'의 추상적 기준을 만족하기 위해 의례적으로 행해지는 관습이 아니라 학생들의 확신을 증진시키는 설명이어야 한다는 것이다.

이상에서는 대표적인 수리철학이라고 할 수 있는 절대주의, 준경험주의, 사회적 구성주의 수학 인식론과 증명관에 대해 살펴보았다. 증명은 절대주의에서 수학 명제가 참임을 밝히는 정당화의 수단으로, 준경험주의에서는 발견의 수단으로, 그리고 사회적 관점에서는 확신과 설명의 수단으로 파악되었다. 또한 절대주의 수리철학에서는 증명의 종합적 측면을, 준경험주의에서는 증명의 분석적 측면이 부각되었다.

세 수리철학에서 부각된 증명의 측면은 외형상으로는 서로 분리되어 있는 것처럼 보이지만, 실제로는 서로 밀접하게 관련되어 있다. 증명의 심층을 자세히 들여다보면, 현재의 문제를 조사하여 추측을 형성하는 발견의 맥락 이후에, 그 추측이 참인지 거짓인지를 조사하는 정당화의 맥락이 오며, 마지막으로 그 결과를 다른 사람에게 설명하여 확신시키는 사회적 맥락이 온다. 또한 증명은 결론이 참이기 위해서 우선 만족되어야 할 선행 조건을 탐색하는 분석적 방식과 그러한 선행 조건을 공리와 정의에 근거해서 가정으로부터 이끌어내는 종합적 방식이 통합된 역동적 사고 과정이다.

그러므로 증명을 복합적 다면체로 파악하는 것이 바람직하며, 증명의 다양한 측면을 학교 수학에서도 적절히 반영함으로써 더욱 풍부한 증명 교육이 이루어지도록 해야 한다. [그림 4-18]은 증명에 대한 절대주의, 준경험주의, 사회적 구성주의의 수리철학적 관점과 Freudenthal의 교수학적 관점을 통합하여 나타낸 것이다.

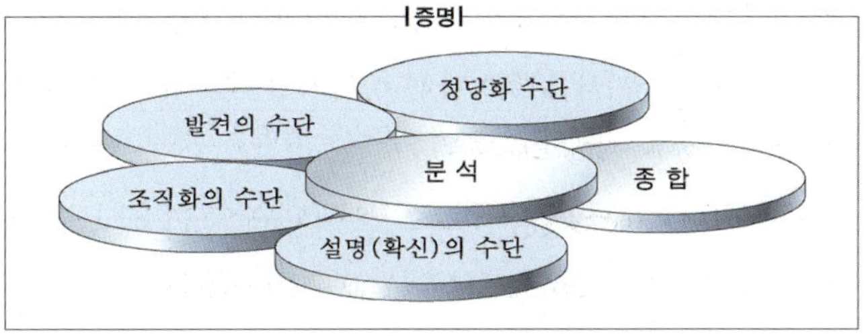

[그림 4-18] 증명의 복합적 측면

증명 방법에 대한 교사의 설명을 학생들이 무비판적으로 경청하는 것으로는 의미 충실한 증명 교육이 될 수 없다. 증명에 대한 절대주의, 준경험주의, 사회적 구성주의의 관점을 완화시켜 수학교육적 상황에 조화롭게 반영함으로써 바람직한 교수·학습 상황을 설계할 필요가 있다.

2. 기하와 증명 교수·학습 실제

가. 교육과정의 이해

2022 개정 수학과 교육과정의 초등학교와 중학교에서는 기하와 관련된 내용을 '도형과 측정' 영역에서 다룬다. '핵심 아이디어'를 통해 도형 개념과 성질, 정당화 등을 학습할 필요성과 중요성을 강조한다(교육부, 2022).

[표 4-6] 초등학교와 중학교의 도형과 측정 영역의 내용 체계

<table>
<tr><td>핵심 아이디어</td><td colspan="6">· 평면도형과 입체도형은 여러 가지 모양을 범주화한 것이며, 각각의 평면도형과 입체도형은 고유한 성질을 갖는다.
· 도형의 성질과 관계를 탐구하고 정당화하는 것은 논리적이고 비판적으로 사고하는 데 기반이 된다.
· 측정은 여러 가지 속성의 양을 비교하고 속성에 따른 단위를 이용하여 양을 수치화함으로써 여러 가지 현상을 해석하거나 실생활 문제를 해결하는 데 활용된다.</td></tr>
<tr><td rowspan="3">구분
범주</td><td colspan="6">내용 요소</td></tr>
<tr><td colspan="3">초등학교</td><td colspan="3">중학교</td></tr>
<tr><td>1~2학년</td><td>3~4학년</td><td>5~6학년</td><td colspan="3">1~3학년</td></tr>
<tr><td>지식·이해</td><td>· 입체도형의 모양
· 평면도형과 그 구성 요소
· 양의 비교
· 시각과 시간(시, 분)
· 길이(cm, m)</td><td>· 도형의 기초
· 원의 구성 요소
· 여러 가지 삼각형
· 여러 가지 사각형
· 다각형
· 평면도형의 이동
· 시각과 시간(초)
· 길이(mm, km)
· 들이(L, mL)
· 무게(kg, g, t)
· 각도(°)</td><td>· 합동과 대칭
· 직육면체와 정육면체
· 각기둥과 각뿔
· 원기둥, 원뿔, 구
· 다각형의 둘레와 넓이
· 원주율과 원의 넓이
· 직육면체와 정육면체의 겉넓이와 부피</td><td>· 기본 도형
· 작도와 합동
· 평면도형의 성질
· 입체도형의 성질</td><td>· 삼각형과 사각형의 성질
· 도형의 닮음
· 피타고라스 정리</td><td>· 삼각비
· 원의 성질</td></tr>
<tr><td>과정·기능</td><td colspan="3">· 여러 가지 사물과 도형을 기준에 따라 분류하기
· 도형의 개념, 구성 요소, 성질 탐구하고 설명하기
· 평면도형이나 입체도형 그리기와 만들기
· 평면도형을 밀기, 뒤집기, 돌리기 한 모양을 추측하고 그리기
· 쌓은 모양 추측하고 쌓기나무의 개수 구하기
· 공간 감각 기르기
· 여러 가지 양을 비교, 측정, 어림하는 방법 탐구하기</td><td colspan="3">· 점, 직선, 평면의 위치 관계를 다양한 상황과 연결하기
· 도형의 성질 설명하기
· 삼각형의 작도 과정 설명하기
· 삼각형의 합동과 닮음 판별하기
· 도형의 길이, 넓이, 겉넓이, 부피 구하기
· 구체적인 모형이나 공학 도구 이용하기
· 도형의 성질을 정당화하기</td></tr>
</table>

	· 측정 단위 사이의 관계 탐구하기 · 측정 단위를 사용하여 양을 표현하기 · 실생활 문제 상황에서 길이, 들이, 무게, 시간의 덧셈과 뺄셈하기 · 도형의 둘레, 넓이, 부피 구하는 방법 탐구하기 · 측정을 실생활 및 타 교과와 연결하여 문제해결하기	· 닮음비 구하기 · 간단한 삼각비의 값 구하기 · 삼각비를 활용하여 문제해결하기
가치 · 태도	· 평면도형, 입체도형에 대한 흥미와 관심 · 합동인 도형, 선대칭도형, 점대칭도형의 아름다움 인식 · 표준 단위의 필요성 인식 · 넓이와 부피를 구하는 방법의 편리함 인식 · 도형과 측정 관련 문제해결에서 비판적으로 사고하는 태도	· 증명의 필요성 인식 · 피타고라스 정리, 삼각비의 유용성 인식 · 피타고라스 정리, 삼각비에 대한 흥미와 관심 · 도형의 성질을 이용한 건축물, 문화유산, 예술 작품에 대한 흥미와 관심 · 다양한 정당화 방법을 이용하여 체계적으로 사고하고 타인을 합리적으로 설득하려는 태도 · 정당화를 통해 수학적 근거를 바탕으로 비판적으로 사고하는 태도

초등학교 도형과 측정 영역에서는, 평면도형과 입체도형의 기본 개념 이해하기, 도형의 성질 탐구하고 설명하기, 평면도형과 입체도형 만들기, 평면도형을 밀기, 뒤집기, 돌리기 한 모양을 추측하고 그리기 등을 다룬다. 또한 공간에 대한 직관적 이해라고 할 수 있는 공간 감각과 관련하여 쌓기나무 표현하기, 쌓은 모양 추측하기, 쌓기나무의 개수 구하기 등을 다룬다.

중학교 도형과 측정 영역에서는 다양한 상황을 통해 평면도형과 입체도형의 개념 이해하기, 도형의 성질 설명하기, 피타고라스의 정리 이해하기, 삼각비의 값 구하기 등을 다룬다. 또한, 사례 제시를 통한 설명, 유사성에 근거한 추론, 증명 등의 다양한 방법을 활용하여 여러 가지 도형의 성질을 정당화하기를 다룬다.[5]

고등학교에서는 공통과목인 〈공통수학 2〉에서 평면좌표, 직선의 방정식, 원의 방정식, 도형의 이동 등을 다룬다. 〈공통수학 2〉에서 다루는 내용은 해석 기하로, 이것은 기하적 대상을 대수적인 방법으로 접근하여 탐구하는 것이다. 핵심 아이디어에서는 평면도형을 식으로 표현하는 것이 도형 사이의 위치 관계와 도형의 이동을 탐구하는 데에 유용한 도구임을 강조한다. 과정 · 기능에서는 도형의 방정식을 탐구

5 2022 개정 수학과 교육과정에서는 중학교의 도형과 측정 영역에서 '증명'을 다룰 것을 명시하였다. 참고로, '증명'은 2009 개정 및 2015 개정 수학과 교육과정에서는 중학교의 기하 영역에서 삭제되었다. 2009 개정 이전의 수학과 교육과정에서는 '증명'을 중학교의 기하 관련 영역에서 다루었다. 이와 관련하여 다른 국가의 수학과 교육과정을 살펴보면, 대부분의 국가의 수학과 교육과정에서는 '증명'을 중학교 기하 관련 영역에서 다루고 있다(나귀수, 2016).

하고 실생활과 연결하기, 도형의 방정식과 관련된 자신의 수학적 사고와 전략을 설명하기, 다양한 방법으로 증명하기 등을 제시한다. 또한, 가치·태도에서는 실생활과의 연결을 통한 도형의 방정식의 유용성 인식, 대수와 기하를 연결하는 사고의 전환으로 수학에 대한 흥미와 관심 등을 제안한다(교육부, 2022).

진로 선택 과목인 〈기하〉에서는 이차곡선, 공간도형과 공간좌표, 벡터 등을 다룬다. 〈기하〉에서는 평면과 공간에 나타나는 기하적 대상을 다양한 방식으로 표현하고 탐구할 것을 제안한다. 핵심 아이디어에서는 원뿔을 절단하여 만든 곡선을 방정식으로 표현하기, 공간좌표와 식을 활용하기, 크기와 방향을 갖는 벡터를 이용하기 등이 공간도형의 성질을 탐구하는 데에 유용한 방법임을 강조한다. 과정·기능에서는 연역적 추론을 통해 도형의 성질 증명하기, 도형 사이의 관계를 탐구하기, 적절한 공학 도구를 활용하여 기하적 대상 탐구하기 등을 제시한다. 또한, 가치·태도에서는 문제해결 도구로서 이차곡선과 벡터의 유용성 인식, 연역적으로 증명하여 논리성을 추구하는 태도, 평면을 공간으로 차원을 확장하는 것에 대한 흥미, 도형을 벡터로 나타내는 수학적 표현의 간결함 인식 등을 제안한다.

나. 학생들의 증명 학습 실태

이 절에서는 우리나라의 중학교 증명 수업 관찰을 통해 분석한 학생들의 증명 학습 실태를 살펴보기로 한다. 특히 학생들이 증명 학습에서 드러내는 어려움을 중심으로 학생들의 증명 이해 실태를 살펴보기로 한다.

가) 증명 방법의 어려움

증명 학습에서 학생들이 겪는 가장 큰 어려움은 증명 방법을 찾을 수 없다는 것이다. 학생들은 증명을 학습자 자신의 사고로는 감히 찾아낼 수 없는 것으로 인식하였으며, 자신이 증명 단원에서 할 수 있는 것은 교사가 설명해 주거나 교과서에 제시되어 있는 증명을 오로지 외우는 것뿐이라고 생각하였다.

해성: 명제를 어떻게 증명할지를 전혀 모르겠어요.

주석: 증명은 그 방법이 이미 정해져 있는 것 같아요. 이전의 다른 문제들은 이렇게 저렇게 하다보면 답이 나오는데요, 증명은 그 방법을 찾기가 어려워요.

학생들은 새로운 문제에 대해 증명 방법을 찾지 못하고, 교사가 설명한 증명 방법을 그대로 되풀이하여 재생하는 경향을 나타내었다. 예를 들어, 교사가 '이등변삼각형의 두 밑각의 크기는 같다'라는 명제를 꼭지각을 이등분하는 방법으로 증명한 후에, '정삼각형의 세 내각의 크기가 같다'는 명제를 학생들에게 증명하도록 했을 때, 대부분의 학생들은 거의 아무런 시도를 하지 못하였다. 그나마 증명을 시도한 학생들은 이미 증명한 '이등변삼각형의 두 밑각의 크기는 같다'는 명제를 이용하는 대신에, 교사가 '이등변삼각형의 두 밑각의 크기는 같다'는 명제에 대해 행하였던 증명 과정을 똑같이 반복하였다.

또한 학생들은 증명 수업이 진행되면서 삼각형의 합동 조건에 형식적으로 고착되었다. 학생들은 가정과 결론이 무엇인지, 무엇을 증명해야 하는지를 고려하지 않고, 교사의 질문에 거의 반사적으로 삼각형의 합동조건을 제시하였다. 이때 학생들은 가정으로부터 유도될 수 있는 합동조건만을 생각하는 것이 아니라 가정과 결론을 모두 통틀어서 성립하는 삼각형의 합동조건을 생각함으로써, 삼각형의 합동조건에 꿰어 맞추기 위해서 결론을 증명 과정에서 사용하는 오류를 범하였다.

학생들이 증명 방법을 탐색하지 못하고 증명을 전혀 시도하지 못하는 상황은 증명을 종합적 방식으로만 지도하는 데서 그 원인을 찾을 수 있다. 가정에서 시작해서 결론으로 선형적으로 이끌어가는 종합적 방식은, 어떻게 증명이 그렇게 수행될 수 있는가를 학생들에게 전혀 보여주지 못한다. 가정에서 결론으로 선형적으로 이끌어가는 종합적 방식만으로 이루어지는 증명 교육은, 학생들에게 증명은 학습자와는 상관없이 이미 존재하는 것이므로 암기할 수밖에 없다는 압박감을 준다. 따라서 증명 지도에서 분석적 방식을 과감하게 도입하여야 한다. 분석적 방식을 통해 증명 방법을 찾고 종합적 방식으로 증명 방법을 정리하는 역동적인 추론 과정을 학생들에게 보여줌으로써, 학생들 또한 분석적 방식과 종합적 방식을 적절히 활용하여 증명을 수행할 수 있다는 자신감을 심어주어야 한다.

나) 'A이면 B이다' 형태의 명제 해석의 어려움

학생들은 'A이면 B이다' 형태의 증명 문제를 해석하는 데에 어려움을 겪는다. 학생들은 'A이면 B이다' 형태의 증명 문제에서 가정과 결론의 정확한 의미를 알지 못하므로 결론을 증명 과정에서 임의로 이용하거나 또는 'A이면 B이다' 형태의 문장 전체를 증명 과정에서 다시 진술하는 인지장애를 나타낸다.

진수: 증명은 어려워요. 그전에는 문제만 풀면 되었는데, 증명에서는 설명해야 하니까요.

희강: 앞, 뒤가 무엇인지 모르겠고요. 문제가 복잡해서 혼란스러워요.

효원: 숫자가 없고 한글이 많아서 골치 아파요.

학생들이 가정과 결론이 증명에서 갖는 의미를 파악하지 못하고 가정과 결론을 혼동하는 것은, 가정과 결론을 단지 형식적으로만 지도하기 때문으로 생각된다. 따라서 'A이면 B이다' 형태의 문장을 가정과 결론의 형식적 설명을 통해 곧바로 지도하기보다는 다소 점진적으로 지도할 필요가 있다.

또한 'A이면 B이다' 형태의 '증명 문제'는 학생들이 이미 익숙해져 있는 '보통 문제'와는 다른 양상을 띤다. '보통 문제'에서는 제시된 문제의 조건으로부터 답을 구해야 하며, 답에 이르게 된 과정보다는 답이 맞는지 틀리는지에 강조점이 주어진다. 반면에 증명 문제에서는 학생들이 도달해야 할 결론이 이미 제시되어 있고, 강조점은 결론에 도달하기 위한 과정에 주어진다. 즉 '보통 문제'는 답이라는 결과를 중시하는 결과 지향적인 반면, '증명 문제'는 결론에 도달하는 과정을 중시하는 과정 지향적이다. '보통 문제'에 익숙해져 있는 학생들에게 증명 문제는 아주 이상하고 어려운 것이 된다. 그러므로 학생들이 익숙한 문제 상황에서 증명을 학습할 수 있도록 배려할 필요가 있다. 기하 분야에서만 'A이면 B이다' 형태의 문장으로 가정과 결론을 모두 제시하고 증명만을 수행하도록 지도하기보다는, 학생들이 익숙해져 있는 '보통 문제'의 조건에 해당하는 가정만을 제시하고 가정으로부터 성립될 수 있는 결론을 스스로 탐색하게 함으로써, 탐색된 결론이 어떻게 성립할 수 있는가를 조사하는 과정에서 증명이 자연스럽게 필요해지도록 하자는 것이다.

한편 학생들은 증명을 배우기 이전에 이미 절차적 지식의 습득, 즉 도구적 이해에 익숙해져 있다.[6] 어떤 명제를 증명하기 위해서는 여러 조건들을 관련시키는 개념적 사고가 절대적으로 필요하며, 피상적인 도구적 이해로는 증명을 수행할 수 없다. 따라서 증명을 의미 있게 학습하고 이해하기 위해서는 학생들 또한 의식적인 노력을 기울여야 할 것이다.

다) 정당화 수단으로서의 증명의 한계

정당화 수단으로서의 증명은 학생들에게 한계를 갖는다. 학생들은 이전의 수학

6 학생들이 개념적 이해의 상태에 도달하지 못하고 절차적 지식의 습득에 편중되어 있는 수학교육의 문제는 여러 연구에서 지적되어 왔다(e.g., Hilbert & Lefevre, 1986).

학습에서 이미 여러 가지 기하적 사실을 배웠다. 그런데 증명 수업에서는 학생들이 이미 알고 있는 수학적 사실을 증명할 것을 요구한다. 학생들은 이미 참인 것으로 알고 있는 익숙한 사실을 왜 증명해야 하는가에 대해 의아해하였다. 예를 들어, '정삼각형의 세 내각의 크기가 같음을 증명하여라'와 같은 문제는 학생들에게 의미없는 문제일 수도 있다. 중학교 학생들은 증명을 학습하기 전에 이미 초등학교에서 정삼각형의 세 내각의 크기가 60°임을 학습하였다. 학생들은 정삼각형의 세 내각이 모두 60°임을 이미 알고 있을 뿐만 아니라 여러 가지 문제 해결에 적용하기도 하였다. 따라서 '정삼각형의 세 내각의 크기가 같음'이 참임을 밝히기 위해 증명하라는 문제는 학생들에게 의미가 없으며, 이런 상황에서 학생들은 명제를 증명할 필요성을 전혀 느끼지 못한다. 정당화 수단으로서의 증명이 한계에 부딪히는 이런 상황을 극복하기 위해서는, 정당화 수단으로서의 증명과 함께 조직화 수단으로서의 증명을 지도할 필요가 있다.

라) 기호 사용의 어려움

학생들은 증명을 할 때 반드시 기호를 사용해야 한다는 데에서 많은 어려움을 겪는다. 학생들은 가정과 결론을 기호로 표현하고, 기호를 사용해서 증명을 해야 하는 데서 큰 어려움을 겪는다. 학생들에게 증명을 배우기 전의 기호는, 예컨대 '$2x+4=2$'에서처럼 다분히 자신들이 다루어야 할 대상이었다. 학생들은 기호(문자)를 정리하여 간단한 형태로 제시하거나 기호의 값을 구하고 기호의 범위를 구하는 등 '신호로서의 기호(sign as signal)'에 익숙해져 있다. 그러나 증명에서의 기호는 '$\angle A = \angle B$'에서처럼, 그것이 나타내는 개념의 의미를 생각하는 동시에 개념들 사이의 관계를 기호로 표현해야 하는 '상징으로서의 기호(sign as symbol)'이다.[7] 따라서 학생들은 개념의 의미를 생각하는 동시에 개념들 사이의 관계를 생각하면서 증명을 수행해야 하는 복합적 사고를 해야 한다.

기호를 수단으로 하는 이러한 복합적 사고는, 학생들에게 그렇지 않아도 어려운 증명을 더욱 어렵게 하는 요인으로 작용한다. 따라서 증명에서 기호를 더 점진적으로 도입함으로써 기호를 급격하게 사용하는 현재의 지도 방식을 보완할 필요가 있다. 예를 들어, 가정과 결론, 증명을 말로 설명해 본 다음에 그것을 다시 기호로 나

7 기호를 '신호로서의 기호(sign as signal)'와 '상징으로서의 기호(sign as symbol)'로 구분한 것은 van Dormolen(1986)을 따른 것이다.

타내도록 지도하는 방안을 생각해 볼 수 있다.

마) 증명 방법 탐색 시간의 부족

학생들이 증명 방법을 충분히 탐색할 만한 시간이 수업 시간에 할애되지 않는다. 대부분의 학생들은 수업 시간에 증명 방법을 탐색할 충분한 시간을 갖지 못한다. 상당수의 학생들은 수업 시간에 스스로 증명할 시간이 너무 적음을 토로하였다.

증명 수업은 일반적으로 다음과 같이 진행된다. 먼저 교사가 해당 수업의 주제가 되는 명제의 증명 방법과 과정을 학생들에게 설명하면, 학생들은 이 증명을 모방하여 다시 공책에 스스로 재생해본다. 그런 후에는 교사가 증명한 명제를 이용하여 증명을 수행해야 하는 문제가 학생들에게 제시된다. 학생들이 증명하려는 명제와 관련된 그림을 그리고 명제의 가정과 결론을 기호로 나타내면, 벌써 수업 시간이 끝나게 되어 교사가 증명 방법을 학생들에게 곧바로 제시한다. 시간이 여의치 않은 경우에는 다음 시간에 다시 그 증명 방법을 교사가 설명하거나, 또는 숙제로 제시한다. 다음 수업 시간에 설명을 해주거나 또는 숙제로 제시하는 경우 모두 학생들은 증명에 대해 충분히 사고할 만한 시간적 여유를 갖지 못한다. 숙제로 내줄 경우 대부분의 학생들은 스스로 사고하고 추론하는 대신에 자습서를 그대로 베껴오며, 좀 더 성의 있는 극소수 학생들이라 하더라도 자습서를 베끼면서 나름대로 이해를 할 것이다. 어느 경우이든 증명 수업에서 수학적으로 추론하고 사고할 수 있는 충분한 시간이 학생들에 제공되지 못하는 것이 현실이다.

대부분의 학생들은 스스로의 탐구와 사고 활동을 통해 증명을 학습하려는 내재적 동기를 갖고 있지 않으므로 학생들이 학교 밖에서 수학적으로 사고하려고 노력하리라는 것은 전혀 기대할 수 없는 상황이다. 따라서 수업 시간에 학생들이 수학적으로 사고하고 추론할 수 있도록 충분한 시간을 할애하는 것이 필요하다.

다. 증명 교수·학습 개선 방향

이 절에서는 바람직한 증명 지도 방향에 대해 살펴보기로 한다. 여기에서 탐색된 증명 지도의 개선 방향은, 증명에 대한 수리철학적 관점, van Hieles과 Freudenthal의 기하 교육 이론, 학생들의 증명 학습 실태 등을 복합적으로 고려한 것이다. 여기에서 제시된 증명 지도의 개선 방향을 반영하여 수업지도안을 작성하고 가상의 수업 상황을 고려해보는 것도 의미 있는 활동이 될 수 있다.

① 분석적 방식과 종합적 방식의 통합

준경험주의에서 강조하는 증명의 분석적 양식과 절대주의에서 강조하는 증명의 종합적 방식이 통합된 역동적인 수학적 사고 활동으로서 증명을 지도할 필요가 있다. 현재의 증명 지도는 증명의 종합적 측면만을 주로 다루고 있다. 증명의 종합적 측면만으로는 학생들에게 증명이 왜 그러한 모습으로 나타나게 되는가를 적절히 보여주지 못하며, 결국 수학적 사고 활동으로서의 증명이 아닌 증명의 기록에 불과한 기성의 수학을 학생들에게 강제로 부과하는 결과를 초래한다.

수학의 고정된 의례적 형식으로서가 아닌 진정한 수학적 사고 과정으로서의 증명을 지도하기 위해서는 증명 지도에서 분석적 방식과 종합적 방식을 동시에 반영하여야 한다. 다시 말해서, 결론이 성립하기 위한 전제 조건을 탐색하는 분석적 방식을 통해 증명 방법을 찾고, 종합적 방식을 통해 증명 과정을 정리할 수 있도록 증명을 지도해야 한다.

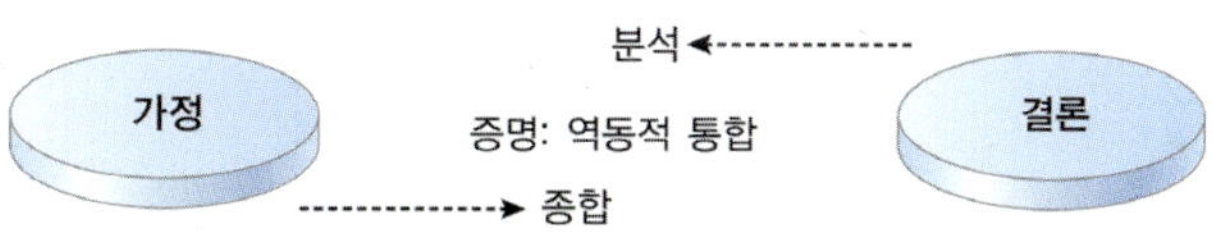

[그림 4-19] 분석과 종합의 역동적 통합으로서의 증명

② 발견의 맥락과 정당화의 맥락의 통합

준경험주의에서 강조하는 발견(재발견)의 맥락에서의 증명을 학교 수학에 반영하는 것이 바람직하다. 다시 말해서, 학생들에게 발견의 경험을 제공함으로써, 즉 증명해야 할 명제를 '만들어가는 활동'에 참여시킴으로써 증명의 필요성을 더욱 자연스럽게 인식시킬 필요가 있다는 것이다. 현재의 증명 교육은 증명해야 할 명제의 가정과 결론을 완전한 형태로 제시함으로써 학생들에게 절대주의 수리철학에서 강조하는 정당화의 맥락만을 제시하고 있다. 학생들은 자신들이 증명해야 할 명제가 어떻게 형성되는가를 탐색할 기회를 갖지 못하고 있다. 결국 학생들은 증명에 대한 아무런 동기도 갖지 못한 채 아무런 문제의식도 없이 증명해야 할 명제를 수동적으로 부과받고 있는 것이다. 또한 학생들은 완전한 형태로 제시되는 명제에서 가정과 결론이 증명에서 갖는 의미를 제대로 이해하지 못함으로써 증명 과정에서 결론을 이용하거나 명제 전체를 증명 과정에서 그대로 진술하는 오류를 범하게 된다.

그러므로 학생들에게도 발견의 맥락과 정당화의 맥락이 통합된 형태로 증명을 지도할 필요가 있다. 학생들에게 증명해야 할 완전한 명제를 제시하는 대신에, 가정에 해당하는 조건만을 제시하고 그 조건으로부터 성립할 수 있는 결론을 발견(추측)하도록 한 다음에, 발견한 결론이 참이라는 것을 밝히기 위해서 증명을 수행하도록 하자는 것이다. 다시 말해서 학생에게 가정만을 제시하여 가정으로부터 성립될 수 있는 여러 가지 결론을 스스로 추측하게 하는 발견의 맥락과, 학생 자신의 추측이 옳은지 틀린지를 조사하는 정당화의 맥락을 통합하여 지도함으로써 좀 더 의미 충실한 증명 교육을 모색하자는 것이다. 이러한 지도 방안은, 재발견의 경험을 통해 형성된 학생 자신의 추측(결론)이 어떻게 성립될 수 있는가를 조사하는 과정에서 증명의 필요성을 자연스럽게 인식하고, 가정과 결론이 증명에서 갖는 의미를 좀 더 풍부하게 이해하는 데에 일조할 것으로 생각된다.

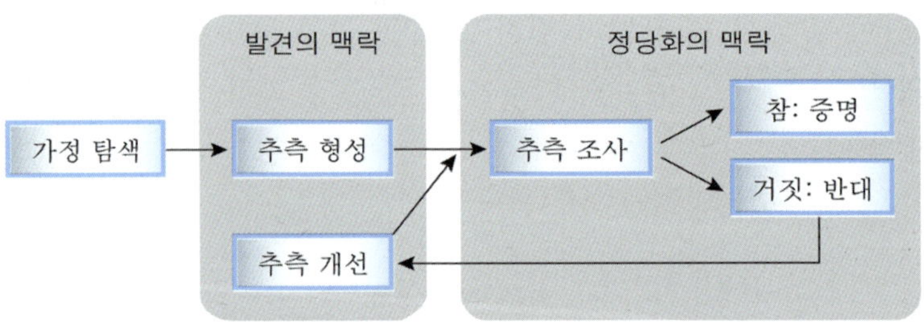

[그림 4-20] 발견의 맥락과 정당화의 맥락의 통합

③ 조직화 수단으로서의 증명의 도입

증명 교육에서 Freudenthal의 수학화 지도론을 반영할 필요가 있다. 현재의 증명 교육은 '정의-정리-증명'의 순으로 진행된다. 그러나 수학의 역사를 살펴보면, 정의는 처음부터 제시되는 것이 아니라 여러 명제들을 연결하기 위한 연역의 고리로서 필요한 것이며, 증명은 여러 성질들을 조직하기 위한 수단이며, 정리는 이러한 조직화 활동의 결과물이다. 따라서 '정의-정리-증명'의 순으로 증명을 지도하는 것은, 지식의 자연스러운 발생의 순서를 거꾸로 뒤집는 오류를 범함으로써 '반교수학적으로 전도되는' 문제를 초래하게 된다. 이는 학생들에게 '실행 수학'을 활동시키지 못하고 '기성 수학'을 단지 외부적으로 부과함으로써 형식적이고 빈약한 교육을 고착시킬 위험이 있다. 따라서 수학화의 도구로서 연역을 재발명하는 학습이 이루어지도록 학생들을 격려해야 하는데, '정의' 아닌 '정의하기'와 '증명'이 아닌 '증명하기'를 학생들이 경험할 수 있도록 지도해야 할 것이다.

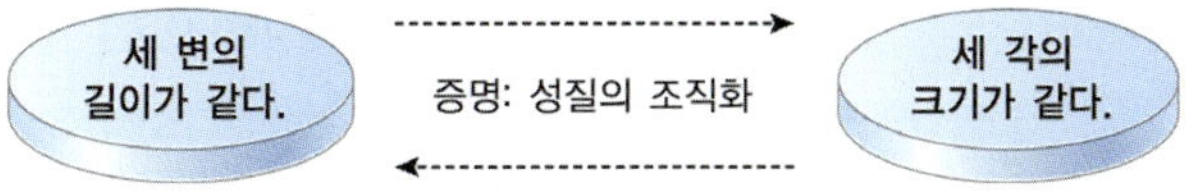

[그림 4-21] 조직화 수단으로서의 증명

한편 현행 중학교 기하의 내용 중에는 학생들이 이미 참임을 알고 있어서 정당화의 수단으로서의 증명이 한계를 갖는 명제들이 존재한다. 따라서 국소적 조직화 활동을 통해 더 의미 충실하게 증명을 지도하는 방향을 생각해 볼 수 있다. 정당화 수단으로서의 증명과 함께 조직화 수단으로서의 증명을 학생들에게 지도함으로써 증명의 다면적 측면을 경험하게 하는 것이 바람직할 것이다. 이를 위해서는 교과서의 전반적 재구성이 필요하다.

④ 도형의 성질에 대한 다양한 경험의 필요성

증명을 본격적으로 지도하기에 앞서 학생들에게 도형을 관찰하고 도형의 성질들 사이의 관련성을 파악하는 등 다양한 활동을 경험하도록 해야 한다. van Hieles의 기하 사고 수준 이론과 Freudenthal의 수학화 지도론에 대한 고찰을 통해, 증명 학습이 증명이라는 용어를 도입하면서 의미 있게 시작될 수 있는 것은 결코 아님을 확인하였다. 다시 말해서 바람직한 증명 학습은, 증명이라는 용어를 설명하기 훨씬 이전부터 도형을 관찰하고, 도형들 사이와 여러 성질 사이의 관련성을 탐색하여 조직하는 다양한 활동에 근거하며, 이를 바탕으로 증명의 본질을 점진적으로 이해해 나갈 때 비로소 의미 있게 이루어진다. 따라서 증명을 의미 있게 내면화하기 위해서는 증명을 본격적으로 지도하기에 앞서 다양한 활동이 풍부하게 전제되어야 한다. 초등학교 때부터 도형을 지도할 때, 가능한 한 학생들에게 도형을 관찰하여 도형의 성질을 발견하고 관련성을 파악할 수 있도록 지도하는 것이 바람직하다.

⑤ 사회적 구성주의 관점의 도입

증명에 대한 사회적 구성주의의 관점을 완화시켜 증명 교육에 적용할 필요가 있다. 사회적 구성주의에서 증명은 자신의 주장을 다른 사람에게 설명함으로써 다른 사람을 확신시키는 과정이며, 어떤 논쟁이 진정한 수학적 증명으로 인정되는 것은 오로지 수학자들 간의 상호작용인 사회적 합의를 통해서 가능한 것으로 파악되었다. 증명에 대한 사회적 관점을 완화시켜 증명 교육에 적용한다는 것은 학생들에게 확신의 수단으로서의 증명을 경험하도록 하고 타당한 증명에 대한 최종 판단은 교사의 권한에 맡기는 것을 의미한다.

확신의 수단으로서의 증명을 경험할 수 있는 학습 상황으로 소그룹 협력 학습을 고려해 볼 수 있다. 소그룹 협력 학습에서 자신이 탐색한 증명 방식을 다른 학생들에게 설명하고 다른 학생들에게 그 증명이 맞는지 틀리는지를 세심하게 따져보도록 함으로써 사회적 상호작용을 통해 의미 있는 증명의 구성을 도모할 수 있을 것이다.

⑥ 'A이면 B이다' 형태의 명제 이해

'A이면 B이다' 형태의 문장을 점진적으로 의식화시킬 필요가 있다. 위에서 현재의 증명 교육에서 가정과 결론은 'A이면 B이다' 형태의 문장에서 형식적으로만 제시되고 있으며, 교과서에서도, 교사의 수업 진행에서도 가정과 결론이 갖는 배경적 의미가 충실하게 설명되지 않고 있음을 확인하였다. 또한 'A이면 B이다' 형태의 문장을 다소 급격하게 도입함으로 인해, 학생들은 'A이면 B이다' 형태의 문장에 대해 상당한 거부감을 갖고 있으며, 가정과 결론이 갖는 의미를 오해함으로써 증명 수행에서 인지장애를 나타내고 증명 결과를 의미 있게 해석하지 못하고 있음을 확인하였다.

그러므로 초등학교 수준에서부터 'A이면 B이다' 형태의 문장을 암묵적으로 지도함으로써 'A이면 B이다' 형태의 문장에 점진적으로 익숙해지도록 해야 한다. 실제로 우리나라 현행 수학 교육과정을 살펴보면, 'A이면 B이다' 형태의 문장이 일찍부터 교과서에 나타남을 확인할 수 있다. 초등학교 저학년에서는 교사가 A를 다양하게 변화시키고 B가 어떻게 될 것인가를 학생들에게 질문하는 식으로 지도하는 것이 바람직할 것으로 생각된다. 초등학교 고학년에서는 이를 좀 더 발전시켜 'A이면 B이다' 형태의 문장과 'A는 B이다', 'A에서는 B이다' 형태의 문장을 비교해보는 경험을 하도록 지도할 필요가 있다. 그리고 중학교에서는 B는 A일 때만 성립하는가, A 부분에서 어떤 조건을 제거하거나 더 느슨하게 하면 B 부분은 어떻게 되는가, A 부분에 어떤 조건을 치환하거나 덧붙이면 B 부분은 어떻게 되는가, 거짓인 'A이면 B이다' 형태의 명제를 참인 명제로 고칠 수는 없을까, A를 고쳐서 참인 명제로 바꾸거나 B를 고쳐서 참인 명제로 고칠 수는 없을까 등의 다양한 형식으로 지도하는 것이 바람직하다.

⑦ 증명 교육의 양에 대한 재고

증명은 반복에 의해 획득될 수 있는 기능과 같은 지식이 아니다. 그보다는 증명하려는 명제에 대해 오랫동안 숙고해봄으로써 증명을 실제로 수행해보는 활동이 더욱 중요하다. 따라서 여러 명제에 대한 증명 방법을 교사가 학생들에게 일방적으로 제시하기보다는 학생들이 일부 명제에 대해서라도 증명 방법에 대해 오랫동안 탐구해 볼 수 있는 충분한 시간을 제공하는 것이 바람직하다.

이러한 방안은 증명 교육의 양과 질에 대한 재고를 요청하며, 또한 교육과정의 질적 변화를 요구한다. 교사는 교과서에 제시되어 있는 내용을 모두 다루어야 할 책임감과 부담감을 느낀다. 따라서 진정으로 학생들이 재발명하고 증명할 가치가 있는 내용만을 정선하여 학생들이 수업 시간에 충분히 숙고할 수 있도록 함으로써 증명 교육을 통해 학생들이 수학적으로 사고하고 논리적으로 추론하는 힘을 육성할 수 있도록 해야 한다. 교사 또한 많은 내용을 가르쳐야 하는 데 따른 시간적 부담감에서 벗어나서 좀 더 여유 있게 증명 수업을 진행하고, 학생들의 학습 과정을 더 충실하게 관찰함으로써 자신의 증명 지도에 많은 피드백을 얻을 수 있을 것이다.

라. 공학 도구의 활용

수학적 대상과 관계를 구체화하여 직접적인 조작을 활성화시킬 수 있는 컴퓨터 기반 학습 환경은 특히 기하 교수·학습 방법에 많은 영향을 미친다. Cabri-Geometry와 GSP(Geometer's SketchPad)와 같은 탐구형 기하 소프트웨어에서는 도형을 직접적으로 다룰 수 있는 새로운 접근 방법을 채택하고 있다. 도형에 대한 개념화는 컴퓨터 화면에 나타나는 그림의 요소들을 마우스로 끌었을(drag) 때 그림에서 변하지 않는 성질을 연구함으로써 더욱 용이해지며, 기하적 성질에 대한 명제는 컴퓨터 환경이라는 새로운 실험의 영역에서 관찰 가능한 기하적 현상을 기술한 것이 된다(Balacheff, 1996: 475). 컴퓨터 화면에 나타나는 그림의 요소들을 마우스로 끄는 과정은 바로 Dienes가 주장하는 '수학적 다양성의 원리'와 부합한다고 할 수 있다.

1) 컴퓨터를 활용한 삼각형의 내각의 합의 지도

여기에 제시된 교수 자료는 '삼각형의 내각의 합은 모두 180°이다'라는 수학적 명제를 형식적으로 증명하기 전에, 컴퓨터에서 시각적, 구체적으로 그 명제를 경험함으로써 형식적 증명의 토대로 마련하고자 하는 목적으로 고안된 것이다.[8]

8 이하의 내용은 이종영(1999)에 제시된 내용을 재구성한 것이다.

① 탐구 학습형 기하 소프트웨어인 GSP(Geometer's SketchPad)에서 아래 그림과 같이 다양한 삼각형을 제시한 후 학생들에게 '모양과 크기가 다른 모든 삼각형의 내각이 합이 과연 같을까?'를 추측하도록 한다.

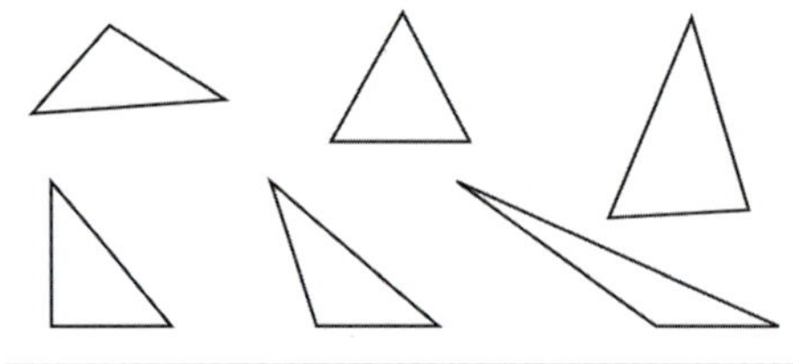

어떤 학생들은 삼각형의 모양과 크기가 다르므로 삼각형의 내각의 합이 모두 같지는 않을 것이라고 추측할 것이고, 또 다른 학생들은 삼각형의 모양과 크기에 관계없이 모든 삼각형의 내각의 합이 같다고 추측할 것이다. 학생들에게 이렇게 서로 다른 추측 중에서 과연 어떤 추측이 옳은 것인가를 생각해보도록 한다.

② [그림 a]는 GSP의 측정 기능을 이용하여 세 내각의 크기를 각각 측정한 다음 그 합을 구함으로써, [그림 b]는 삼각형을 접어서 삼각형의 내각의 합이 180°라는 것을 보인 것이다. 그런 다음에 [그림 a]와 [그림 b]의 삼각형을 GSP의 'drag' 기능을 활

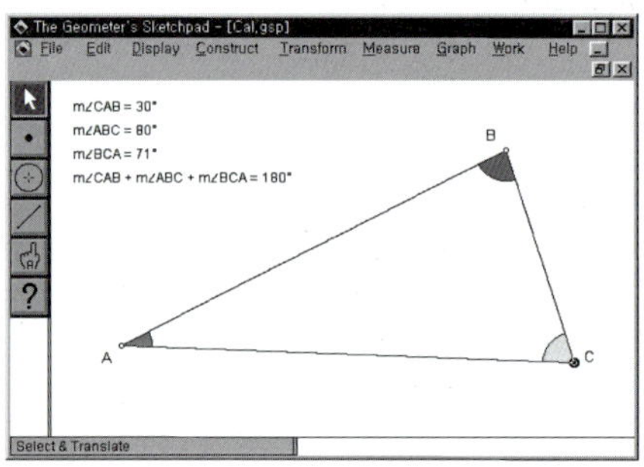

[그림 a]

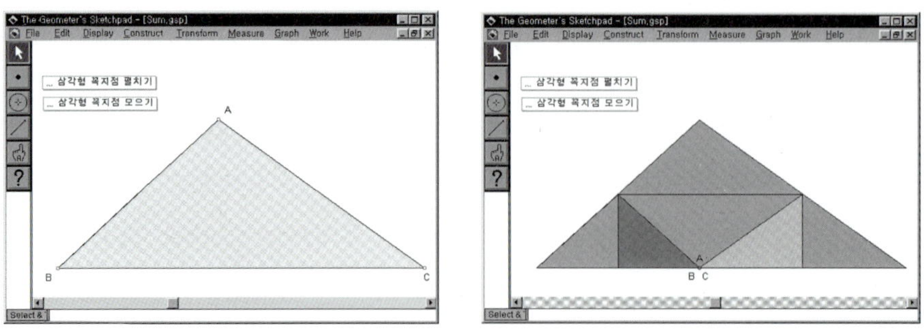

[그림 b]

용하여 여러 가지 모양으로 바꾸어 보고, 여러 가지 모양으로 삼각형이 바뀌어도 세 내각의 합이 180°라는 사실은 변하지 않음을 확인한다.

이러한 방식으로 제시했을 때, 학생들이 삼각형의 세 내각의 합이 180°라는 것을 부정하지는 않겠지만, 삼각형의 모양이 변하는데 왜 내각의 합은 변하지 않는지를 이해하는 데는 어려움이 있다. 또한 이러한 방식은 이후의 형식적인 증명과도 연결되지 않는다는 한계를 지니고 있다.

③ [그림 c]에 제시된 방식은, 삼각형의 모양이 변해도 내각의 합 180°가 왜 변하지 않는가를 더욱 잘 이해할 수 있도록 도울 수 있으며 형식적인 증명 방법을 안내할 수 있다는 점에서 위의 두 방법보다 더 적절하다.

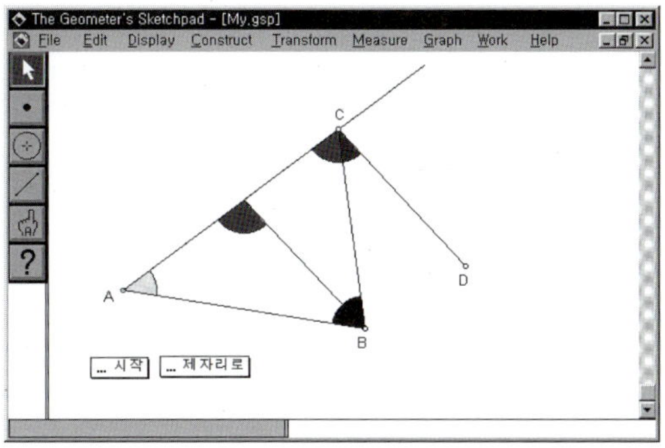

[그림 c]

[그림 c]에 제시된 방식을 설명하면 다음과 같다. 삼각형 ABC가 컴퓨터 화면에 있고 C와 같은 위치에 있던 C′을 직선 AC를 따라 움직이면, ∠C가 줄어든 ∠DCB만큼 ∠B가 커지게 되어 전체적으로 삼각형의 내각의 합은 불변이게 된다.

[그림 d]에서 C′을 극단적인 경우까지 열어서 $\overline{BC'}$이 $\overline{AC}$와 평행한 경우를 생각해보면 $\overline{AC}$와 $\overline{BC'}$은 $\overline{AB}$에 대하여 평행이므로 ∠BAC와 ∠EBC′는 갖게 된다. 마찬가지로 $\overline{AC}$와 $\overline{BC'}$은 $\overline{BC}$에 대하여 평행이므로 ∠ACB와 ∠CBC′은 같다. 여기에서 삼각형의 내각의 합은 평각과 같으므로 180°임을 알 수 있다.

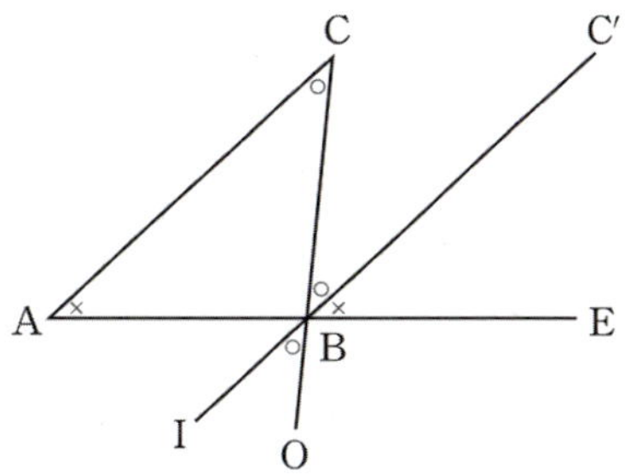

[그림 d]

2) 컴퓨터를 활용한 삼각형의 내심 탐구

컴퓨터를 활용하면 도형의 여러 가지 성질을 관찰하고 탐구하기가 쉽다. 삼각형의 내심도 컴퓨터를 활용하여 작도한 후, 그 성질을 관찰하고 탐구할 수 있다.

삼각형의 내심은 삼각형의 세 내각의 이등분선의 교점이다. 그런데 두 내각의 이등분선을 작도하면 한 점에서 만날 것이라고 쉽게 예측할 수 있지만, 세 번째 각의 이등분선이 그 점을 지나갈 것인지에 대해서는 의문을 가질 수 있다. 컴퓨터를 활용하면 다양한 삼각형에 대해 세 번째 각의 이등분선이 두 내각의 이등분선의 교점을 지난다는 것을 확인할 수 있다. 또한 컴퓨터에서 다양한 삼각형의 내각을 관찰하고, 이를 통해 삼각형의 세 내각의 이등분선이 왜 한 점에서 만나는지 파악할 수 있고 수학적인 이유를 추론할 수 있다.

컴퓨터를 활용하면 단지 내심을 찾는 것에 그치지 않고, 내접원의 반지름의 길이, 내심을 둘러싼 여러 각의 크기, 변의 길이 등을 어떻게 구할 수 있는지 뿐만 아니라, 내심과 다른 요소 사이의 관계에 대해서도 추측하고 확인할 수 있다(우정호 외, 2010: 232).

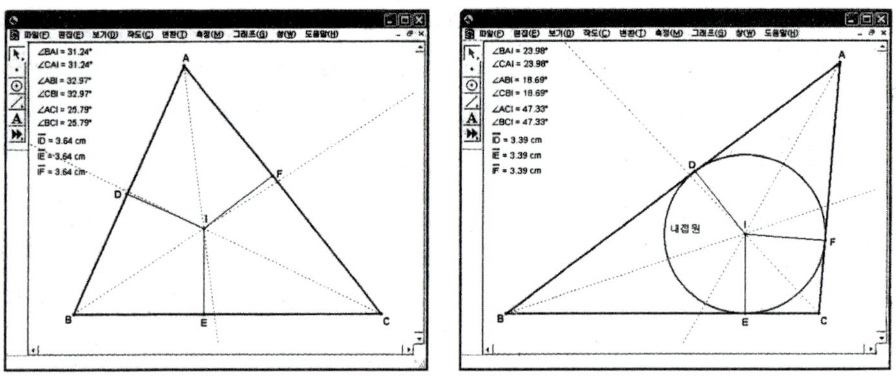

[그림 4-22] 컴퓨터를 활용한 삼각형의 내심 탐구(우정호 외, 2010: 232)

생각해 볼 문제

01 증명의 의미에 대한 다양한 수리철학적 관점을 논의하고, 우리나라의 중학교 수학 교과서에 나타난 증명의 의미를 수리철학적 관점에서 논의해 봅시다.

02 증명에 대한 다양한 관점이 조화롭게 통합된 수업지도안을 작성하고 모의수업을 실행해 봅시다.

03 학생들이 기하와 증명 학습에서 겪는 다양한 어려움을 조사하고, 이를 개선하기 위한 교수·학습 방법에 대해 논의해 봅시다.

04 컴퓨터를 활용하여 기하와 증명 영역의 교수·학습을 촉진하기 위한 구체적인 방법을 논의하고, 실제 교수·학습에서의 유의사항에 대해 논의해 봅시다.

참고문헌

Chapter 04

강문봉(1993). Lakatos의 수리철학의 교육적 연구. 서울대학교 박사학위 논문.

김승호(1987). 교육의 과정에 있어서 개념의 위치: 인식의 틀로서의 개념의 성격을 중심으로. 서울대학교 석사학위 논문.

김응태 외(1985). 수학교육학 개론. 서울대학교 출판부.

교육과학기술부(2009). 2009 개정 수학과 교육과정. 서울: 교육과학기술부.

교육과학기술부(2010). 수학 4-2. 서울: 두산동아.

교육부(2013). 수학 1-2. 서울: 천재교육.

교육부(2014a). 수학 3-1. 서울: 천재교육.

교육부(2014b). 수학 4-1. 서울: 천재교육.

교육부(2022). 수학과 교육과정. 교육부 고시 제2022-33호 [별책 8]. 교육부.

교육인적자원부(2007). 2007 개정 수학과 교육과정. 서울: 교육인적자원부.

나귀수(2016). 증명 교육의 현재와 미래. 대한수학교육학회 수학교육학논총, 50, pp. 1~23.

양승갑 외(2001). 수학 8-나. 서울: 금성출판사.

우정호(1998). 학교 수학의 교육적 기초. 서울대학교출판부.

우정호(2000). 수학 학습-지도 원리와 방법. 서울대학교 출판부.

우정호 외(2010). 중학교 수학②. 서울: 두산동아.

우정호 외(2013a). 중학교 수학①. 서울: 두산동아.

우정호 외(2013b). 중학교 수학②. 서울: 두산동아.

우정호 외(2013c). 고등학교 수학Ⅰ. 서울: 두산동아.

이종영(1999). 컴퓨터 환경에서의 수학 교수·학습 방법에 관한 교수학적 분석. 서울대학교 박사학위 논문.

임재훈 외(2004). 수학과 교육내용 적정성 분석 및 평가. 한국육과정평가원.

황선욱 외(2013). 중학교 수학①. 서울: 좋은책신사고.

Balacheff, N., & Kaput, J. J. (1996). Computer-Based Learning Environments in Mathematics. In Alan J. Bishop (Eds.), *International Handbook of Mathematics Education*. Dordrecht, Kluwer Academic Publishers, pp. 469~504.

California State Board of Education (1999). *Mathematics Content Standards for California Public Schools*. California State Board of Education.

Deudonné, J. A. (1961). New Thinking in School Mathematics. In Fehr, H. (ed.), *New Thinking in School Mathematics.* OECD, pp. 31~49.

Ernest, P. (1991). *The Philosophy of Mathematics Education.* The Falmer Press.

Freudenthal, H. (1973). *Mathematics as an educational task.* Dordrecht, The Netherlands: D. Reidel Publishing Company.

Freudenthal, H. (1983). *Didactical Phenomenology of Mathematical Structures.* Dordrecht, The Netherlands: D. Reidel Publishing Company.

Hanna, G. (1983). *Rigorous Proof in Mathematics Education.* OISE Press, Toronto.

Hiebert, J., & Lefevre, P. (1986). Conceptual and procedural knowledge in mathematics: an introductory analysis. In Hiebert, J. (Ed.), *Conceptual and procedural knowledge: the case of mathematics* (pp. 1-27). Hillsdale, NJ: Lawrence Erlbaum.

Lakatos, I. (1976). *Proof and Refutation* −*The Logic of Mathematical Discovery.* 우정호 역(1990), 수학적 발견의 논리. 서울: 민음사.

Menchinskaya, N. A. (1969). The psychology of mastering concepts: fundamental problems and methods of research. In J. Kilpatrick & I. Wirszup (Eds.), *Soviet studies in the psychology of learning and teaching mathematics* (Vol. 1, pp. 93~148). Chicago, IL: University of Chicago.

NCTM (2000). *Principles and Standards for School Mathematics.* Reston, VA: The National Council of Teachers of Mathematics.

Schoenfeld, A. H. (1986). On having and using geometric knowledge. In Hiebert, J. (Ed.), *Conceptual and procedural knowledge: the case of mathematics* (pp. 225~264). Hillsdale, NJ: Lawrence Erlbaum.

Senk, S. L. (1985). How Well do Students Write Geometry Proofs? *Mathematics Teacher,* 378, 6, 448~456.

Skemp, R. R. (1987). *The Psychology of Learning Mathematics.* 황우형 역(2000). 수학학습 심리학. 서울: 사이언스북스.

Skemp, R. R. (1989). *Mathematics in the primary school.* London: Routledge.

van Dormolen, J. (1986). Textual analysis. In B. Christiansen (Eds.), *Perspectives on Mathematics Education: Paper Submitted by Members of the Bacomet Group.* Dordrecht, The Netherlands: D. Reidel Publishing Company.

van Hieles. (1986). *Structure and insight.* Orlando. Academic Press.

Chapter

05

미분과 적분

이 장의 미분과 적분 교수·학습 이론에서는 미분과 적분 지도의 의의를 알아보고, Archimedes에서부터 Newton과 Leibniz에 이르는 미적분의 역사적 발생을 추적한다. 이어 개념 정의와 개념 이미지의 측면에서 극한과 연속을 논의하고, APOS 이론과 역사발생적 원리에 따른 지도 방법을 알아본다. 미분과 적분 교수·학습 실제에서는 수학과 교육과정에 반영된 미분과 적분 내용을 알아본 후, 연속수학인 미적분학과 대비되는 특성을 지닌 이산수학의 교육적 가치를 논의한다. 그리고 수열, 무한 개념, 미적분학의 기본정리, 자연로그의 밑 e와 같이 미분과 적분 단원에 포함되는 주제들의 내용적 본질을 살펴본다. 이어 수열과 함수의 극한값의 지도 방법, 미분을 설명하는 다양한 방법과 Lakatos의 이론에 근거한 접선 지도 방법을 모색하고 Cavalieri의 불가분량법의 응용을 살펴본 후, 마지막으로는 미분과 적분 지도에 공학 도구를 활용하는 방안을 알아본다.

1. 미분과 적분 교수·학습 이론

가. 미분과 적분 지도의 의의

미분과 적분은 중등학교 수학의 최종적인 수준에 해당하는 내용이다. 초등학교에서의 규칙성은 중학교에서의 함수 개념으로 이어지며, 함수는 미분과 적분 내용을 전개하는 출발점이 된다. 수열의 극한, 함수의 극한과 연속성, 지수함수와 로그함수, 삼각함수와 같은 다양한 내용을 통합하면서 발전적으로 심화시킨 주제가 바로 미분과 적분이므로 미분과 적분은 학교 수학의 정점(頂點)에 위치한다고 볼 수 있다.

미분과 적분은 자연 현상이나 사회 현상을 연구하는 자연과학이나 공학, 사회과학 등에서 활용도가 높은 내용 영역이기 때문에, 미분과 적분의 학습을 통해 수학의 가치와 유용성을 효과적으로 경험할 수 있다. 미분과 적분은 수학의 전공 주제 중 '해석학(analysis)'에 해당되지만, 미적분의 학습에서는 함수식의 대수적인 처리가 필요하며, 곡선으로 둘러싸인 부분이나 도형의 넓이를 적분으로 구한다는 측면에서 기하적인 요소도 없지 않다. 따라서 미분과 적분의 교수·학습 방법을 모색하기 위해서는 그 이전에 취급한 문자와 식, 함수, 기하와 증명에 대한 교수·학습 방법을 종합적으로 고려해야 한다.

우리는 살아가면서 다양한 운동과 변화 현상을 경험하게 된다. 계절의 변화, 밀물과 썰물, 인구의 변화, 낙하하는 물체의 속도와 가속도, 달리는 자동차의 속도, 물가의 변동, 생산비의 증감, 수익률의 변동 등 우리가 마주치게 되는 수많은 변화 현상에는 질서와 규칙이 내포되어 있다. 증가하고 감소하는 변화 상태로부터 질서와 규칙을 찾아내고 수학적으로 다루는 도구가 바로 함수이며, 그 함수의 변화를 다루는 것이 미적분이다. 함수 자체가 이미 변화 현상을 탐구하는 동적인 성격을 지니므로, 함수의 변화를 다루는 미적분은 '변화에 대한 변화'를 취급한다는 점에서 역동적인 특성이 두드러진 수학이라고 할 수 있다.

학교 수학에서는 미분방정식(differential equation)까지 다루지는 않지만, 학문적 측면에서 미분의 가장 대표적인 활용 예는 미분방정식에서 찾아볼 수 있다. 어떤 함수와 그 함수를 미분한 도함수 사이에 성립하는 방정식인 미분방정식은 유체역학, 건축학, 전자기학을 비롯한 대부분의 공학 분야와, 물리학, 화학, 경제학, 경영학 등 다양한 분야를 연구하는 중요한 도구가 된다. 예를 들어 열전도 현상, 진동 현상, 방사성 원소의 붕괴, 바이러스 증식 등 일상 세계에서 일어나는 여러 가지 현상은 미분방정식으로 표현할 수 있으며, 환율, 금리, 주가와 같은 금융시장의 변동을 분석하고 예측할 때에도 미분방정식은 유용하게 활용된다.

한편 우리가 매일 접하는 일기 예보에서 핵심적인 역할을 하는 것 역시 미분방정식이다. 날씨를 예측하기 위해서는 온도와 습도, 풍속과 풍향, 기압과 강수량 등의 요소를 초깃값으로 하고 시간에 대한 미분방정식을 세워 풀어야 한다. 전자기학의 Maxwell 방정식, 양자역학의 Schrödinger 방정식, 유체역학의 Navier-Stokes 방정식, Einstein의 장 방정식 등 일일이 열거할 수도 없을 정도로 다양한 미분방정식이 존재한다. 이처럼 미분방정식의 활용 범위는 넓고 다양하다.

나. 미분과 적분의 역사적 발달

16세기 Viète는 문자를 도입하여 수학을 기호화, 일반화할 수 있게 함으로써 17세기 이후 수학 발전을 위한 초석을 마련하였다. 문자를 사용하게 되면서 17세기 초 기하를 대수적으로 표현하는, 즉 도형을 방정식으로 나타내는 '해석기하학'이 발전하게 되었고, 이는 17세기 말 영국의 Newton(1642~1727)과 독일의 Leibniz (1646~1716)에 의한 미적분학의 발전으로 이어졌다. 이처럼 미분은 17세기에 들어서야 정립되었지만, 적분의 아이디어는 고대 그리스의 Eudoxus(기원전 408~355)와 Archimedes(기원전 287~212)로부터 비롯되었다. 무한히 많은 선(길이)이 모여 면(넓이)을 이루고 무한히 많은 면이 모여 입체(부피)를 이룬다는 Archimedes의 아이디어는 Kepler(1571~1630)와 Cavalieri(1598~1647)를 거치면서 발전되어 갔다. 이처럼 기원전부터 발전시켜온 적분과 17세기 말 나타난 미분의 관계가 밝혀지면서, 미적분학은 18세기 이후 수학의 발전을 이끄는 원동력이 되었다.

1) Archimedes의 구적법과 평형법

그리스의 소피스트인 Antiphone은 3대 작도불가능 문제 중의 하나인, 원과 같은 넓이를 갖는 정사각형을 작도하는 원적(圓積) 문제를 해결하는 과정에서 원에 내접하는 정다각형에서 변의 수를 계속 두 배로 늘려감으로써 원과 정다각형 사이의 넓이의 차이를 궁극적으로 없앨 수 있다고 생각했다. 임의의 정다각형은 넓이가 같은 정사각형으로 변형시킬 수 있기 때문에, 원과 같은 넓이를 갖는 정다각형으로 원과 같은 넓이를 갖는 정사각형을 구할 수 있다고 생각한 것이다. Antiphone의 이러한 생각은 Eudoxus의 실진법[9](method of exhaustion)의 기초를 이루게 된다. 실진법은 영역을 무한히 나눌 수 있다는 가정과 다음 명제에 기초한다(Eves, 1990).

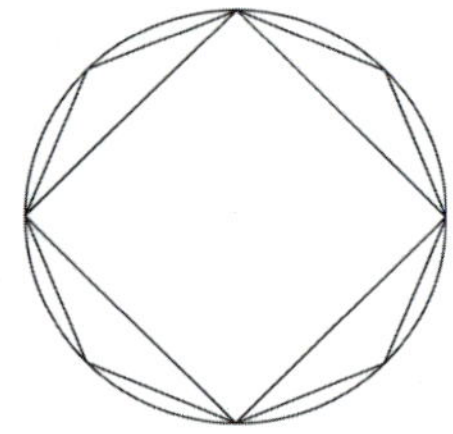

> 어떤 양으로부터 절반 이상의 부분을 빼내고, 다시 나머지 부분으로부터 절반 이상의 부분을 빼내는 과정을 계속하면, 결국 나머지는 정해진 적은 양보다도 더 적어진다.

실진법을 효과적으로 응용하여 오늘날의 적분과 유사한 아이디어를 내놓은 수학자는 Archimedes이다. Archimedes는 다음과 같은 구적법(quadrature)을 통해 포물선의 넓이를 구했다(Edwards, 1979).

포물선 $x = ky^2$ 위의 두 점 A, B를 잇는 선분을 긋자. $\overline{AB}$로부터 가장 멀리 떨어진 점을 P라고 할 때, 다음 세 가지 성질이 성립한다.

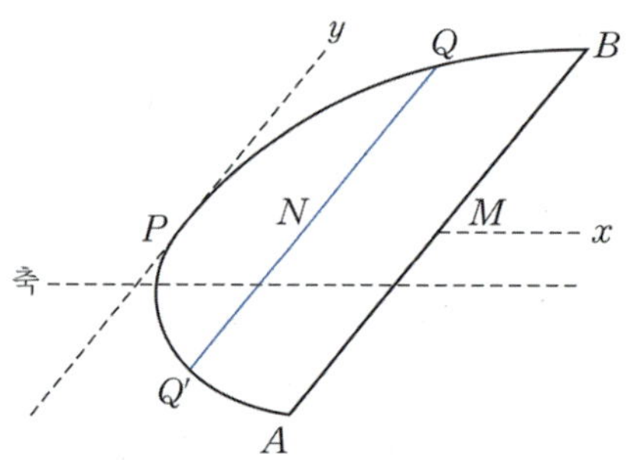

1. 점 P에서 그은 포물선의 접선은 $\overline{AB}$에 평행하다.
2. 점 P를 지나 포물선의 축에 평행하게 그은 직선은 $\overline{AB}$의 중점 M을 지난다.
3. $\overline{AB}$와 평행한 현을 $\overline{QQ'}$, $\overline{PM}$과 $\overline{QQ'}$가 만나는 점을 N이라고 할 때,

$$\frac{\overline{PN}}{\overline{PM}} = \frac{(\overline{NQ})^2}{(\overline{MB})^2}$$

9 '실진(悉盡)'은 짜낸다는 의미로, '짜내기법', '착출법'이라고도 함.

이 세 가지 성질을 이용하여 포물선과 선분으로 둘러싸인 영역의 넓이를 구해보자. [그림 5-1]에서 포물선에 $\triangle APB$를 내접시키고, 이 포물선에서 $\triangle APB$를 제외한 영역에 다시 $\triangle PP_1B$와 $\triangle PP_2A$를 내접시키는 과정을 반복한다.

M은 $\overline{AB}$의 중점이며, M_1과 M_2는 각각 $\overline{BM}$과 $\overline{AM}$의 중점이므로, $(\overline{BM})^2 = 4(\overline{M_1M})^2$이다. 앞의 성질 ③에 의해 $\overline{PM} = 4\overline{PV}$이다.

한편 $\overline{PB}$와 $\overline{P_1M_1}$의 교점을 Y라고 하면 $\overline{YM_1} = \frac{1}{2}\overline{PM} = 2\overline{PV}$이므로, $\overline{YM_1} = 2\overline{P_1Y}$이다. 이로부터 $\triangle PP_1B = \frac{1}{2}\triangle PM_1B = \frac{1}{4}\triangle PMB$.

마찬가지 방식으로 $\triangle PP_2A = \frac{1}{4}\triangle PMA$. 따라서

$$\triangle PP_1B + \triangle PP_2A = \frac{1}{4}\triangle PMB + \frac{1}{4}\triangle PMA = \frac{1}{4}\triangle APB$$

결과적으로 포물선과 선분으로 둘러싸인 영역의 넓이는

$$S = \triangle APB + \frac{1}{4}\triangle APB + \frac{1}{4^2}\triangle APB + \cdots + \frac{1}{4^n}\triangle APB + \cdots$$
$$= \frac{1}{1-\frac{1}{4}}\triangle APB = \frac{4}{3}\triangle APB$$

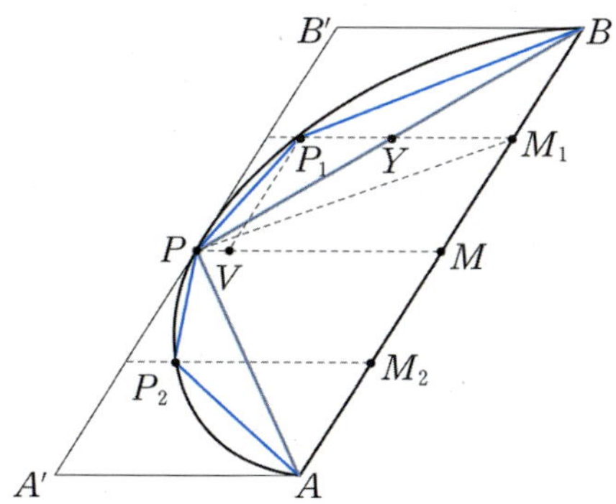

[그림 5-1] Archimedes의 구적법으로 포물선의 넓이 구하기

Archimedes는 위와 같이 구적법으로 포물선의 넓이를 구했을 뿐 아니라 지렛대의 원리를 이용하는 평형법(method of equilibrium)을 통해 구의 부피를 구했다. Archimedes는 해석기하학의 아이디어와 당시 알려져 있던 원뿔과 원기둥의 부피

공식을 이용하여 다음과 같이 구의 부피를 구했다.

중심이 $(r,\ 0)$인 원의 방정식은

$$(x-r)^2+y^2=r^2, \qquad x^2+y^2=2rx \tag{1}$$

(1)의 양변에 π를 곱하면

$$\pi x^2+\pi y^2=\pi\, 2rx \tag{2}$$

(2)의 양변에 $2r$을 곱하면

$$2r\,(\pi x^2+\pi y^2)=x\pi(2r)^2 \tag{3}$$

지렛대의 원리에 따르면 지레를 중심으로 한쪽에 무게 a인 물체가 지렛대로부터 x만큼 떨어진 거리에 있고, 또 다른 쪽에는 무게 b인 물체가 지렛대로부터 y만큼 떨어진 거리에 있을 때 $ax=by$가 성립한다. 이를 (3)에 적용하면 중심으로부터 $2r$ 만큼 떨어진 위치에 반지름이 각각 x와 y인 원이 있고, 또 다른 편에는 중심으로부터 x만큼 떨어진 위치에 반지름이 $2r$인 원이 있으며, 양쪽은 균형을 이루고 있다. 한편 [그림 5-2]의 오른쪽을 보면 $\pi(2r)^2$은 원기둥의 단면의 넓이이고, πx^2과 πy^2은 각각 원뿔과 구의 단면의 넓이가 된다.

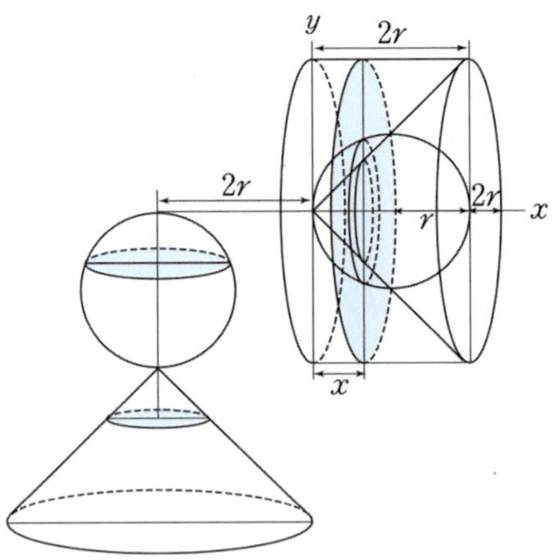

[그림 5-2] Archimedes의 평형법으로 구의 부피 구하기

이제 x를 0에서 $2r$까지 변화시키면 단면 $\pi(2r)^2$, πx^2, πy^2은 각각 원기둥, 원뿔, 구를 채우게 된다. 당시 원기둥과 원뿔의 부피를 알고 있었으므로 다음 식을 통해 구의 부피 V를 구할 수 있다.

$$2r\left\{\frac{1}{3}\pi(2r)^2 2r + V\right\} = r\{\pi(2r)^2 2r\} \tag{4}$$

$2r$의 위치 · (원뿔의 부피+구의 부피) = r의 위치 · 원기둥의 부피

(4)로부터 구의 부피는 $V = \frac{4}{3}\pi r^3$이 된다(우정호, 1998).

2) Kepler의 포도주통의 부피를 통한 미분과 적분의 아이디어 탐구

Kepler는 Newton과 Leibniz가 미적분을 정립하기 이전에 이미 '통의 부피 계산(Doliometry)'을 통해 미분과 적분의 아이디어에 접근했다(Toeplitz, 1963). Kepler는 황실의 천문학자로 지내면서 두 번째 결혼을 하였는데, 이 결혼식의 축하주를 통 단위로 구입하였다. 당시에 상인은 [그림 5-3]과 같이 포도주가 나오는 구멍 S(원기둥의 높이의 중점)에서 뚜껑 D(원기둥의 밑면인 원의 둘레 위의 점)까지의 길이를 자로 재고, 이를 기준으로 가격을 정하였다. Kepler는 $d = \overline{SD}$의 길이가 같더라도 폭이 좁고 긴 통의 부피는 폭이 넓고 짧은 통의 부피보다 작음에도 불구하고 동일한 가격이 책정된다는 데 문제의식을 느끼고 이 문제를 탐구하였다.

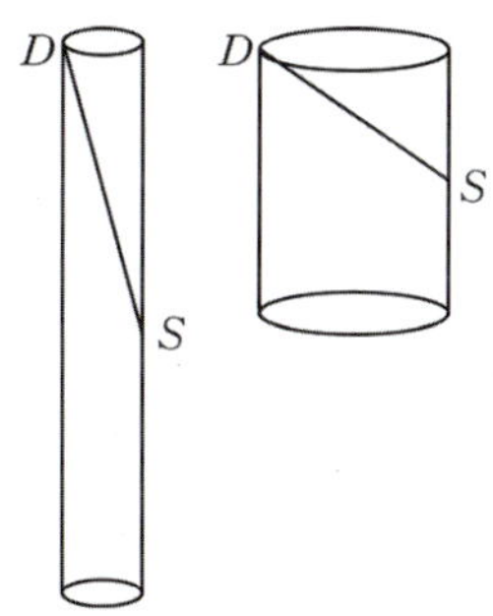

[그림 5-3] Kepler가 미분과 적분의 아이디어를 발전시킨 포도주통의 부피 구하기

Kepler는 d를 이용하여 부피를 구하는 방법에 대하여 탐구하기 위하여, 원기둥(포도주통)의 밑면의 반지름을 r, 높이를 h라고 하면 $d^2 = \left(\frac{h}{2}\right)^2 + (2r)^2$이므로, $r^2 = \frac{d^2}{4} - \frac{h^2}{16}$이다. 원기둥의 부피는 다음과 같다.

$$V = \pi r^2 h = \pi\left(\frac{d^2}{4} - \frac{h^2}{16}\right)h = \frac{\pi d^2 h}{4} - \frac{\pi h^3}{16}$$

Kepler는 d가 일정할 때, V를 최대로 하는 h값은 얼마인가 하는 질문을 제기하였다. Kepler는 현재 방식으로 도함수를 구한 것은 아니지만 나름의 방식으로 위의 식에 대한 도함수를 구하였다.

$$V'(h) = \frac{\pi d^2}{4} - \frac{3\pi h^2}{16}$$

V가 최대이기 위해서 $V' = 0$이어야 하므로, $h = \frac{2}{\sqrt{3}}d$이다.

이와 관련된 Kepler의 아이디어는 『포도주통의 모양과 부피의 측정』이라는 저서에 담겨 있다. Kepler는 이 책을 통해 회전체의 부피를 계산하고 최소의 재료로 최대 용량의 포도주통을 만드는 극값 문제를 다루었는데, Kepler의 이러한 아이디어는 Cavalieri에 영향을 미치게 된다.

3) Cavalieri의 불가분량법

적분은 선(1차원)을 쌓아서 면(2차원)을 만드는 것, 혹은 면(2차원)을 쌓아서 입체(3차원)를 만드는 과정이라고 할 수 있다. 이와 관련된 것이 Cavalieri의 불가분량법(method of indivisibles)으로, 평면도형의 불가분량은 '현'이고, 입체도형의 불가분량은 입체도형을 절단한 '단면'이다. Cavalieri의 불가분량법은 평면도형과 입체도형에 대한 다음의 두 가지 원리에 기초한다(Eves, 1990).

1 한 쌍의 평행한 직선 사이에 두 평면도형이 있고, 이 직선과 평행한 임의의 직선에 의해 잘려진 두 평면도형의 선분의 길이의 비가 일정하면 두 평면도형의 넓이의 비는 그 선분의 길이의 비와 같다.

2 한 쌍의 평행한 평면 사이에 두 입체도형이 있고, 이 평면과 평행한 임의의 평면에 의해 잘려진 두 입체도형의 넓이의 비가 일정하면 두 입체도형의 부피의 비는 그 넓이의 비와 같다.

Cavalieri의 원리 1을 이용하면 타원의 넓이를 쉽게 구할 수 있다. [그림 5-4]와 같이 반지름의 길이가 a인 원의 넓이를 이용하여 장축과 단축의 길이가 각각 $2a$와 $2b$인 타원의 넓이를 구해보자. 원과 타원은 모두 평행한 두 직선 $x = -a$와 $x = a$ 사이에 있으며, 원과 타원을 y축에 평행하게 절단하였을 때 수직 방향 현의 길이의 비는 $a : b$이므로, 원과 타원의 넓이의 비도 역시 $a : b$이다. 따라서 타원의 넓이는

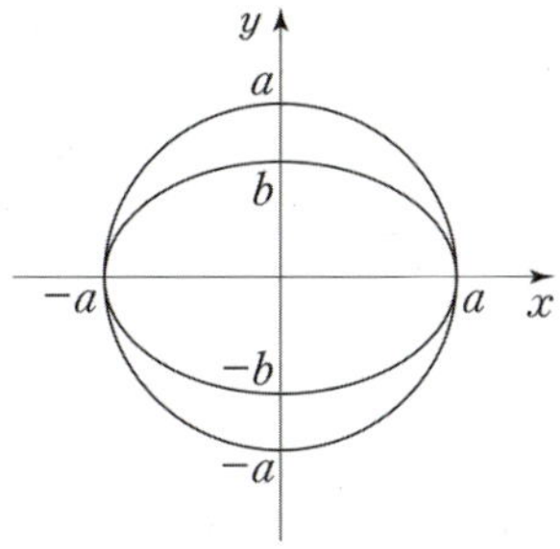

$$x^2+y^2=a^2$$

$$\frac{x^2}{a^2}+\frac{y^2}{b^2}=1\ (a>b)$$

[그림 5-4] Cavalieri의 불가분량법으로 타원의 넓이 구하기

원의 넓이인 πa^2의 $\frac{b}{a}$배인 πab가 된다.

Cavalieri의 원리 ②에 의해 구의 부피를 구해보자. [그림 5-5]의 왼쪽은 반지름의 길이가 r인 반구(半球)이고, 오른쪽은 반지름의 길이가 r이고 높이가 r인 원기둥에 원뿔을 내접시킨 것이다. 왼쪽의 반구와 오른쪽의 원기둥을 밑면으로부터 a만큼 떨어진 높이에서 밑면과 평행하게 절단해보자. 이때 왼쪽의 반구에는 원이 생기고, 오른쪽의 원기둥과 원뿔 사이의 영역은 가운데가 뚫린 반지 모양이 된다. 왼쪽 단면의 넓이는 $\pi(r^2-a^2)$이고, 오른쪽 반지 모양의 넓이도 $(\pi r^2-\pi a^2)$이 되므로 두 단면의 넓이는 같다. Cavalieri의 원리 ②에 따르면 왼쪽의 반구와 오른쪽의 원기둥에서 원뿔을 제거한 입체의 부피는 같다. 따라서 구의 부피 V는

$$V=2(\text{원기둥의 부피}-\text{원뿔의 부피})=2\left(\pi r^3-\frac{\pi r^3}{3}\right)=\frac{4}{3}\pi r^3$$

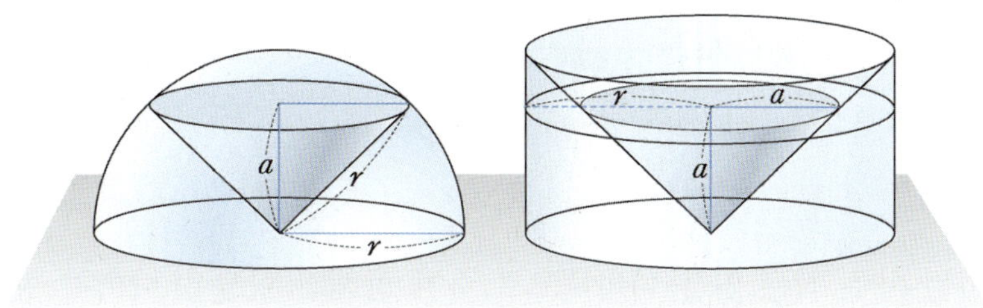

[그림 5-5] Cavalieri의 불가분량법으로 구의 부피 구하기

4) Newton과 Leibniz의 미적분학

미적분학의 본격적인 정립은 17세기 Newton과 Leibniz에 의해 이루어졌다. Newton은 물체의 운동과 그 변화를 나타내기 위한 역학적인 관점에서, Leibniz는

곡선에 접선을 긋는 기하학적 관점에서 미분의 아이디어를 생각해냈다.

수학자이기에 앞서 과학자인 Newton에게 수학은 자연과학, 특히 물리학을 연구하기 위한 수단이었으므로, 그는 변화하는 양을 소재로 하는 유율법에 의해 미분을 생각해냈다. Newton은 변화하는 양(量)을 '유량(fluent)', 유량의 변화 비율을 '유율(fluxion)', 유량의 일정한 시간 동안의 변화율을 '주유율(principal fluxion)', 그리고 하나의 변량이 시간이 0인 무한히 작은 구간에서 증가하는 양을 '모멘트(moment)'라고 정의했다. 그러고 보면 '주유율'은 '평균변화율'에, '모멘트'는 '순간변화율'이자 '미분계수'에 대응된다.

유량은 x, y, z로 나타내고, 유율은 $\dot{x}$, $\dot{y}$, $\dot{z}$와 같이 문자 위에 점을 찍어 나타내며, 모멘트는 $\dot{x}o$, $\dot{y}o$, $\dot{z}o$와 같이 표기하는데, 이때 o는 무한히 적은 양을 나타낸다.

Newton은 삼차방정식 $x^3-ax^2+axy-y^3=0$을 예로 하여 미분의 아이디어를 설명했다. 이 삼차방정식에서 x 대신에 $x+\dot{x}o$, y 대신에 $y+\dot{y}o$를 대입하면 식 (1)이 된다.

$$\begin{aligned}&x^3+3x^2(\dot{x}o)+3x(\dot{x}o)^2+(\dot{x}o)^3-ax^2-2ax(\dot{x}o)\\&\quad-a(\dot{x}o)^2+axy+ay(\dot{x}o)+a(\dot{x}o)(\dot{y}o)+ax(\dot{y}o)\\&\quad-y^3-3y^2(\dot{y}o)-3y(\dot{y}o)^2-(\dot{y}o)^3=0\end{aligned} \tag{1}$$

이제 $x^3-ax^2+axy-y^3=0$을 대입하여 정리하고, 나머지 항들을 o로 나누면 다음 식 (2)가 남는다.

$$\begin{aligned}&3x^2\dot{x}-2ax\dot{x}+ay\dot{x}+ax\dot{y}-3y^2\dot{y}+3x\dot{x}\dot{x}o\\&\quad-a\dot{x}\dot{x}o+a\dot{x}\dot{y}o-3y\dot{y}\dot{y}o+\dot{x}^3oo-\dot{y}^3oo=0\end{aligned} \tag{2}$$

이 된다.

그러나 o는 아주 적은 양을 나타내므로, o가 곱해진 항들은 나머지 항에 비교해 볼 때 무시할 수 있을 정도로 작아진다. 따라서 식 (3)을 얻을 수 있다.

$$3x^2\dot{x}-2ax\dot{x}+ay\dot{x}+ax\dot{y}-3y^2\dot{y}=0 \tag{3}$$

그런데 이 과정은 몇 년 후 Berkeley의 혹독한 비판의 빌미를 제공한다. 식 (1)에서 식 (2)로 갈 때에는 o로 나누었으므로 분명 0이 아닌 무한소로 간주했지만, 식 (2)에서 식 (3)으로 갈 때에는 o가 무시할 수 있을 정도로 작아지므로 o가 포함된

항을 무시해버림으로써 0으로 취급한 결과가 된다. 즉, 편의에 따라 o를 0이 아닌 것으로 또 0인 것으로 이중적인 취급을 한 것이다(Struik, 1987).

Newton과 달리 곡선에 접선을 긋는 문제로부터 미분의 아이디어에 도달한 수학자는 Fermat, Barrow, Leibniz이다. 이들은 곡선과 접선이 만나는 점에서 x축에 내린 수선의 발과 접선이 x축과 만나는 점을 이은 선분, 즉 접선영(subtangent)을 이용했는데, 그중 Barrow의 아이디어는 다음과 같다. [그림 5-6]과 같이 곡선 위의 한 점 P에서 접선을 긋고 x축과 만나는 점을 T, 점 P에서 내린 수선의 발을 M, 곡선 위의 한 점을 Q, Q에서 x축과 평행하게 그은 직선이 $\overline{PM}$과 만나는 점을 R, $\overline{QR}=e$, $\overline{PR}=a$라 하자. Q가 P에 가까워지면 $\triangle PQR$과 $\triangle PTM$은 닮음이므로, 다음 비가 성립한다.

$$\frac{\overline{PR}}{\overline{QR}}=\frac{\overline{PM}}{\overline{TM}}$$

점 P의 좌표를 (x, y)라고 하면, 점 Q의 좌표는 $(x-e, y-a)$이다.

$$\overline{OT}=\overline{OM}-\overline{TM}=\overline{OM}-\overline{PM}\,\frac{\overline{QR}}{\overline{PR}}=x-y\,\frac{e}{a}$$

가 성립하므로 접선이 결정된다.

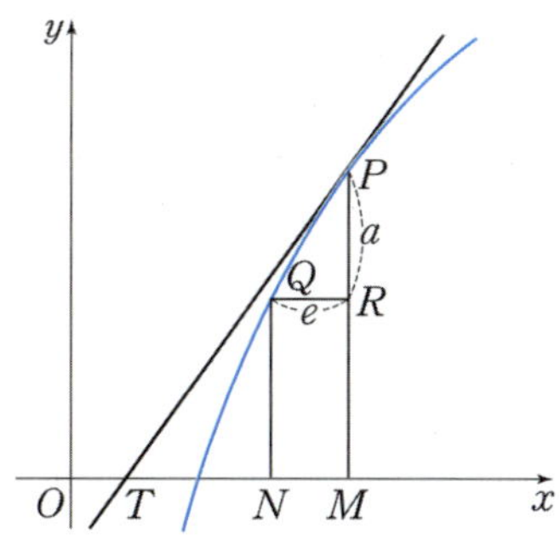

[그림 5-6] 접선영을 이용하는 Barrow의 방법

Barrow는 이 방법을 이용하여 여러 가지 접선을 작도하였는데, 그중 라메곡선(Lamé curve)인 $x^3+y^3=r^3$에 이 방법을 적용하면 다음과 같다.

$$(x-e)^3+(y-a)^3=r^3$$
$$x^3-3x^2e+3xe^2-e^3+y^3-3y^2a+3ya^2-a^3=r^3$$

e와 a의 2차 이상인 항은 무시하고, $x^3+y^3=r^3$을 이용하면

$$3x^2e+3y^2a=0$$

$$\frac{a}{e}=-\frac{x^2}{y^2}$$

이때의 비율 $\frac{a}{e}$는 결국 y를 x에 대해 미분한 $\frac{dy}{dx}$가 된다(Eves, 1979).

Leibniz 역시 곡선의 접선을 긋는 문제와 관련하여 미분의 아이디어를 전개했는데, Leibniz 미적분학의 강점은 기호 표현에 있다. Leibniz는 합을 나타내는 라틴어 summa의 첫 알파벳 S를 길게 늘인 현대적인 적분 기호 $\int$와 dx, dy 등의 기호를 처음 사용하였다. 현대의 수학 기호와 거의 유사한 Leibniz의 기호는 Newton의 기호에 비해 편리하여 미적분을 계산 기술로 발전시키는 데 크게 기여했다.

이처럼 Newton과 Leibniz는 각기 다른 방법으로 미분의 아이디어에 도달했음에도 불구하고, 이를 둘러싼 Newton과 Leibniz의 우선권 논쟁이 유명하다. Newton과 Leibniz의 대립은 영국과 유럽 대륙의 싸움으로 번졌고, Newton이 소속된 영국학술협회에서 Leibniz가 Newton의 아이디어를 표절했다는 불합리한 평결을 내리기도 했다. 오늘날에는 두 사람이 각기 독립적으로 연구했고, 미적분학의 발견은 Newton이 앞섰지만 발표는 Leibniz가 먼저이며, 표기법은 Leibniz가 우위인 것으로 인정된다. 물리학자 Newton에게 수학은 물리학을 위한 연구 도구였고, 철학자 Leibniz에게 수학은 인간의 사유를 합리적으로 표현하는 도구였으며, 그런 만큼 두 사람은 서로 다른 관점에서 미적분학을 생각해냈고 아이디어의 표현 방식도 달랐다.

5) 18세기 이후의 미적분학

17세기에 정립된 미적분학의 토대 위에 18세기는 미분과 방정식을 결합시킨 미분방정식을 탐구하게 되었다. 18세기의 유명한 수학자들은 자신의 이름이 붙은 미분방정식을 내놓았다. 예를 들어 Euler(1707~1783), Clairaut(1713~1765), d'Alembert (1717~1783), Riccati(1676~1754), Legendre(1754~1833)의 미분방정식이 존재한다. 또한 Laplace (1749~1827)는 Laplace 변환으로 미분방정식을 간편하게 해결할 수 있는 방법을 제안하였으며, 18세기 말에는 미분을 기하학에 적용시킨 미분기하학이 등장하여, 곡선과 곡면의 성질을 미적분학의 관점에서 연구하게 되었다. 19세기 Cauchy(1789~1857)는 $\varepsilon-\delta$ 방법을 이용하여 극한, 연속, 미분가능 등의 개념을 수

학적으로 더 엄밀하게 정의함으로써 미적분학은 학문적으로 한층 더 발전하였다.

이와 같이 미적분학이 발전하는 가운데 예기치 않은 함수들을 발견하게 되었다. Weierstrass는 도함수를 갖지 않는 연속함수(continuous everywhere but differentiable nowhere)를 알아냈다. 또한 다음과 같은 Dirichlet 함수는 모든 점에서 불연속인 함수(nowhere continuous function)가 되므로 Riemann 적분은 가능하지 않다. 그 대신 Lebesgue 적분은 가능하다.

$$f(x) = \begin{cases} 1, & x\text{는 유리수} \\ 0, & x\text{는 무리수} \end{cases}$$

이러한 함수의 출현으로 인해 해석학의 기초에 대한 좀 더 깊이 있는 이해가 필요하게 되었다. 결국 극한, 연속성, 미분가능성에 대한 이론은 실수계의 성질에 의해 좌우된다는 것을 깨닫게 되면서, 실수계 자체가 엄밀하게 정의되어야 하고, 그로부터 해석학의 기초 개념이 유도되어야 한다는 생각을 하게 되었다. 이러한 경향을 '해석학의 산술화(arithmetization of analysis)'라고 하는데, 이는 비유클리드 기하학의 출현에 따른 '기하학의 해방', 추상적인 대수적 구조의 출현에 따른 '대수학의 해방'과 더불어 19세기 수학사의 중요한 세 가지 경향 중의 하나이다.

다. 미분과 적분 교수 · 학습 관련 연구

1) 극한과 연속에 대한 개념 정의와 개념 이미지

학생들은 수학적 개념의 공식적인 정의를 배우기 이전에 이미 여러 형태로 개념을 접하게 되고 그에 따라 형성된 인지 구조가 학생들의 머릿속에 들어 있다가 의식적으로나 무의식적으로 개념의 의미와 사용에 영향을 미친다. 여기서 개념과 정신적으로 관련된 모든 성질과 과정 및 심상들로 이루어진 인지 구조를 '개념 이미지(concept image)'라 하고, 개념을 정확히 설명하는 언어적 정의를 '개념 정의(concept definition)'라 한다.

여러 연구들이 밝히고 있는 바와 같이 학생들은 형식화된 '개념 정의'보다 '개념 이미지'에 의존하는 경향이 있다(Tall & Vinner, 1981; Vinner, 1991; 박선화, 1998; 박수정, 2002; 이경화, 신보미, 2005). 공식적인 개념 정의가 학생의 인지구조에 동화 또는 조절을 거쳐 적절한 개념 이미지로 형성되지 않으면 그 개념은 오래 지나지 않아 잊혀질 수 있다. 따라서 개념 정의를 이해할 때 개념 이미지를 동원하는 것이 효과적이지만, 개념 이미지를 거치는 과정에서 여러 가지 오류가 나타날 수 있다.

Vinner(1991)에 따르면 개념 정의와 개념 이미지가 상호작용하는 방식에는 다음과 같이 네 가지 경우가 있다.

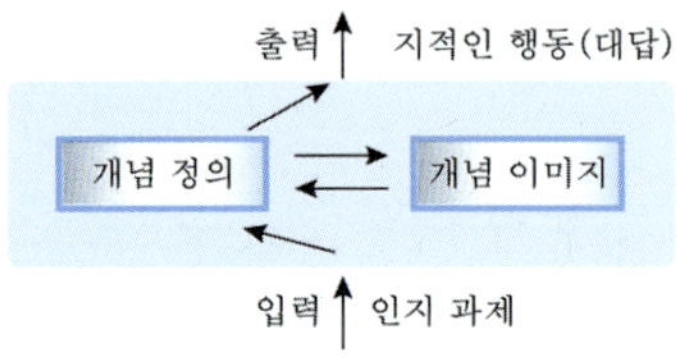

[그림 5-7] 정의와 이미지의 상호작용

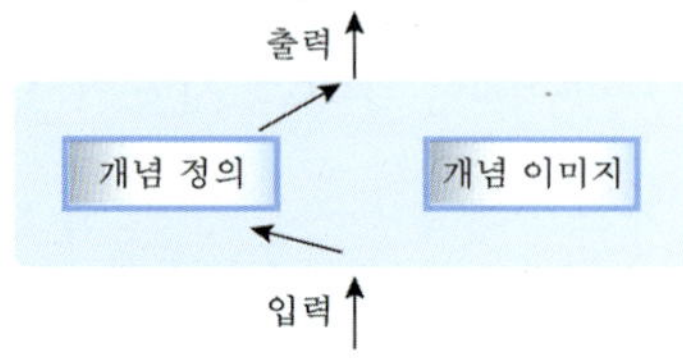

[그림 5-8] 완전 형식적 연역

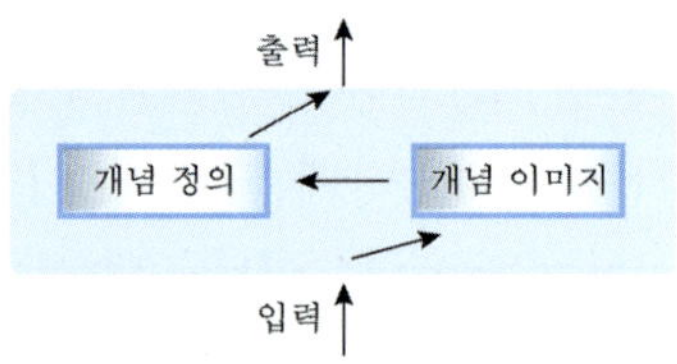

[그림 5-9] 직관적 사고를 따른 연역

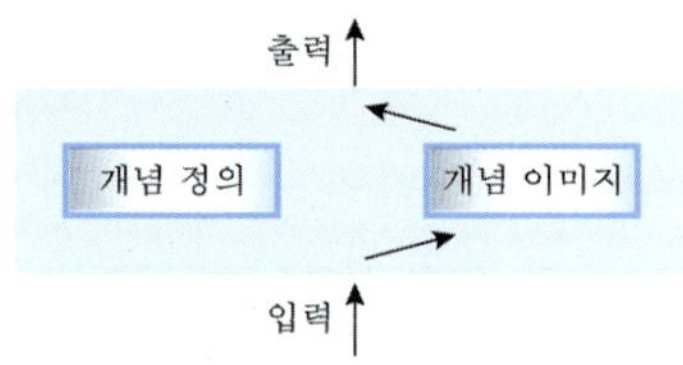

[그림 5-10] 직관적 반응

고등학교 수학 교과서에서 수열의 극한을 다룰 때, 수열을 수직선 또는 좌표평면에 나타내는데, 이는 수열의 극한에 대한 심상(mental image)을 형성시켜 학생들의 이해를 돕기도 하지만 극한에 대한 오개념의 원인이 되기도 한다. 예를 들어, 수열 $\left\{1+\frac{(-1)^{n+1}}{n}\right\}$과 같은 교대수열은 1에 수렴하지만, 진동하는 수열의 개념 이미지를 먼저 떠올리게 되면서 '교대수열은 진동하기 때문에 극한값이 없다'고 잘못 생각할 수 있다. 이는 개념 이미지에 지나치게 의존한 [그림 5-10]의 '직관적 반응'에 해당한다고 볼 수 있다.

또한 수열 $1, \frac{1}{2}, \frac{1}{3}, \cdots, \frac{1}{n}$을 [그림 5-11]과 같이 좌표평면에 나타내므로 수열은 끊임없이 진행하면서 변화한다는 생각을 갖게 하여 상수수열의 극한값은 존재하지 않는다고 오개념을 형성시킬 수 있다. 즉, 직관과 시각화에 의존하는 방식은 개념에 대한 정확한 수학적인 이해를 방해할 수 있다(박선화, 1998).

함수의 연속성의 경우 일상어에서 '연속'이라는 표현을 사용하므로, 학생들은 수학적인 '연속(continuous)'을 배우기에 앞서 이 단어에 대한 관념을 이미 가지고 있다. 학생들이 학습에 앞서 갖고 있는 선개념(preconception)이 반드시 오개념 다음과 같은 두 수열 $\{a_n\}$, $\{b_n\}$에서 n의 값이 한없이 커질 때, 일반항 a_n과 b_n의 값이 각각 어떻게 변하는지 알아보자.

$$\{a_n\}: 1, \frac{1}{2}, \frac{1}{3}, \cdots, \frac{1}{n}, \cdots$$

$$\{b_n\}: 2, \frac{1}{2}, \frac{4}{3}, \cdots, 1+\frac{(-1)^{n+1}}{n}, \cdots$$

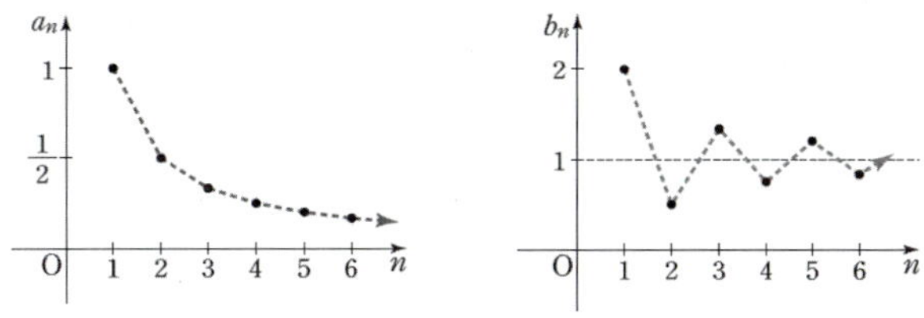

위의 그래프에서 n의 값이 한없이 커질 때, 수열 $\{a_n\}$의 일반항 $\frac{1}{n}$의 값은 0에 한없이 가까워지고, 수열 $\{b_n\}$의 일반항 $1+\frac{(-1)^{n+1}}{n}$의 값은 1에 한없이 가까워짐을 알 수 있다.

[그림 5-11] 수열의 수렴에 대한 시각적 표현(우정호 외, 2014: 12)

(misconception)인 것은 아니지만 선개념 중에는 그 개념의 본질적인 의미와 괴리 현상을 보이는 오개념인 경우가 적지 않다.

연속이라는 표현은 곡선의 그래프가 끊어지지 않고 이어져 있다는 직관적인 개념에서 비롯된 것으로, 학생들은 '연결되어' 있으므로 '연속'이고, '끊어져' 있으므로 '불연속'이라고 생각하는 경향이 있다. 실제 교과서는 [그림 5-12]와 같이 연속과 불연속을 수학적으로 설명하기에 앞서 $x=1$에서 그래프가 연결된 것과 끊어진 것을

생각해 봅시다 세 함수 $y=f(x)$, $y=g(x)$, $y=h(x)$의 그래프가 각각 다음과 같다. 세 함수의 그래프 중 $x=1$에서 끊어지지 않고 연결된 그래프는 어떤 것인지 말하여 보자.

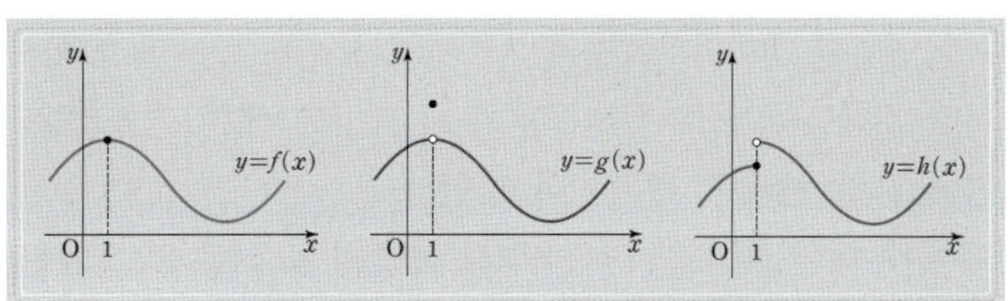

[그림 5-12] '연속'과 '불연속'에 대한 도입 (우정호 외, 2014: 82)

찾아보게 하는데, 이처럼 직관적인 이미지에 의존할 경우 함수의 연속성에 대한 올바른 이해를 방해할 수도 있다.

이경화와 신보미(2005)는 수학 성취 수준이 높은 과학고등학교 학생들을 면담하면서 다음 함수가 $x=0$에서 연속인지 불연속인지, 그리고 이 함수가 연속함수인지를 물었다.

$$f(x)=\begin{cases} x, & x\text{는 유리수} \\ 0, & x\text{는 무리수} \end{cases}$$

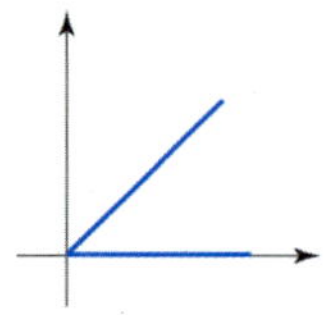

위의 함수는 무리수에서의 함숫값은 0, 유리수일 때의 함숫값은 $f(x)=x$로 정의되므로 $x=0$일 때 함수의 극한값이 0이다. 따라서 이 함수는 $x=0$에서 연속이다. 이 면담이 상위 집단 학생들에게 실시되었음에도 불구하고, 50% 정도의 학생들만이 함수가 $x=0$에서 연속이라고 답하였다.

한편 위의 함수가 연속함수인지 물었을 때 학생들은 유리수와 무리수인 경우의 그래프가 이어져 있다는 측면에 주목하여 연속함수라고 답한 경우가 많았다. 이 함수는 $x=0$에서는 연속이지만, 다른 점에서는 유리수인 경우와 무리수인 경우의 함숫값이 다르므로 연속이 아니다. 그럼에도 불구하고, 학생들이 연속이라고 답한 이유는 학생들이 '연속'의 개념 정의보다는 그래프가 끊이지 않고 연결되어 있다는 개념 이미지에 의존했기 때문이다.

2) APOS 이론

APOS 이론은 Dubinsky 외(2005)에 의해 제안되었다. 이 이론의 핵심어는 행동(Action), 과정(Process), 대상(Object), 스키마(Schema)로, APOS는 네 단어의 첫 알파벳을 따라 명명한 것이다. 이제 이 네 가지 요소가 무엇을 의미하는지 알아보자.

첫째, 어떤 개념을 익히기 위해서는 우선 대상에 대한 변환을 적용해 보게 되는데, 이러한 낱낱의 변환을 '행동'이라고 한다.

둘째, 대상에 대한 행동을 반복하면서 반성하는 가운데 그 행동이 내면화되어(interiorized) 하나의 정신적인 '과정'이 된다. '과정'이란 행동이 내면화되면서 동일한 조작을 할 수 있는 정신적 구조가 생긴 생태를 말한다. 과정의 상태에서는 각 단계를 명시적으로 의식하지 않고도 변환시킬 수 있다.

셋째, 과정을 전체적으로 인식하기 시작하면서 과정은 대상화되어(encapsulated) 하나의 '대상'이 된다. 어떤 것을 캡슐(capsule)에 싸기 위해서는 그것에서 벗어나서 객관적으로 대상화하는 것이 필요하다.

넷째, 행동, 과정, 대상이 조직화되고 연결됨으로써 하나의 일관성 있는 구조가 되면 '스키마'가 된다. 이 과정을 도식화하면 [그림 5-13]과 같다.

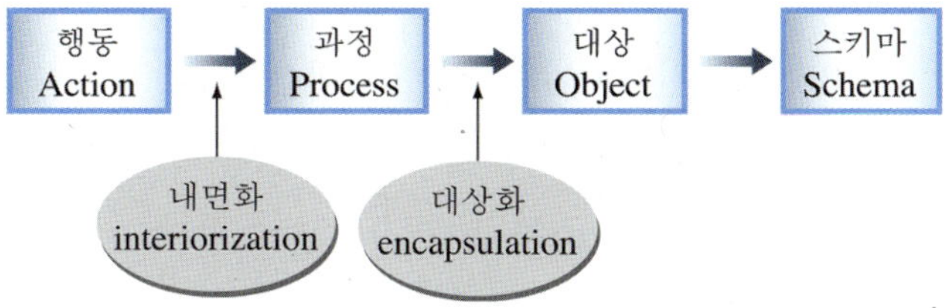

[그림 5-13] APOS 이론의 과정

Dubinsky 외(2005)는 무한 개념에 대해서 APOS 이론을 적용하였다. 우선 자연수를 1, 2, 3에서 시작하여 $N=\{1, 2, 3, \cdots\}$으로 구성하는 것은 '행동' 단계이다. 이런 '행동'이 '내면화'된 '가능적 무한'의 단계는 '과정'에 해당한다. 도달할 수 없는 '가능적 무한'이 '대상화'되면 도달할 수 있는 무한의 개념인 '실무한'의 단계가 되며, 이는 '대상'에 해당한다. '대상' 상태인 '실무한'은 그 자체로 완결된 전체성(totality)을 갖는다.

함수 개념을 APOS로 설명할 수도 있다. 함수 개념을 습득할 때, 함수식의 변수에 값을 대입해 보는 것, 혹은 정의역의 원소를 공역의 원소로 대응을 시키는 것을 '행동'이라고 볼 수 있다. 특정한 값을 입력하고 그에 따라 출력값을 생각하는 각 절차에 얽매이지 않고, 함수를 입력과 출력으로 인식하는 상태가 '과정'이다. 이런 '과정'을 대상화하여 함수를 하나의 집합으로 간주하면서 집합에 대한 조작을 하는 것은 함수를 '대상'으로 보는 상태이다. 이런 모든 것들은 궁극적으로 함수에 대한 체계적 틀인 '스키마'로 자리 잡게 된다.

Sfard(1991)는 수학적 개념은 '대상'과 '과정'의 두 가지 측면이 있으며, 이는 동전의 양면과 같이 상호보완적이라고 보았는데, 이는 APOS 이론과 상통하는 바가 있다. Sfard는 수학 개념의 역사적 발달 과정을 분석한 후 수학적 정의와 표상에는 '대상으로서의 구조적(structural as object)' 방법과 '과정으로서의 조작적(operational as process)' 방법이 있으며, 이 두 가지가 교대로 나타나면서 개념이 구성된다고 보았다.

Sfard(1991)는 수학적 개념의 형성 과정을 분석하고, '계산적인 조작'이 '추상적인 대상'으로 전이되기 위해서는 복잡한 과정을 거쳐야 하는데, 이 과정을 '내면화', '압축', '실재화'의 세 단계로 설명하였다. 이 단계들은 고등학교의 직관적인 정의를 대학교의 형식적인 정의로 전이시키는데 시사점을 제공한다(박임숙, 김흥기, 2002). 고등학교 수학 교과서에서 n이 한없이 커짐에 따라 수열 $1, \frac{1}{2}, \frac{1}{3}, \cdots, \frac{1}{n}, \cdots$은 한없이 0에 가까워진다고 배운다. 이러한 직관적 설명을 해석학에서 다루는 ε 방법에 따라 더 엄밀한 설명으로 전환시키기 위하여 다음의 세 단계를 제안하였다.

첫 번째의 '내면화(interiorization)' 단계에서는 실제로 수행한 행동을 통해 조작이 구성되도록 한다. 주어진 수열에서 $\left|\frac{1}{n}-0\right|=0.1$, $\left|\frac{1}{n}-0\right|=0.01, \cdots$을 만족하는 n을 구하고, $\left|\frac{1}{n}-0\right|<0.1$, $\left|\frac{1}{n}-0\right|<0.01, \cdots$을 만족하는 n을 구해봄으로써 n이 커짐에 따라 각각 대응되는 $\frac{1}{n}$의 값을 생각해 본다. 두 번째의 '압축(condensation)' 단계에서는 $\left|\frac{1}{n}-0\right|=0.1$, $\left|\frac{1}{n}-0\right|=0.01$의 우변을 특정한 수가 아니라 임의의 작은 양수 m이 되도록 한다. 이러한 과정을 통해 $\left|\frac{1}{n}-0\right|<m$과 같이 더 일반화된 경우를 생각한다. 세 번째의 '실재화(reification)' 단계에서는 이제까지 다루어오던 것을 새로운 시각에서 조망하여, '임의의 양수 ε에 대하여 $0 \le a \le \varepsilon$이 성립하면 $a=0$'이라고 이해하게 된다. 이는 ε을 이용한 엄밀한 이해로 연결되는 가교 역할을 한다. 이 세 단계는 위계적인 특성을 가지고 있으며, 실재화된 개념이 새로운 조작 대상이 되면 세 단계가 다시 반복되면서 이미 형성된 개념이 더 상위 수준의 개념으로 발달된다.

3) 역사발생적 원리

현재 교육과정과 교과서에서 미분은 극한 방법을 통해 정의되며, 미분과 적분을 하는 계산법의 숙달에 치중하는 형식적인 전개로 일관하고 있어 학생들이 미분과 적분 개념의 본질을 충분히 이해하기 어려운 상황이다. 미분과 적분 개념의 역사적 발생은 다른 수학 개념과 마찬가지로 점진적인 추상화, 일반화, 형식화의 과정이었다. 학생들이 미분과 적분의 본질적인 의미를 파악하도록 안내하기 위해서는 미분과 적분 개념의 역사적 발생 과정을 살펴보고, 수학적 활동의 근원으로 되돌아갈 필요가 있다.

가) 고전적 역사발생적 원리와 현대적 역사발생적 원리

수학교육에서 발생하는 문제들의 원인은 다양한 측면에서 찾아볼 수 있지만 많은 문제들의 근본적인 원인을 제공하는 것은 수학을 완성된 산물로 보고, 최종적으로 다듬어진 개념과 정리를 논리적인 전개 순서에 따라 연역적인 방식으로 가르치는 경향이다. 결과로서의 생명력 없는 수학을 전달한다는 수학교육의 최대 문제 중의 하나는 다음 문장에 설득력 있게 진술되어 있다.

> 마치 분출되는 용암과 같이 솟아 나온 신선한 수학적 개념이, 수학적 엄밀성과 논리성을 중시한 형식적인 손질이 가해져 전통의 굴레 속에서 여러 사람의 손을 거쳐 전해 내려오게 되면, 창조 시의 뜨거운 열기는 다 식어버리고, 말하자면 생명 없는 골격만이 남은 차디 찬 화석이 되어버리는 것이다. 수학교육은 전통의 굴레 속에서 이러한 소위 화석화된 수학의 전달에 그쳤던 것이다(강완, 1984: 1~2).

이처럼 수학을 공리적으로 전개된 기성품으로 간주하고 가르치는 형식주의의 단점을 극복하기 위해 제기되어온 교수학적 원리가 '역사발생적 원리(historicogenetic principle)'이다. 역사발생적 원리는 수학을 '발생된 것'으로 파악하고 학습자가 학습 과정에서 수학의 발생을 경험하게 하려는 원리로, Clairaut, Klein, Poincaré, Freudenthal, Polya, Toeplitz 등의 수학자와 수학교육학자들이 공통적으로 제기한 아이디어이다(우정호, 2000).

역사발생적 원리는 1866년 Haeckel이 발표한 '재현의 법칙(recapitulation law)'에 기초한다. 재현의 법칙에 따르면 동물의 태아 발생 과정은 종족이 진화한 과정을 재현한다. 이를 교육의 맥락에 적용하면 수학의 역사는 인류라고 하는 종족 전체의 학습 과정(종족 발생)이므로 학습자 개개인의 학습 과정(개체 발생)은 종족 전체의 학습 과정을 어느 정도 재현한다(우정호, 민세영, 2002).

Klein은 Haeckel의 재현의 법칙에 기초하여 다음과 같이 언급하였다.

> 개체는 종족의 전 발달 단계를 단축된 순서로 거치면서 발달한다. (중략) 이 기본법칙을 일반적으로 모든 교육에서와 같이 수학교육에서도 일반적으로 따라야 할 것으로 생각한다. 소년의 자연적인 소질과 연결시켜 인류 전체가 순진한 원시 상태로부터 더 높은 인식에 다다른 그 길을 따라 천천히 높은 곳으로, 마지막에 추상적인 형식화에 이르러야 한다(우정호(2000)에서 재인용; Klein, 1924: 289).

동시대의 수학자 Poincaré는 Klein과 유사한 맥락의 역사발생적 원리를 주장하고 있다.

> 어떤 동물의 태아 발달은 지질학적 시대의 그의 선조의 전체 역사를 매우 짧은 기간 동안에 경과한다고 동물학자들은 주장하였다. 인간의 정신발달에서도 마찬가지인 듯 하다. 교육자는 아동을 그의 선조가 통과한 모든 단계를 빨리 그러나 어떤 단계도 소실되지 않게 인도해야 한다. 이러한 이유에서 학문의 역사는 우리의 첫째가는 안내자 여야 한다(우정호(2000)에서 재인용; Poincaré, 1953: 135).

Klein과 Poincaré는 수학의 역사적 발달의 과정에 따라 직관적인 상태에서 점진적인 형식화를 거쳐 마지막에 연역적인 형식 체계에 이르도록 지도할 것을 제안했다. Klein과 Poincaré는 Haeckel의 재현의 법칙에 충실하게 수학의 역사적 발달과 개인의 수학 학습 사이의 평행성을 어느 정도 인정한다는 점에서 '고전적 역사발생적 원리'라고 명명한다. 이에 반해 Freudenthal은 역사발생을 중요시하지만, 역사적 발달 과정 그대로를 재현하는 것이 아니라 그것을 학습자의 현실적 문맥을 통해 재구성해야 한다고 주장한 점에서 다소 차이가 있다. Freudenthal은 교사의 적절한 안내에 따라 학습자가 스스로의 활동을 통하여 수학적 개념을 자신의 현실로부터 수학화 과정을 통해 재발명해야 한다고 보았다. 이 과정에서 수학적 개념의 역사발생이 중요한 지침이 되므로 여전히 역사발생적 원리를 따르고 있기는 하지만, 그 이전과 차이를 보이기 때문에 '현대적 역사발생적 원리'라고 명명할 수 있다(우정호, 민세영, 2002).

Freudenthal은 수학을 '완성된 결과'로 보고 이를 전달하는 것이 아니라, 완성된 결과로서의 수학을 존재하게 한 탐구 활동, 즉 '과정으로서의 수학'이 회복될 수 있도록 하는 것이 중요하다고 보았다. 이를 위하여 학생들에게 인류의 수학 발견 과정을 단축된 형태로 반복하게 함으로써 수학적 활동을 촉진시키는 역사발생적 방법을 동원하는데, 전술한 바와 같이 그대로 역사적 발생 과정을 답습하는 것이 아니라 학습자의 현실적 상황에 맞게 재발명해야 한다고 본 점에서 이전의 단순한 역사발생적 원리와 차별화된다.

나) 역사발생적 원리의 의의

수학의 발생 과정, 즉 수학사를 살펴보면 수학이 반드시 연역적으로 발전해 오지 않았음을 알 수 있다. 수학의 역사적 발달은 직관이나 통찰에 의해 얻어진 지식이 점진적으로 형식화되면서 점차 세련화되어온 과정이다. 수학사의 시작은 이집트와 바빌로니아의 실제적인 수학이며, 이는 고대 그리스의 연역적인 수학으로 이어진다. 그런데 그리스가 처음부터 연역적인 수학을 발전시킨 것은 아니었다. Thales로부터 Euclid에 이르기까지의 300년 동안 직관적인 탐구의 시기가 먼저 있었고, 이를 수학적으로 엄밀하게 연역적으로 정리한 Euclid 《원론》이 나오게 된다. 즉, 해당 주제에 대한 직관적인 탐구와 그에 대한 이해가 충분히 이루어진 후에 연역적인 체계가 구성된 것이다. 음수의 경우도 인도의 수학자들에 의해 도입되었지만, 음수가 본격적인 수로써 취급된 것은 상당한 시간이 지난 후였으며, 16세기 삼차방정식의 풀이 과정에서 등장한 복소수도 19세기 Gauss에 이르러서야 수용되었다. 이런 수학사의 흐름을 고려할 때 그리스의 논증기하와 음수와 복소수를 처음부터 연역적인 방식으로 제시하는 것은 교육적으로 바람직하지 않을 것이다(우정호, 2000).

역사발생적 원리에 따르면 인간 개개인의 수학 학습 과정은 수학사의 발전 과정과 어느 정도의 동형성이 있으므로, 수학사에서 수학자들이 어떤 개념을 둘러싸고 겪은 어려움은 그 수학적 개념을 학습하는 학생들에게도 나타날 수 있다. 이런 점을 고려하면 학생들이 논증기하와 음수 및 복소수를 이해할 때 어려움을 겪게 되는 것은 당연하며, 처음부터 개념에 대한 연역적인 정의가 아니라 직관적이고 자연스러운 개념의 발생 과정을 제시할 필요가 있다.

수학자들이 어떤 정리를 증명할 때에는 일차적으로 자연스럽고 우회적인 방법을 동원하지만 일단 증명이 되고 나면 더 간결하고 세련된 증명 방법을 찾게 된다. 그 결과로 더욱 강력하고 일반화된 정리를 얻게 되고, 이런 과정을 거치면서 초기의 자연스러운 사고와는 점차 멀어지게 된다. 수학자들은 우아한 증명을 하는 단계를 지나 가능하면 적은 수의 공리로부터 많은 정리가 연역될 수 있는 논리적 구조를 구성한다. 이런 과정을 거쳐 형성된 수학을 최종적인 연역 체계로 제시하면 학생들이 이해하기 어려운 것은 당연하다. 이런 연역적 접근 방식은 학생들에게 수학이 소수의 공리로부터 출발하여 바로 정리를 이끌어내는 천재들에 의해 창안된 것이라는 생각을 갖게 한다.

완성된 산물로서 가르치고 있는 학교 수학의 대부분의 내용은 사실 수세기에 걸친 치열한 논쟁과 연구의 결과이다. 그럼에도 불구하고 현재의 학교 수학에서는 수학 발달의 마지막 단계에 가깝게 세련되고 학문적 완성도가 높은 상태로 가르치고 있다. 수학의 연구는 초기부터 엄밀한 연역적 방식으로 이루어진 것이 아니라 발견 과정을 통해 귀납적으로 이루어져 왔으며, 이런 점이 지도에 반영될 수 있도록 하기 위해 수학의 연역적 전개 양식이 아닌 발견적 양식을 따라 재구성하는 것이 바람직하다.

다) Toeplitz의 발생적 접근

수학자 Hilbert의 문하생인 Toeplitz는 무한소 미적분학에 대한 발생적 방법에 따라 미적분학을 재구성하였다. 그의 유고 논문을 정리한 《미적분학 — 발생적 접근(The Calculus—A Genetic Approach)》가 1963년 출판되었는데, 이 책은 미적분 지도에 대한 많은 시사점을 제공한다. 네 개의 장으로 구성되어 있는 Toeplitz의 책은 흔히 미분을 먼저 도입하고 적분을 그 역과정으로 설명하는 현재의 미적분 교재의 구성과 흐름이 다르다.

실제 역사적으로 미분은 17세기 말에 생겨난 데 비하여 적분 개념의 발생은 기원전 3세기경까지 거슬러 올라가야 한다. Archimedes는 포물선으로 둘러싸인 도형의 넓이를 다각형으로 근사시켜 구하였는데, 그의 방법은 오늘날 적분을 이용하여 넓이를 구하는 방법과 유사하다. 그렇다면 왜 적분 개념이 미분보다 2000년이나 먼저 등장한 것일까? 기하학의 태동은 강의 범람에 따라 토지를 측정하여 재정비하기 위한데서 비롯되었다. 이때 곡선으로 둘러싸인 불규칙한 모양의 토지를 측량을 할 필요가 있었으며, 이로 인해 곡선의 넓이를 다각형으로 근사시켜 구하는 사고가 일찍부터 탄생할 수 있었다. 그에 반해 곡선의 접선을 긋는 문제나 최대·최소 문제와 관련된 미분은 적분에 비해 현실적인 필요가 절실하지 않았기 때문에 늦게 나타났다. Toeplitz는 미적분 개념의 역사적 발생 과정을 통해 드러난 핵심적인 내용을 추상한 것이 현대적인 형식적 이론임을 이해할 수 있도록 역사적 발생 과정을 고려하여 다음과 같은 순서로 장을 배열하였다.

Ⅰ. 무한 과정의 본질
Ⅱ. 정적분
Ⅲ. 미분과 적분
Ⅳ. 운동 문제에의 응용

첫 번째 장에서는 제논의 패러독스로부터 시작하여 그리스 시대의 무한소 개념, 피타고라스의 정리에 따른 통약불가능한 선분과 실진법을 소개한다. 무한 과정의 기초가 되는 실수 개념에 대한 명확한 규정의 요구에 따른 Archimedes의 공리와 연속성(완비성)의 공리를 다룬 후, 그 응용으로 연속 복리 계산과 순환소수를 설명하고, 미적분의 바탕이 되는 수렴과 극한과 무한급수를 도입한다. 두 번째 장에서는 역사적 발생의 순서에 따라 Archimedes의 구적법, Cavalieri의 불가분량법 등 정적분 개념의 발생 과정을 분석한다. 세 번째 장에서는 미분을 발생시킨 접선 문제와 최대·최소 문제, 속도 문제를 다루고, 미적분학의 기본정리를 통해 미분과 적분의 관련성을 밝힌 후, 부정적분의 곱의 법칙과 부분적분법을 설명한다. 네 번째 장은 속도와 가속도, 역학 문제, Kepler의 법칙 등을 미적분의 응용 차원에서 다룬다.

정리하면, Toeplitz의 책은 역사발생 과정에 따라 무한소 개념을 소개한 후 정적분을 다루고 나서 미분을 정의하고, 미적분학의 기본정리에 의해 미분과 적분이 역과정임을 설명한 후 부정적분, 미적분의 응용으로 전개시킨다. 이러한 Toeplitz의 연구는 미적분이 지닌 의미의 진정한 이해를 추구하는 접근법을 모색하려는 사람들에게 구체적인 시사점을 제공한다.

역사발생적 원리를 미적분 지도에 직접적으로 적용하다면, 적분을 먼저 다루고 미분을 이후에 도입한 후 미적분학의 기본정리에 의해 이 두 가지 개념을 연결 짓는 식이 되어야 할 것이다. 그러나 이 도입 순서는 현실적으로 많은 어려움이 따른다. 적분의 경우 일반적인 방법이 존재하는 미분과 달리 함수식의 형태에 따라 적분 방법이 달라지기 때문에 미분에 비해 전반적인 난이도가 높다. 또한 미분의 역과정으로 적분을 도입하지 않을 경우 구분구적법으로 적분을 구해야 하는데, 이 과정은 상당히 복잡하고 번거롭다. 이런 현실적인 이유로 우리나라의 교육과정 및 교과서뿐 아니라 대부분의 교재들은 미분을 먼저 도입하고 적분을 그 뒤에 배치한다. 이처럼 기본적인 전개는 미분 → 적분의 순서를 따르더라도 미적분의 역사적 발생 과정을 염두에 두고 발생의 맥락이 드러날 수 있도록 지도하는 것이 필요하다.

2. 미분과 적분 교수·학습 실제

가. 교육과정의 이해

우리나라 교육과정에서 미분과 적분은 고등학교 선택과목에서 다루고 있으며 과목별 내용 요소는 다음 표와 같다(교육부, 2022).

[표 5-1] 수학과 교육과정에서 미분과 적분 내용 요소

과목	내용 요소	
대수	수열	• 등차수열과 등비수열 • 수열의 합 • 수학적 귀납법
미적분 I	함수의 극한과 연속	• 함수의 극한 • 함수의 연속
	미분	• 미분계수 • 도함수 • 도함수의 활용
	적분	• 부정적분 • 정적분 • 정적분의 활용
미적분 II	수열의 극한	• 수열의 극한 • 급수
	미분법	• 여러 가지 함수의 미분 • 여러 가지 미분법 • 도함수의 활용
	적분법	• 여러 가지 함수의 적분법 • 정적분의 활용

일반선택과목 〈대수〉에서는 등차수열과 등비수열, 수열의 합, 수학적 귀납법을 다루고, 이는 〈미적분 II〉이 수열의 극한으로 이어진다. 2015 개정 교육과정은 그 이전의 교육과정과 달리 함수의 극한을 수열의 극한에 앞서 다루는데, 2022 개정 교육과정도 그 흐름을 유지하고 있다. 통상적으로는 수열의 극한 → 함수의 극한의 순서인데, 이 경우 수열의 극한에 수반되는 무한급수 등의 내용이 무겁기 때문에

수열의 극한을 다루고 함수의 극한, 또 함수의 극한을 이용해 미분을 정의할 경우 미분까지 도달하는 경로가 길어져 2015 개정 교육과정에서 순서를 바꾸었던 것인데 이제 정착이 된 것이다.

일반선택과목 〈미적분 Ⅰ〉에서는 함수의 극한과 연속을 다루고, 미분계수, 도함수와 함께 미분을 도입하며, 속도와 가속도 등 미분의 다양한 활용을 다룬다. 이어 부정적분과 정적분을 차례로 도입하고 부정적분과 정적분의 관계와 정적분의 활용을 다룬다.

진로선택과목 〈미적분 Ⅱ〉에서는 수열의 극한과 급수를 다룬 후, 지수함수와 로그함수, 삼각함수와 같은 초월함수의 미분과 합성함수, 매개변수로 나타낸 함수, 음함수와 역함수의 미분법과 같이 다양한 함수의 미분을 다루며, 미분의 활용으로 이어진다. 마찬가지로 적분에서도 초월함수의 적분, 치환적분법, 부분적분법과 같은 다양한 적분을 다루고, 속도와 거리, 넓이와 부피 등 적분을 활용하는 문제들을 다룬다.

나. 교과서 속의 미분과 적분

이산수학(Discrete Mathematics, 離散數學)은 연속적 성질을 갖지 않는 이산적인 양 또는 이산 구조를 갖는 대상을 수학적으로 분류하고 정리하며 논리적으로 사고하여 문제를 해결하는 이론이다. 정보화 시대의 주역인 컴퓨터는 이산적인 기계이며, 컴퓨터 작동의 기본 원리 역시 이산수학의 여러 주제들과 관련이 깊다. 이러한 연유로 학교 수학에서는 연속수학의 대표적 주제인 미적분학뿐 아니라 이산수학도 강조되어야 한다는 주장이 제기된다. 실제 이러한 주장에 힘입어 제7차 수학과 교육과정에서는 〈이산수학〉을 고등학교 선택과목 중의 하나로 선정하기도 하였다. 특히 이산수학은 수학적 배경 지식이 충분하지 않아도 순수한 수학적 사고를 통해 문제를 해결하는 것이 가능하다는 점에서 수학 영재를 발굴하고 교육시키는 바람직한 소재를 제공하기도 한다.

이산수학이 미적분학 못지않게 학교 수학에서 강조되어야 한다는 주장의 근거는 다음과 같다. 물리적이고 물질적인 세계는 미적분학이라는 연속수학으로 탐구할 수 있으나, 정보 처리라는 비물질적인 세계는 이산수학을 필요로 한다. 미적분학이 일차 산업혁명의 원동력이 되었고, 또 산업혁명으로 인해 미적분학이 더욱 발달할 수 있었던 것처럼, 이산수학은 정보 산업혁명이라는 이차 산업혁명을 뒷받침하고 있다(우정호, 1998).

그러나 이와 달리 미적분학을 여전히 중핵적인 주제로 다루어야 한다는 주장도 제기된다. 미적분학은 함수적 사고의 절정에 해당하며, 고등수학에서 핵심이 되는 무한의 개념을 본격적으로 다룬다. 뿐만 아니라 미적분학을 구성하는 일련의 내용이 일관성과 체계성을 가지고 전개되는데 반해, 이산수학은 조합론, 그래프 이론, 암호 이론, 알고리즘 분석, 행렬, 수열, 점화식 등 상이한 성격의 주제들을 이산적으로 모아놓은 일면 비체계적인 분야라고 할 수 있기 때문이다.

미적분학과 이산수학의 우선권 문제와 더불어 또 하나의 쟁점은 이산수학을 독립된 과목으로 가르칠 것이냐 아니면 이산수학의 각 주제를 관련 수학 내용과 결부시켜 가르칠 것이냐의 문제이다. 미국 NCTM의 1989년 《Curriculum and Evaluation Standards for School Mathematics》에서는 이산수학을 9~12학년의 독립적인 주제로 선정하였으나, 2000년의 《Principles and Standards for School Mathematics》에서는 이산수학을 여러 주제에 분산시켜 다루는 것을 원칙으로 하고 있다. 2010년 발표된 미국 CCSSI(2010)의 《Common Core State Standards For Mathematics》에서 고등학교는 수와 양, 대수, 함수, 모델링, 기하, 통계와 확률로 내용을 구성하고 있어, 이산수학은 역시 독립적인 영역이 아니다.

1) 수열

수열(sequence)은 '어떤 규칙에 따라 수를 차례로 나열한 것'으로 도입하기 때문에 학생들은 수의 나열이라는 측면에서만 수열을 인식하는 경향이 있다. 그러나 수열의 일반항을 a_n이라 할 때, 수열은 정의역을 자연수 전체의 집합 N, 공역을 실수 전체의 집합 R로 하는 함수 $f: N \to R$, $f(n) = a_n$이며, 학생들에게 이런 점을 강조할 필요가 있다.

수열의 일반항을 구할 때에는 처음에 제시된 몇 개의 항에서 나타난 규칙성을 파악하여 귀납적으로 n번째 항을 알아내지만, 이런 방법에는 한계가 있을 수 있다. 예를 들어, 1항, 2항, 3항이 1, 2, 3이라고 할 때, 공차가 1인 등차수열로 생각하기 쉽지만, 다음과 같이 수열을 정의한 경우에도 처음 세 항은 1, 2, 3이 된다. 그렇지만, 4항은 10, 5항은 29와 같은 식으로 4항 이후는 갑자기 항의 값이 커지게 된다.

$$f(n) = (n-1)(n-2)(n-3) + n$$

이와 같이 정의역이 자연수 전체의 집합 N이고 공역이 실수 전체의 집합 R인 함수

$$f : N \longrightarrow R$$

를 **수열**이라 하고, 정의역 N의 원소 1, 2, 3, …에 대한 함숫값 $f(1)$, $f(2)$, $f(3)$, …을 그 수열의 **항**이라고 한다.

이때 각 항을 앞에서부터 차례대로 첫째항, 둘째항, 셋째항, … 또는 제1항, 제2항, 제3항, …이라고 한다.

일반적으로 수열을 나타낼 때 항에 번호를 붙여

$$a_1,\ a_2,\ a_3,\ \cdots$$

과 같이 나타내고, 제n항 a_n을 이 수열의 **일반항**이라고 한다.

또 수열을 간단히 나타낼 때 일반항 a_n을 이용하여

$$\{a_n\}$$

과 같이 나타낸다.

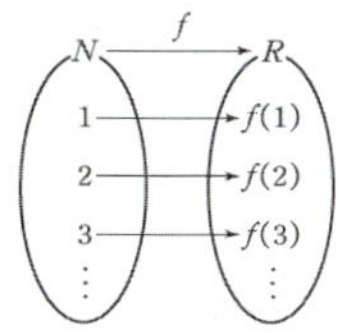

[그림 5-14] 수열의 함수적 해석(황선욱 외, 2014: 98)

또 다음과 같이 가우스 기호를 이용하여 수열을 정의하면 처음 세 항은 1, 2, 3이지만, 4항은 5, 5항은 6, 6항은 7, 7항은 8, 8항은 10과 같은 식의 수열이 된다.

$$f(n) = \left[\frac{n}{4}\right] + n$$

이를 일반화하여 처음 k개의 항은 1, 2, …, k로 공차가 1인 등차수열이지만, k항 이후가 달라지는 수열을 만들 수 있다.

$$f(n) = (n-1)(n-2)\ \cdots\ (n-k) + n$$

$$f(n) = \left[\frac{n}{k+1}\right] + n$$

2) 무한 개념

그리스의 전설적인 투사이자 마라톤 선수인 아킬레스는 철학자 Zeno(기원전 490~429)가 제기한 패러독스에 등장한다. 이 패러독스에 의하면 천하의 마라톤 선수인 아킬레스도 거북이보다 뒤에서 출발한다면 결코 거북이를 따라잡을 수 없다. 예를 들어, 아킬레스가 뛰는 속도가 거북이의 속도보다 10배 빠르고, 거북이가 아킬레스보다 100m 앞에서 출발한다고 가정하자. 거북이와 동시에 출발한 아킬레스가 거북이가 출발한 지점으로 가는 동안 거북이 역시 얼마간은 전진한다. 거북이는 아킬레스의 속도의 $\frac{1}{10}$로 움직이므로 아킬레스가 100m 지점에 도달했을 때, 거북이

는 10 m 앞서 있게 된다. 다시 아킬레스가 달려 그 지점까지 가면 거북이는 10 m의 $\frac{1}{10}$인 1 m를 아킬레스보다 앞서게 된다. 이렇게 계속하면 거북이와 아킬레스 사이의 간격이 점점 좁혀지기는 하지만, 거북이는 아킬레스보다 항상 조금이라도 앞서게 된다. 결국 아킬레스는 거북이보다 10배나 빠르지만 결코 거북이를 추월할 수 없다.

실제로 경주를 하면 아킬레스가 거북이를 따라잡을 수 있다는 것은 누구나 다 아는 것이지만, 제논의 패러독스에 내재된 논리적 오류를 정확히 지적하여 반박하는 것은 쉽지 않은 일이다. 수학에서는 양수를 무한 번 더해도 그 합이 유한할 수 있다는 것이 밝혀진 후, 이 패러독스를 수학적으로 설명할 수 있었다.

아킬레스가 거북이를 따라 100 m, 10 m, 1 m, 0.1 m, …를 달리는 데 걸리는 시간은 각각 0보다 큰 값으로 그 시간을 무한 번 합하면 유한한 값이 된다. 결국 아킬레스는 영원히 거북이를 앞지를 수 없는 것이 아니라 일정한 시간 내에서만 그러하다. 예를 들어, 아킬레스가 처음 100 m를 달리는 데 10초 걸린다고 하면 거북이를 추월하기 위해 달린 총 시간을 계산하면 $10+1+\frac{1}{10}+\frac{1}{100}+\cdots$(초)가 된다. '무한등비급수의 합'을 구하면 $\frac{100}{9}$초가 되므로, $\frac{100}{9}$초 이후에는 거북이를 추월할 수 있다.

중학교 수학에서 학생들이 많은 어려움을 겪는 내용 중의 하나는 $0.\dot{9}=1$이다. 고등학교에서 무한등비급수의 합을 배운 후에는 수학적으로 더 정확하게 이해할 수 있지만, 중학교에서는 직관적으로 이해하는 것을 요구하는 수준이기 때문에 학생들에게 체감되는 난이도는 높다. 학생들은 0.9999 …에서 소수점 아래 9가 아무리 계속되어도 1과는 미세한 차이가 있음에도 불구하고, 고도의 정확성을 추구하는 엄정한 학문인 수학에서 이 두 값이 같다고 놓는 것은 적절하지 않다고 생각하는 경향이 있다.

$0.\dot{9}=0.9999\cdots$는 어떤 값을 향해 계속 진행되는 동적인 관점의 '과정(process)'이다. 이에 반해 1은 완결된 정적인 관점의 '결과(product)'[10]이다. 학생들은 동적인 관점에서 정적인 관점으로 이행하는 가운데 여러 가지 장애를 경험하게 된다(조한혁, 최영기, 1999). 중학교 수학에서는 $0.\dot{9}=1$의 관계를 다음과 같이 설명한다.

10 수에는 기수(cardinal number)와 서수(ordinal number)라는 두 가지 측면이 있다. 이 중 기수는 정적인 관점의 수이고, 서수는 동적인 관점의 수라고 할 수 있다.

순환마디가 9 하나뿐인 순환소수

$$0.\dot{9},\quad 0.0\dot{9},\quad 0.00\dot{9},\quad \cdots$$

를 분수로 나타내어 보자.

먼저, $0.\dot{9}$의 경우에 $0.\dot{9}$를 x로 놓으면

$$x=0.999999\cdots \qquad \cdots\cdots ㉠$$

이다. ㉠의 양변에 10을 곱하면

$$10x=9.999999\cdots \qquad \cdots\cdots ㉡$$

이므로, ㉡에서 ㉠을 변끼리 빼면

$$9x=9$$

$$\begin{array}{rl} & 10x=9.999999\cdots \\ -) & x=0.999999\cdots \\ \hline & 9x=9 \end{array}$$

이다. 따라서,

$$x=\frac{9}{9}=1$$

이다.

[그림 5-15] $0.\dot{9}=1$의 설명(강옥기 외 2002: 17)

이처럼 식에 의해 설명하지 않고, 몇 개의 사례를 통해 규칙성의 발견하고 확장하는 다음의 방식으로 설명할 수도 있다.

1 분모가 3인 분수를 이용하는 방법

$\frac{1}{3}=0.33333\cdots$이므로

양변을 3배 하면 $3\times\frac{1}{3}=3\times0.33333\cdots$

따라서 $1=0.99999\cdots$

혹은 $\frac{1}{3}=0.33333\cdots$ ①

$\frac{2}{3}=0.66666\cdots$ ②

①과 ②를 더하면 $1=0.99999\cdots$

2 분모가 9인 분수를 이용하는 방법

$\frac{0}{9}=0.00000\cdots$

$\frac{1}{9}=0.11111\cdots$

$\frac{2}{9}=0.22222\cdots$

이런 식으로 계속하면 $1=\frac{9}{9}=0.99999\cdots$

다음과 같이 수학적으로 더욱 엄밀하게 증명할 수도 있다.

[3] 수학적으로 엄밀한 증명

$x = 0.9999 \cdots$에서 $x \neq 1$이면 $x > 1$이거나 $x < 1$이다.

$x < 1$이라고 가정하자.

$$a = 1 - x > 0$$

a는 실수이므로, 적당한 자연수 N이 존재하여 $a > \frac{1}{N}$이다.

또한 적당한 자연수 n이 존재하여 $a > \frac{1}{N} > \frac{1}{10^n}$이 성립한다.

y는 소수점 아래 9가 n번 계속되는 수 $0.99 \cdots 9$라고 하자.

$$1 - y = \frac{1}{10^n} < a = 1 - x$$

그러므로 $y > x$가 되지만, $y < x$이므로 모순이다.

$x > 1$인 경우도 유사한 방식으로 모순을 이끌어낼 수 있으므로, $x = 1$이다.

무한급수의 합은 유한 부분합의 극한이다. 무한급수의 값을 유한 부분합의 극한으로 보지 않고, 정적인 관점의 '결과'로 간주하여 하나의 값으로 놓게 되면 다음과 같이 모순인 결과를 가져온다.

$$x = 1 + 2 + 2^2 + 2^3 + \cdots = 1 + 2(1 + 2 + 2^2 + \cdots) = 1 + 2x$$
$$\therefore\ x = -1$$

위의 방식에 따라 $0.\dot{9} = 1$을 설명할 수도 있다. 다만 $0.\dot{9} = 1$임을 보이는 다음의 설명에서 모순적인 결과가 나타나지 않는 이유는 위와 달리 x가 유한하기 때문이다.

$0.\dot{9} = x$라고 놓자. $0.\dot{9} = 0.9 + 0.0\dot{9}$이므로

$x = 0.9 + 0.1x$, $0.9x = 0.9$이고 $x = 1$이 된다.

학생들은 '무한'과 관련하여 많은 오개념이나 혼란을 경험하게 된다. 예를 들어 유한에서 성립하는 여러 가지 성질을 무한에 적용하면 모순인 결과를 얻게 된다.

$$1 + (-1) + 1 + (-1) + 1 + (-1) + 1 + (-1) + \cdots$$

의 값을 구해보자.

$$
\begin{aligned}
S &= 1+(-1)+1+(-1)+1+(-1)+\cdots \\
-S &= \quad\ (-1)+1+(-1)+1+(-1)+\cdots
\end{aligned}
$$

위의 식에서 아래 식을 빼면 $2S=1$이므로, $S=\dfrac{1}{2}$이 된다.

한편 이 합을 구할 때 결합법칙을 적용하면 0과 -1이라는 상이한 값을 얻게 된다.

첫째 항부터 두 항씩 묶어서 계산하면

$$\{1+(-1)\}+\{1+(-1)\}+\{1+(-1)\}+\{1+(-1)\}+\cdots=0$$

이 된다. 이번에는 둘째 항부터 두 항씩 묶어서 계산하면

$$1+\{(-1)+1\}+\{(-1)+1\}+\{(-1)+1\}+\cdots=1$$

이 된다. 이처럼 무한이 포함된 식을 더하고 빼는 연산을 적용하거나 결합법칙을 적용하게 되면 모순인 결과를 가져오므로 유의해야 한다.

실제 무한과 관련된 오류를 범하는 것은 수학자라고 해서 예외가 아니었다. 18세기의 수학자 Euler는 무한급수의 합의 공식을 이용하여 두 식을 적은 후 좌변과 우변을 각각 더하여 다음과 같이 엉뚱한 결과를 얻기도 했다(Struik, 1987).

$$n+n^2+\cdots=\frac{n}{1-n} \qquad (1)$$

$$1+\frac{1}{n}+\frac{1}{n^2}+\cdots=\frac{n}{n-1} \qquad (2)$$

$$\cdots+\frac{1}{n^2}+\frac{1}{n}+1+n+n^2+\cdots=0 \qquad (3)$$

이처럼 모순적인 결과를 얻은 이유는 유한에서 성립하는 성질을 무한에서 사용하였기 때문이다.

3) 미적분학의 기본정리

교과서에는 미분과 적분이 서로 역연산임을 밝히는 '적분과 미분의 관계'와 '정적분의 기본 정리'가 소개된다. 이 정리는 미적분학의 기본이 되면서도 중요한 정리이기 때문에 대학수학에서는 '미적분학의 기본정리(The fundamental theorem of calculus)'라고 명명한다.

미분을 먼저 다루고, 미분의 역연산으로 적분을 도입하기 때문에 미분과 적분이 역과정이라는 미적분학의 기본정리가 큰 의미를 지니지 못하는 경향이 있다. 그러나 미적분학의 역사적 발생 과정을 살펴보면 적분의 아이디어는 기원전부터 발전시켜온 것으로, 17세기에 이르러서야 알게 된 미분이 적분과 모종의 관련성이 있으리라고는 생각하지 못하였다. 그런데 미적분학의 기본정리는 별개인 것으로 보이던 미분과 적분이 서로 역연산임을 밝혀주었으니, 미적분학의 토대를 이루는 기본정리라는 명칭을 얻을 만하다. 미적분학의 기본정리는 접선, 최댓값, 최솟값 등을 구하는 미분과 넓이, 부피, 호의 길이 등을 구하는 적분을 체계적인 분야로 통합시켜주었다. 이로 인해 미분법을 이용하여 간편하게 부피를 계산할 수 있게 되었으며, 궁극적으로는 미적분학의 발달뿐만 아니라 근대 자연과학의 발전에 지대한 공헌을 하였다.

미적분학의 기본정리는 제1정리와 제2정리로 되어 있다. 미적분학의 제1기본정리는 고등학교 수학에서 '적분과 미분의 관계'로 소개되는데, 그 핵심은 연속인 함수 $f(x)$의 정적분 $F(x)$는 미분가능하며, $F'(x)=f(x)$라는 것이다. 미적분학의 제1기본정리에서는 조건의 정적분으로부터 시작하여 결론에서 부정적분으로 귀결된다. 한편 고등학교 수학에서 '정적분의 기본 정리'로 소개되는 미적분학의 제2기본정리는 정적분을 계산하는 편리한 알고리즘을 제공한다. 여기서는 부정적분으로 조건이 주어지고 그로부터 유도되는 정적분의 계산이 결론에 제시되므로, 미적분학의 제1기본정리와 제2기본정리의 흐름이 반대임을 알 수 있다.

【미적분학의 제1기본정리】

함수 $f(x)$가 $[a, b]$에서 연속일 때 $F(x)=\int_a^x f(t)\,dt$이면 ← 정적분

⬇

$$\frac{d}{dx}F(x) = f(x)$$ ← 부정적분

【미적분학의 제2기본정리】

$[a, b]$에서 연속인 함수 $f(x)$의 한 부정적분을 $F(x)$라 하면 ← 부정적분

⬇

$$\int_a^b f(x)\,dx = [F(x)]_a^b = F(b)-F(a)$$ ← 정적분

고등학교 수학 교과서에서는 미적분학의 제1기본정리를 $y=f(x)$와 x축 사이의 도형의 넓이의 최댓값과 최솟값을 이용하여 [그림 5-16]과 같이 직관적으로 설명한다.

대학 수준의 해석학에서는 미적분학의 제1기본 정리를 $\varepsilon-\delta$ 방법으로 다음과 같이 증명한다. 함수 $f(x)$가 $[a, b]$에서 연속이고, $F(x)=\int_a^x f(t)dt$라는 조건이 주어졌다. ε을 임의의 양의 실수라고 하면, $f(x)$는 $x_0\in[a, b]$에서 연속이므로, 주어

함수 $y=f(t)$가 닫힌 구간 $[a, b]$에서 연속이고, $f(t)\geq 0$이라 하자.

오른쪽 그림과 같이 닫힌 구간 $[a, b]$에 속하는 임의의 x에 대하여 a에서 x까지 곡선 $y=f(t)$와 t축 사이의 넓이를 $S(x)$라 하면

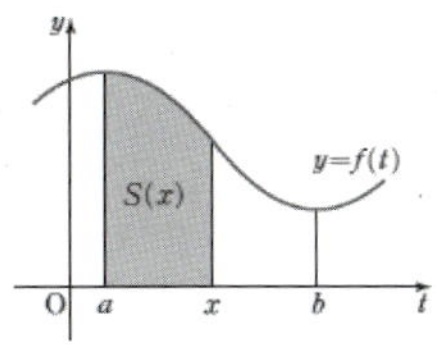

$$S(x)=\int_a^x f(t)dt$$

이다. 이때 x의 증분 $\Delta x(\Delta x>0)$에 대한 $S(x)$의 증분을 ΔS라 하면

$$\Delta S=S(x+\Delta x)-S(x)$$

이다.

한편, 닫힌 구간 $[x, x+\Delta x]$에서 함수 $f(t)$는 연속이므로 이 구간에서 최댓값과 최솟값을 가진다. 그 최댓값과 최솟값을 각각 M, m이라 하면

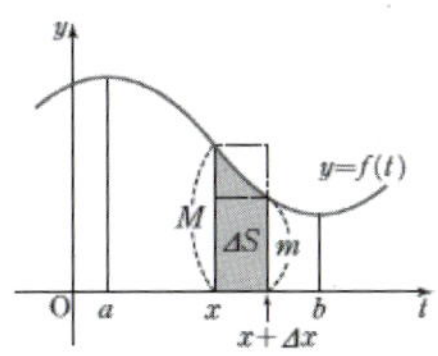

$$m\Delta x\leq \Delta S\leq M\Delta x$$

이므로

$$m\leq \frac{\Delta S}{\Delta x}\leq M$$

이다. $\Delta x<0$일 때에도 마찬가지 방법으로 $m\leq \frac{\Delta S}{\Delta x}\leq M$임을 보일 수 있다.

함수 $f(t)$는 닫힌 구간 $[a, b]$에서 연속이므로

$$\Delta x\to 0\text{이면 } m\to f(x),\ M\to f(x)$$

이다. 따라서 $f(x)\leq \lim_{\Delta x\to 0}\frac{\Delta S}{\Delta x}\leq f(x)$, 즉

$$\frac{d}{dx}S(x)=\lim_{\Delta x\to 0}\frac{\Delta S}{\Delta x}=f(x)$$

이다. 이때 $S(x)=\int_a^x f(t)dt$ 이므로 다음이 성립한다.

$$\frac{d}{dx}\int_a^x f(t)dt=f(x)$$

위의 내용을 일반화하여 정리하면 다음과 같다.

적분과 미분의 관계

함수 $f(x)$가 닫힌 구간 $[a, b]$에서 연속이면

$$\frac{d}{dx}\int_a^x f(t)dt=f(x)\ (\text{단, } a<x<b)$$

[그림 5-16] 미적분학의 제1기본정리의 설명(우정호 외, 2014: 200~201)

진 ε에 대응하는 적당한 $\delta > 0$가 존재하여

$$0 < |x - x_0| < \delta \Rightarrow |f(x) - f(x_0)| < \varepsilon$$

따라서 $0 < |x - x_0| < \delta$이면

$$0 < \left| \frac{F(x) - F(x_0)}{x - x_0} - f(x_0) \right| = \left| \frac{1}{x - x_0} \int_{x_0}^{x} \{f(t) - f(x_0)\} dt \right| < \varepsilon$$

그러므로 $F(x)$는 $x = x_0$에서 미분가능하고, $\frac{d}{dx}F(x) = f(x)$

Toeplitz(1963)에 따르면 Galileo는 낙하의 법칙을 연구하는 가운데 미적분학의 기본정리에 대한 아이디어의 단서를 얻었다. Galileo는 등속운동인 경우 물체가 움직인 거리는 [그림 5-17]에서 직선 아래 직사각형의 넓이임을 가정했다. 직사각형은 폭이 아주 좁은 직사각형들의 합이며, 폭이 얇은 직사각형 하나하나는 각 순간에 이동한 거리이다. 속도가 $v = g$인 상수라고 할 때, t초 동안 이동한 거리는 가로가 t, 세로가 g인 직사각형의 넓이이며 이로부터 $s = gt$임을 알 수 있다. 또한 등가속운동의 경우 낙하하는 물체의 속도가 $v = gt$라는 가정하에 이 물체가 이동한 거리는 $s = \frac{1}{2}gt^2$임을 추론했다. [그림 5-18]에서 직선 아래 삼각형의 넓이가 이동한 거리이므로 밑변의 길이가 t, 높이가 gt인 삼각형의 넓이는 $s = \frac{1}{2} \cdot t \cdot gt$가 된다. 이를 통해 Galileo는 이동거리는 직선 아래의 넓이이고, 거리의 변화율이 속도이며, 각 점에서의 속도는 바로 주어진 직선이므로, 넓이의 변화율이 바로 직선이 된다는, 즉 미적분학의 기본정리와 관련되는 내용을 추론할 수 있었다(한대희, 1999).

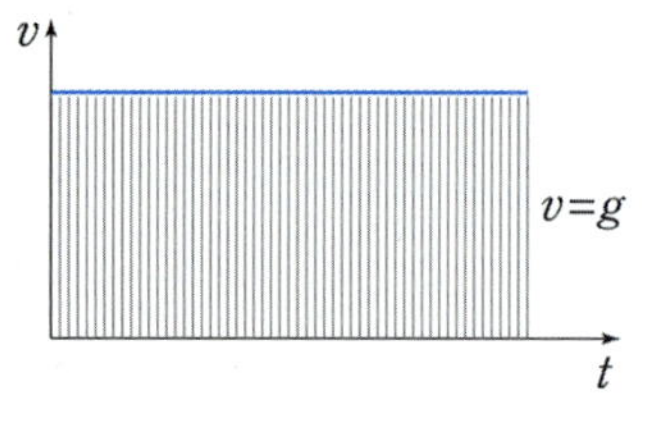

[그림 5-17] 등속운동의 시간과 속도 그래프

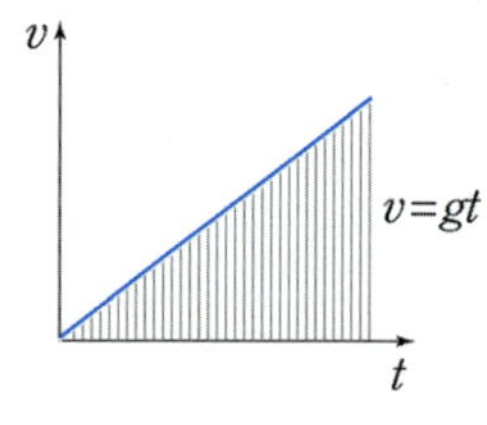

[그림 5-18] 등가속운동의 시간과 속도 그래프

Barrow는 1667년 Newton과 Leibniz에 앞서 다음의 방식으로 진술된 미적분학의 제1기본정리를 알고 있었다.

함수 $f(x)$가 $[a, b]$에서 연속이고 단조증가할 때, $F(t)=\int_a^t f(x)\,dx$라고 하면 $F'(t)=f(t)$이다.

Barrow는 곡선과 x축에 의해 둘러싸인 영역의 넓이가 불가분량인 수많은 수선의 합으로 간주하여 다음의 방식으로 증명하였다.

$$F(t_1)-F(t)=\int_a^{t_1} f(x)\,dx-\int_a^t f(x)\,dx$$
$$=\int_t^{t_1} f(x)\,dx$$

는 다음 그림의 빗금 친 부분의 넓이이다. $f(x)$는 단조증가하므로, $t<x<t_1$에서

$$f(t)<f(x)<f(t_1)$$
$$(t_1-t)f(t)<\int_t^{t_1} f(x)dx<(t_1-t)f(t_1)$$
$$f(t)<\frac{F(t_1)-F(t)}{t_1-t}<f(t_1)$$

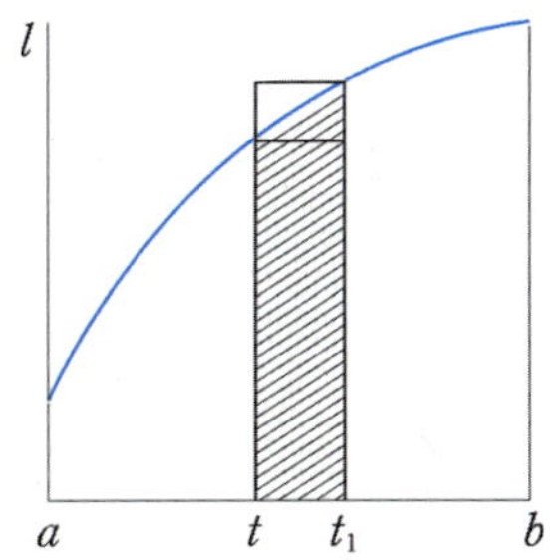

$f(x)$는 연속인 함수이므로, $t_1\to t$일 때 $f(t_1)$은 $f(t)$이며,

$F'(t)=\lim_{t_1\to t}\frac{F(t_1)-F(t)}{t_1-t}$이므로 $F'(t)=f(t)$이다.

미적분학의 제2기본정리 이전에는 정적분을 구하기 위해 무한히 작은 직사각형의 넓이의 합을 통해 근사시키는 방법을 사용했다. 미적분학의 제2기본정리는 개별적인 문제 상황에 따라 매번 복잡한 계산을 해야 하는 번거로움을 없애고 대수적인 절차를 따를 수 있는 일반적인 해법을 제공한다. 대부분의 학생들은 미적분학의 제2기본정리를 계산 공식 정도로 인식하는데, 미적분학의 제1기본정리와 더불어 그 수학적 의미가 충실히 드러나도록 지도할 필요가 있다.

4) 자연로그의 밑 e

고등학교 수학 교과서에서 다루는 자연로그는 주제의 성격상 미적분학과 직결되지는 않지만 자연로그는 함수의 극한으로 정의되며 함수의 극한을 통해 미분이 도입되

므로, 미적분학과 연결고리를 갖는다. 대부분의 교과서는 자연로그 e를 함수의 극한으로 정의하기에 앞서 다음의 은행 이자 문제와 같은 구체적인 상황을 제시한다.

연이율 100%인 금융 상품이 있다고 하자. 1원을 맡기면 1년 후 2원을 찾게 된다. 그런데 일부 은행에서는 이자를 1년에 한 번이 아니라 여러 번에 나누어 복리로 지급하기도 한다. 1년에 2번 복리로 이자를 지급하면 $\left(1+\frac{1}{2}\right)^2=2.25$원을 찾게 되고, 3번 복리로 이자를 지급할 경우는 $\left(1+\frac{1}{3}\right)^3=2.37$원을 찾게 된다. 이를 일반화하면, 1년에 n번 복리로 이자를 지급한다고 할 때 원리합계는 $\left(1+\frac{1}{n}\right)^n$이 된다. n이 커짐에 따라 원리합계는 무한히 늘어날 것 같지만, 사실은 특정한 값에 수렴한다. 그 값이 바로 $e=2.7182\cdots$이다. 즉, 이자를 지급하는 횟수를 아무리 늘려도 원리합계는 $2.71828\cdots$원을 넘지 않는다.

n	$\left(1+\frac{1}{n}\right)^n$
1	2.00000
2	2.25000
3	2.37037⋯
⋯	⋯
10	2.59374⋯
100	2.71692⋯
1000	2.71814⋯
10000	2.71826⋯
⋯	⋯
∞	2.71828⋯

Logarithm은 그리스어로 ratio와 number를 합성한 logarithmos의 번역어로, '비를 계산한 수'라는 의미를 지닌다. 우리가 사용하는 수는 십진법에 기초하고 있기 때문에 학생들은 밑을 10으로 하는 상용로그(common logarithm)가 더 쉽고 자연스럽다고 생각하는 경향이 있다. 실제 자연로그(natural logarithm) 밑인 e는 무리수 $e=2.718281828\cdots$이므로, 학생들은 '부자연스러운' 수 e를 밑으로 하는 로그를 '자연로그'라고 하는 것이 아이러니로 여길 수 있다. 이 경우 e의 출현 과정을 약식으로나마 설명하고 이를 통해 e가 '자연스럽게' 도출되는 값이라는 것을 알려주면 도움이 될 것이다.

로그는 곱셈과 나눗셈을 각각 덧셈과 뺄셈으로 단순화하는 역할을 하기 때문에, 17세기 초에 발달했던 천문학에서 수반되는 큰 수의 복잡한 계산을 간편화하려는 실제적인 필요성에서 창안되었다. 로그의 발명 이전에는 코사인의 덧셈 공식

$$\cos x \cos y=\frac{1}{2}\cos(x+y)+\frac{1}{2}\cos(x-y)$$

을 이용하였다. 두 수 A, B를 곱하려면, 우선 코사인 표에서 $\cos x=A$, $\cos y=B$를 만족하는 x, y를 찾는다. 그리고 나서 $x+y$, $x-y$를 구한 후, 코사인 표에서 $\cos(x+y)$, $\cos(x-y)$를 찾아 더하고, 이를 이용하여 AB를 구했다. 로그는 이보

다 더 간편하게 곱셈을 할 수 있는 방법을 제공했다. 예를 들어 16×64를 계산할 때 로그의 성질과 다음 표를 이용하여 1024를 쉽게 알아낼 수 있다.

$$\log_2 16 \cdot 64 = \log_2 16 + \log_2 64 = 4+6 = 10 = \log_2 1024$$

n	-2	-1	0	1	2	3	4	5	6	7	8	9	10	$\cdots$	← 등차수열
2^n	$\frac{1}{4}$	$\frac{1}{2}$	1	2	4	8	16	32	64	128	256	512	1024	$\cdots$	← 등비수열

그런데 등비수열이 2, 4, 8, 16, 32, …와 같이 띄엄띄엄 있으면 계산하고자 하는 수가 비어 있어 불편할 수 있다. 이런 불편을 줄이고 로그를 계산도구로 활용하기 위해서는 등비수열을 '조밀하게' 만들 필요가 있다. 조밀한 등비수열을 만들기 위해서는 등비수열의 초항을 크게 잡고 공비를 1에 가깝도록 하면 된다.

로그를 창안한 Napier는 초항을 $10{,}000{,}000 = 10^7$, 공비를 $1.00001 = \left(1+\frac{1}{10^5}\right)$으로 놓고 자연로그를 생각해냈다.

$10n$	0	10	20	30	40	$\cdots$	← 등차수열
$10^7(1.00001)^n$	10,000,000	10,000,100	10,000,200	10,000,300	10,000,400	$\cdots$	← 등비수열

$a_n = 10n$을 10씩 증가하는 등차수열, g_n을 초항 10^7, 공비 1.00001인 등비수열이라고 하자.

$$\begin{aligned} g_n &= 10^7(1.00001)^n = 10^7\left(1+\frac{1}{10^5}\right)^n \\ &= 10^7\left(1+\frac{1}{10^5}\right)^{\frac{10n}{10}} \\ &= 10^7\left\{\left(1+\frac{1}{10^5}\right)^{10^5}\right\}^{\frac{a_n}{10^6}} \end{aligned}$$

$\left(1+\frac{1}{10^5}\right)^{10^5}$은 $e = 2.7182\cdots$에 가까워지는 값이므로

$$g_n = 10^7\left\{\left(1+\frac{1}{10^5}\right)^{10^5}\right\}^{\frac{a_n}{10^6}} = 10^7 e^{\frac{a_n}{10^6}}, \text{ 즉 } \frac{g_n}{10^7} = e^{\frac{a_n}{10^6}}$$

여기서 $\dfrac{g_n}{10^7}=x$, $\dfrac{a_n}{10^6}=y$라고 놓으면 $x=e^y$이고 $y=\log_e x$이 된다.

즉, 등차수열의 각 항을 10^6으로 나누면, 등비수열의 각 항을 10^7으로 나눈 항의 e를 밑으로 하는 로그가 된다. 네이피어의 방법을 따르되, 초항을 $10,000,000=10^7$, 공비를 $1.0000001=\left(1+\dfrac{1}{10^7}\right)$로 놓으면 위의 과정이 더 간편해진다. 1씩 증가하는 등차수열에 대해 1씩 증가하는 정교한 등비수열을 얻을 수 있는데, n이 한없이 커질 때의 극한값인 $\left(1+\dfrac{1}{10^7}\right)^n$이 e가 된다.

n	0	1	2	3	…	← 등차수열
$10^7(1.00000001)^n$	10,000,000	10,000,001	10,000,002	10,000,003	…	← 등비수열

밑이 10인 상용로그는 Briggs가 고안했다. 자연로그와 상용로그가 모두 17세기 초반에 만들어지기는 했으나, 자연로그는 계산도구라는 초기의 목적에 더 부합되기 때문에 자연로그의 발견 시기가 상용로그에 앞선다.

다. 미적분 교수 · 학습 개선 방향

1) 수열과 함수의 극한값에 대한 지도 방법

학문으로서의 수학(mathematics as a discipline)을 연구하는 '수학자'와 대학교에서 수학을 배우는 '수학 전공자', 그리고 학교 수학(school mathematics)을 배우는 '학생'들 사이에는 분명한 수준 차이가 있다. 그런 만큼 학문으로서의 수학을 학교 수학의 수준에 적합하도록 변환시키는 과정이 필요하다. 그 대표적인 예로 수열의 수렴을 들 수 있는데, 고등학교에서는 직관적인 방식으로 정의하고, 대학교 이상의 수학에서는 형식적인 방식으로 수학적으로 더 엄밀하게 정의한다. 수열 $\{a_n\}$의 극한값이 α일 때($\lim_{n\to\infty} a_n=\alpha$), 고등학교 수학과 대학교 수학에서는 다음과 같이 정의한다.

【고등학교의 직관적 정의】

무한수열 $\{a_n\}$에서 n이 한없이 커짐에 따라, 수열의 일반항 a_n이 일정한 값 α에 한없이 가까워지면, 수열 $\{a_n\}$은 α에 수렴한다.

【대학교의 형식적 정의】

무한수열 $\{a_n\}$에 대하여 적당한 $\alpha \in R$가 존재하여, 명제

> 임의의 $\varepsilon > 0$에 대하여 이에 대응하는 적당한 $K(\varepsilon) \in N$이 존재하여 $n > K$인 모든 $n \in N$에 대하여 $|a_n - \alpha| < \varepsilon$이다.

를 만족하면 수열 $\{a_n\}$은 α에 수렴한다.

수열의 수렴을 고등학교에서는 '한없이 커짐에 따라 한없이 가까워진다'와 같이 직관에 의존하여 정의하기 때문에, 학생들이 이해하기는 쉬우나 그 의미가 모호한 경향이 있다. 예를 들어 수열 $\frac{1}{2}$, $\frac{2}{3}$, $\frac{3}{4}$, $\cdots$, $\frac{n}{n+1}$, $\cdots$의 극한값은 1이지만, n이 커짐에 따라 수열의 항들은 1.01에도 가까워지기 때문에, 직관적인 정의를 따를 때에는 1.01도 극한값이 될 수 있다(박임숙, 김흥기, 2002).

또한 '한없이 커짐에 따라 한없이 가까워진다'와 같이 일상적인 표현을 사용하게 되면, 수학적 의미를 일상어의 의미로부터 추출하려는 경향을 가져올 수 있다. 일상어에서 온 표현은 수학 용어로 사용되더라도 여전히 그 이전의 의미, 즉 비수학적인 자생적 관념을 간직하게 되므로 혼란의 원인을 제공할 수 있다. 예를 들어 상수수열인 1, 1, 1, 1, ⋯의 경우 수열의 항이 1로 일정하므로 어떤 수에 가까워지는 것은 아니고, 따라서 극한값이 존재하지 않는다는 생각을 가져올 수 있다. 실제 박선화(2000)의 연구에 따르면 다수의 학생들이 상수수열의 극한값이 존재하지 않는다고 응답하였다.

수열의 직관적 정의에 대한 이런 취약점을 보완하기 위해 대학교에서는 고등학교의 정의를 수학적으로 심화, 정련하여 주어진 수열과 극한값과의 차이가 원하는 오차보다 작아지도록 하는 $\varepsilon - N$ 방법으로 정의한다. 고등학교와 대학교의 정의는 다음과 같이 대비되는 특성을 지닌다.

첫째, 직관적 정의에서는 n이 변화함에 따라 a_n이 변화하는 '함수의 종속적 관점'을 취하는 데 반해, 형식적 정의에서는 각 n에 대해 정해진 조건을 만족시키는 a_n

이 존재한다는 식으로 '함수의 대응적 관점'을 취한다.

둘째, 직관적 정의에서는 독립변수 n이 커질 때, 종속변수 a_n이 일정한 값에 가까워지는 '동적인' 특성을 지니는 데 반해, 형식적 정의는 수열의 항들이 이미 존재한다고 가정하고 항들과 극한 사이의 관계를 보는 '정적인' 특성이 강하다.

셋째, 직관적 정의에서는 '한없이 커지면 한없이 가까워진다'는 표현에서 알 수 있듯이 항이 끝없이 계속된다는 '가능적 무한'을 기초로 한다. 그에 반해 형식적 정의는 수열이 무한하게 계속되지만 어느 순간 완결된 값을 갖는다고 생각하는 '실무한' 개념을 바탕으로 한다.

넷째, 직관적 정의는 n의 변화에 따른 a_n의 변화 '과정'에 초점을 맞추는 데 반해, 형식적 정의는 $|a_n - \alpha| < \varepsilon$를 만족하는 '결과'로서의 극한값 α에 주목한다. 또한 직관적 정의는 극한값을 '발견'하는 데 초점을 두고 있지만, 형식적 정의는 발견된 수가 극한값임을 '보증'하는 데 초점을 맞춘다. 따라서 직관적 정의는 극한값을 계산하는 데 유용하고 형식적 정의는 극한값을 정당화하는 데 유용하다.

다섯째, 직관적 정의는 독립변수 n이 커지는 원인에 의해 종속변수 a_n이 α에 가까워지는 결과를 생각하므로, 논리적 전개의 순서가 '원인 → 결과'이다. 이에 반해, 형식적 정의는 종속변수가 $|a_n - \alpha| < \varepsilon$을 만족할 수 있도록 독립변수 n을 결정한다는 점에서 '결과 → 원인'의 역순서이다. 이처럼 수열을 $\varepsilon - N$ 방법으로 정의할 때에는 자연스러운 사고 방향을 역행하는 논리적인 반전이 뒤따라야 하므로, 이해에 있어 어려움이 따른다.

수열의 극한과 마찬가지로 함수의 극한도 고등학교와 대학교의 정의 방식이 다르다. $x = a$에서의 f의 극한값이 α일 때($\lim_{x \to a} f(x) = \alpha$), 고등학교 수학과 대학교 수학에서는 다음과 같이 정의한다.

【고등학교의 직관적 정의】

함수 $f(x)$에서 x가 a와 다른 값을 가지면서 a에 한없이 가까워질 때, 함숫값 $f(x)$가 일정한 값 α에 한없이 가까워지면 $f(x)$는 α에 수렴한다.

【대학교의 형식적 정의】

함수 $f : E \to R$ $(a \in E \subseteq R)$에서, 적당한 $\alpha \in R$가 존재하여 명제

임의의 $\varepsilon > 0$에 대하여 이에 대응하는 적당한 $\delta(\varepsilon) > 0$이 존재하여 $0 < |x-a| < \delta$ 이면 $|f(x)-\alpha| < \varepsilon$이다.

를 만족하면 $f(x)$는 α에 수렴한다.

$\varepsilon-\delta$ 방법에서 δ는 ε에 의존하는데, δ를 결정하는 정해진 알고리즘이 없으며, 주어진 함수에 따라 거의 매번 다른 방식으로 δ를 추정해야 하므로 어려움이 따른다. 수학사에서 $\varepsilon-N$ 방법과 $\varepsilon-\delta$ 방법은 일순간에 이루어진 것이 아니라 미적분학이 발생한 후 여러 수학자들의 연구와 모색의 결과 Cauchy와 Weierstrass에 의해 정립된 것이므로, 대학생들도 처음 접했을 때에는 난해하게 여기는 개념이다. 따라서 이 부분을 지도할 때는 무한의 속성을 지닌 극한 개념을 유한한 인식 세계를 가진 인간이 이해하는 과정에서 여러 가지 장애를 경험한다는 사실을 염두에 둘 필요가 있다.

극한 지도와 관련하여 박선화(2000)는 소크라테스식의 대화법을 중심으로 수열의 극한에 대한 인지장애를 극복하는 방안을 제시하였다. 박선화는 이 연구에서 수열이 극한값에 도달할 수 없다는 생각과 있다는 생각, 원에 내접하는 다각형 열을 이용하여 원의 넓이를 구하는 문제에서 나타나는 극한값의 도달 불가능성에 대한 생각을 가진 학생들을 대상으로 소크라테스 방법을 이용한 가상적인 대화를 구성하였다. 이 소크라테스식의 대화법은 학생들이 수열의 극한 개념을 의미 충실하게 이해하도록 유도하기 위하여 학생들을 장애의 노출 단계, 갈등의 의식 단계, 갈등 해결을 위한 장애 극복 단계를 거치도록 하였다. 인지장애의 극복은 학생의 내면에서 일어나는 인지 구조의 변화이므로 교사의 일방적인 설명을 통해서 이루어지는 것이 아니라는 점에 기초한 접근법이다.

2) 미분을 도입하는 여러 가지 방법

고등학교 수학 교과서에서 도입되는 미분은 평균변화율의 극한값으로 설명된다. 함수 $y=f(x)$의 $x=a$에서의 미분계수는 $\Delta x \to 0$일 때, 평균변화율의 극한값으로 다음과 같다.

$$f'(a) = \lim_{\Delta x \to 0} \frac{\Delta y}{\Delta x} = \lim_{\Delta x \to 0} \frac{f(a+\Delta x) - f(a)}{\Delta x}$$

극한의 관점에서 미분을 정의하는 방식은 다음에 언급할 무한소 방법에 비해 직관적인 의미가 약하지만, 대학교에서의 $\varepsilon-\delta$ 방법으로 연결된다는 측면에서 강점을 갖기도 한다.

$f(x)$가 $x=a$에서 미분가능하다는 것은

임의의 $\varepsilon>0$에 대하여 이에 대응하는 적당한 $\delta(\varepsilon)>0$이 존재하여
$0<|x-a|<\delta$이면 $\left|\dfrac{f(x)-f(a)}{x-a}-L\right|<\varepsilon$이다.

를 만족하는 경우를 말한다. 다시 말해 미분가능하기 위해서는 극한 $\lim_{x\to a}\dfrac{f(x)-f(a)}{x-a}$가 존재하면 되는데, 여기서 $x-a$를 Δx로 놓으면 이는 바로 현재 고등학교 수학 교과서에서 설명하고 있는 극한 $\lim_{\Delta x\to 0}\dfrac{f(a+\Delta x)-f(a)}{\Delta x}$가 된다.

무한소 방법은 Leibniz가 처음 미분의 아이디어를 창안했던 '전통적인 무한소 방법'과 Robinson의 '현대적인 무한소 방법'으로 구분된다. 전통적인 무한소 방법에서 $f'(x)$는 무한소 증분의 몫인 미분상(微分商) $\dfrac{dy}{dx}$이다. 예를 들어 $f(x)=x^2$일 때 도함수는 다음과 같다.

$$f'(x)=\frac{dy}{dx}=\frac{f(x+dx)-f(x)}{dx}=\frac{(x+dx)^2-x^2}{dx}=2x+dx$$

계산에서 무한소량 dx는 무시되므로, $f'(x)=2x$가 된다. 여기서 무한소량은 0이 아니므로 dx로 나누었지만, 마지막에는 무시할 수 있는 양이라고 생각하여 0인 것처럼 취급한다. 이처럼 무한소량을 0이 아니라고 간주하다가 편의에 따라 0인 것으로 처리하는 점은 미적분학이 창안된 당시 Berkeley의 혹독한 비판을 받았다. 무한소량에 대한 이런 논리적 오류를 극복하기 위한 것이 1960년대 Robinson이 제안한 비표준해석학(nonstandard analysis)이다. 비표준해석학에서는 무한소 e를 수로 인정하고 실수체 R에 첨가하여 초실수체(hyperreal field) R^*를 만든다. 여기서 실수는 표준적인 부분이며, 첨가된 e는 비표준적인 부분이라는 의미에서 비표준해석학이라는 명칭이 붙게 되었다. 무한소 e는 0이 아니면서 임의의 양의 실수보다는 작은 수로, 다음과 같은 Archimedes의 정리를 만족시키지 않는 초실수이다.

'임의의 $a\in R$에 대하여 $0<\dfrac{1}{n}<a$를 만족시키는 $n\in N$이 존재한다.'

이제 Leibniz의 무한소 방법으로 구했던 $f(x)=x^2$의 도함수를 비표준해석학의 현대적인 무한소 방법으로 구해보자.

$$\frac{f(x+e)-f(x)}{e}=\frac{(x+e)^2-x^2}{e}=2x+e$$

이 식에서 표준적인 부분만 취하면 $f'(x)=st(2x+e)=2x$가 된다. 일면 고전적인 무한소 방법과 유사하게 보이지만, 초실수 e를 이용하므로 고전적 무한소 방법이 봉착했던 논리적인 모순을 피해갈 수 있다. 무한소 방법의 $\frac{dy}{dx}$에서 dy를 분자, dx를 분모로 보면 합성함수의 미분공식 $\frac{dy}{dx}=\frac{dy}{dz}\cdot\frac{dz}{dx}$에서 dz가 약분되는 것처럼 간주하여 편리한 면이 있다. 또한 $f'(x)=\frac{dy}{dx}$로부터 $dy=f'(x)dx$로 나타내게 되면 우변에서 $f'(x)$가 일종의 계수의 역할을 한다는 점에서 '미분계수'라는 명칭이 붙여지기도 했다. 이처럼 $\frac{dy}{dx}$는 dy를 dx로 나눈 몫으로 보이지만 실제로는 함수 y를 변수 x에 대해 미분한다는 $\left(\frac{d}{dx}\right)y$의 의미로 해석하는 것이 더 정확하다.

미분을 도입하는 무한소 방법과 극한 방법, $\varepsilon-\delta$ 방법 이외에 컴퓨터를 이용하는 수치적 방법과 그래프 방법도 있다. 컴퓨터의 계산 기능을 이용하는 수치적 방법으로 정해진 값 근방에서의 순간변화율을 계산하여 미분계수를 알아내거나, 그래픽 기능을 이용하여 특정한 점 부근에서의 그래프의 연속성과 미분가능성을 확인할 수 있다. 이처럼 컴퓨터를 이용하는 수치적 방법과 그래픽 방법은 미분을 도입하는 독립적인 방법이라기보다는 다른 방식으로 도입하는 미분의 의미를 풍부하게 보여주는 보조적인 측면으로 활용하는 것이 더 적절하다.

3) Lakatos의 준경험주의에 기초한 접선 개념 지도

미분에서 중요한 개념인 '접선(tangent line)'을 학생들이 처음 접하는 것은 중학교 수학으로, 접선은 원과 직선의 위치 관계라는 특수한 맥락에서 '원과 한 점에서 만나는 직선'으로 정의된다. 학교 수학에서 어떤 개념을 도입할 때에는 그 개념과 관련된 모든 맥락이나 일반적인 맥락을 제시하지 못하고, 불가피하게 혹은 의도적으로 제한된 맥락 속에서 도입하는 경우가 있는데(박교식, 1998), 접선이 그 대표적인 예가 된다.

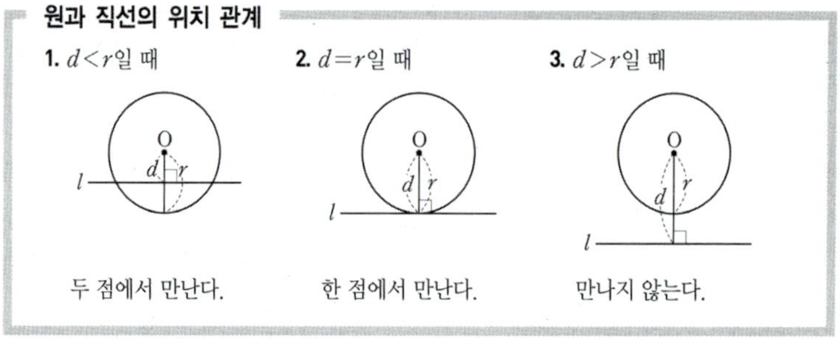

[그림 5-19] 원과 직선의 위치 관계(우정호 외, 2009: 236)

중학교 수학에서 도입된 접선은 그 이후 포물선, 삼차함수 등 다양한 곡선의 맥락에서 다시 다룬다. 고등학교에서는 주로 해석기하학적인 관점에서 판별식이나 미분을 이용하여 접선의 방정식을 구하는 데 초점을 맞춘다.

중학교 수학에서 형성한 접선에 대한 개념을 가지고 있는 학생들은 이후 다양한 형태의 접선들을 접하게 되면서 '인식론적 장애(epistemological obstacle)'를 겪는 경우가 많다. 인식론적 장애란 어떤 특정한 맥락에서 성공적이고 유용하였던 지식이 학생의 인지 구조의 일부가 되었지만, 새로운 문제 상황이나 더 넓어진 문맥에서는 부적합해진 경우를 말한다. 예를 들어 [그림 5-20]에서 축과 평행한 직선은 곡선과 한 점에서 만나지만 접선이 아니다. 이런 반례의 출현으로 인해 학생들은 '곡선과 한 점에서 만나는 직선'이라는 초기의 접선 개념을 '곡선과 스치면서 한 점에서 만나는 직선'으로 수정해야 할 필요를 느끼게 된다.

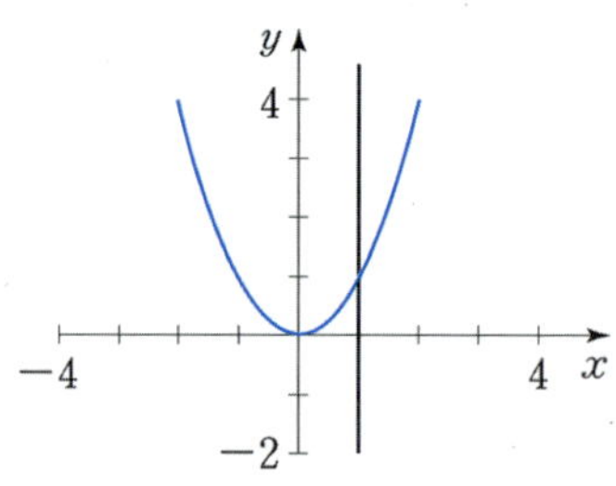

[그림 5-20] 한 점에서 만나지만 접선이 아닌 경우

그러나 이 정의 역시 불완전하다. [그림 5-21]에서 $y=|x|$의 그래프는 직선과 한 점에서 스치면서 만나지만 접선이 아니다. 삼차함수의 그래프 [그림 5-22]는 곡선을 스치는 것이 아니라 관통하면서 한 점에서 만나지만 접선이다. 또한 삼차함수

의 그래프 [그림 5-23]에서 접선은 곡선과 스치면서 만나지만 한 점이 아닌 두 점에서 만난다.

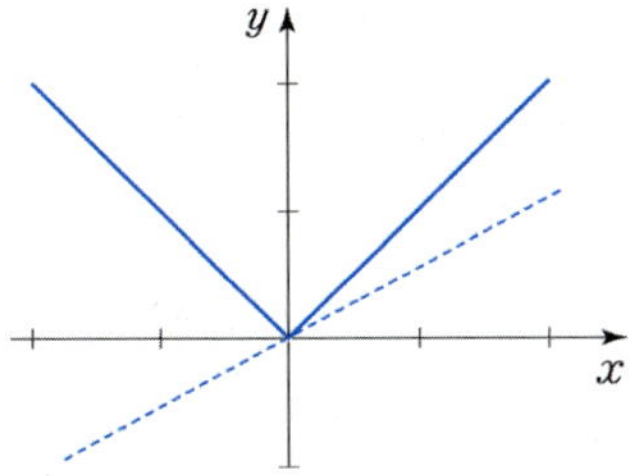

[그림 5-21]
한 점에서 스치면서 만나지만
접선이 아닌 경우

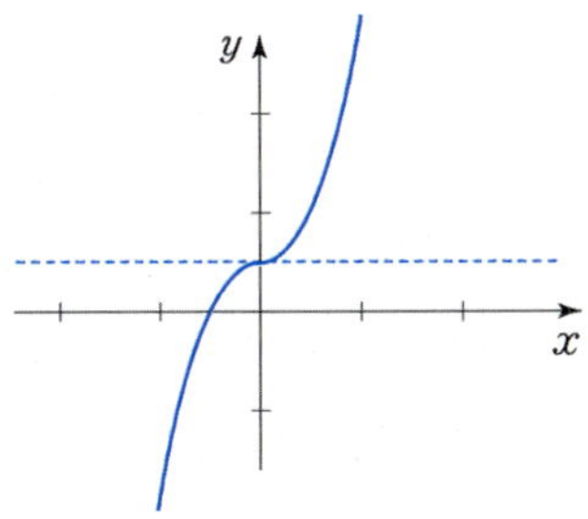

[그림-5-22]
관통하면서 한 점에서 만나지만
접선인 경우

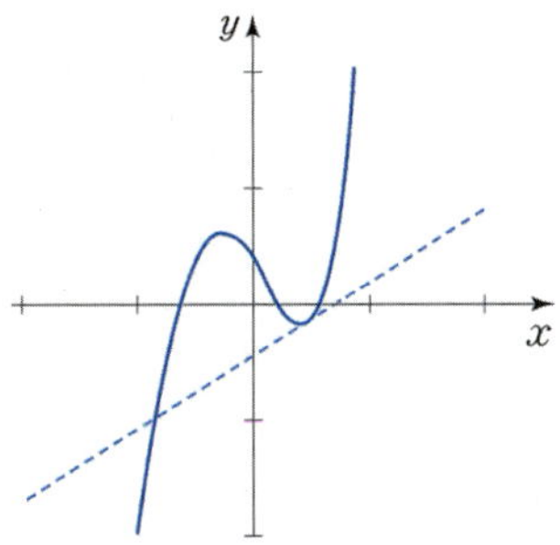

[그림 5-23]
두 점에서 만나지만 접선인 경우

결국 수학적으로 정확한 접선의 정의는 '할선의 극한'이다. 고등학교 수학 교과서에서는 [그림 5-24]를 제시한 후, $\Delta x \to 0$이면 점 Q는 곡선 $y=f(x)$ 위를 움직이면서 점 P에 한없이 가까워지고, 직선 PQ는 점 P를 지나는 일정한 직선 PT에 한없이 가까워지는데, 이때 PT를 곡선 $y=f(x)$의 접선이라고 설명한다.

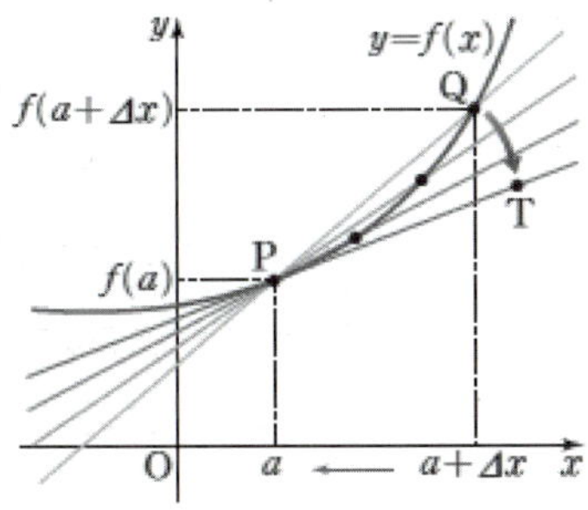

[그림 5-24] 극한으로서의 접선(우정호 외, 2014: 50)

할선의 극한이 접선이라는 점을 학생들에게 이해시키기 위하여 [그림 5-25]를 제시하거나, [그림 5-26]을 제시하고 A와 B, A와 C, A와 D, A와 E를 연결해 보도록 하는 활동을 하는 것이 바람직할 것이다.

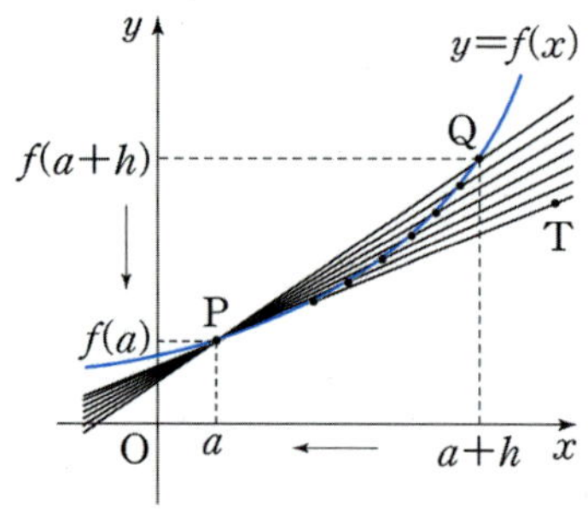

[그림 5-25]
접선 개념을 이해시키기 위한 그림 (1)

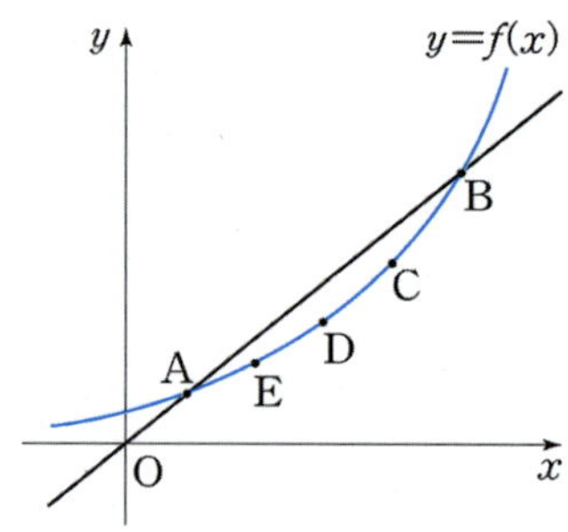

[그림 5-26]
접선 개념을 이해시키기 위한 그림 (2)

Lakatos의 수리철학은 접선과 같이 인지적 갈등을 유발시킬 수 있는 수학 개념에 대한 지도 방법을 구안하는 데 많은 시사점을 제공한다(박경미, 2009). Lakatos (1976)는 다면체의 정리를 예로 하여 기존의 추측, 정의, 증명이 반례의 출현으로 인해 새로운 추측, 정의, 증명으로 수정되어 가는 일련의 과정을 보여주었다(강문봉, 1993). '반례를 통한 기존 지식의 수정'이라는 Lakatos의 아이디어는 접선 개념을 수정, 재구성하는 과정에도 적용될 수 있다.

접선 개념의 다중성은 [표 5-3]과 같이 정리할 수 있다. 기하적 접선 개념 1과 2는 원과 포물선의 접선과 관련되며, 함수적 접선 개념 1은 이차함수 또는 이차곡선의 접선의 방정식과 연관되고, 기하적 접선 개념 3과 함수적 접선 개념 2는 미분가능성 및 미분계수와 관련 있다(임재훈, 박교식, 2004).

[표 5-3] 접선 개념의 다중성

기하적 접선 개념	함수적 접선 개념
개념 1. 곡선과 한 점에서 만나는 직선 개념 2. 곡선과 스치며 만나는 직선	개념 1. 직선의 방정식과 곡선의 방정식을 연립하여 얻은 x에 대한 방정식이 중근(삼중근, 사중근)을 갖는 직선(판별식 $D=0$)
개념 3. 할선의 극한	개념 2. 곡선 위의 한 점을 지나며 기울기가 그 점에서의 미분계수와 같은 직선

학생들은 중학교 1학년 수학에서 '한 점에서 만나는 직선'으로 접선을 배우므로 기하적 접선 개념 1에서 출발한다. [그림 5-20]과 같은 반례의 출현에 의해 '곡선과 스치며 만나는 직선'이라는 기하적 접선 개념 2를 형성하도록 유도한다. 그러는 가운데, 접선을 방정식의 중근의 관점에서 해석한 함수적 접선 개념 1을 연결시킴으

로써 접선에 대한 다양한 이해를 촉진시킨다. 한편 기하적 접선 개념 2에 대한 여러 가지 반례로 [그림 5-21, 22, 23]을 제시함으로써 '곡선과 스치면서 만나는 직선'이라는 정의 역시 적절하지 않음을 인식하도록 한다. 즉 반례의 출현에 의해 기존 개념을 끊임없이 수정하고 개선한다는 Lakatos의 아이디어를 접선 지도에서 구현 할 수 있다. 학생들이 극한 개념을 습득한 후에는 '할선의 극한'이라는 기하적 접선 개념 3을 도입하고, 그 의미를 미분의 관점에서 해석할 수 있도록 함수적 접선 개념 2를 결부시킨다. 이처럼 학습자가 이전 학교급 또는 학년에서의 학습을 통해 형성된 접선 개념을 이후 학교급 또는 학년에서 재차 학습하며 반성, 수정, 개선하는 학습 경험은 접선에 대한 본질적인 이해를 도울 수 있다.

4) Cavalieri의 불가분량법의 활용

Cavalieri의 불가분량법을 응용하면 원의 둘레와 넓이 공식 사이의 관계를 미분과 적분의 관점에서 설명할 수 있다. 원의 반지름을 r이라 할 때, 원의 둘레는 $2\pi r$이고, 원의 넓이는 πr^2이다. 두 공식을 잘 살펴보면 특정한 관계가 성립함을 알 수 있다. 원의 둘레 $2\pi r$ 을 r에 대해 적분하면 원의 넓이 πr^2이 되고, 반대로 원의 넓이를 r에 대해 미분하면 원의 둘레 $2\pi r$이 됨을 알 수 있다. 이 관계는 직관적으로 자명하다. 반지름이 아주 작은 원의 둘레, 그보다 반지름이 조금 더 큰 원의 둘레, 이런 식으로 원의 둘레를 계속 모으면 궁극적으로는 원의 넓이가 만들어진다. 따라서 원의 둘레를 적분하여 원의 넓이를 얻는 것은 일면 당연하다.

구에서도 유사한 관계가 성립한다. 구의 겉넓이는 $4\pi r^2$이고, 구의 부피는 $\dfrac{4}{3}\pi r^3$이다. 구의 겉넓이를 r에 대해 적분하면 구의 부피가 되고, 구의 부피를 r에 대해 미분하면 구의 겉넓이가 된다. 반지름이 아주 작은 구의 겉넓이, 그보다 반지름이 약간 더 큰 구의 겉넓이, 이런 식으로 구의 겉넓이들을 합치면 구가 만들어지므로 그 겉넓이들을 합하면 구의 부피가 된다. 얇은 껍질들(구의 겉넓이)로 이루어진 양파(구의 부피)를 연상하면 쉽게 이해될 수 있다.

Cavalieri의 불가분량법은 선분을 쌓아서 평면을 구성하고, 평면을 쌓아서 입체를 구성한다는 적분의 아이디어와 직결된다. 선분으로부터 평면을 구성하는 경우의 예로 다음 세 그래프 [그림 5-27, 28, 29]에서 $x=0$에서 $x=1$ 사이의 영역의 넓이를 비교해보자.

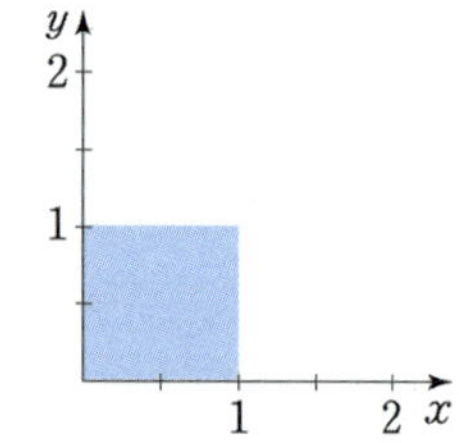

[그림 5-27]

$y=1$과 x축이 이루는 영역

$$\int_0^1 1\,dx=1$$

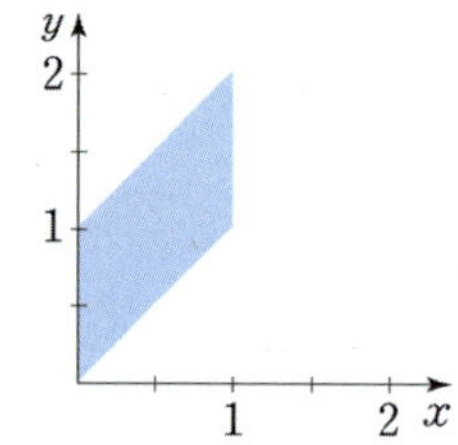

[그림-5-28]

$y=x+1$과 $y=x$ 그래프 사이의 영역

$$\int_0^1 \{(x+1)-x\}dx=1$$

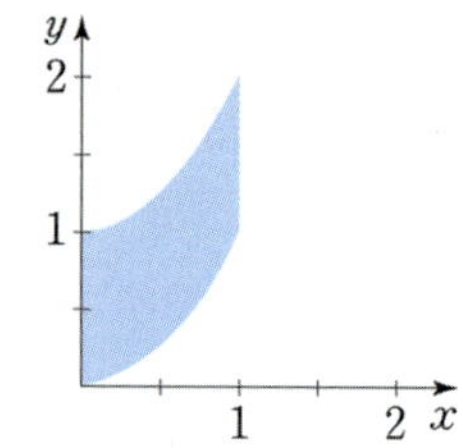

[그림 5-29]

$y=x^2+1$과 $y=x^2$ 그래프 사이의 영역

$$\int_0^1 \{(x^2+1)-x^2\}dx=1$$

왼쪽에서 오른쪽으로 갈수록 영역의 넓이가 커질 것 같은 생각이 들지만 0과 1 사이의 모든 점에서 영역을 이루고 있는 세로 선분의 길이는 1이므로, 세 영역의 넓이는 모두 1이다. 또 적분식으로 표현하여 계산해보아도 그 넓이가 1로 동일함을 알 수 있다.

평면으로부터 입체를 구성하는 예로 [그림 5-30]을 살펴보자. 왼쪽의 사각기둥과 오른쪽의 휘어진 기둥이 각 높이에서 단면의 넓이가 같다고 할 때, 두 기둥의 부피는 같다. 얼핏 보면 오른쪽의 휘어진 기둥이 반듯해지도록 위로 잡아 당겨 늘리면 왼쪽의 사각기둥보다 높아지기 때문에 오른쪽 기둥의 부피가 더 클 것 같다. 그러나 각 높이에서 단면의 넓이가 같으므로, Cavalieri의 불가분량법에 의해 두 기둥의 부피는 같다. 이 예를 보면 인간의 직관에 의존한 판단이 항상 정확한 것은 아님을 알 수 있다.

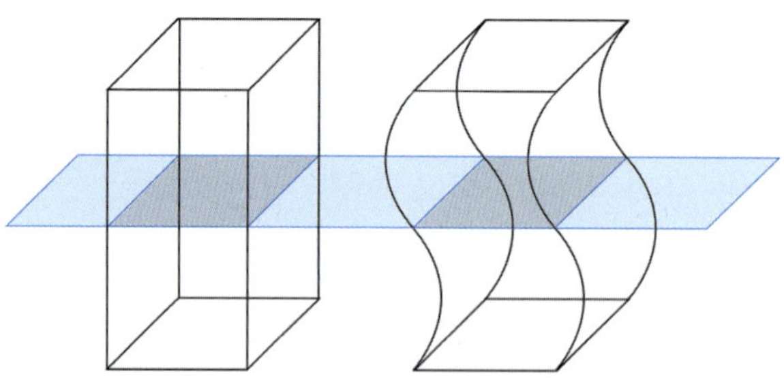

[그림 5-30] Cavalier의 원리를 보여주는 두 개의 입체도형

라. 공학 도구의 활용

1) 컴퓨터 프로그램을 이용한 함수의 그래프 탐구

컴퓨터로 함수의 그래프를 그려보고 이를 탐구할 수 있다. 특별히 Geogebra를 사용하여 지수함수의 그래프를 그려보자.

❶ 입력 창에 y=(1+1/x)^x를 입력하여 함수 $y=\left(1+\dfrac{1}{x}\right)^x$ 의 그래프를 그린다.

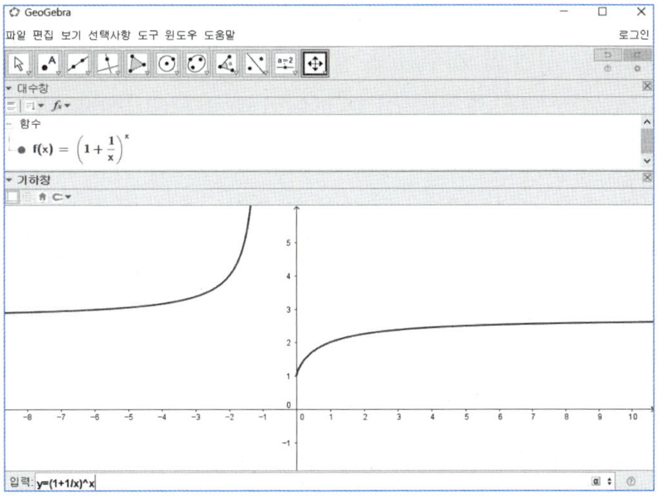

❷ 입력 창에 y=e를 입력하여 직선 $y=e$ 를 그린다.

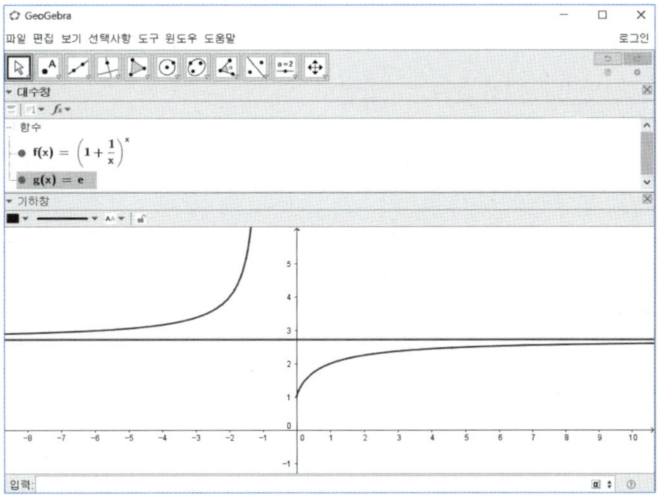

❸ 그래프를 관찰하여 함수 $y=\left(1+\dfrac{1}{x}\right)^x$의 그래프의 점근선이 $y=e$ 이고 $\lim\limits_{x\to\infty}\left(1+\dfrac{1}{x}\right)^x=e$ 임을 확인한다.

2) 컴퓨터 프로그램을 이용한 구분구적법의 이해

[그림 5-31]의 설명에서 보듯이 곡선과 직선으로 둘러싸인 영역의 넓이를 구하기 위해 주어진 폐구간을 n개의 구간으로 분할하고, n개의 폭이 좁은 직사각형의 넓이를 더한다. 그리고 구간의 개수 n을 한없이 크게 하면 직사각형들의 넓이의 합은 구하고자 하는 영역의 넓이에 한없이 가까워지게 되는데, 이때, 공학 도구의 시각화 기능을 이용하면 쉽게 이해시킬 수 있다. 여기서 직사각형의 높이를 오른쪽 끝점의 함숫값으로 정할 수도 있고, 왼쪽 끝점의 함숫값, 혹은 중간점의 함숫값으로 잡을 수도 있다.

예를 들어 곡선 $y=x^2$과 x축 및 직선 $x=1$로 둘러싸인 부분의 넓이 S를 구분구적법으로 구해 보자.

오른쪽 그림과 같이 닫힌 구간 $[0, 1]$을 n등분하면 각 소구간의 오른쪽 끝 점의 x좌표는 차례로

$$\frac{1}{n},\ \frac{2}{n},\ \frac{3}{n},\ \cdots,\ \frac{n}{n}(=1)$$

이고, 이에 대응하는 y의 값은 각각 다음과 같다.

$$\left(\frac{1}{n}\right)^2,\ \left(\frac{2}{n}\right)^2,\ \left(\frac{3}{n}\right)^2,\ \cdots,\ \left(\frac{n}{n}\right)^2$$

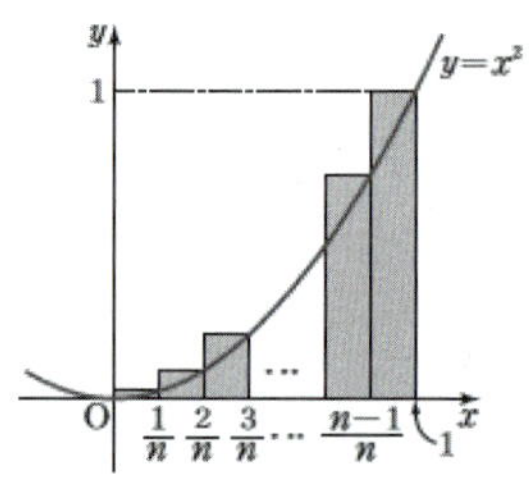

[그림 5-31] 구분구적법(우정호 외, 2014: 193)

함수 $y=x^2$을 0부터 1까지 적분할 때, 우선 10개의 구간으로 나누어 직사각형의 높이를 오른쪽 끝점의 함숫값, 왼쪽 끝점의 함숫값, 중간점의 함숫값으로 잡은 각각의 경우는 다음과 같다.

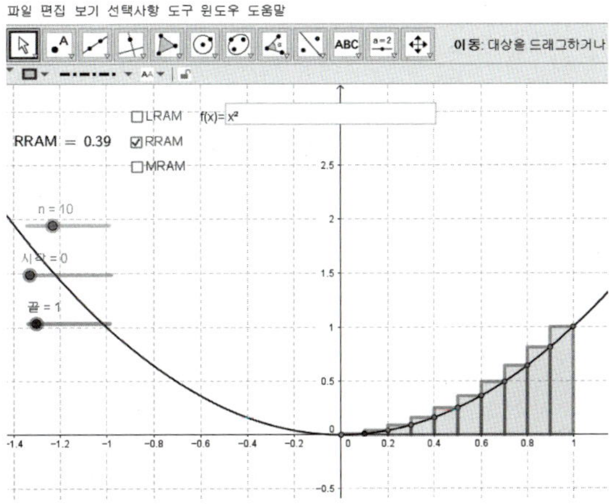

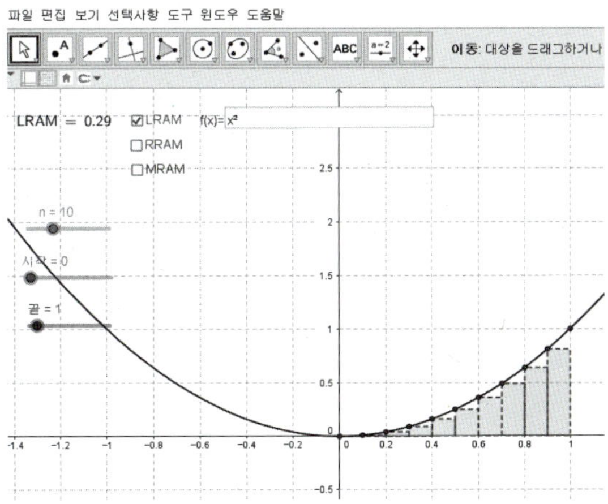

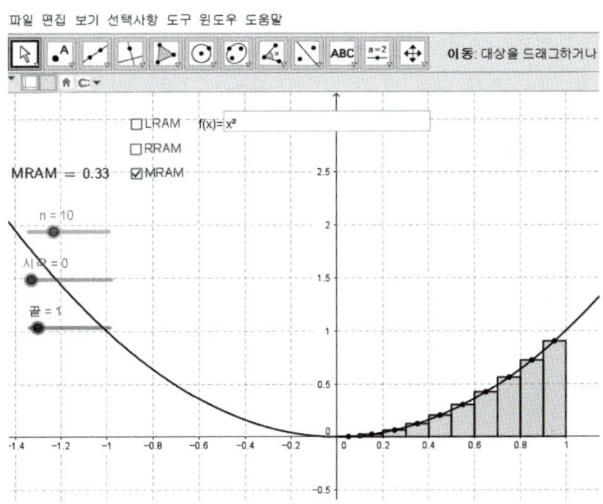

처음에는 0부터 1까지를 10개의 구간으로 나누어 각각을 계산한 후, 구간의 개수를 30개로 늘리고 다시 계산한다. 구간이 10개일 때와 구간이 30개일 때의 그 차이를 비교해 봄으로써, 구간의 개수가 늘어날수록 오차가 적어짐을 확인한다.

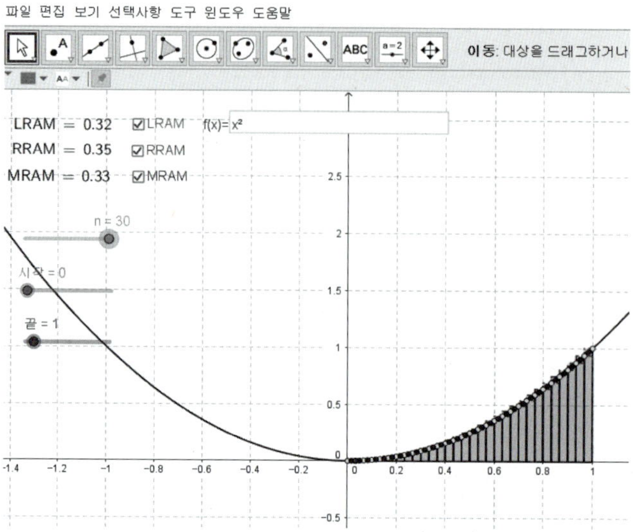

결국 정적분이란 적분의 구간을 무한히 많은 구간으로 나눈 후, 각 직사각형의 넓이를 더한 것으로, 다음을 통해 이를 확인할 수 있다.

3) 컴퓨터 프로그램을 이용한 적분 계산

컴퓨터 대수 시스템(Computer Algebra System : CAS)은 다양한 형태가 존재한다. 예를 들어 인터넷 사이트 http://www.wolframalpha.com는 간단한 사칙 계산부터 미분과 적분 등의 다양한 계산을 해주고 그 결과를 알려준다. 고등학교 수학 교과서는 이런 사이트나 CAS 사용 방법이 소개되어 있다. [그림 5-32]는 인터넷 사이트를 이용하여 부정적분과 정적분을 구하는 방법이다.

또 Photomath는 우리가 자주 접하는 스마트폰 카메라로 수식을 입력 받아 이를 계산하는 애플리케이션이다. 예를 들어 종이에 $\int_0^{\pi} \sin x\, dx$에 적힌 부분을 카메라에 촬영하면 자동으로 그 값을 계산하고 중간 과정도 보여준다. 이는 컴퓨터에 수식을 입력하는 노력을 덜어준다.

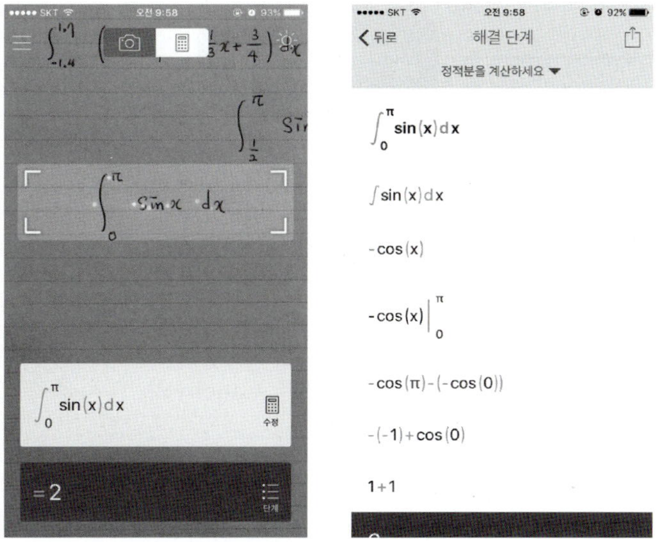

다양한 공학 도구의 접근 가능성은 미분과 적분 교육의 방향과 목표를 다시 생각하게 한다.

부정적분 $\int f(x)\,dx$를 구하기 위해서는 수식 입력 창에

int f(x) dx

를, 정적분 $\int_a^b f(x)\,dx$를 구하기 위해서는 수식 입력 창에

int_a^b f(x) dx

를 입력하고, 검색 버튼을 누르면 된다. 이때 상수 π는 pi 로, x^a은 x^a 로 입력한다.

다음은 부정적분 $\int e^x\,dx$와 정적분 $\int_0^1 e^x\,dx$를 각각 구한 것이다.

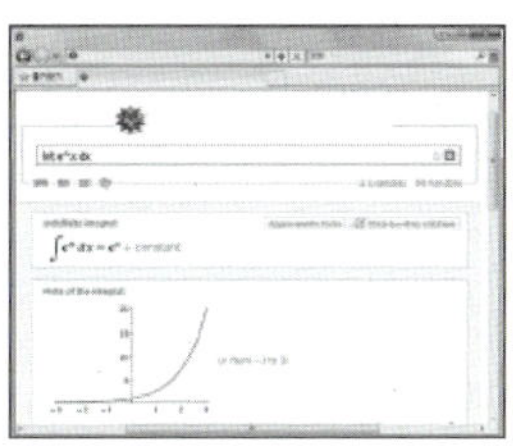

▶ 부정적분 $\int e^x\,dx$

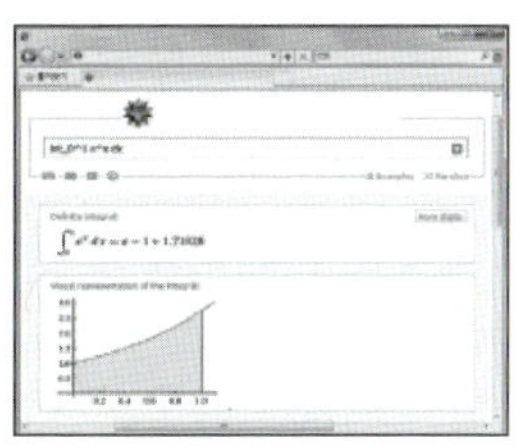

▶ 정적분 $\int_0^1 e^x\,dx$

[그림 5-32] 인터넷 사이트에서 부정적분과 정적분 구하기(우정호 외, 2014: 193)

생각해 볼 문제

01 함수의 몫의 미분법, 합성함수의 미분법이 대학교 미적분학에서 어떻게 다루어지는지 조사하고, 고등학교 수학 교과서의 설명과 어떤 차이점이 있는지 설명해 봅시다.

02 연속함수가 수렴하는 극한함수에 대한 Cauchy의 원시추측은 다음과 같다.

> 집합 E 위에서 정의된 연속함수열 $\langle f_n \rangle$이 함수 f에 점별수렴(pointwise convergence)하면 f는 E 위에서 연속이다.

Cauchy의 원시추측에 대한 반례를 찾아보고, 이 반례를 통해 위의 증명이 어떻게 개선될 수 있는지 라카토스의 추측과 증명에 의한 방법에 비추어 생각해 봅시다.

03 구의 부피를 구하는 다양한 방법을 중등학교 수학 교과서에서 찾아보고, 그 방법의 특징들을 비교해 봅시다.

04 수학사에서 '미적분학의 기본정리'가 갖는 의의를 설명해 보고, 고등학교와 대학교의 미적분학을 비롯하여 대부분의 교재에서 '미적분학의 기본정리'가 큰 의미를 갖지 못하는 이유를 생각해 봅시다.

참고문헌

Chapter 05

강문봉(1993). Lakatos의 수리철학의 교육적 연구. 서울대학교 대학원 박사학위논문.

강옥기 · 정순영 · 이환철(2002). 수학 8-가. 서울: 두산동아.

강 완(1984). 수학적 능력 및 발견 · 발명의 사고 과정과 수학 교육. 서울대학교 석사학위 논문.

교육부(2022). 수학과 교육과정. 교육부 고시 제2022-33호 [별책 8]. 교육부.

박경미(2009). Lakatos의 증명과 반박 방법에 따른 기하 교수 · 학습 상황 분석 연구. 학교수학 11(1). 55~70.

박교식(1998). 우리나라 초등학교 수학의 정체성에 관한 연구. 대한수학교육학회논문집 8(1). 89~100.

박수정(2002). 예비교사와 현직교사의 극한 개념에 관한 교과 내용적 지식과 교수학적 지식. 이화여자대학교 대학원 석사학위 논문.

박선화(1998). 수학적 극한개념의 이해에 관한 연구. 서울대학교 대학원 교육학 박사학위 논문.

박선화(2000). 수열의 극한 개념에 대한 인지장애의 극복 방안 연구. 수학교육학연구 10(2). 247~262.

박임숙 · 김흥기(2002). 고등학교에서의 극한개념 교수 · 학습에 관한 연구. 수학교육학연구 12(4). 557~582.

우정호(1998). 학교수학의 교육적 기초. 서울: 서울대학교 출판부.

우정호(2000). 수학 학습-지도 원리와 방법. 서울: 서울대학교 출판부.

우정호 · 민세영(2002). 역사발생적 수학 학습-지도 원리에 관한 연구. 수학교육학 연구 12(3). 409~424.

우정호 외(2009). 중학교 수학 1. 서울: 두산동아.

우정호 외(2014). 중학교 수학 2. 서울: 두산동아.

우정호 외(2014). 고등학교 미적분 Ⅰ. 서울: 두산동아.

우정호 외(2014). 고등학교 미적분 Ⅱ. 서울: 두산동아.

이경화 · 신보미(2005). 상위 집단 학생들의 함수의 연속 개념 이해. 수학교육학 연구 15(1). 39~56.

임재훈 · 박교식(2004). 학교수학에서 접선 개념 교수 방안 연구. 수학교육학연구 14(2). 171~185.

조한혁 · 최영기(1999). 정적 동적 관점에서의 순환소수. 학교수학 1(2). 605~615.

한대희(1999). 미적분학의 기본정리에 대한 역사-발생적 고찰. 수학교육학연구 9(1). 217~228.

황선욱 외(2014). 고등학교 수학 Ⅱ. 서울: 좋은책신사고.

Common Core State Standards Initiative(2010). Common Core State Standards For Mathematics. U.S.A.

Dubinstky, E, Weller, K., Mcdonald, A., Brown, A.(2005). Some historical issues and paradoxes regarding the concept of infinity: an APOS-based analysis: Part I. Educational Studies in Mathematics, 58. 335~359.

Edwards, C. H. Jr.(1979), The historical development of the calculus. New York: Springer-Verlag.

Eves, H.(1990) An introduction to the history of mathematics. FL: Saunders College Publishing. Orlando.

Klein, F.(1924). Elementarmathematik vom höheren Standpunkte aus, Este Band, Verlagvon Julius Springer.

Lakatos, I.(1976). Proofs and refutations: the logic of mathematical discovery. London: Cambridge University Press.

National Council of Teachers of Mathematics(1989). Curriculum and Evaluation Standards for School Mathematics. Reston, VA: NCTM.

National Council of Teachers of Mathematics (2000). Principles and Standards for School Mathematics. Reston, VA: NCTM.

Sfard, A. (1991). On the dual nature of mathematical conception: Reflections on process and objects as different sides of the same coin. Educational Studies in Mathematics, 22. 1~36.

Struik, D.(1987). A concise history of mathematics. New York: Dover publication.

Tall, D. & Vinner, S.(1981). Concept image and concept definition in mathematics with particular reference to limits and continuity. Educational Studies in Mathematics, 12. 151~169.

Toeplitz, O.(1963). The calculus: a genetic approach. Chicago: The University of Chicago Press.

Vinner, S.(1991). The role of definitions in the teaching and learning mathematics. In D. Tall (ed.), Advanced Mathematical Thinking. Dord-recht: Kluwer Academic Publishers. 65~81.

Chapter

06

확률과 통계

이 장에서는 학교 수학에서 확률과 통계를 지도하는 의의가 무엇인지 살펴보고, 확률과 통계 지도 관점의 배경으로 확률과 통계의 역사와 교수·학습 연구 내용을 알아본다. 이어서 우리나라의 교육과정에서 확률과 통계 지도 내용과 지도 방식을 어떻게 제시하고 있는지 살펴보고, 확률과 통계 내용을 지도하는 구체적인 수업 사례와 공학 도구를 활용한 확률과 통계 지도에 대해 알아본다.

1. 확률과 통계 교수·학습 이론

가. 확률과 통계 지도의 의의

확률과 통계는 국내외 수학과 교육과정 개정을 거치면서 필요성과 유용성이 강조되어 학교 수학의 변두리에서 점차 중심부로 이동하는 과정에 있다. 이는 수학 학습이 단편적인 사실적 지식과 문제 풀이 연습을 중심으로 이루어졌다는 반성과 더불어 수학적 문제해결, 추론, 의사소통, 연결, 정보처리 등 수학적 역량 함양으로 수학교육의 목표를 바꾸어온 교육과정 개정의 흐름과도 관련이 있다. 확률과 통계는 학생들에게 친숙한 생활 소재를 활용하여 개념, 원리, 법칙을 다루기 쉽고, 학생들이 확률 실험에 참여하거나 자료를 수집하고 정리하는 과정에서 수학의 유용성을 인식하여 수학과 수학 학습에 대해 긍정적인 태도를 발전시키는 데 효과적이기도 하다. 아울러 수학 내·외의 다른 영역과 연결하여 융합적으로 확률과 통계 개념, 원리, 법칙을 학습하도록 할 수 있어서 수학에 대한 입체적인 안목을 기르고 배운 수학을 다양한 분야에 적용하는 기회를 제공하는 면도 있다.

과거에는 천연자원을 많이 가지고 있는 국가가 국가 간 경쟁에서 유리한 위치를 차지했다면, 오늘날에는 각종 데이터를 풍부하고 정교하게 확보한 국가가 산업과 과학, 경제와 정치를 주도할 가능성이 있다. 확률과 통계교육이 건전하게 이루어진다면 데이터 소양이 풍부한 학생들을 길러내어 우리나라의 국가 경쟁력 제고에 도움이 될 것이다. 또한 학생들이 확률과 통계 학습을 통해 데이터 소양을 갖추면 삶을 영위하는 동안 마주치는 다양한 데이터를 이해하고 적절하게 해석하여 일상생활, 경제생활, 직업생활을 영위할 때 합리적으로 판단할 수 있기도 하다. 예를 들어, 학생들이 고등학교까지의 확률과 통계 학습에서 데이터의 수집, 정리, 분석, 해석을 경험한다면, 학교를 졸업한 이후에도 미세먼지 농도, 건강관리, 기후환경 변화, 인구 추이, 저축과 보험, 투자, 노후설계, 선거 등의 맥락에 스며 있는 확률과 통계적 측면을 파악하고 데이터 기반의 합리적 의사결정에 의해 각종 위험과 기회에 대처할 수 있다.

나. 확률과 통계의 역사적 발달

확률과 통계의 이론적 성격은 수학의 다른 분야와 차별된다. 확률과 통계에서는 문제에 대해 완전하고 유일한 답이 아니라 불완전하고 다양한 답을 인정하거나, 신념에 비추어 주관적으로 판단하는 과정과 결과에도 가치를 둔다거나, 자료를 수집하여 분석하면서 불확실한 상황과 관점에 도달한다는 점 등이 그 차별성이다. 이 절에서는 확률과 통계의 역사적 발달 과정에서 이와 같은 차별성이 어떻게 등장하고 다루어졌는지 살펴본다. 어떤 관점이 어떤 맥락에서 등장하고 발전하거나 쇠락하였는지, 그 가운데 경쟁했던 학자와 주장은 무엇인지, 이론화된 것은 무엇인지 알아볼 것이다. 확률과 통계 영역을 지도하는 교사는 여러 가지 가능성을 고려하고 체계적으로 관찰하여 자료를 수집하고 분석하여 합리적인 판단에 이르는 것이 왜 필요하고, 어떤 의미이며, 어떤 과정인가를 이해하는 한 가지 방법으로 확률과 통계의 역사적 발달 과정을 살펴볼 필요가 있다. 특히 가능성의 종류를 잘못 파악하기도 하고, 특정 가능성에 너무 크거나 작은 가치를 부여하기도 하고, 가능성에 대한 선행 논의 내용과 적절하게 관련짓지 못하기도 하고, 불충분한 논의 끝에 곧바로 다음 상황에 적용하기도 하는 등, 가능성에 관한 판단을 할 때 범하는 실수가 역사 속에서는 어떻게 논의되어 이론으로 발전하였는지 살펴본다면 교사로서 갖추어야 확률과 통계교육 관련 전문성을 높이는 기회가 될 것이다.

1) 주사위 놀이와 확률

주사위 놀이는 가능성이 균등하게 분할된 사물과 우연성을 절묘하게 결합하여 만든 것으로 동서양의 여러 문명에서 그 흔적을 찾을 수 있다. 로마 군인들은 양의 발뒤꿈치로 만들어진 주사위로 게임을 만들어 즐겼는데, 이 게임은 기원전 3500년경부터 시작된 것으로 전해지고 있다. 기원전 300년경 바빌로니아에서는 담황색 도자기로 정육면체 모양의 주사위를 만들어 놀이한 것으로 추측되기도 한다. 우리나라의 신라 시대 유적지에서는 목제 주령구라고 하는 14면체 주사위를 만들어 놀이에 활용한 흔적이 발견되었다. 기원후 850년경 인도의 수학자들은 n개 가운데 r개를 택하는 방법의 수, 곱의 법칙, 같은 종류의 문자가 포함된 여러 문자를 정렬하는 방법 등에 관하여 알고 있었으며, 중국에서는 1100년경에 이미 Pascal의 삼각형을 다루었다. 12세기 말 회교 국가의 유적에서도 조합론적 사고 흔적을 발견하였다. 조합

규칙과 문제는 르네상스 시대의 교재에서도 발견되는데, 대개는 증명이 생략되어 있다(Borovcnik, Bentz, & Kapadia, 1991: 27-28).

주사위 놀이에 대한 이론적 분석은 13세기에 이루어졌다. 당시에 라틴어로 쓰인 시에서는 주사위 세 개를 던지면 주사위 눈금의 합이 3에서 18까지이며, 가능한 경우가 56가지라는 내용이 담겨 있다. 단테의 《신곡》은 14세기 초에 쓰였는데, 역시 세 개의 주사위로 하는 게임에 관한 설명이 기록되어 있다(Grattan-Guinness, 1994: 1286-1288). 15, 16세기에는 이탈리아의 Pacioli, Cardano, Tartaglia, Galileo 등이 도박장에서 제기된 주사위 게임에 관한 여러 흥미로운 문제를 해결하려고 노력하였다. 이 가운데 Cardano는 주사위를 6번 던져서 반드시 한 번 1의 눈이 나오지는 않지만, 많이 던지면 $\frac{1}{6}$에 해당하는 횟수만큼 1의 눈이 나온다는 사실을 발견하였다. Galileo는 세 개의 주사위를 던졌을 때 눈의 합이 9인 경우와 10인 경우가 다르게 나오는 이유를 다음과 같이 수학적으로 설명하였다.

> 눈의 합이 10인 경우가 전체 경우의 수 216 가운데 두 가지 더 많으므로, 약 0.0093의 확률만큼 합이 10인 경우가 더 잘 나온다. 그런데 이 두 경우의 확률의 차는 매우 작아서 경험적으로 이를 감지하기는 어렵다(이태규, 1989: 346-347).

2) 가능성의 종류와 크기에 대한 체계적 점검

17세기에는 확률의 역사에서 가장 유명한 일화인 Pascal과 Fermat 사이의 서신 왕래가 이루어졌다. 이 서신 왕래는 도박에 빠진 de Mèrè가 제기한 다음 두 문제의 해결을 위하여 이루어졌다고 한다. de Mèrè는 당시에 상당한 수학적 소양을 가지고 있었으며, 그 때문에 도박에서 성공을 거두는 일이 많았다. 그러나 다음 두 문제에 대해서는 자신의 수학적 지식을 적용해도 실패하는 경우가 많았다고 한다(Grattan-Guinness, 1994; Borovcnik. et al., 1991).

> 첫 번째 문제: 한 개의 주사위를 4회 던졌을 때 적어도 한 번 6이 나오는 것에 내기를 걸면 유리하다. 그런데 두 개의 주사위를 24회 던졌을 때 적어도 한 번 (6, 6)이 나오는 것에 내기를 거는 것은 왜 불리한가?

de Mèrè는 $6:4=36:24$이므로 한 개의 주사위를 4회 던지는 경우와 두 개의 주사위를 24회 던지는 경우가 차이가 없을 것으로 판단하였다. 그러나 실제로는 두 개의 주사위를 24회 던져서 적어도 한 번 $(6, 6)$이 나오는 경우를 선택하였을 때 손해인 경우가 많았다. 이는 초보적인 비율적 사고로 대처했기 때문으로 보인다. 실제로 한 개의 주사위를 4회 던져서 적어도 한 번 6이 나올 확률을 구하면, $1-\left(\frac{5}{6}\right)^4 \approx 0.516$이 되어 $\frac{1}{2}$보다 크기 때문에, 근소한 차이일지라도 내기에서 유리하다. 그러나 두 개의 주사위를 24회 던져서 적어도 한 번 $(6, 6)$이 나올 확률은 $1-\left(\frac{35}{36}\right)^{24} \approx 0.491$이 되어 $\frac{1}{2}$보다 작은 값이기 때문에 역시 근소한 차이일지라도 내기에서 불리하다. Pascal은 두 개의 주사위를 n회 던져서 적어도 한 번 $(6, 6)$이 나올 확률은 $p=1-\left(\frac{35}{36}\right)^n$이며, $n=24$일 때, $p=0.4914$, $n=25$일 때, $p=0.5055$가 되기 때문에, 적어도 25회 던져야 유리하다고 설명하였다.

> 두 번째 문제: 두 사람이 같은 돈을 걸고 게임을 해서 먼저 5점을 얻는 사람이 돈을 모두 가지기로 하였다. 그런데 4 : 3의 득점 상황에서 게임을 중단해야 한다면 돈을 어떻게 나누어야 하는가?

위의 문제에 대하여 게임이 무산되었으므로 같은 금액으로 돈을 나누어야 한다고 생각할 수도 있고, 4점을 딴 사람은 3점을 딴 사람보다 이길 확률이 높으므로 돈을 더 많이 가져가야 한다고 생각할 수도 있다. 당시에 수학자들은 전자보다 후자의 경우가 더 합리적인 생각이라는 데에는 합의하였으나, 해법에 관해서는 의견이 서로 달랐다. 예를 들어, Pacioli는 이를 비율 문제로만 해석하여 4 : 3으로 분배할 것을 제안하였다. Cardano는 이러한 Pacioli의 관점이 잘못되었다고 생각하여 다른 방법을 찾으려고 하였다. 그는 각 경기자가 더 얻어야 할 점수를 고려해야 하며, 일반적으로 한 게임자가 a 게임을 더 이겨야 하고 다른 게임자가 b 게임을 더 이겨야 한다면, $b(b+1) : a(a+1)$로 분배하는 것이 옳다고 주장하였다. Tartaglia 역시 Pacioli가 잘못 해결하였다고 비판하였지만, 수학적으로 해결할 수 없고 판단의 문제라고 생각하였다. 그는 일반적으로 s를 얻어야 이기는 게임에서, $s_1 : s_2$ 상태에서 게임이 중단되었을 때, 판돈은 $s+s_1-s_2 : s+s_2-s_1$으로 분배되어야 한다고 주장하였다. 이러한 수학자들의 관점은 오늘날의 해결 방법과는 차이가 있으며, 수학적 근거도 불확실함을 확인할 수 있다. Pascal과 Fermat가 합의에 도달한 관점을 오늘날의 용어로 표현하면 다음과 같다.

편의상 4점을 득점한 사람을 갑으로, 3점을 득점한 사람으로 을로 부르자. 만약 두 사람이 게임을 중단하지 않고 계속 진행했더라면, 이어지는 두 번의 게임이 승부를 가를 것이고, 가능한 상황을 아래 4가지로 생각할 수 있다.

ㄱ) 을이 이기고, 을이 이긴다.　　ㄴ) 을이 이기고, 갑이 이긴다.
ㄷ) 갑이 이기고, 갑이 이긴다.　　ㄹ) 갑이 이기고, 을이 이긴다.

전체적으로 볼 때, 을은 ㄱ)의 경우에만 5점을 득점할 수 있고, 갑은 이를 제외한 3가지 경우에 5점을 득점하게 된다. 그러므로 판돈을 3 : 1로 나누어야 한다.

그런데 위의 네 가지 경우 중 갑이 연달아 두 번 이기는 것이 현실에서는 불가능하다. 갑이 한 번 이기면 이미 5점을 얻게 되어 게임이 끝나기 때문이다. 또한 위의 해결 방법에 따르면, 먼저 1000점을 얻는 것으로 문제를 바꾸고, 999 : 998에서 게임이 중단되었다고 해도 판돈을 3 : 1로 나누어야 한다는 점에서 공평하지 않다고 볼 수도 있다. 위의 예는 가능성의 종류와 크기에 대한 체계적인 점검을 시도한 역사적인 사례이며, 이로부터 확률 문제상황, 확률적 판단의 의미, 판단의 근거에 대한 수학적 논의가 본격적으로 이루어졌다.

3) 조합적 사고의 발달

가능성의 종류와 크기에 대한 체계적인 논의를 바탕으로 점차 조합적 사고의 발달이 이루어졌다. 프랑스의 수학자인 Fermat와 Pascal은 17세기에 서신왕래를 통해 경우의 수를 체계적으로 세는 방법을 정돈하였고, 이로부터 조합적 사고의 핵심적인 측면이 서서히 드러났다. 이때 흥미로운 문제상황들이 다루어졌으며 그중 하나인 Pascal 삼각형은 조합적 사고와 수학적 귀납법으로 다룰 수 있는 좋은 소재였다. 중국에서는 14세기 이전에 이미 Pascal 삼각형을 다루었는데, 그 예가 [그림 6-1]에 제시한 주세걸(朱世傑)의 《사원옥감(四元玉鑑)》(1303)에 제시되어 있다. [그림 6-2]와 같이 Pascal 삼각형을 제시한 후, 각 행의 수 사이에 성립하는 패턴을 찾으며 다양한 조합적 사고를 촉진하는 활동은 수학에 관심과 흥미를 불러일으킬 수 있다(이봉주, 2000).

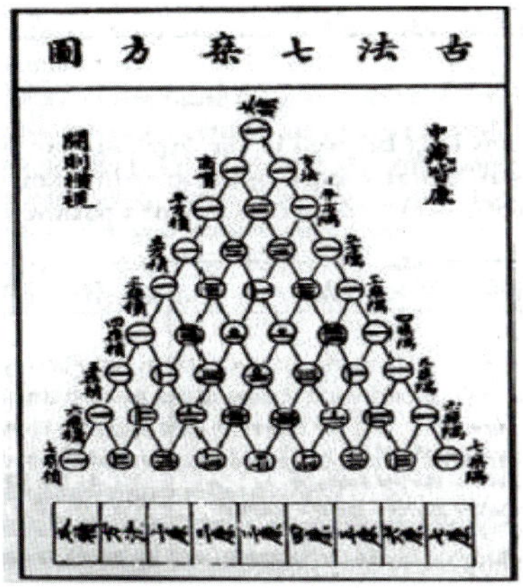

[그림 6-1] 《사원옥감》에 실린 산술 삼각형

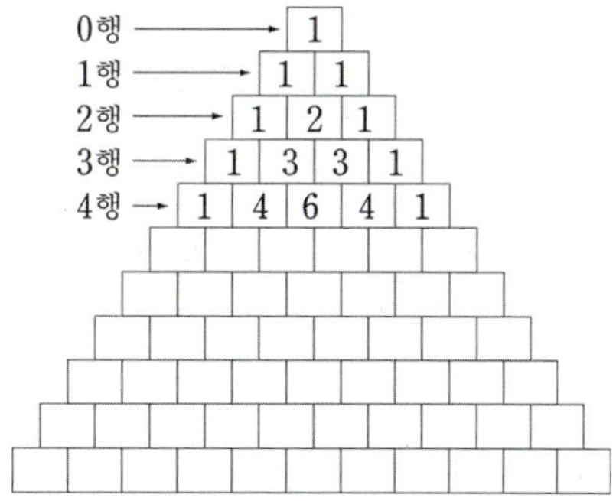

[그림 6-2] Pascal 삼각형에서 패턴 찾기

▸ [그림 6-2]를 완성한 후 다음을 생각해 보자.

- Pascal 삼각형에서 한 번만 나타나는 자연수는?
- 홀수 행에서 가장 큰 수는 몇 번 나타나는가?
- 짝수 행에서 가장 큰 수는 몇 번 나타나는가?
- Pascal 삼각형의 0행과 1행의 모든 수는 홀수이다. 홀수만 나타나는 다음의 세 행은?
- 0~n행에서 1은 모두 몇 번 나타나는가?

Pascal 삼각형에서 도출한 이항계수 공식은 조합적 사고의 흥미로운 구조를 드러내는 동시에 수학적 귀납법이라는 새롭고 독특한 추론으로 정당화한 최초의 사례이다(Polya, 1965). [그림 6-2]에서 $(x+y)^n$의 전개에 대한 계수가 곧 n행이 되며, n개에서 r개를 뽑는 조합의 수를 $\binom{n}{r}$로 나타내면 다음을 얻을 수 있다.

$$(x+y)^n = \sum_{r=0}^{n} \binom{n}{r} x^{n-r} y^r, \ (x,\ y \neq 0;\ n = 0,\ 1,\ 2,\ \cdots)$$

$\binom{n}{r}$는 Euler가 만든 기호이며, Pascal 삼각형으로부터 이에 대해 다음 관계를 도출할 수 있다.

$$\binom{n}{0} = \binom{n}{n} = 1$$

$$\binom{n+1}{r} = \binom{n}{r} + \binom{n}{r-1}$$

$$\binom{n}{r} = \frac{n(n-1)(n-2)\ \cdots\ (n-r+1)}{1 \cdot 2 \cdot 3\ \cdots\ r}$$

Pascal 삼각형은 확률적 판단이 단지 신념과 직관에 의존하는 것이 아니라 가능한 종류 곧, 경우의 수를 체계적으로 파악하고 분석하여 다루는 수학적 사고에 의존한다는 의미를 드러내는 좋은 예이다. 이 시기의 확률 개념은 가능성을 균등하게 분할하고 체계적으로 헤아려서 계산되는 수로 받아들여졌다.

4) 확률론과 통계학의 연결

확률론이 발달하면서 보험, 의학, 사회과학, 천문학, 기상학 등 다양한 분야로 그 응용 범위가 확대되었다. 1657년 Huygens는 기댓값을 중심으로 하여 확률 이론을 전개하였는데, 확률 개념을 무정의 용어로 도입하였고, 적용되는 문제상황에서 의미를 찾아야 하는 것으로 다루었다. 이 과정에서 평균 수명과 같은 실용적인 개념을 발전시켰다(Borovcnik et al., 1991). Bernoulli는 《추측의 기술》이라는 책에서 수학적으로 구한 확률과 실제 상황으로부터 얻은 자료에 기반한 확률 사이의 연결에 대해 논의하였다.

특히 주목받는 Bernoulli의 업적은 이른바 '대수의 약법칙'(Weak law of large numbers)이다. 이 법칙은 성공과 실패의 두 가지 가능성을 가정하는 Bernoulli 실험에서 관찰 횟수를 늘리면 미지의 확률에 대한 적절한 정도의 확실성(moral certainty)을 얻을 수 있다는 내용을 담고 있다. Bernoulli는 과연 어느 정도의 관찰 횟수가 이를 보장할 수 있는가에 관심을 두었으나, 그 수치가 당시로서는 너무 컸기 때문에 현실성을 확보하는 데 어려움을 겪었다.[1] Bernoulli가 Bernoulli 시행의 경우에 대해서만 증명했던 대수의 약법칙은 19세기에 들어서 Chebyshev가, 그리고 더 일반적인 형태는 20세기 초 Khintchine이 증명하였다.[2] Bernoulli에 이어 de

1 Bernoulli가 얻은 결과는 간단한 사건의 확률을 구하기 위하여 적어도 25,550번의 실험이 필요하다는 것이었는데, 그가 살던 바젤(Basel) 시의 총 인구가 이보다 훨씬 작았기 때문에 너무 큰 수로 생각되었다고 한다.

2 대수의 약법칙은 다음과 같다.
X_1, X_2, X_3, …이 독립이며 동일한 분포를 갖는 확률변수열로 각 확률변수가 유한평균 $E[X_I]=\mu$를 갖는다면, 임의의 $\epsilon > 0$에 대해, $n \to \infty$일 때 다음이 성립한다(신양우, 2004).

$$P\left(\left|\frac{X_1 + \ \cdots\ + X_n}{n} - \mu\right| > \epsilon\right) \to 0$$

Moivre, Laplace, Gauss 등이 통계적 관찰 결과에 대한 확률적 해석의 문제를 해결하면서 확률론과 통계학은 밀접하게 연결되며 발전하였다.

확률과 통계의 이론화에 있어서 Laplace의 업적 중 하나는 '중심극한정리(Central limit theorem)'의 발견이며, 다음과 같이 동일한 분포를 따르는 확률변수열이 정규분포가 된다는 놀라운 내용으로 이루어져 있다.

> $X_1, X_2, X_3, \cdots$이 독립이며 각각 평균이 μ이고 분산이 σ^2인 동일한 분포를 따르는 확률변수열이라 하자. 그러면 $\dfrac{X_1 + \cdots + X_n - n\mu}{\sigma\sqrt{n}}$의 분포는 $n \to \infty$일 때 표준정규분포가 된다(신양우, 2004).

Laplace는 대부분의 천체 현상을 만유인력의 법칙으로 설명할 수 있는 것처럼 대부분의 확률 현상을 중심극한정리로 설명할 수 있다고 주장하였다. 분포를 알 수 없는 일반적인 변량조차도 거대한 분포를 이루면 정규분포를 따르므로, 정규분포에 관한 성질을 세밀하게 분석하는 것으로 대부분의 확률 현상을 이해할 수 있다는 것이다.

[그림 6-3]은 Galton 보드에 공을 내려보내는 실험을 소프트웨어로 구현한 것이다. 그림의 갈림길에서 서로 다른 곳으로 공이 이동할 확률은 0.5, 내려보낸 공은 512개이다. 이 두 값을 변화시키면서 관찰할 수 있으며, 공의 개수가 많을수록 정규분포에 가까운 모양을 얻을 수 있음을 확인함으로써 중심극한정리의 의미를 파악할 수 있다. Galton이 설명한 바와 같이 중심극한정리는 우연 현상, 즉 인과성과 패턴을 찾을 수 없는 현상을 정규분포로 파악할 수 있게 한다. 이는 역설적으로, '우연'한 사건이 반복되면 예견할 수 있는 분포에 도달한다는 것을 의미한다. 여기서 '우연'은 그때그때에만 변덕스러운 것이며, 오랜 기간을 두고 반복되면 어떤 질서를 창조하게 되어, 무질서는 무질서이나 충분히 조직된 무질서라고 할 수 있다(신양우, 2004). 이로써 확률과 통계는 다양한 현상에 대한 관찰 결과를 토대로 합리적인 판단을 내리게 하는 수학적인 모델을 제공하는 분야로 발전하였다.

학교 수학에서는 '큰 수의 법칙'이라는 용어를 사용하며, 다음과 같이 설명한다.
어떤 시행에서 사건 A가 일어날 수학적 확률이 p일 때, n회의 독립시행에서 사건 A가 일어나는 횟수를 X라고 하면, 아무리 작은 양수 h를 택하여도 다음이 성립한다.

$$\lim_{n \to \infty} P\left(\left|\frac{X}{n} - p\right| < h\right) = 1$$(우정호 외, 2009b: 194).

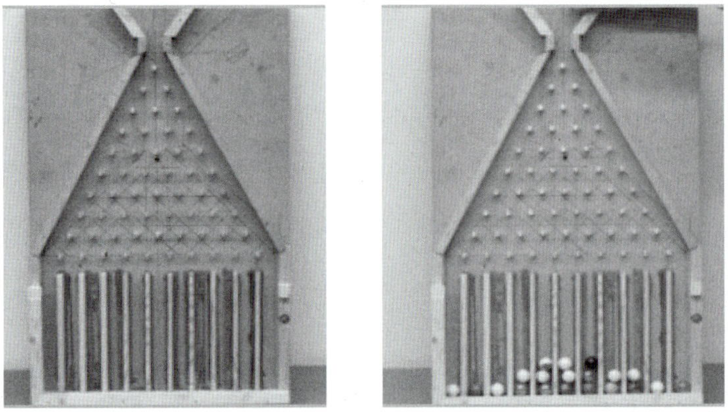

[그림 6-3] Galton 보드
(http://physlab.org/category/classroom-demo/probability-and-statistics/)

5) 정보의 추가에 따른 확률의 변화

관찰 결과는 일종의 정보이며, 어떤 사건에 대한 정보가 추가되면 그 확률도 달라진다는 것을 명확하게 한 것이 Bayes의 업적이다. 그는 다음과 같이 정보의 추가에 따른 확률 계산 방법을 설명하였다.

> 첫째, 두 사건에 대하여 생각할 때, 만약 첫 번째 사건이 일어날 확률이 $\frac{a}{N}$, 두 사건이 동시에 일어날 확률이 $\frac{P}{N}$라면, 첫 번째 사건이 일어났다는 가정 아래에서 두 번째 사건이 일어날 확률은 $\frac{P}{a}$이다. 둘째, 두 번째 사건이 일어날 확률이 $\frac{b}{N}$이고, 두 사건이 동시에 일어날 확률이 $\frac{P}{N}$라면, 두 번째 사건이 일어났다는 가정 아래에서 첫 번째 사건이 일어났을 확률은 $\frac{P}{b}$이다(Bayes, 1764; 이정연, 2005 재인용).

위의 아이디어는 각각 $P(B|A)=\frac{P(A\cap B)}{P(A)}$와 $P(A|B)=\frac{P(A\cap B)}{P(B)}$에 해당한다. 이로부터 Bayes는 다음과 같은 더욱 일반적인 Bayes 정리를 도출하였다.

$$P(A_i|E)=\frac{P(E|A_i)P(A_i)}{\sum P(E|A_i)P(A_i)}$$

(A_i는 표본공간 S의 분할, E는 S 안의 임의의 사건)

위의 정리는 이미 알고 있는 확률, 곧 사전 확률에서 출발하여, 관찰 또는 실험에서 얻은 증거를 반영하여 새로운 확률, 곧 사후 확률을 만드는 과정을 나타낸다. 예

를 들어, 모든 까마귀가 검은색인지를 확인하기 위해서, '까마귀가 검은색일 사건'의 확률 $P(A)$를 가지고 출발한다고 하자. 만약 까마귀에 대해서 아는 바가 전혀 없다면, 출발점에서는 50 : 50, 곧 검은색이거나 그렇지 않거나 둘 중의 한 가지 가능성을 생각하게 된다. 그러나 계속해서 정보를 축적하면서 새로이 얻은 증거가 B라면, 사후 확률 $P(A|B)$는 처음과 달라질 것이다. 이 확률을 다시 사전 확률로 보고 추가 관찰을 통하여 새로운 확률을 구할 수도 있다(이정연, 2005).

6) 확률의 공리화

확률론은 물리학, 천문학, 생물학, 유전학, 심리학, 통계학 등 많은 분야에 적용되었다. 그러나 수학의 다른 분야와 마찬가지로 확률론에 대해서도 수학적으로 엄밀한 전개의 필요성이 제기되었다. 사전 확률을 토대로 사후 확률을 추정할 때는 확률에 관한 명확한 정의를 내리지 않고 사전에 각 사건에 확률을 부여하고 사후 확률을 계산한다는 것이 문제로 제기되었다. 대수의 법칙이나 중심극한정리에 기초한 관점에서는 무작위성을 만족해야 한다는 실험의 전제 조건이 문제를 일으켰다. 실험을 통해 확률을 정의한다고 가정하였지만, 실제로는 확률적인 실험, 곧 무작위성을 이해해야 하기 때문이다. 무작위성을 만족시키는 실험을 설계하고 이해하기 위해서는 확률을 알아야 하고, 확률을 이해하기 위해서는 무작위성을 이해해야 한다는 개념의 순환에 빠지게 된다는 것이다. 또한 극한값의 존재성에 관한 문제도 계속 논란의 대상이 되었다.

1900년 파리에서 열린 국제 수학회에서 Hilbert는 확률의 공리화를 통하여 엄밀성을 확보할 것을 제안하였고, 이에 따라 다양한 방법으로 공리화가 시도되었다. 이 가운데 Kolmogorov의 접근이 성공을 거둠에 따라 그동안 확률론에 제기되었던 엄밀성 결여의 문제가 일단락되었다. 이로써 다음과 같은 확률의 공리 체계가 확립됨으로써, 우연성이나 무작위성과 같은 애매한 특성을 가지는 확률을 수학적으로 엄밀하게 체계화할 수 있었다. 아울러 무한 시행 등 일반적인 확률적 상황에 대한 이론적 논의도 이루어졌다.

(1) $0 \leq P(E) \leq 1$ (S는 표본공간, E는 표본공간 S의 각 사건)

(2) $P(S) = 1$

(3) 임의의 서로 배반인 사건 E_1, E_2, $\cdots$에 대하여

$$P\left(\bigcup_{i=1}^{\infty}E_i\right)=\sum_{i=1}^{\infty}P(E_i)$$

(신양우, 2004)

확률의 공리화는 확률의 의미를 일반적으로 포괄하는 기준을 제공하기는 하였지만, 확률의 정의에 관한 논쟁을 완전히 잠재우지는 못하였다. 오늘날 확률의 정의에 관해서는 여전히 여러 관점이 공존한다.[3] 이들 각 관점은 나름의 장단점을 가지고 있는 것으로 확인되며, 오늘날에는 이들 가운데 어느 하나에 의존하여 확률이 정의되기는 어렵다는 의견이 널리 퍼져 있다. 어느 하나의 관점으로 모든 확률 현상의 본질을 설명할 수 없으므로, 상황에 따라 유리한 관점을 택하는 것이 바람직할 것이다.

7) 오차와 통계적 분석

통계학의 발전에 있어 오차는 매우 중요한 역할을 하였다. 수학자와 과학자 중 일부는 다양한 현상에서 얻은 자료, 특히 천문학적 관측에 따른 자료와 같이 오차를 내포하고 있는 경우를 해석하는 방법에 관심이 있었다. 오차는 관측된 값과 실제 값 간의 차이를 의미하므로 오차를 최소화해야 현상에 대해 적절하게 이해할 수 있다. 오차 최소화 관련 논의를 위해 Laplace가 고안한 최소제곱법(Method of least squares)은 수학에서 미적분학이 차지하는 비중만큼 통계학에서 큰 비중을 지닌다(허명회, 1991).

Quetelet는 출생과 사망 등 국가적으로 실시한 여러 통계적 분석의 방법을 수학적으로 확립하였고, 이로부터 상관분석과 회귀분석의 기초가 마련되었다. 또한 Galton은 정규분포 연구를 토대로 다양한 사회현상에서 통계적 의미를 발견하였다. 연구와 일상생활에서 기발한 아이디어를 내는 것으로 유명한 그는 앞서 제시한 Galton 보드라는 실험 장치를 만들어 이항분포와 정규분포 간의 관계를 직접 확인할 수 있도록 하였다. 그는 아버지와 아들의 키를 분석하면서 상관분석 방법을 이론화하고, 한 변수로부터 다른 변수를 예측하는 회귀분석의 아이디어를 정교화하였다. 이후 Pearson이 상관분석과 회귀분석을 발전시켰다(김우철 외, 2000). 상관분석은 두 변수 간의 관계를 파악하고 표현하는 방법을, 회귀분석은 한 변수의 값으로부터 다른 변수의 값을 예측하는 방법을 정교화한 도구이다. 회귀분석 역시 Galton

3 확률의 여러 관점에 대해서는 이경화(1996) 참고.

이 처음으로 시도하였다(김우철 외, 2000). 이후 Pearson은 이를 더 발전시켰고, 특히 비정규분포에 관한 연구에 몰두하였다. 대규모의 자료를 정리하는 방법에 주목하는 이른바 '기술통계(Descriptive Statistics)' 영역의 대부분은 그가 이론화한 것이다.

19세기 후반부터 20세기에 이르러 Gosset, Fisher, Neumann, Wald 등으로 이어지는 통계학자들의 연구 업적은 통계를 독자적인 이론의 위치로 끌어올렸다. 아일랜드의 양조회사에서 일하던 Gosset는 소표본으로 모집단에 대한 통계적 추론을 하는 방법에 관하여 연구하였다. 회사의 규정상 본인의 이름으로 연구 결과를 발표할 수 없었던 그는 Student라는 가명으로 1907년 t-분포에 관한 연구를 발표하였고, 이 때문에 t-분포는 'Student t-분포'라는 이름으로 불리게 되었다(김우철 외, 2000).

다. 확률과 통계 교수·학습 관련 연구

1) 확률교육에서 직관의 역할

Piaget와 Inhelder(1951)는 확률 직관이 수 직관처럼 인간의 행동 속에 존재하고 발달하는지 연구하였다. 이들의 연구에 의하면, 미래에 대한 예측, 특히 두렵다거나 기대한다거나 하는 감정은 매우 자연스럽게 발달하는 사고 과정으로 볼 수 있다. 또한 넓은 공간보다 좁은 공간에서 잃어버린 물건을 찾을 가능성이 더 높다는 것, 운전하면서 속도와 차의 위치를 비교하여 도착 시간을 예측하는 것, 구름이 태양 주변을 가리면 곧 비가 온다고 생각하는 것 등 일상적인 행동과 생각 속에 확률 직관이 반영되어 있음을 보고하였다. Piaget와 Inhelder는 확률 직관의 의미와 특징이 인과적 사고와 다르다는 점을 명확하게 밝혔으며, 이에 대한 인식을 통해 확률적 판단 능력을 발전시킬 수 있다고 보았다.

Fischbein(1975)은 학교에서 확률교육을 받기 이전에 이미 가지고 있는 확률 직관은 확률 개념을 이해하는 데 방해가 되는 경우가 있다고 주장하였다. Fischbein의 주장을 다음 두 가지로 요약할 수 있다. 첫째, 확률 개념을 이해하기 위해서는 확률에 대한 자연스러운 직관을 거부하는 태도가 필요하다. 기하에서 그토록 직관의 역할이 중요한데, 다음 절에서 살펴볼 판단 전략의 예를 보더라도 확률에서는 직관이 오히려 합리적인 추론을 방해하는 면이 있다. 둘째, 인간의 행동 자체가 확률적이므로, 확률교육에서는 인간의 행동을 탐구하는 것에 강조점을 두어야 한다. 인간은 미리 정해진, 널리 알려진 반응에 의존하여 살아가는 것이 아니라, 각자의 관점에 기초하여 끊임없이 판단하면서 살아가며, 바로 그 과정에서 확률을 활용하기 때문이다. 또한 Fischbein(1975)은 연역적 사고 방법만으로는 확률의 의미를 제대로 교육할 수 없다고 주장하였다. 확률교육을 통해서는 무엇보다 귀납적 사고의 가치와 역할을 가르쳐야 하며, 이미 발달시킨 직관의 한계를 이해하고 수정하여 균형을 추구하는 것이 중요하다고 강조하였다.

2) 판단 전략과 확률교육

Kahneman, Slovic, Tversky(1982)는 우리가 가능성 관련 판단을 할 때 '대표성(representativeness)' 전략, '정보의 이용가능성(availability)' 전략, '조정과 고정(adjustment and anchoring)' 전략을 사용한다는 연구 결과를 제시하였다. 먼저 대표성 전략은 크기와 무관하게 표본은 모집단과 유사하다고 기대하거나, 표본을 추출하는 과정이 무작위성을 반영하기를 기대하는 심리를 가리킨다. 예를 들어, 어느 학교 전체 교사의 3분의 1이 여자라는 정보를 들으면, 3명의 교사 중 한 명은 반드시 여자라고 기대하는 경우가 여기에 해당한다. 동전 6개를 던질 때 일어날 가능성을 비교하라고 하면 'HHHTTT(H: 앞면, T: 뒷면)'보다 'HTTHHT'가 높다고 판단하는 경향도 대표성 전략을 사용하는 예이다.

두 번째로 정보의 이용가능성 전략은 판단을 내릴 때 개인적으로 이용할 수 있는 정보에 영향을 받는 경향을 뜻한다. 예를 들어, 최근에 교통사고를 목격한 경험이 있는 사람은 그렇지 않은 사람보다 교통사고 확률에 대해서 훨씬 높게 추측하는 경향이 있다. 정보를 떠올릴 수 있는 정도, 곧 개인적으로 그 정보를 얼마나 이용 가능한가 하는 것이 확률 추정에 영향을 주는 것이다. apple과 같이 a로 시작하는 영어 단어가 diagram과 같이 a가 세 번째에 오는 단어보다 많다고 생각하는 것도 이 전략을 사용하기 때문이라고 한다. a로 시작하는 단어를 a가 세 번째에 오는 단어보다 쉽게 떠올릴 수 있으므로 이렇게 판단한다는 것이다.

세 번째로 조정과 고정 전략은 예상 또는 추측을 위해 사용한다. 특정한 맥락에서 예상 또는 추측할 때 우리는 먼저 초깃값을 정한 후 그 값을 조정하여 최종적인 답을 얻는데, 초깃값을 어떻게 정했는가에 따라 상당히 다른 결과에 도달하는 현상을 설명하는 전략이다. Kahneman et al.(1982)에서 제시한 예는, "$8 \times 7 \times 6 \times 5 \times 4$

× 3 × 2 × 1의 결과를 어림하면?"과 "1 × 2 × 3 × 4 × 5 × 6 × 7 × 8의 결과를 어림하면?"이라는 문제에 대한 학생들의 반응이었다. 8부터 1까지의 곱에 대한 학생들의 어림값의 평균은 2250였고, 1부터 8까지의 곱에 대한 어림값의 평균은 512로 상당한 차이가 있었다. 시작하는 수가 큰 수인지 작은 수인지에 따라 조정과 고정에 의해 어림값이 매우 다름을 알 수 있다.

Konold(1991)도 확률에 관한 비형식적 판단 전략을 연구했고 '결과 중심(Outcome approach)' 전략을 확인하여 보고하였다. 예를 들어, 비가 올 확률이 60%라고 하면 비가 올 것으로, 40%라고 하면 비가 오지 않을 것으로 예측하는 경우가 이에 해당한다. 이처럼 결과 중심 전략은 일어날 가능성이 얼마나 되는가를 추정하기보다는 특정한 결과가 실제로 일어날 것인가 여부를 결정하는 것, 곧 결과가 어떻게 될 것인가를 판단하여 결정하는 경향을 뜻한다. 이때 판단의 기준점은 50%이고, 어떤 사건의 확률이 50%를 초과하면 가능성이 높은 일로, 50% 미만이면 가능성이 낮은 일로 생각하게 된다. 일어날 확률이 50%인 사건의 경우에는 그 결과를 '모른다' 또는 '결정할 수 없다'라고 표현한다. 또한 Konold는 학생들이 도수에 관한 정보보다는 인과적 정보에 주목하여 판단하는 현상도 확인하였다. 예를 들어, 특이한 모양의 주사위를 던진 후 도수를 제시하고, 어느 면이 가장 많이 나올 것인가를 예측하도록 하였더니, 학생들은 제시된 자료보다는 주사위의 모양 또는 던지는 사람의 행동을 근거로 어느 면이 가장 많이 나올 것을 예측하였다. 비가 올 확률 70%에 대해서도 이것이 빈도에 관한 정보가 아니라 습도가 70%이기 때문에 또는 하늘에 구름이 70%이기 때문에 그렇다고 추측하는 등 인과적으로 해석하는 경향을 발견하였다.

학생들이 확률을 배우기 이전에 이미 다양한 판단 전략에 따라 확률을 구한다는 것은 확률교육을 어렵게 하는 주된 요인 중의 하나이다. 더욱이 확률교육을 받은 성인 또는 연구자 집단조차도 그러한 판단 전략을 종종 활용한다는 점은 그러한 판단 전략의 교정이 쉽지 않음을 시사한다. 그러므로 확률을 배우는 과정에서 학생들이 그러한 판단 전략을 사용한다면 스스로 그러하다는 것을 자각하여 교정하도록 이끌 필요가 있다.

3) 패러독스와 확률교육

Freudenthal(1973)은 확률이 수학적 개념으로 만들어지고 받아들여지는 순간순간마다 많은 논쟁을 일으켰다고 하면서 그 점을 고려하여 확률을 지도할 필요성을 언급하였다. 확률론의 역사 발생에서 일부 문제들에 대해 다양한 해법과 해가 존재하여 패러독스로 불리는 경우가 많았는데, 당대의 유명한 수학자들도 잘못된 접근을 시도한 사례가 상당수 포함되어 있었다. 패러독스는 논리적으로 모순인 상황을 뜻하는데, 확률론이 수학의 다른 영역에 비해 상대적으로 늦게 정립되었기에 기존의 논리에 비추어 모순되는 상황이 발생하였다. 스스로 의미와 논리를 구성하면서 수학을 학습하는 것에 관심과 역량이 있는 학생에게는 확률론의 역사 발생에서 다루어진 다양한 패러독스가 흥미와 호기심을 자극하여 확률에 대한 깊이 있는 학습을 촉진할 것이다.

흥미로운 확률 관련 패러독스 중 하나인 Simpson의 패러독스를 다음과 같은 문제상황으로 구현하여 다룰 수 있다(Borovcnik et al., 1991).

> 1973년 캘리포니아 대학에 지원한 학생의 성별에 따른 입학률을 조사하였다. 여학생의 입학률은 35%였고, 남학생의 입학률은 44%였다. 그런데 대부분의 학과에서는 남녀 학생의 입학률이 비슷하였고, 일부 학과에서는 오히려 여학생의 입학률이 남학생의 입학률보다 높았다고 한다. 어떻게 된 일일까?

기존에 배운 수학적 논리에 따르면, 부분에 대해 일관되게 성립하는 성질은 전체에 대해서도 성립한다. 이를 위의 문제 상황에 적용하면, 대부분의 학과에서 남녀 학생의 입학률이 비슷하고 일부 학과에서 여학생의 입학률이 남학생의 입학률이 높으면 대학 전체에서도 같은 경향이어야 한다. 그런데 실제로 그렇지 않으므로 패러독스이다. 이 패러독스가 왜 발생했는지 알아보기 위해 [표 6-1]과 같이 2개의 학과만 있다고 단순화해 보자. 여기서 대학 전체의 입학률을 비교하면, 여학생의 입학률이 $\frac{5}{9}$로 남학생의 입학률 $\frac{6}{10}$보다 낮다. 그러나 학과 1과 학과 2에서는 여학생의 입학률과 남학생의 입학률이 각각 $\frac{2}{5}>\frac{1}{3}$, $\frac{3}{4}>\frac{5}{7}$이므로 여학생이 남학생보다 높은 입학률을 보인다.

[표 6-1] Simpson의 패러독스의 단순화

	여학생		남학생	
	합격	불합격	합격	불합격
학과 1	2	3	1	2
학과 2	3	1	5	2
대학 전체	5	4	6	4

대부분의 문제 상황에서는 부분에 대한 논의를 종합하여 전체에 대한 결론을 얻을 수 있다. Simpson의 패러독스는 확률 문제 상황에서 이와 같은 추론을 사용하면 안 된다는 점을 알려 준다.

다음 문제는 'Bertrand의 현'이라 부르는 패러독스이다(Borovcnik et al., 1991).

> [그림 6-4]와 같이 반지름이 R인 원에 한 변의 길이가 a인 정삼각형이 내접한다. 이 원과 만나는 직선을 생각하여, 그림과 같이 현의 길이를 s라고 하자. s가 a보다 클 확률은?

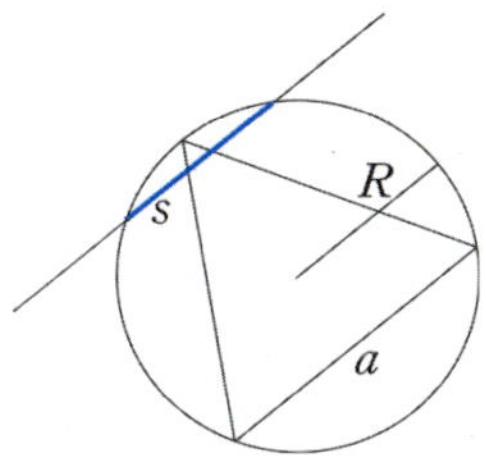

[그림 6-4]

이 문제에 대해서는 다음과 같이 세 가지 서로 다른 풀이가 가능하다. 첫째, [그림 6-5]와 같이 현의 중점을 M이라 하자. 정삼각형에 내접하는 원의 반지름을 R_1이라고 하면, M이 반지름 R_1인 원 안에 있어야 $s > a$이다.

$R_1 = \frac{1}{2}R$이므로 구하는 확률은,

$$P(s > a) = \frac{\text{반지름 } R_1\text{인 원의 넓이}}{\text{반지름 } R\text{인 원의 넓이}} = \frac{1}{4}$$

이다.

둘째, [그림 6-6]과 같이 현 s와 수직으로 만나는 원의 지름을 d라 하자. 현을 d 위에서 이동하면 현이 구간 I에 속하는 경우에만 s가 a보다 커진다.

$|I| = R$이므로 구하는 확률은,

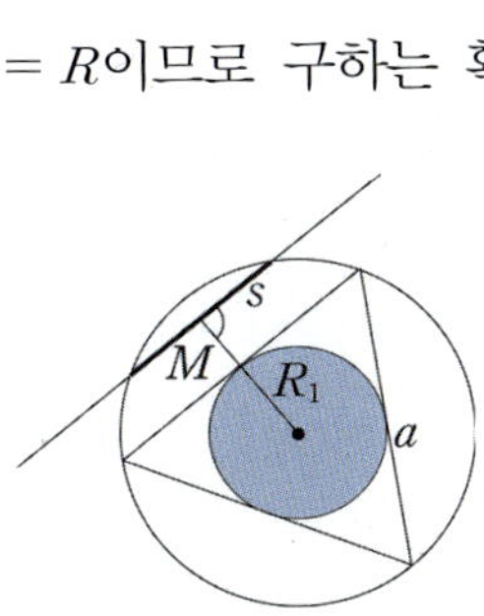

[그림 6-5]

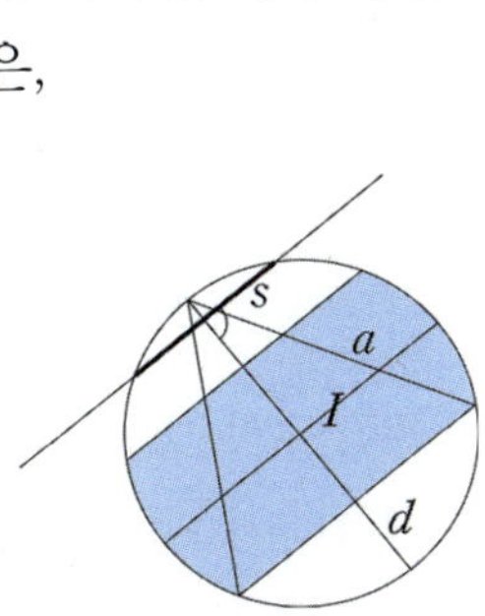

[그림 6-6]

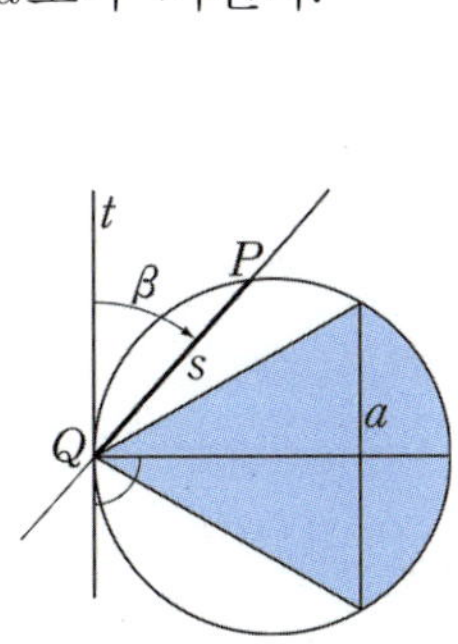

[그림 6-7]

$$P(s > a) = \frac{\text{구간 } I\text{의 길이}}{\text{지름 } d} = \frac{R}{2R} = \frac{1}{2}$$

이다.

셋째, [그림 6-7]과 같이 현의 양 끝점을 각각 P, Q라 하고, Q에서의 접선과 현이 이루는 각을 β라고 하자. 그러면 β의 범위는 0부터 180°까지이다. [그림 6-7]에서 현이 음영 부분에 속하면 s가 a보다 커진다.

음영 부분의 각도는 60°이므로 구하는 확률은,

$$P(s > a) = \frac{0° < \beta < 60°\text{인 부분}}{0° < \beta < 180°\text{인 부분}} = \frac{60°}{180°} = \frac{1}{3}$$

이다.

Borovcnik et al.(1991)은 확률교육에서 이와 같은 패러독스를 다루면 학생들이 확률 개념이 다른 수학 개념에 들어있지 않은 독특한 성질을 이해하도록 이끌 수 있다고 보았다. 그러나 패러독스가 항상 이러한 역할을 하지는 않으므로, 학생의 수준과 성향을 고려하여 패러독스를 읽을거리 정도로만 가볍게 제시하고 원하는 학생은 자율적으로 탐구하도록 확률 수업을 설계할 수도 있다.

4) 확률적 사고의 발달 수준

다른 영역과 마찬가지로 확률 영역에서도 학생들이 지식과 계산 절차를 기계적으로 학습하는 대신 확률적으로 사고하도록 해야 한다. 확률적으로 사고하는 능력은 건전한 확률 개념과 적절한 확률 계산을 토대로 합리적인 판단을 도출하는 능력과 연관된다. Jones, Langrall, Thornton, Mogill(1999)은 확률적 사고의 발달 수준을 다음의 네 단계로 구분하였다. 1수준은 '주관적(Subjective) 사고' 단계로 확률 개념과 절차가 아니라 나름의 주관적인 판단에 의존하여 가능성을 판단하는 수준을 가리킨다. 예를 들어, 빨간색과 흰색이 3대 1로 분할된 회전판을 돌리면 빨간색이 많이 나올 것인데, 그 이유는 자신이 빨간색을 가장 좋아하기 때문이라고 말한 경우이다. 1수준은 확률적 사고의 전 단계에 해당한다고 할 수 있다. 다음으로 2수준은 '이행기(Transitional)'로 주관적인 판단에서 벗어나 제한되긴 해도 확률 개념과 계산 절차를 시도하는 단계를 뜻한다. 이를테면, 회전판에서 빨간색이 흰색보다 많은 부분을 차지하므로 많이 나올 가능성이 있다고 판단하는 경우이다. 3수준은 '비형식적 양적(Informal quantitative) 사고'로 불리며, 형식화를 거치면 확률 개념과 계산 절차가 되는 아이디어를 토대로 가능성을 판단하는 단계이다. 회전판의 예에서 생각하면, 빨간색 부분이 흰색 부분의 3배이므로 빨간색이 나올 가능성은 흰색이 나올 가능성의 3배라고 말하는 수준이다. 4수준은 '수치적인(Numerical)' 접근을 할 수 있는 단계로 이 수준에 도달한 학습자는 적절하고 체계화된 형식으로 수치화된 확률을 구사할 수 있다. 가령, 회전판에서 빨간색이 나올 가능성은 $\frac{3}{4}$, 흰색이 나올 가능성은 $\frac{1}{4}$이라고 답할 수 있다.

Jones et al.(1999)은 표본공간, 확률, 확률 비교, 조건부확률로 나누어 각각의 발달 수준을 제시하였는데, 그중 확률 개념 발달 수준과 판단 준거는 다음 [표 6-2]와 같다. 자신이 지도하고 있는 학생들이 어떤 수준에 있는지를 파악하여 수업을 설계한다면 수준이 다른 학생들에게 적합한 학습 기회를 제공할 수 있을 것이다.

[표 6-2] 확률 개념의 발달 수준

수준	판단 준거
주관적 사고	• 주관적 판단에 근거하여 가장 많이 또는 가장 적게 일어날 사건을 예측함 • 확실히 일어나는 사건과 일어날 수 없는 사건을 인식함
이행기	• 주관적 판단에 근거했던 예측을 거부하고 양적인 판단에 근거하여 가장 많이 또는 가장 적게 일어날 사건을 예측함
비형식적 양적 사고	• 이웃하지 않은 두 수가 나오는 사건을 포함하는 문제 상황에서 양적인 판단에 근거하여 가장 많이 또는 가장 적게 일어날 사건을 예측함 • 비형식적으로 수를 사용하여 서로 다른 사건의 확률을 비교함 • 확실히 일어나는 사건, 불가능한 사건, 가능한 사건을 구분하고 양적인 판단에 근거하여 어떤 경우인지 판단할 수 있음
수치적 사고	• 단일 시행에서 가장 많이 또는 가장 적게 일어날 사건을 예측함 • (확률값 또는 경우의 수의 비율 형태로) 사건의 확률을 나타냄

5) 조건부확률 개념 지도

확률 영역의 내용 중 조건부확률은 특히 교수와 학습에 어려움을 유발하는 것으로 알려져 있다. 이정연(2005)에 의하면, 조사대상 학생들의 57.4%가 다른 영역에 비해 확률이 어렵고, 이 중 57.3%의 학생들이 확률 중에서도 조건부확률이 가장 어렵다고 답하였다. 이 연구에서 일부 학생들은 주어진 문제가 조건부확률 문제인지 판단하기 위해 다음과 같이 기계적으로 생각한다고 답하였다.

- '만약 ~라면 …일 확률'과 같은 말이 있으면 조건부확률이다.
- '~이 일어날 때 …가 일어날 확률'이라는 말이 나오면 조건부확률이다.
- A | B와 같이 A와 B 사이에 ' | '가 있다면 조건부확률이다.

다음과 같이 조건사건과 목적사건이 순차적으로 일어나는 경우 그리고 인과관계로 되어 있는 경우로 착각하는 학생들도 상당수 있었다.

- 전체 사건에서 조건을 주어 그 조건 내에서 생각하는 것이다. 조건에 의해서 압축된다.
- 어떤 사건이 일어났을 때, 또 한 사건이 일어날 확률이다.
- 이미 어떤 결과가 나온 경우에 일어날 수 있는 확률이 조건부확률이라고 생각한다.
- 어떤 경우의 사건이 일어난 뒤 그 후에 일어난 사건의 확률을 구하는 것이다. 단, 처음의 사건이 후에 영향을 미칠 경우가 조건부이다.
- 어떤 일이 일어났다는 전제하에 다른 일이 일어날 때 조건부확률이라 한다.
- 앞의 사건이 뒤의 사건에 영향을 주는지 아닌지에 따라서 조건부확률의 진위가 갈린다.
- 먼저 전제되는 조건이 있을 때, 그 뒤에 일어나는 확률을 구할 때 조건부확률이라고 생각한다.

이와 같이 조건부확률에 대해 개념적으로 파악하지 못한 학생들을 지도하는 전략으로 이정연(2005)은 다음을 제시하였다. 첫째, 일상적으로 사용하는 표현 중, '~한다면 …일 것이다', '~의 가능성은 …의 영향을 받는다', '~은 …에 달려있다', '~와 …는 관련이 없다'와 같은 '조건문'에 주목하고 그 의미와 형식을 파악하게 한다. 둘째, 독립사건과 종속사건의 의미를 풍부히 경험하게 한 후에 곱셈법칙과 조건부확률의 알고리즘화를 시도한다. 고등학교가 아니라 더 이른 시기에 조건부확률을 도입하여 비형식적으로 다룬 후 점차 형식화하는 것도 필요하다. 셋째, 조건에 의하여 확률이 수정되는 과정으로 조건부확률을 지도한다. 다시 말하여, $P(A|B)$는 조건사건 B가 주어진 사건 A의 확률로서 $\frac{P(A\cap B)}{P(B)}$라는 공식으로 나타내어지는 대상일 뿐만 아니라 사전확률이 사후확률로 변화하는 과정이라는 것을 이해하게 한다. 넷째, 조건사건이 반드시 먼저 일어나는 사건일 필요가 없다는 것을 분명히 하고, 시간 순서와 조건관계는 관련이 없다는 것을 이해하게 한다. 다섯째, 조건관계를 인과관계와 구분하여 지도한다. 이를 위해 결과가 조건이 되는 상황을 제시하고, 인과관계가 전혀 포함되지 않은 조건관계를 제시하여 오개념을 수정할 수 있도록

지도한다. 여섯째, 베이즈 정리의 본질인 가추적 사고를 고려하여 지도한다. 가추적 사고가 추리소설이나 일상생활에서 우리가 쉽게 사용하는 추론형식임을 인식시키고, 계산 공식 이면에 존재하는 가추법의 관점을 보여준다면 학생들은 단순한 계산 도구 이상으로 조건부확률의 의미를 되새길 수 있을 것이다. 일곱째, 확률 개념의 다양한 관점을 고려하여 조건부확률을 지도한다. 수학적 확률과 통계적 확률만으로는 확률의 뜻을 충분히 드러낼 수 없으며, 조건부확률이 추가 정보에 의해 변화된 확률이라는 점, 특히 그러한 의미에서 주관적 관점에 따른 확률이라는 점을 이해하도록 해야 한다.

6) 데이터 기반 확률교육[4]

확률은 통계학, 의학, 경제학, 자연과학은 물론이고 기계학습을 포함한 다양한 첨단 기술 분야에서 확장된 의미와 역할로 널리 활용되고 있다. 특히, 기계학습 상황에서 예측의 신뢰도를 높이는 문제를 다루기 위해 확률론을 활용하면서 전통적으로 가정했던 임의적인 불확실성과는 다른 인식론적인 불확실성[5]을 논의하는 단계에 이르렀다. 확률론의 확장된 적용성은 데이터 기반으로 문제를 해결하는 분야의 확대와 밀접하게 관련되어 있다. 그러므로 확률교육에서도 데이터를 파악하거나 수집하고, 정리하여 분석함으로써 위험과 기회를 측정하고 합리적인 의사결정에 이르는 절차를 확률적 문제해결 과정의 하나로 도입할 필요가 제기된다(이경화, 유연주, 탁병주, 2022).

학생들에게 건강, 경제 현상, 자연 현상, 사회 및 문화 현상에서 데이터를 기반으로 위험과 기회를 측정하고 분석하는 사례를 언급하면 학생들이 확률의 유용성을 이해할 것이다. 학생들은 다양한 상황에서 위험과 기회를 감지하고 대처할 때 데이터 감수성이 생기고, 이를 토대로 확률적 사고와 문제해결을 시도해야 함을 느낄

4 이경화 외(2021)과 이경화 외(2022)는 확률론과 통계학 분야의 연구 동향, 데이터 과학 분야의 발달과 사회 전반에 미친 영향을 고려하여, '데이터(data)'를 '자료'로 번역하지 않고 '데이터 기반 확률교육', '데이터 기반 통계교육' 방향을 모색해야 한다고 보았다. 이에 해당 내용을 다룰 때는 의미 손상을 막기 위해 자료 대신 데이터라는 용어를 사용한다. 기존의 확률과 통계 관련 논의를 인용할 때는 해당 연구의 맥락을 존중하여 자료라는 용어를 사용한다. 이에 불가피하게 본 장에서는 데이터와 자료라는 두 가지 용어를 사용하게 되었음을 밝혀 둔다.

5 임의적 불확실성은 우연 현상에서 발생하여 축소 불가능한 불확실성을, 인식론적 불확실성은 관련 정보를 추가함으로써 축소 가능한 불확실성을 뜻한다(Senge et al., 2014).

것이다. 전통적인 확률교육에서는 동전과 주사위 등 이상적인 형태의 사물을 이용하여 고정된 절차가 있는 것처럼 확률을 다루었다면, 오차를 줄이고 정보를 추가하여 확률값을 개선할 수 있는 잠정적인 값을 구하는 접근을 도입하는 것이다. 코로나19 감염증 사태와 유사한 일은 학생들이 살아가는 동안 언제든 발생할 수 있으므로, 불확실성을 피하기보다는 불확실성을 통제하거나 줄여나가는 방법을 찾아야 하며 확률을 주요한 도구로 이해할 필요도 있다. 데이터에 기반을 두어 확률을 인식하고 활용하는 식으로 확률 개념을 다루고 현실 맥락에 밀접하게 관련지어 확률값을 개선하는 것에도 관심을 두도록 지도하는 방안을 모색할 필요가 있다.

이경화 외(2021)는 데이터 기반의 확률교육을 위해 고려해야 할 점을 다음과 같이 제시하였다. 첫째, 모든 사건의 확률이 균등하게 분포된 것으로 가정하는 이론적 확률로부터 사건의 빈도를 고려하여 확률을 구하는 실험적 확률로 확률교육의 초점을 옮길 필요가 있다. 둘째, 데이터가 고정된 문제 상황만이 아니라 새로운 데이터를 탐색할 필요가 있거나 의도적으로 소음이 포함되어 있어서 데이터를 정련해야 하는 경우를 이해하고 탐구하도록 해야 한다. 이로써 확률이 변화를 본질로 하는 현상을 이해하고 분석하여 예측이나 전망의 도구가 될 수 있음을 파악하도록 할 필요가 있다. 셋째, 고립되고 형식화된 수학적 개념과 계산 절차가 아니라 데이터 기반의 문제해결 또는 모델링의 과정을 중심으로 확률을 학습하도록 교육과정, 교과서, 수업을 개선해야 한다.

7) 탐색적 자료 분석과 통계적 문제해결

탐색적 자료 분석은 Tukey가 구축한 통계 관점으로, 통계 계산과 그래프에 대한 해석에 기초하여 자료 이면에 들어있는 의미를 파악하는 것에 중점을 둔다는 특징이 있다(허명회·문승호, 2000). 탐색적 자료 분석 관점에서는 '저항성(Resistance)'과 그래프의 '현시성(Revelation)'을 중요하게 고려한다. 먼저 저항성은 일부 자료가 파손되어도 자료 전체에 대하여 비교적 합리적인 해석을 내릴 수 있어야 한다는 원리이다. 예를 들어, 천 원 단위로 답해야 하는 설문에 응답자가 실수로 만 원 단위로 답했다고 하자. 평균은 잘못 작성된 응답에 적지 않은 영향을 받으나 중앙값은 그다지 영향을 받지 않는다. 이를 고려하여 탐색적 자료 분석에서는 평균보다 중앙값을 선호하는 경향이 있다. 또한 그래프의 현시성은 자료에 담긴 다양한 의미를 그래프가 적절히 담고 있어서 그것을 해석하여 자료의 특징을 파악할 수 있어야 함을 뜻하는 성질이다. 이를테면, 최대, 최소, 중앙값, 사분위수 정보를 통해 자료에 담긴 풍부한 의미를 파악할 수 있는 상자그림은 현시성을 갖춘 그래프에 해당한다.

탐색적 자료 분석의 목표는 자료에 감추어진 일반적인 패턴을 찾는 것 또는 자료 분석 결과를 바탕으로 추가 실험이나 추가 자료 수집 방향을 잡아 탐구를 지속하는 것이다. 자료 분석을 단지 주어진 가설을 확인하기 위한 절차로 활용하는 대신 일반적인 패턴을 찾아 자료에 대한 새로운 통찰을 얻고, 새로운 통계적 문제에 대한 아이디어를 얻는 기회로 삼는다는 점이 탐색적 자료 분석의 의의이다. 결국, 탐색적 자료 분석은 통계적 문제해결 관점(Franklin et al., 2007; Bargagliotti et al., 2020)을 적절히 이해하여 설계하고 수행할 때 그 의미가 살아나며, 공학 도구를 체계적이고 정교하게 활용하여 패턴을 찾고 의미를 생성할 때 구현 가능성을 높일 수 있다(Ben-Zvi, Ben-Arush, 2014).

미국 통계학회에서 발간한 통계교육 및 평가 안내 자료에서는 통계적 문제해결을 '탐구 문제 설정하기(Formulate statistical investigative questions)', '자료 수집하기 또는 자료 파악하기(Collect/Consider the data)', '자료 분석하기(Analyze the data)', '결과 해석하기(Interpret the results)'의 4단계 과정으로 모델화하였다. 탐구 문제 설정하기는 일회성으로 끝나지 않고 자료를 수집하거나 파악한 후 또는 자료를 분석한 후 다시 시도할 수 있으며, 결과를 해석한 후에 다시 탐구 문제로 돌아와서 수정하거나 보완할 수도 있다. 자료를 수집하거나 파악하는 활동도 자료를 분석한 후 그리고 결과를 해석한 후 다시 돌아와서 진행할 수 있다. 통계적 문제해결은 각 단계를 선형적으로 거치기보다는 작고 크게 순환하는 탐구 주기를 반복적으로 실행하는 활동에 가깝다(Franklin et al., 2007; Bargagliotti et al., 2020).

8) 통계적 소양 교육

현대인은 다양한 삶의 현장에서 데이터와 통계를 만나거나 그로부터 알게 모르게 적지 않은 영향을 받는다. 공적인 합의는 물론이고 사적인 의사결정을 위해서도 통계를 이해하고 통계적으로 추론하는 일이 다반사이다. 그러므로 통계교육이 학창 시절 시험에 대비하는 목적만이 아니라 살아가는 데 도움이 되는 방향으로 이루어져야 한다. 이처럼 학교 내에서만이 아니라 학교 밖에서도 작동하는 통계적 역량을 길러주어야 한다는 것이 통계적 소양 교육의 대체적인 의미이다. Gal(2004)은 통계적 소양을 [표 6-3]과 같이 지식 요소와 성향 요소로 구분하였다.

[표 6-3] 통계적 소양의 두 요소

지식 요소	성향 요소
기본 소양 통계적 지식 수학적 지식 맥락적 지식 비판적 질문	신념과 태도 비판적 자세

지식 요소의 첫 하위 항목인 기본 소양은 말하고, 읽고, 쓰고, 간단히 계산하는 능력을 뜻한다. 통계를 다루려면 기본적으로 정보, 그것도 언어로 표현된 정보를 다룰 수 있어야 한다. 길고 복잡한 문장으로 표현된 정보를 정확하게 파악하여 정리하거나 다른 사람에게 전달할 수 있어야 하며, 때로는 다른 사람들의 생각을 파악하기 위해 적합한 언어로 조사를 위한 질문을 만들 수도 있어야 한다. 다음 하위 항목인 통계적 지식은 학교 수학의 통계 단원에서 다루는 내용, 곧 자료의 중요성과 의미, 자료 수집 또는 자료 생성 방법, 표와 그래프 관련 지식, 대푯값과 산포도, 표본조사와 표집오차, 확률 관련 지식, 확률변수, 확률분포, 통계적 추정 관련 지식으로 이루어진다. 다음 지식 요소인 수학적 지식은 통계적 지식을 다룰 때 활용하는 내용으로, 수와 수 감각, 사칙계산, 비와 비율, 방정식과 부등식, 미분과 적분 등을 뜻한다. 지식 요소 중 마지막 하위 항목인 비판적 질문의 예로 Gal이 제시한 것은 다음과 같다.

1. 자료를 어디에서 얻었는가? 어떤 방법으로 자료를 조사하였는가? 주어진 맥락에 적합한 조사 방법인가?
2. 표본을 사용했는가? 표본 추출 방법은 무엇인가? 참여 인원은 몇 명인가? 표본의 크기는 충분한가? 표본은 모집단을 대표할 수 있는 사람이나 단체를 포함하고 있는가? 표본이 편중되어 있지는 않은가? 이 표본으로 모집단에 대해 추론하는 것은 타당한가?
3. 신뢰할 만한 실험 도구나 측정 도구(시험지, 질문지, 인터뷰)를 활용하여 조사하였는가? 얼마나 정확한 자료인가?
4. 통계처리 결과로 제시한 값의 기초가 되는 실제 자료의 분포 형태는 어떠한가? 분포의 형태가 의미 있는가?
5. 수집한 자료에 적합한 통계를 사용하였는가? 예를 들면, 서열형 자료로 평균을 구한 것은 적절한가? 주어진 자료의 대푯값으로 최빈값이 적절한가? 특이점으로 인

해 자료의 원래 특성을 왜곡하지는 않았는가?

6. 그래프를 적절하게 그렸는가? 자료의 주요 경향을 왜곡하지는 않았는가?
7. 확률적 판단을 어떻게 내렸는가? 신뢰할 만한 자료를 근거로 확률을 추정하였는가?
8. 전체적으로 합리적인 주장을 제시하였으며 자료가 그 주장을 뒷받침하고 있는가? 예를 들어, 상관관계를 인과관계와 혼동하고 있지는 않은가? 사소한 차이를 큰 차이로 만들지는 않았는가?
9. 제시된 주장의 타당성을 평가하기 위해 추가 정보나 절차를 사용해야 하는가? 간과한 것은 없는가? 예를 들어, 변화율의 기준 또는 실제 표본의 크기에 대한 구체적인 정보 등을 생략하지는 않았는가?
10. 조사 결과의 의미에 대한 대안적인 해석이 있는가? 조사 결과의 원인에 대해 달리 설명할 수 있는가? 예를 들어, 결과에 영향을 미칠 만한 간섭 변인이나 매개 변인이 있는가? 언급되지 않은 추가 의미나 다른 의미가 있는가?

성향 요소 중 첫 번째 하위 항목인 신념과 태도 중 태도의 경우, 통계 관련 내용, 행동, 주제 등에 대한 느낌과 관련된다. 예를 들어, 어떤 사람이 선거에 대한 여론조사 결과가 너무 복잡한 수로 표현되어서 싫다고 말하거나, 스스로 통계 정보를 읽어내는 데에 어려움이 있다고 말하는 경우, 통계에 대해 부정적인 태도를 가지고 있다고 할 수 있다. 신념의 경우는 더 오랜 시간 동안 형성되는데, 그래서 태도보다 더 변화하기 어려운 면이 있다. 통계 관련 태도가 부정적인 경우, 변화시키기 어려운 부정적인 신념이 형성될 수 있다. 학교에서 복잡한 계산과 공식 위주로 통계를 배웠다면 통계에 대한 부정적인 태도와 신념을 발전시킬 수 있다. 이와 달리 다양한 정보를 통계적으로 표현하고 해석하는 것이 왜 필요하고 어떤 점에서 흥미로운지를 이해하는 식으로 통계를 배운다면, 통계에 대해 긍정적인 태도와 신념을 발전시킬 수 있다. 성향 요소의 두 번째 하위 항목인 비판적 자세는 통계와 더불어 주어지는 정보를 무조건 거부하거나 수용하지 않고 비판적으로 검토하는 태도를 가리킨다. 통계와 더불어 주어지는 정보를 해석할 수 있고, 다른 정보와 관련시킬 수 있어야 하며, 다양한 주장이나 의견의 형태로 표현할 수 있어야 한다. 앞서 제시한 비판적 질문 목록은 비판적 자세를 견지하는 데에 매우 중요한 역할을 할 수 있다.

Gal(2004)이 제시한 통계적 소양의 개념에 비추어보면, 그동안의 통계교육에서는 지식 요소, 그중에서도 주로 통계적 지식만을 다룬 것으로 보인다. 이는 막상 필요한 순간에 통계적 정보를 다루거나 해석하지 못하는 사태의 원인이 된다. 앞으로는 통계적 소양의 교육을 통해, 비판적이고 합리적인 추론의 한 가지 도구로 통계를 배우도록 할 필요가 있다.

9) 비형식적 통계적 추리 교육

통상적으로 통계를 ‘기술 통계(Descriptive statistics)’와 ‘추측 통계(Inferential statistics)’[6]로 구분한다. 기술 통계는 관측 결과로 수집한 자료, 즉 표본 자체의 속성을 파악하기 위해 사용하며, 평균, 표준편차, 도수분포, 히스토그램, 상자그림과 같은 통계량 또는 그래프를 다루는 일련의 방법적 지식이다. 추측 통계는 관측하여 수집한 표본을 분석하여 모집단에 대해 추측하는 방법적 지식이다. 통계학의 이론화는 자료 일부로부터 자료 전체에 대해 건전하게 추측하는 방법을 구축하는 방향으로 이루어졌으므로, 기술 통계보다 추측 통계가 통계학의 본질에 가깝다고 할 수 있다. 학교 수학에서는 자료를 수집하고 정리하여 특징을 파악하는 기술 통계에서 출발하여 추측 통계로 나아가는데, 상당수 교사와 학생이 모평균 추정과 같은 추측 통계 내용의 교수·학습에 어려움을 보인다(송창근 외, 2019). 이는 학교 수학에서 통계 학습이 기술 통계를 중심으로 이루어지고 기술 통계와 달리 추측 통계는 비형식적 표현 방식에 의해 개념 이해와 계산 원리 탐구하는 단계를 생략하고 형식화된 형태로 절차를 학습하도록 하는 현재의 교육과정에 기인하는 면이 있다. 이에 국내외 연구자들은 초등학교에서부터 비형식적 통계적 추리를 경험하도록 할 필요가 있음을 주장해왔다(고은성, 탁병주, 2019; Ben-Zvi, Garfield, 2004; Watson, Moritz, 1998).

비형식적 통계적 추리를 지도해야 한다는 제안은 초등학교 통계교육에서 자료 수집과 정리, 해석 활동을 강조하는 흐름에 따라 점차 공감대를 얻고 있다. 예를 들어, 막대그래프를 지도할 때 절차적 지식을 기계적으로 학습하는 대신 개념적 지식과 그래프 표현의 장점과 한계를 배우도록 할 필요가 있다. 학생들이 설정한 문제, 가령, 초등학생들이 받고 싶은 생일 선물이 무엇인지 알고 싶다면 표본을 선택하여 조사하고, 막대그래프로 나타내어 모집단의 특성을 파악할 수 있음을 깨닫도록 해야 한다. 이 과정에서 학생들은 표본의 한계를 이해하고 표본을 선택할 때 유의해

---

6 추측 통계 대신 ‘추론 통계’ 또는 ‘추리 통계’라는 번역어를 사용하기도 한다. 학교 수학에서 다루는 관련 용어로는 ‘통계적 추정’이 있는데, 여기서 추정은 추측이나 추리를 뜻하는 inference가 아니라 estimation의 번역어로 모평균을 어림한다는 의미를 지닌다. 한편, ‘통계적 추리(Statistical inference)’는 추측 통계를 수행하여 모집단에 대해 추리하는 과정을 통칭하기도 하고, 자료 분석 결과에 근거하여 자료에 내포된 일반적인 패턴을 찾아내는 통계적 추론 과정을 뜻하기도 한다.

야 할 점과 표집 변이성, 표본 크기의 효과 등을 이해할 수 있다. 이런 접근은 인위적으로 주어진 자료를 정리하여 분포를 시각화하거나 수치화하는 절차만 지도하는 통계 교수법과 질적으로 다르다. 서로 다른 시점 또는 서로 다른 사람이 수집한 두 자료를 비교하는 활동은 비형식적 통계적 추리를 지도하는 출발점이 될 수 있다(Watson, Moritz, 1998).

10) 데이터 기반 통계교육

전통적인 통계교육의 고질적인 문제는 학생들이 통계적 개념 및 계산 원리의 고유한 특성과 유용성을 이해하지 못한 채 단편적으로 절차적 지식을 외워 기계적으로 문제풀이를 연습하도록 한다는 점이다. 이와 같은 문제로 인해 통계교육을 받은 학생들이 정작 자신의 삶 속에서 다양한 형식과 내용의 통계를 만날 때 그 안에 들어있는 의미를 해석해내지 못하는 사태에 대한 비판도 제기되어왔다(우정호, 2000; Freudenthal, 1973). 앞에서 언급한 탐색적 자료분석, 통계적 문제해결, 통계적 소양교육, 비형식적 통계적 추리 교육은 전통적인 통계교육의 문제를 극복하는 효과적인 통계교육 관점이자 전략으로 활용할 수 있다. 각각의 입장을 통계교육에 적용할 때 핵심적인 고려 사항은 인위적인 맥락이나 자료가 아니라 학생들이 공감하거나 친숙하게 접하는 문제 상황에서 필요한 형태와 내용의 자료를 수집, 정리, 분석, 해석하는 것이다. 이와 같은 전통적인 통계교육의 문제를 해결하려는 주요 입장은 최근 널리 중요성을 인정받고 있는 '데이터 소양(Data literacy)' 교육의 흐름과도 연결되고 있으며, 이를 '데이터 기반 통계교육'으로 표현할 수 있다.

이경화 외(2021)는 수학과 교육과정에서 데이터 기반 통계교육을 추구하기 위하여 고려해야 할 사항을 다음과 같이 제시하였다. 첫째, 통계학의 발달과 더불어 변화된 데이터 유형과 본성, 데이터 분석 기법, 데이터의 가치와 데이터 윤리에 부합되도록 통계 교육과정 성취기준을 수정하고 보완할 필요가 있다. 둘째, 데이터 이해 및 처리 관련 능력 중 일부는 성취기준이 아니라 수학 교과 역량의 하나인 정보처리 역량의 하위 요소로 명시하여 함양할 필요가 있다. 셋째, 데이터 기반 통계교육을 위한 교수·학습 및 평가 방법을 구체화하여 제시할 필요가 있으며, 그 실효성을 확보하기 위하여 적절한 공학 도구 개발 또는 정비와 활용 방안 및 교수·학습 자료 개발이 이루어져야 한다.

2. 확률과 통계 교수·학습 실제

가. 교육과정의 이해

1) 우리나라 교육과정의 확률과 통계

초등학교와 중학교의 교육과정에서는 확률과 통계를 '자료와 가능성' 영역에 배치하고 세 가지 '핵심 아이디어'를 통해 확률과 통계 고유의 측면을 이해하고 데이터를 중심으로 확률과 통계를 학습할 필요성과 중요성을 파악하도록 하고 있다. 아울러 학습 내용을 '지식·이해', '과정·기능', '가치·태도'로 구분하여 균형 있게 학습하도록 제시한다(교육부, 2022).

[표 6-4] 초등학교와 중학교의 자료와 가능성 영역의 내용 체계

<table>
<tr><td>핵심 아이디어</td><td colspan="6">· 자료를 수집, 정리, 해석하는 통계는 자료의 특징을 파악하고 두 집단을 비교하며 자료의 관계를 탐구하는 데 활용된다.
· 사건이 일어날 가능성을 여러 가지 방법으로 표현하는 것은 불확실성을 이해하는 데 도움이 되며, 가능성을 확률로 수치화하면 불확실성을 수학적으로 다룰 수 있게 된다.
· 자료를 이용하여 통계적 문제해결 과정을 실천하고 생활 속의 가능성을 탐구하는 것은 미래를 예측하고 합리적인 의사결정을 하는 데 기반이 된다.</td></tr>
<tr><td rowspan="3">구분
범주</td><td colspan="6">내용 요소</td></tr>
<tr><td colspan="3">초등학교</td><td colspan="3">중학교</td></tr>
<tr><td>1~2학년</td><td>3~4학년</td><td>5~6학년</td><td colspan="3">1~3학년</td></tr>
<tr><td>지식·이해</td><td>· 자료의 분류
· 표
· ○, ×, ╱를 이용한 그래프</td><td>· 그림그래프
· 막대그래프
· 꺾은선그래프</td><td>· 평균
· 띠그래프, 원그래프
· 가능성</td><td>· 대푯값
· 도수분포표와 상대도수</td><td>· 경우의 수와 확률</td><td>· 산포도
· 상자그림과 산점도</td></tr>
<tr><td>과정·기능</td><td colspan="3">· 자료를 기준에 따라 분류하고 설명하기
· 탐구 문제를 설정하고 그에 맞는 자료를 수집하기
· 자료를 표나 그래프로 나타내고 해석하기
· 자료의 평균을 구하고 해석하기
· 자료를 수집하고 정리하여 문제해결하기
· 사건이 일어날 가능성을 비교하고 표현하기
· 실생활과 연결하여 사건이 일어날 가능성을 예상하기</td><td colspan="3">· 적절한 대푯값을 선택하여 구하기
· 자료를 표, 그래프로 나타내고 해석하기
· 통계적 탐구 문제 설정하기
· 공학 도구를 이용하여 자료를 수집하고 분석하기
· 확률의 기본 성질 탐구하기
· 자료의 분포를 비교하고 설명하기
· 자료의 상관관계 설명하기</td></tr>
</table>

가치 · 태도	· 표와 그래프의 편리함 인식 · 평균의 유용성 인식 · 자료를 이용한 통계적 문제해결 과정의 가치 인식 · 가능성에 근거하여 판단하는 태도 · 자료와 가능성 관련 문제해결에서 비판적으로 사고하는 태도	· 대푯값, 상대도수, 상자그림의 유용성 인식 · 공학 도구를 이용한 자료 수집과 분석의 편리함과 유용성 인식 · 자신의 삶과 연계된 확률과 통계에 대한 흥미와 관심 · 통계적 문제해결 과정에 주도적으로 참여하는 태도 · 체계적으로 사고하여 합리적으로 의사 결정하는 태도 · 확률 및 통계적 근거를 바탕으로 비판적으로 사고하는 태도

고등학교의 〈공통수학 1〉에서는 중학교에서 학습한 경우의 수를 순열과 조합으로 체계화하고 형식화하여 다룬다. 순열과 조합을 활용하여 다양한 상황에서 사건이 일어날 수 있는 모든 경우의 수를 체계적으로 센다는 것을 핵심 아이디어로 제시한다. 체계적으로 사고하여 합리적으로 의사결정을 하는 태도를 가치·태도 범주에 명시하기도 한다. 아울러 일반 선택 과목의 하나인 〈확률과 통계〉에서는 데이터를 기반으로 하는 확률적 소양과 통계적 소양 개발을 위하여 순열과 조합, 이항정리, 확률의 개념과 활용, 조건부확률, 확률분포, 통계적 추정을 설명, 문제해결, 연결, 판단, 탐구, 해석 등의 과정·기능과 함께 제시한다. 확률과 통계의 유용성 인식, 통계적 사고 및 추론을 통한 불확실성에 대한 해석의 중요성 인식, 확률 및 통계적 근거를 바탕으로 합리적으로 의사결정을 하는 태도를 가치·태도 내용으로 다룬다(교육부, 2022).

나. 교과서의 이해

교과서는 현재까지의 관련 연구 결과뿐 아니라 학생들의 성향이나 사회적 요구 등을 반영하여 만들기 때문에, 가장 좋은 수업 자료 중의 하나이다. 교사는 교과서 저자의 의도를 잘 이해하고 의미 있게 활용할 수 있어야 한다. 이하에서는 교과서에서 확률과 통계의 개념과 절차, 원리, 맥락을 어떻게 다루는지 살펴보고 그 이면에 담긴 교과서 저자의 의도를 알아본다.

1) 통계의 유용성 인식

교육과정에서 통계의 유용성 인식을 중요한 목표로 강조하고 있음을 확인하였다. 교과서에서는 이 관점을 어떤 방식으로 구현하고 있는지 살펴보자. 먼저 생활 속에서 쉽게 만나는 여러 그래프는 학교 수학의 통계 영역에서도 매우 중요한 내용으로 다루어지고 있으며, 특히 생활 장면에서 얻은 자료를 적극적으로 활용한다는 점에서 유용성 인식의 기회를 제공한다.

초등학교에서는 생활 장면에서 얻은 자료를 간단한 표와 막대그래프, 꺾은선그래프, 그림그래프, 원그래프 등으로 나타내고, 자료를 최댓값, 최솟값, 시간에 따른 변화, 비율 등의 정보에 의해 파악하는 방법을 다룬다. 또, 여러 그래프 중 어떤 그래프가 주어진 자료를 표현하는 데에 적합한지를 판단하도록 한다. 예를 들어, 교과서에서는 [그림 6-8]과 같이 신문에서 제시한 표를 적합한 그래프로 나타내도록 함으로써, 자료를 정리하고 알아보기 쉽게 나타내는 이유를 학습하도록 한다.

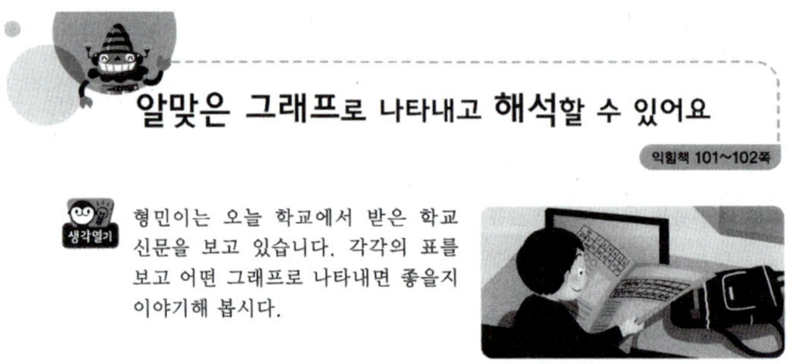

[그림 6-8] 그래프 관련 도입 활동(교육부, 2013: 158)

중학교에서는 [그림 6-9]와 같이 실생활에서 통계를 활용하는 예를 찾아보고 통계의 유용성을 글로 표현하도록 한다. 학생들은 줄기와 잎 그림, 도수분포표, 히스토그램과 도수분포다각형, 상대도수 등에 대해 배운 이후 이 과제를 통해 통계의 유용성이라는 측면에서 이들 내용들을 아우르고 비교하는 기회를 가지게 된다. 적합한 자료를 수집하고 적절한 방법으로 표현하며, 표현된 자료 이면에 담긴 의미를 해석하는 가운데 통계의 유용성을 인식하도록 한다.

실생활에서 통계를 활용하는 예로는 또 무엇이 있을까?

160쪽

각 나라에서 국가 정책 수립이나 행정을 위한 기초 자료를 얻고자 할 때, 전국적으로 실시하는 인구 조사는 통계가 실생활에 활용되는 대표적인 예이다. 옛날에는 세금을 부과하거나 전쟁에 대비하기 위해 가축의 수, 작물의 수확량, 청년 인구의 수 등을 조사하였다고 한다. 고대 로마에서는 인구에 대한 조사를 센서스(census)라고 하였으며 재정과 징병을 목적으로 시민의 수와 재산을 조사하였다. 우리나라에서도 2010년에 인구 주택 총조사를 실시한 바 있다. 총조사는 영어 census(센서스)의 우리말로 전국 규모의 조사를 뜻한다.

함께해요

2010 Census 인구주택총조사

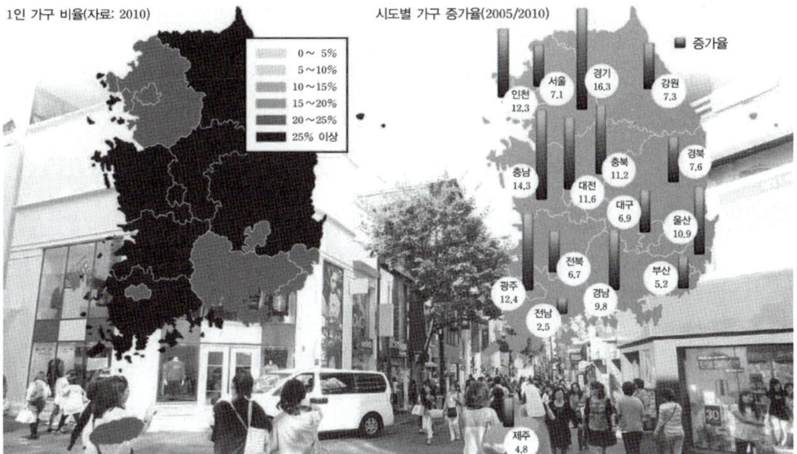

나의 이야기

이 단원을 되돌아보며 새로 알게 된 것, 흥미로웠던 것, 어려웠던 것을 적어 보고 친구들과 이야기하여 보자.

나의 생각

자료를 수집하고, 수집한 자료가 적절한지 판단하는 것이 쉽지 않았지만, 수집한 자료를 표나 그래프로 나타내고 해석하면서 통계가 실생활에 유용하다는 것을 알게 되어 재미있었어.

[그림 6-9] 실생활에서 통계를 활용하는 예(우정호 외, 2013: 187)

고등학교에서는 표본조사, 모평균의 추정, 모비율의 추정 등 실제로 신문이나 방송에서 종종 활용되는 통계용어와 개념을 다룬다. 교과서에서는 정책 결정을 위한 설문조사, 시청률이나 정당 지지율조사 등 다양한 실생활 맥락을 도입하여 통계의 유용성 인식에 매우 적극적인 입장을 취하고 있다. 그러나 실제 자료가 매우 복잡하여 다루기 어렵다는 점 때문에 자료를 가공하여 인위적인 맥락으로 만든다거나 모집단이 정규분포인 경우만 다루는 등 교수-학습을 용이하게 하는 조치도 취하고 있다. 그러므로 교사는 교과서에서 통계의 유용성을 인식하도록 하려는 의도와 자료 처리의 복잡성 때문에 제한된 맥락을 도입하는 이유를 이해하고 적절히 배경화와 개인화가 이루어지도록 학생들을 이끌어야 한다.

2) 확률 개념의 지도

앞서 살펴본 확률론의 역사적 발달 과정에 의하면, 확률 개념은 수학적 확률과 통계적 확률을 포함한 여러 정의를 토대로 그 의미가 확립되어왔다. 결국 확률의 공리화가 이루어지기는 하였지만 확률을 도입하는 단계에서는 확률에 대한 여러 정의를 두루 고려하는 것이 확률 개념을 이해하는 데에 도움이 된다. 이는 교과서에서 제한된 지면을 이용하여 확률 개념을 도입하고 계산방법과 연결하기 어려운 주된 요인 중 하나이다. 이에 현재 중학교에서는 통계적 확률을 먼저 고려한 후, 이어서 수학적 확률을 도입함으로써 확률 개념을 정립하도록 지도하고 있다. 예를 들어, 한 중학교 교과서에서는 [그림 6-10]과 같이 동전을 던지는 실험상황에서 상대도수의 변화에 주목하게 하는 것으로 확률 개념을 도입한다.

[그림 6-10]에서는 동전을 던져 앞면이 나온 횟수와 그 상대도수를 제시하고, 던진 횟수가 늘어날수록 앞면이 나온 상대도수가 어떤 값에 가까워지는지 추측하게 함으로써 통계적 확률의 의미를 생각하도록 하고 있다. 그런데 중학생들은 극한 개념을 모르기 때문에 상대도수의 극한이라는 것을 명시적으로 언급해서는 안 되며,

생각 펼치기 동전의 앞면이 나올 가능성은?

동전 던지기 실험을 한 결과가 아래 표와 같을 때, 동전의 각 면이 나올 가능성에 대하여 생각해 봅시다.

던진 횟수(번)	100	200	300	400	500	600	700	800	900	1000
앞면이 나온 횟수(번)	45	112	159	208	257	291	357	392	450	499
상대도수	0.45	0.56	0.53	0.52	0.514	0.485	0.51	0.49	0.5	0.499

[그림 6-10] 통계적 확률의 뜻(강옥기 외, 2013: 205)

직관적으로만 그 의미를 파악하도록 해야 한다. 이 교과서에서는 동전을 1000번 던졌을 때 상대도수가 0.499라는 자료를 제시하고, 이 값이 0.5에 가깝다는 점에 주목한다. 이어서 통계적 확률의 뜻을 다음과 같이 제시한다.

> 이와 같이 같은 조건에서 실험이나 관찰을 여러 번 반복할 때, 반복 횟수가 많아짐에 따라 어떤 사건 A가 일어나는 상대도수가 일정한 값에 가까워지면 이 일정한 값을 사건 A가 일어날 확률이라고 한다. 따라서 동전 한 개를 던질 때, 앞면이 나올 확률은 0.5라고 할 수 있다(강옥기 외, 2013: 206).

이어서 [그림 6-11]과 같이 수학적 확률의 뜻을 제시함으로써, 상대도수의 극한으로 도입한 통계적 확률의 뜻과 종합하여 확률의 뜻을 파악하도록 하고 있다. 이후 대부분의 내용은 수학적 확률에 의해 확률을 구하고 계산하는 내용으로 이루어져 있다. 확률론의 역사발달 과정에서 살펴본 바와 같이 수학적 확률과 통계적 확률은 서로 상당한 관점의 차이를 가지고 있다. 그러나 중학생들에게 두 관점을 엄격하게 구분하거나 각 관점의 특징에 대해 깊이 지도해서는 안 된다. 학생들의 이해수준을 넘어서기 때문이다. 고등학교에서조차 이 문제에 대해서는 여전히 다음 [그림 6-12]와 같이 직관적인 수준에서만 파악하도록 지도한다.

[그림 6-12]에서 컴퓨터 시뮬레이션에 의해 주사위를 많이 던질수록 주사위의 각 눈이 나온 상대도수가 각 눈이 나올 수학적 확률에 가까워진다는 것을 확인할 수

생각 2 많은 횟수의 실험이나 관찰을 하지 않고 확률을 어떻게 구할 수 있나요?

동전 한 개를 던질 때 앞면과 뒷면이 나올 가능성이 같다고 볼 수 있으므로 동전의 앞면이 나올 확률은 다음과 같다.

$$\frac{1}{2}$$

1 ← 앞면이 나오는 경우의 수
2 ← 모든 경우의 수

일반적으로 어떤 실험이나 관찰에서 각 경우가 일어날 가능성이 같을 때, 일어날 수 있는 모든 경우의 수를 n, 사건 A가 일어날 경우의 수를 a라고 하면 사건 A가 일어날 확률 p는

$$p=\frac{(\text{사건 } A\text{가 일어날 경우의 수})}{(\text{일어날 수 있는 모든 경우의 수})}=\frac{a}{n}$$

이다.

[그림 6-11] 수학적 확률의 뜻(강옥기 외, 2013: 206)

어떤 사건의 통계적 확률은 그 사건에 대한 시행 횟수를 충분히 크게 하면 할수록 수학적 확률에 가까워진다고 알려져 있다. 컴퓨터 프로그램을 사용하여 주사위를 100번 던졌을 때보다 1000번 던졌을 때에 주사위의 각 눈이 나올 통계적 확률이 수학적 확률 $\frac{1}{6}$에 더 가까워진다는 것을 확인해 보자.

❶ 주사위를 여러 번 던졌을 때 나오는 주사위의 눈에 대한 자료 만들기

(1) 메뉴에서 [Table]을 선택하여 표를 만든 후 <new>에 dice를 입력한다.

(2) [Edit] 메뉴에서 [Edit Formula]를 선택한 후 randomInteger(1, 6)을 입력하고, [Collection] 메뉴에서 [New Cases]를 선택한 후 시행 횟수를 입력한다.

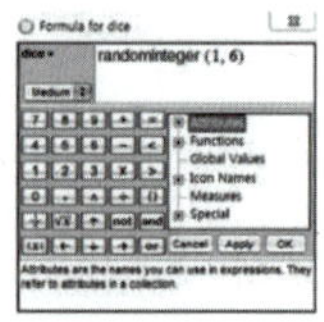

❷ 상대도수의 분포를 나타내는 히스토그램 만들기

(1) 메뉴에서 [Graph]를 선택하여 ❶에서 얻은 자료에 대한 그래프를 그린 후 그 모양을 히스토그램으로 바꾼다. 그리고 [Graph] 메뉴에서 [Scale], [Relative Frequency]를 차례로 선택하여 도수를 상대도수로 바꾼다.

(2) 수학적 확률 $\frac{1}{6}$을 표시하기 위해 [Graph] 메뉴에서 [Plot Function]을 선택하여 $\frac{1}{6}$을 입력한다.

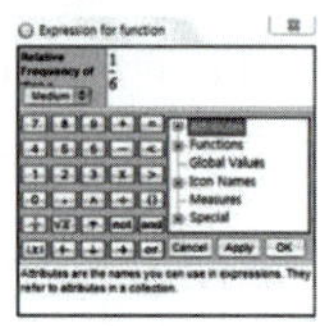

위의 방법으로 주사위를 100번([그림 1]), 1000번([그림 2]) 던진 결과를 나타내면 다음과 같다.

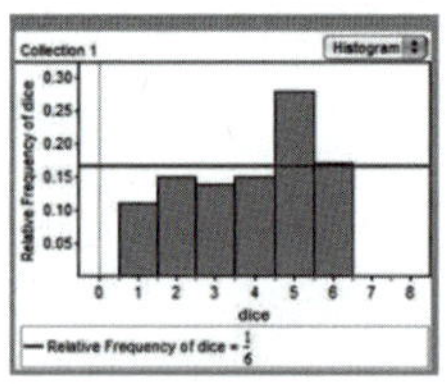

[그림 1]

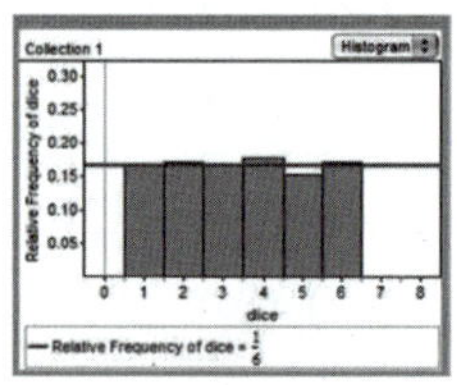

[그림 2]

위의 결과를 보면 주사위를 100번 던졌을 때보다 1000번 던졌을 때에 주사위의 각 눈이 나올 통계적 확률이 수학적 확률 $\frac{1}{6}$에 더 가까워짐을 알 수 있다.

[그림 6-12] 수학적 확률과 통계적 확률의 관계(우정호 외, 2014: 117)

있다. 컴퓨터 시뮬레이션은 많은 횟수의 실험을 간접적으로 경험하게 함으로써 수학적 확률과 통계적 확률 사이의 관계를 직관적으로 파악하는 기회를 제공한다. 특히 실험 자체로부터 실험 횟수와 그것이 실험 결과에 미치는 영향으로 학생들의 관심을 옮김으로써 큰 수의 법칙을 직관적으로 지도할 수 있다. 그러나 컴퓨터 시뮬레이션의 배경에는 알고리즘에 의해 무작위성을 구현하였다는 점이 포함되어 있어, 실제 우연 상황과는 구별된다는 것도 알고 있어야 한다. 확률과 통계 영역에서의 개념 지도는 좋은 자료 그리고 효과적인 자료 분석 방법을 얼마나 확보하고 있는가에 의존하므로, 컴퓨터 시뮬레이션을 활용하는 교수-학습 모델의 교육적 효용성에 대한 연구가 활발하게 이루어지고 있다. 우리나라에서는 컴퓨터 시뮬레이션을 도입하여 확률과 통계 영역의 내용을 지도하는 사례가 매우 드물다. 이는 확률과 통계

토론하기 다음 대화를 읽고, 옳지 않은 것이 있는지 이야기하여 보자. 또, 옳지 않다면 그 이유에 대해 이야기하여 보자.

[그림 6-13] 확률에 대한 의사소통(우정호 외, 2009a: 175)

교육에 대한 세계적인 동향에 비추어볼 때 적절하지 않은 것으로 보이며, 향후 학습 환경을 개선함으로써 변화를 꾀해야 할 것이다.

한편 우리나라 수학과 교육과정에서는 수학적 의사소통에 따른 학습을 강조하고 있으며, 이를 반영하기 위해 한 교과서에서는 [그림 6-13]과 같이 학생들이 확률에 대해 가질 수 있는 오개념을 제시하고 이에 대해 토론하도록 하고 있다.

3) 정규분포의 지도

우리나라 수학과 교육과정에서는 정규분포 관련 내용을 고등학교 일반선택 과목에서 다루도록 하고 있다. 정규분포는 역사적 발달 과정에서 확률과 통계의 유용성을 널리 인식하게 한 핵심적인 개념이며, 학교 수학에서도 실제 시행이나 관찰의 예를 이용하여 흔히 볼 수 있는 분포로 다룬다. 그러나 정규분포의 확률밀도함수를 도출하는 과정이나 정규분포의 여러 성질을 엄밀하게 다루기 위해서는 고등학교 수준을 넘어서는 지식을 필요로 한다. 이 때문에 교과서에서는 예를 이용한 직관적인 설명만 제시하고, 그 활용 방법을 주요 학습 내용으로 다루고 있다. 이는 정규분포를 정확히 이해하도록 지도하는 데 어려움을 야기하는 주된 원인이다. 교과서에서는 [그림 6-14]와 같이 확률밀도함수의 의미를 제시하고, 정규분포를 따르는 확률밀도함수를 소개한 후, 그래프 모양을 중심으로 정규분포의 성질을 제시한다.

[그림 6-14]에서 다루고 있는 확률밀도함수의 의미, 정규분포의 확률밀도함수와

정규분포의 뜻과 성질

주사위를 던질 때 나오는 점의 개수를 확률변수 X라고 하면 X는 1, 2, 3, 4, 5, 6으로 띄엄띄엄 떨어져 있다. 이와는 달리 확률변수 X가 $a \leq X \leq b$인 범위에서 임의의 실수 값을 가질 때, 이 범위에서 다음 조건을 만족하는 함수 $f(x)$를 X의 확률밀도함수라고 한다.

(i) $f(x) \geq 0$

(ii) 곡선 $y=f(x)$와 x축, 직선 $x=a$, $x=b$로 둘러싸인 부분의 넓이는 1이다.

(iii) $P(\alpha \leq X \leq \beta)$는 곡선 $y=f(x)$, x축, $x=\alpha$, $x=\beta$로 둘러싸인 부분의 넓이이다. 여기서 $a \leq \alpha \leq X \leq \beta \leq b$이다.

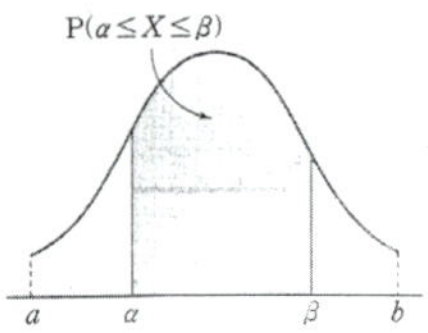

독일의 수학자 가우스는 물리 실험의 오차로부터 가우스 분포라는 확률분포를 얻었다. 통계학의 초기 단계에는 이 곡선과 가까운 모양의 분포가 아니면 잘못된 자료라고 믿었다. 이런 이유로 가우스 분포를 정규분포라고 부르게 되었다.

이때 확률변수 X는 확률밀도함수가 $f(x)$인 확률분포를 따른다고 한다.

특히 확률변수 X가 모든 실수 값을 가지고 그 확률밀도함수 $f(x)$가

$$f(x)=\frac{1}{\sqrt{2\pi}\sigma}e^{-\frac{(x-m)^2}{2\sigma^2}}$$

으로 주어질 때, 확률변수 X는 **정규분포**를 따른다고 하며, 평균이 m이고 분산이 σ^2인 정규분포를 기호

$$\mathbf{N(m,\ \sigma^2)}$$

으로 나타낸다. 정규분포를 따르는 확률변수 X의 확률밀도함수 $f(x)$에서 m과 $\sigma(\sigma>0)$는 상수이며, e는 2.71828…인 무리수이다.

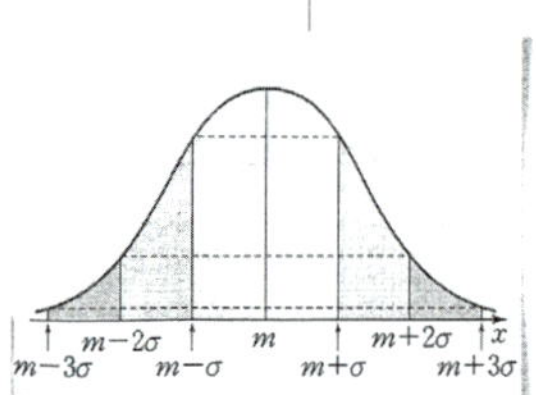

정규분포 $N(m,\ \sigma^2)$을 따르는 확률변수 X의 확률밀도함수의 그래프는 다음 그림과 같고, 이 그래프로부터 다음 성질을 가짐을 알 수 있다.

(i) 곡선은 $x=m$일 때, 최댓값을 가지는 종 모양이다.

(ii) 곡선은 직선 $x=m$에 대하여 대칭이다.

(iii) 곡선은 x의 값이 m에서 멀어질수록 0에 가까워진다. 즉, 곡선은 x축을 점근선으로 한다.

(iv) 곡선과 x축 사이의 넓이는 1이다.

[그림 6-14] 정규분포의 지도 (정상권 외, 2009: 145)

그래프 등은 정규분포를 처음 배우는 학생들에게 매우 어려운 내용이다. 특히 각각의 내용에 대한 배경 설명이 수학적으로 정확하게 이루어지고 있지 않아서 수업을 하는 교사도 난처한 입장에 처한다. 결국 정확한 설명보다는 정규분포가 얼마나 유용하고 다양한 현상을 설명하는 도구가 되는지를 다루는 것으로 초점을 옮길 수밖에 없다. 그런데 정규분포 관련 문제 상황조차도 자료처리의 편의상 단순하고 인위적인 형태로 만든 경우가 많다. 인위적으로 가공한 문제 상황과 실제 문제 상황 사이의 큰 간격은 교육적으로 불가피하면서 동시에 제대로 된 교육을 가로막는 장애가 된다. 교사의 전문성은 이 간격의 불가피성 그리고 이것이 일으키는 장애를 최

소화하는 방안을 마련하는 데에서 발휘될 것이다.

다. 수업의 이해

교육과정과 교과서에서 확률과 통계 영역이 어떻게 구현되었는지 그리고 대략적으로 어떤 방향을 추구해야 하는지를 살펴보았다. 이제 수학교육의 꽃이라고 할 수 있는 수업에 대해 살펴볼 차례이다. 그런데 불행히도 확률과 통계 영역의 수업에 대해서는 많은 교사들이 부담을 느끼는 것으로 알려져 있다. 교육과정과 교과서에서 확률과 통계 영역의 내용들을 정확하게 다루기보다 관련 지식을 생략하고 직관적으로 다루고 있기 때문이다. 해당 학교급의 수준을 넘어서는 지식이 많기 때문에 분명하고 자세하게 설명할 수도 없고, 학생 참여를 유도하는 데에도 제한점이 따른다. 이하에서는 수업에 임하는 교사가 어떤 입장을 취해야 하고 어떤 준비를 해야 하는지에 대해 살펴본다.

1) 교사의 역할과 극단적인 교수 현상

교육과정과 교과서에서 확률과 통계 영역의 대부분의 내용들을 실생활 맥락과 관련시켜 지도하도록 하고 있음을 알아보았다. 이와 같이 관련 내용의 배경을 풍부하게 마련하면 해당 지식의 배경화가 이루어져서 학습을 촉진하게 된다. 또 학생들에게 친숙한 용어와 개념, 경험을 활용하는 것도 중요한데, 이렇게 하면 지식의 개인화가 촉진되기 때문이다. 교과서 저자들이 단도직입적으로 수학적인 내용을 제시하지 않고 생각해보거나 탐구해볼 흥미로운 문제 상황을 고안하여 제시하는 것 역시 배경화와 개인화를 효과적으로 하도록 돕기 위한 조치로 볼 수 있다. 교사는 교과서의 특정 내용이 왜 그러한 배경에서 다루어지고 있는지를 이해하고, 학생들의 배경화와 개인화를 도와야 한다. 배경화와 개인화가 잘 진행된 후에는 학생들이 깨달은 바를 정돈하고 수학적 지식의 형태로 표현하는 과정인 탈배경화와 탈개인화를 경험하도록 이끌어야 한다. 배경화와 개인화, 탈배경화와 탈개인화는 가르치고 배우는 상황뿐만이 아니라 일반적으로 지식을 전달하거나 나누는 과정에서 일어나는 사고 과정이다. 수학자가 연구하고 그 결과를 발표하거나, 교사가 교재연구를 하고 수업을 할 때, 그리고 학생들이 새로운 지식을 배울 때 배경화, 개인화, 탈배경화, 탈개인화가 일어난다(Kang, 1990; 이경화, 1996). 요컨대, 배경화와 개인화는 형식화된 지식이 생명을 찾는 과정을, 탈배경화와 탈개인화는 방만하게 확장된 지식이 안정된 표현 형태로 정돈되는 과정을 나타낸다.

교사의 역할 중 가장 핵심적인 것은 학생들이 배경화, 개인화, 탈배경화, 탈개인화를 적절히 수행하면서 학습하도록 이끄는 것이다. 이를 위해 교사들은 교육과정과 교과서를 연구하는 것이라고 해도 과언이 아니다. 교과서는 기본적으로 매우 훌륭한 자료이지만, 자신이 현재 가르치는 학생들의 배경화, 개인화, 탈배경화, 탈개인화를 유도하는 데에 부족하거나 부적합한 경우도 있을 수 있기 때문이다. 특히 앞서 살펴본 바와 같이, 우리나라 교과서에서 확률과 통계 영역의 내용은 충분하거나 완전한 설명보다는 직관적인 접근에 의해 다루어지는 경우가 많았다. 이 점을 고려하여 학생들의 배경화, 개인화, 탈배경화, 탈개인화를 이끄는 것이 수학 교사의 역할이고 책임이다.

문제는 다음과 같은 여러 이유로 교사가 이 역할과 책임을 이행하는 데에 어려움이 생긴다는 점이다. 대개 가르칠 내용에 비해 수업 시간이 부족하고, 학생들의 학습 수준과 성향이 다양하며, 평가에 효과적으로 대처하도록 지도해야 한다는 외부의 압력이 있다. 결국 배경화, 개인화, 탈배경화, 탈개인화를 거치지 않거나 부적절하게 거치면서 수업하게 되는 현상이 발생하는데, 이를 극단적인 교수 현상이라고 한다(Kang, 1990; 이경화, 1996).

확률과 통계 영역을 지도하기 위한 배경화와 개인화는 학생들에게 친숙한 현실 맥락이나 컴퓨터 시뮬레이션을 활용한 수업 환경을 설계함으로써 자연스럽게 유도할 수 있다. 그런데 교사가 의도하지 않았음에도 불구하고 확률과 통계 지도보다 현실 맥락이나 컴퓨터 환경 이해에 수업의 초점이 옮겨가는 경우가 발생할 수 있다. 이 경우를 극단적인 교수 현상의 하나인 메타-인지 이동이라고 한다. 이와 달리, 현실 맥락이나 컴퓨터 환경을 전혀 도입하지 않고 확률과 통계 내용을 공식으로 지도하는 경우가 있다. 이 경우, 학생들은 의미를 이해하기보다는 기계적으로 공식을 암기하고 반복하여 연습하면서 학습하게 된다. 이를 형식적 고착 현상이라고 한다.

확률과 통계 영역에서 탈배경화와 탈개인화는 주로 공식의 형태로 정리하는 것을 가리킨다. 앞서 언급한 바와 같이, 현실 맥락이나 컴퓨터 환경에서 적절히 배경화와 개인화를 통해 확률과 통계 개념과 절차를 탐구하고 그 결과를 형식화된 표현으로 나타내는 과정이 곧 탈배경화와 탈개인화이다. 그런데 탈배경화와 탈개인화가 적절히 일어나지 않는 상황이 있다. 첫 번째 경우는, 교사가 학생들의 탈배경화와 탈개인화를 대신하는 경우 또는 학생들에게 기회를 주지만 명백한 힌트를 제공하거나 부적절한 방법으로 탈배경화와 탈개인화를 이끄는 경우이다. 예를 들어, 주어진 문제 상황에서 학생들 스스로의 사고 과정이 아니라 교사가, 가령 중복순열 공식을 제시하고 그 공식에 대입하여 계산하도록 하는 경우가 이에 해당한다. 이 현상을 토파즈 효과 또는 토파즈식 외면치레라고 한다. 두 번째 경우는, 학생들의 행동이나 표현이 탈배경화와 탈개인화의 핵심을 담고 있지 않은데도 불구하고 그러하다고 과대평가하는 경우이다. 이를 죠르단 효과 또는 죠르단식 외면치레라고 한다.[7]

2) 메타수준 학습에 의한 탈배경화와 탈개인화

교사가 극단적인 교수 현상을 피하면서 학생들의 배경화, 개인화, 탈배경화, 탈개인화를 도우려면 교과서에 담긴 압축된 내용을 심층적으로 이해하고 재구성할 수 있어야 한다. 특히 학생들이 어렵게 생각하는 측면이 무엇인지를 파악하고 그 원리와 의미를 깊이 이해하도록 도울 수 있어야 한다. 확률 관련 수업에서 학생들이 어려워하는 점은, 언제, 어떤 법칙을 적용해야 하는가이다. 가령, 어떤 문제를 풀기 위해 순열 공식을 적용해야 하는지 아니면 조합 공식을 적용해야 하는지를 모르는 학생들이 많다. 박진형(2015)은 현실 맥락에서 학생들 나름대로 모델을 구축하고 검증하도록 하여 메타수준의 학습을 유도하면 학생들이 언제 어떤 이유로 어떤 공식을 적용하여 또는 공식을 도출하여 문제를 풀 수 있는지를 알 수 있다고 주장하였다. 여기서 메타수준이라는 용어는 Sfard(2008)가 수학 수업의 담론을 대상수준과 메타수준으로 구분한 것에 착안한 것이다. 대상수준은 구체적인 수학적 대상들에 직접적으로 관여하는 수준이며, 메타수준은 대상수준보다 상위에 있는 것으로, 수학적 대상들을 파악하고 조절하는 포괄적인 활동에 관련되는 수준을 뜻한다. 예를 들어, '$2 - 1 = 1$'은 대상수준에서의 명제이며, '자연수 범위에서는 큰 수에서 작은 수를 뺄 수 있다'는 메타수준에서의 명제이다. 후자는 연산이라는 수학적 대상 자체가 아니라 언제 그 연산을 수행할 수 있는가에 관련된다는 점에서 메타수준에 해당된다. 확률 문제도 언제, 어떤 법칙을 적용해야 하는가에 관련된 이해, 곧 메타수준에서의 이해를 바탕으로 해결하도록 해야 제대로 된 학습이 일어날 것이다. 이렇게 메타수준에서의 학습을 하는 것이 곧 탈배경화와 탈개인화를 적절히 수행하는 것이

7 극단적인 교수 현상에 대한 설명은 Kang(1990)과 이경화(1996) 참고.

고, 그렇게 학습한 내용은 필요할 때 얼마든지 회상하거나 다시 유도하여 활용할 수 있게 된다.

메타수준의 학습은 대상수준의 학습을 반성하도록 촉진함으로써 이루어진다. 교사는 사전에 수업을 설계할 때 언제, 어떤 장면에서 학생들이 대상수준에서 학습한 것을 반성하도록 하여 메타수준의 학습을 유도할 것인지를 준비해야 한다. 이를 위해서는 교과서의 과제를 그대로 사용하기보다는 일부 변형할 필요가 있다. 박진형(2015)이 제시한 교과서 과제의 변형 사례는 다음 [표 6-5]와 같다(p. 121).

[표 6-5] 메타수준의 학습을 위해 교과서 과제를 변형한 사례

1. 항아리 A에는 흰 공 3개, 검은 공 2개가 들어있고, 항아리 B에는 흰 공 1개, 검은 공 3개가 들어있다. 두 항아리에서 동시에 공을 하나씩 꺼낼 때, 항아리에서 꺼낸 두 공의 색이 같을 확률이 얼마인지 구하고, 풀이가 성립하는 이유를 설명하시오.
2. 항아리에 흰 공 3개, 검은 공 2개가 들어있다. 이 항아리에서 공을 하나씩 2번 꺼낼 때, 흰 공과 검은 공이 각각 1개씩 나올 확률이 얼마인지 구하고, 풀이가 성립하는 이유를 설명하시오. (단, 항아리에서 꺼낸 공은 항아리에 다시 넣는다.)
3. 항아리에 흰 공 3개, 검은 공 2개가 들어있다. 이 항아리에서 공을 하나씩 2번 꺼낼 때, 흰 공과 검은 공이 각각 1개씩 나올 확률이 얼마인지 구하고, 풀이가 성립하는 이유를 설명하시오. (단, 항아리에서 꺼낸 공은 항아리에 다시 넣지 않는다.)
4. 항아리 A에는 흰 공 3개, 검은 공 2개가 들어있고, 항아리 B에는 흰 공 1개, 검은 공 3개가 들어있다. 동전을 한 번 던져서 앞면이 나오면 항아리 A에서, 뒷면이 나오면 항아리 B에서 공을 하나 꺼낸다. 동전을 던졌을 때, 항아리에서 흰 공을 꺼내게 될 확률을 구하고, 풀이가 성립하는 이유를 설명하시오.

위의 과제는 분명한 교수학적 의도에 의해 계열화되어 있으며, 하위 과제를 하나하나 해결해나가면서 대상수준에서의 학습만이 아니라 메타수준에서의 학습으로 나아가도록 설계되어 있다. 이 과제를 고등학교 1학년 학생들에게 해결하도록 하고 메타수준의 학습을 유도한 결과, 학생들은 확률 개념과 확률 계산의 원리를 깊이 이해하고 설명할 수 있었다. 다시 말하여, 학생들 스스로 바람직한 방식으로 탈배경화와 탈개인화를 수행하였다. 예를 들어, 과제 1의 경우, 덧셈정리를 적용하여 문제를 풀었지만 왜 덧셈정리를 적용하는지에 대해 설명할 수 없었던 학생들에게 덧셈정리가 왜 성립하는가에 대해 고민하게 함으로써 메타수준의 학습을 유도하였다.

[그림 6-15]는 과제 1을 해결한 한 학생의 사례를 보여준다. 이 학생은 확률의 덧셈정리를 적용하여 답을 구하면서도 왜 그렇게 하는지를 모른다고 서술하였다. 전형적으로 대상수준의 학습에 머물러있는 사례이다. 이와 같은 학생들이 대다수인 수업에서 [그림 6-16]과 같이 다른 방식으로 생각하여 문제를 해결하도록 하면 탈

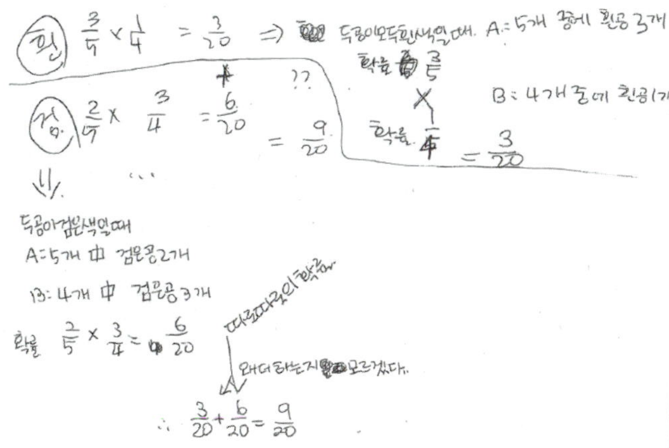

[그림 6-15] 대상수준의 학습 사례(박진형, 2015: 132)

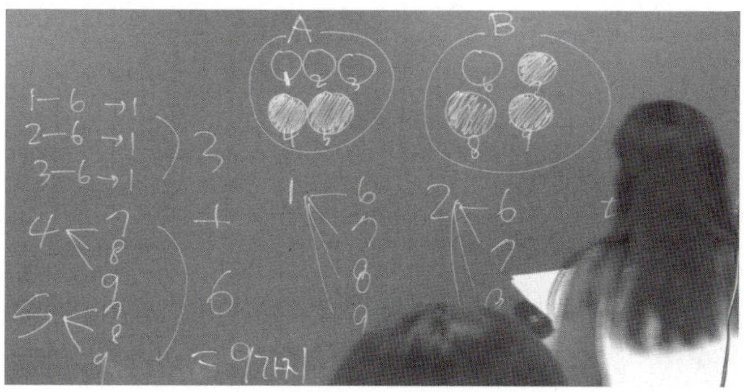

[그림 6-16] 조합적 모델에 의한 풀이(박진형, 2015: 133)

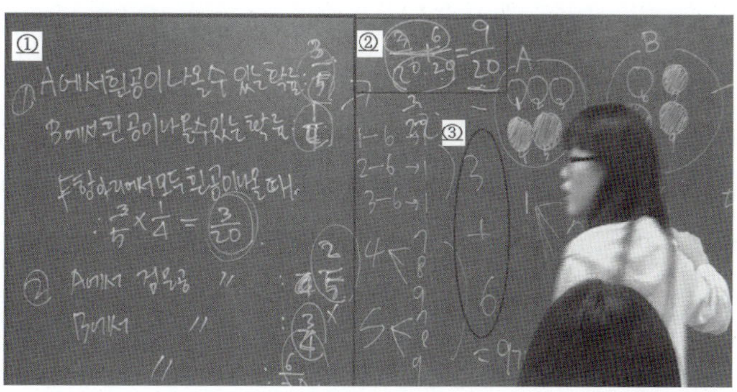

[그림 6-17] 메타수준의 학습 장면 1(박진형, 2015: 134)

[그림 6-18] 메타수준의 학습 장면 2(박진형, 2015: 134)

배경화와 탈개인화를 유도할 수 있으며, 곧 메타수준의 학습을 하도록 이끌 수 있다. 과제 1의 구조와 의미를 깊이 생각해보게 하고 [그림 6-17], [그림 6-18]과 같이 확률의 덧셈정리가 왜 성립하는지를 설명하는 근거로 활용하도록 할 수 있다. 이와 같이 학생 스스로 탈배경화와 탈개인화를 수행하면 확률의 덧셈정리를 언제 그리고 왜 적용하는지를 학습할 수 있게 된다.

3) 대푯값 관련 교과서 과제의 변형과 수업 사례

대푯값의 지도는 평균, 중앙값, 최빈값, 각각의 의미와 용도, 세 대푯값 사이의 관계를 파악하도록 하는 것에 주안점을 두고 이루어진다. 교과서에서는 자료를 제시하고 이로부터 평균, 중앙값, 최빈값을 구하도록 하는 문제를 반복하여 제시한다. 평균은 특이값에 영향을 많이 받지만 중앙값과 최빈값은 그렇지 않다는 점도 다룬다. 그러나 세 대푯값 사이의 관계와 이에 대한 깊은 사고를 하도록 기회를 제공하는 수업을 설계하려면 교과서 과제를 일부 변형할 필요가 있다. Watson과 Mason(2015)은 다음과 같은 과제를 제안했는데, 주어진 자료의 대푯값을 구하는 것이 아니라 조건을 제시하고 그 조건에 맞는 자료집합을 생성하도록 한다는 특징이 있다. 이렇게 하면 다양한 자료집합이 생성될 수 있어서 학생들 나름대로 전략을 개발할 수도 있고 여러 종류의 자료집합을 비교하면서 활발하게 토론할 수도 있다.

수학적인 아이디어를 위와 같이 정하고, 학생들에게 친숙한 맥락을 설정하여 과제를 제시하면 학생들의 배경화, 개인화, 탈배경화, 탈개인화를 촉진하는 수업을 이끌 수 있다. 자료집합을 먼저 제시한 후 대푯값을 구하라는 과제는 단순히 배운 지식을 회상하도록 하는 반면, 위와 같이 다양한 조건에 맞는 자료집합을 생성하도록 하는 과제는 가역적 사고를 촉진한다. 또 앞서 논의했던 메타수준의 학습을 유도하여 탈배경화와 탈개인화를 촉진하는 효과도 있다. 예를 들어, 7명의 어부가 낚시를 했는데 총 35마리를 잡았다는 정보를 제공하고 평균을 구하라고 하면 $35 \div 7 = 5$에 의해 평균 5마리라는 것을 답으로 제시할 것이다. 이 과제에 대해서는 오직 하나의 정답과 하나의 풀이과정이 있을 뿐이다. 그런데 평균이 5라고 할 때 총 35마리를 잡은 것이 맞는지를 생각해보게 하고 그 이유를 쓰게 하면 다음과 같이 평균에 대한 탈배경화와 탈개인화를 시도하면서 나름대로 의미 있는 답을 쓰게 할 수 있다.[8]

7개의 수로 이루어졌고, 최빈값 5, 중앙값 6, 평균은 7인, 자료집합을 제시하여라.
제시한 자료집합을 최빈값 10, 중앙값 12, 평균이 14가 되도록 변형하여라.
최빈값 8, 중앙값 9, 평균이 10이 되도록 다시 변형하여라.
최빈값, 중앙값, 평균을 임의로 정하고, 이들을 대푯값으로 하는 5개의 수로 이루어진 자료집합을 구성할 수 있는가?
최빈값, 중앙값, 평균을 임의로 정하고, 이들을 대푯값으로 하는 자료집합의 원소의 개수가 최소인 경우는 언제이겠는가? 그 조건을 만족하는 자료집합의 종류는 몇 가지이겠는가?

[그림 6-19] 대푯값 관련 과제(Watson & Mason, 2015: 24)

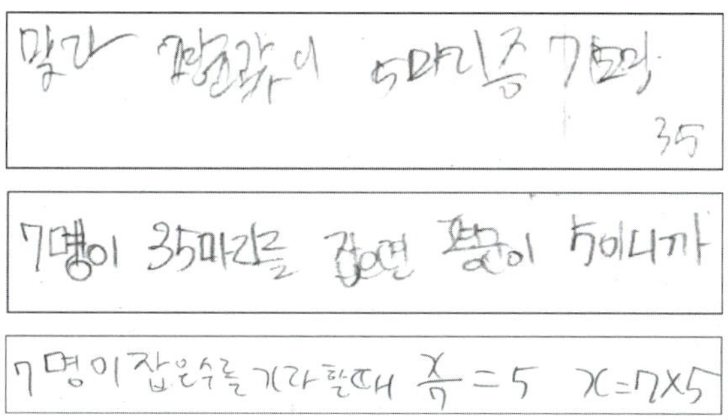

[그림 6-20] 학생들의 다양한 풀이 사례 2

총 7명이 낚시를 하여 잡은 물고기가 평균 5마리, 중앙값 4마리, 최빈값 3마리일 때 자료집합으로 가능한 경우들을 구하도록 했을 때 학생들은 [그림 6-21]과 같이 다양한 풀이를 제시하였다. 학생들 스스로 다양한 표상을 개발하여 사용하고 있다

8 이하에서 소개하는 자료는 류경민, 양종인, 한우리 선생님의 협조로 구한 것이다. 지면을 빌어 감사의 마음을 전한다.

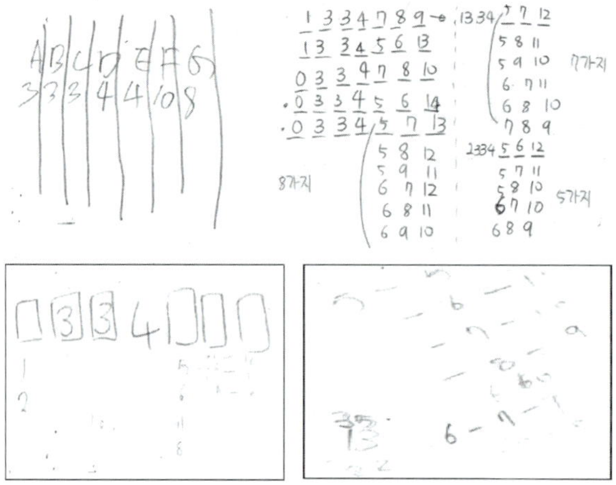

[그림 6-21] 학생들의 다양한 풀이 사례 2

는 점에 주목해야 한다. 이는 과제 자체가 여러 가지 정보를 확인하고, 그중에서 어떤 정보를 먼저 사용할 것인지를 결정하도록 하며, 체계적으로 정보를 관리하기 위해 다양한 표상을 사용하도록 요구했기 때문에 나타난 현상으로 볼 수 있다. 학생들의 답을 보면 어떤 것을 알고 어떤 것을 이용했는지 짐작할 수 있다. 학습 결손과 잠재력에 대해서도 매우 구체적으로 파악할 수 있다. 그러므로 우리나라 교육과정에서 강조하고 있는 과정 중심 평가를 실행하는 데에 매우 적합한 과제라고 할 수 있다. 무엇보다 학생들이 주체적으로 배경화와 개인화, 탈배경화와 탈개인화를 진행하면서 대푯값을 배우도록 한다는 점에서 의의가 있다.

라. 공학 도구의 활용

우리나라 교과서에서는 다음과 같은 설명을 통하여 큰 수의 법칙을 다룬다(신보미·이경화, 2006).

> 큰 수의 법칙은 시행 횟수 n을 크게 할수록, 통계적 확률이 수학적 확률에 가까워짐을 뜻한다(박규홍 외, 2003: 289).
>
> 큰 수의 법칙에 의하면 시행 횟수 n을 충분히 크게 했을 때, 상대도수 $\frac{X}{n}$의 값은 수

학적 확률 p와 같아짐을 알 수 있다(이강섭 외, 2003: 255).

통계적으로 볼 때, 큰 수의 법칙은 상대도수의 극한으로 정의된 통계적 확률에 이론적 정당성을 부여하는 정리로서 어떤 사건의 상대도수 $\frac{X}{n}$은 n이 커질수록 모비율 p에 가까운 값을 취하는 경향이 있음을 보여준다(신양우, 2004).

> 모비율 p인 모집단에서 추출한 크기 n인 임의 표본에 대하여 표본비율(또는 상대도수)을 $\overline{P}=\frac{X}{n}$라 하면 $n \to \infty$일 때, $\overline{P}$는 p에 확률적으로 수렴한다. 즉 임의의 $\varepsilon > 0$에 대하여 $\lim_{n\to\infty} P(|\overline{P}-p| < \epsilon) = 1$(정영진, 1992).

그러나 여기에서 '확률적으로 수렴한다'는 것은 $\lim_{n\to\infty}\frac{X}{n}=p$와는 그 의미가 다르다(정영진, 1992). $\lim_{n\to\infty}\frac{X}{n}=p$은 임의의 양수 ε을 아무리 작게 잡아도 적당히 큰 양수 N이 존재하여

$$n > N \text{인 모든 } n \text{에 대하여 } \left|\frac{X}{n}-p\right| < \epsilon \qquad \cdots\cdots ①$$

이 반드시 성립함을 가리키나, $\lim_{n\to\infty} P\left(\left|\frac{X}{n}-p\right| < \epsilon\right) = 1$은 n을 아무리 크게 잡아도 ①이 성립하지 않을 가능성을 배제하지 않으며, 다만 ①이 성립할 확률이 커진다는 것을 의미한다. 큰 수의 법칙은 시행 횟수 n이 충분히 클 때 상대도수가 모비율이 된다는 뜻이라기보다는 시행을 충분히 반복하였을 때 상대도수와 모비율의 차이가 작아질 가능성이 '확률적으로' 커진다는 뜻으로 해석되어야 한다.

공학을 활용하여 이를 더 분명하게 다룰 수 있다. 예를 들어, 주사위를 던져 3의 눈이 나오는 사건에서 큰 수의 법칙이 성립함을 확인하는 상황을 고려해보자. 주사위를 12번 던지는 시뮬레이션을 5번 실시하고 120번 던지는 시뮬레이션 역시 5번 실시한다. 그런 다음 임의의 양수 $\epsilon = 0.05$에 대하여, 주사위를 12번 던진 시뮬레이션과 120번 던진 시뮬레이션 각각에서 3의 눈이 나온 상대도수와 수학적 확률인 $\frac{1}{6}$의 차가 0.05보다 작은 경우가 어느 쪽이 더 많은지 비교한다. 다음 [그림 6-22]와 [그림 6-23]은 Fathom이라는 소프트웨어를 이용하여 주사위를 12번 던지는 시뮬레이션과 120번 던지는 시뮬레이션을 각각 5번씩 반복하는 과정에서 $\left|\frac{X}{12}-\frac{1}{6}\right| < 0.05$

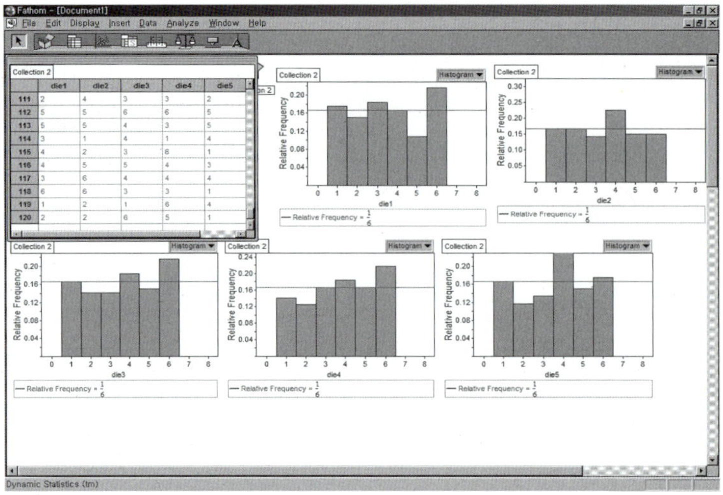

[그림 6-22] 주사위를 120번 던지는 시뮬레이션을 5번 실시한 결과

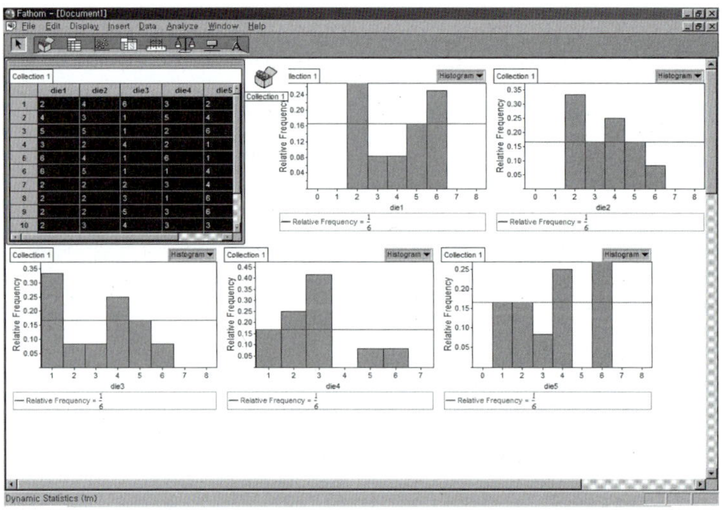

[그림 6-23] 주사위를 12번 던지는 시뮬레이션을 5번 실시한 결과

인 경우는 1번, $\left|\frac{X}{120}-\frac{1}{6}\right|<0.05$인 경우는 5번 나타남을 보여준다.

한편 학교 수학에서 통계적 확률의 가치가 더 잘 드러나기 위해서는 수학적 확률이 정의되지 않은 사건에 대해 통계적 확률을 구해보는 상황이 제시될 필요가 있다. 이때 무한 번의 시행을 전제로 하는 통계적 확률을 어떻게 구할 것인지, 이를 추정하기 위하여 유한 번의 시행 결과 얻어진 상대도수를 어떻게 다룰 것인지를 지도할 수 있다. 예를 들어, 김미경(1994)은 윷을 실제 던져보는 물리적 실험을 1000회 실시하여 이를 반복 관측한 결과 곡면이 589번, 평면이 411번 나오는 결과를 얻었으며, 이로부터 윷의 곡면이 출현할 통계적 확률을 다음과 같이 95% 신뢰구간으로 추정하였다.

$$\left(0.589-2\sqrt{\frac{0.589\cdot 0.411}{1000}},\ 0.589+2\sqrt{\frac{0.589\cdot 0.411}{1000}}\right)=(0.5578,\ 0.6201)$$

박진경·박홍선(1996)도 윷의 확률이 윷의 종류나 던지는 방법 등에 영향을 받는 확률이므로 이론적 확률로서 이를 다루는 것은 문제가 있음을 지적하였다. 그는 윷을 100번 던지는 물리적 실험으로부터 구한 상대도수 p를 이용하여 윷의 확률을 추정하였다. 이러한 경험적 추정법에 사용될 상대도수 p는 윷을 100번 던지는 과정에서 20번씩 시행 횟수가 누적될 때마다 상대도수를 각각 계산하여 시행 횟수가 증가함에 따라 윷의 상대도수가 변화하는 추이를 관찰함으로써 구하였다.

이러한 연구 결과를 바탕으로 컴퓨터 시뮬레이션을 설계하고 그 결과 얻은 윷의 상대도수를 활용하여 윷의 통계적 확률을 추정해보자. 역시 Fathom을 이용하여 윷을 1260회 던지는 시뮬레이션을 고안할 수 있다. 이때 윷을 한 번 던져 곡면이 나올 확률은 김미경(1994)이 물리적 실험에서 구한 상대도수인 0.5897을 사용할 수 있으며, 60회마다 상대도수가 어떻게 변화하는지 그래프로 나타내어 확인할 수 있다([그림 6-24] 참조). 시뮬레이션 결과 윷의 곡면이 나오는 상대도수는 시행 횟수가 누적될수록 약 0.59 정도의 값에 가깝다는 것을 관찰할 수 있다. 이렇게 구한 상대

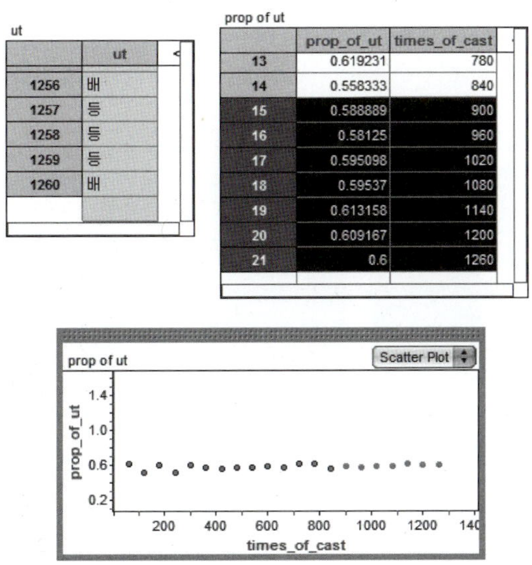

[그림 6-24] 윷의 상대도수를 구하기 위한 시뮬레이션

도수를 사용하여 표본의 크기가 1260이고 표본비율이 0.59인 경우 모비율의 95% 신뢰구간을 구하면

$$\left(0.59-1.96\sqrt{\frac{0.59 \cdot 0.41}{1260}},\ 0.59+1.96\sqrt{\frac{0.59 \cdot 0.41}{1260}}\right) \fallingdotseq (0.562,\ 0.617)$$

이다.

위의 두 연구에서 시뮬레이션 방법에 따라 모비율의 신뢰구간이 다르게 나온 것은 통계적 확률, 큰 수의 법칙, 신뢰구간의 의미를 이해하게 하는 좋은 기회를 제공한다. 학생들은 통계적 확률이 상대도수의 극한으로 정의되므로 어떤 상황에서나 극한값이 존재한다고 가정할 것이다. 그러나 실제로는 무한 번의 시행 또는 관찰을 할 수 없으므로 신뢰구간에 의해 통계적 확률을 다루게 된다. 윷과 같이 물리적 대칭성을 만족하지 않는 소재를 이용하면 통계적 확률이 실제적인 현상을 다루는 데 활용되는 정의이지만, 신뢰구간에 의해 다루어질 수밖에 없음을 인식시키는 데 도움을 줄 수 있다.

이종학(2011)에서는 고등학교 확률과 통계의 내용 중 상당 부분을 스프레드시트로 지도하는 방법을 찾을 수 있다. [그림 6-25]와 같이 히스토그램에서 출발하여 계급의 크기를 점차 줄이면서 도수분포다각형을 그리면 시각적으로 연속확률분포에 대해 이해할 수 있다. [그림 6-26]은 이항분포의 정규분포로의 근사를 스프레드시트로 구현한 것이다. 스프레드시트는 이와 같은 시각적 표상을 제공하기 때문에 그리고 학생들 나름대로의 조작에 즉각적으로 반응한다는 점 때문에 좋은 학습기회를 제공한다.

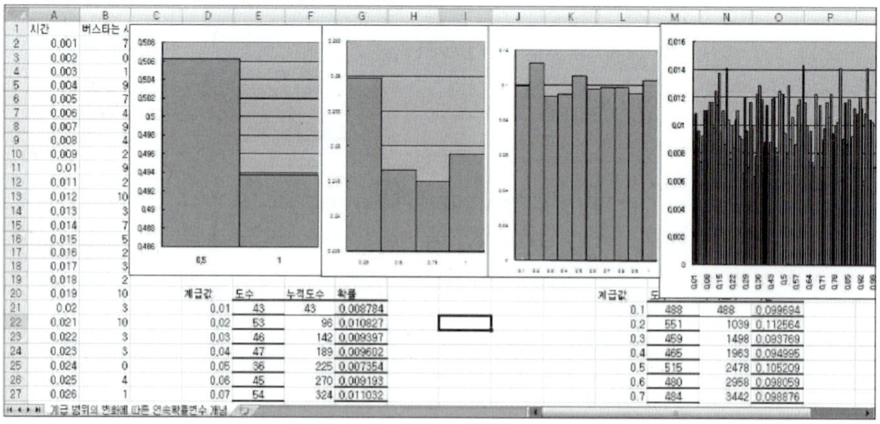

[그림 6-25] 연속확률분포(이종학, 2011: 379)

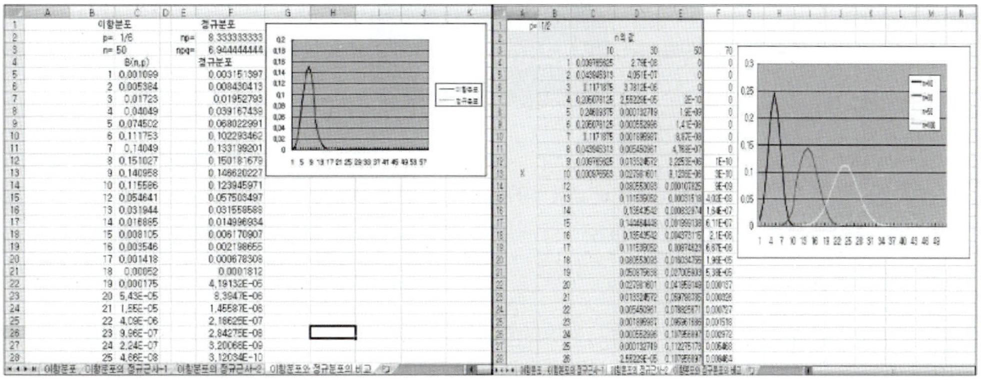

[그림 6-26] 이항분포의 정규분포로의 근사(이종학, 2011: 380)

확률과 통계 영역의 지도에 공학 도구를 활용할 때 유의할 점은 다음과 같다(이경화, 구나영, 2015). 첫째, 언제 그리고 어떤 의도로 공학 도구를 활용해야 하는지에 대해 충분한 고민한 후에 구체적인 활용 방법을 결정해야 한다는 점이다. 앞에서 학생들이 많은 횟수의 시행을 컴퓨터 시뮬레이션으로 관찰하고 그 결과를 확인하여 자료의 특성을 추론하는 사례와 같이 분명한 필요성이 있을 때 공학 도구를 활용해야 그 효과가 극대화 될 것이다. 둘째, 공학 도구와의 상호작용에서 학습의 핵심적인 장면이 나타나도록 수업을 설계해야 한다. 셋째, 공학 도구 내에서의 표현과 의미 그리고 수학 교과서 내에서의 표현과 의미 사이의 관계를 파악하고 효과적으로 변환할 수 있도록 해야 한다. 넷째, 공학 도구의 제한점을 충분히 파악하여 학습에 장애가 생기지 않도록 해야 한다. 다섯째, 공학 도구를 활용한 활동들을 대상으로 반성적으로 사고함으로써 탈배경화와 탈개인화가 진행되도록 이끌어야 한다.

생각해 볼 문제

01 확률과 통계의 역사적 발달 과정에서 나타난 확률과 통계 고유의 측면에 대해 살펴보고, 확률과 통계의 지도에서 이를 고려하는 방안을 논의해 봅시다.

02 확률교육에서 직관의 역할 그리고 판단 전략에 대해 살펴보고, 확률 단원의 수업에서 이를 고려하는 방안을 논의해 봅시다.

03 탐색적 자료 분석 관점, 통계적 문제해결, 비형식적 통계적 추리 교육에서 각각 강조하는 측면을 확인하고, 이를 종합하여 통계교육 개혁의 중점 방향을 논의해 봅시다.

04 우리나라의 교육과정에서 제시하고 있는 확률과 통계 영역 지도의 목표, 내용, 방법에 대해 살펴보고, 이를 교과서와 수업에 반영할 때의 유의점과 제한점을 생각해 봅시다.

05 확률과 통계 단원을 학습하면서 스스로 개인화와 배경화, 탈배경화와 탈개인화를 했던 경험이 있는지 회상해보고, 그 경험을 다른 예비교사들 또는 현직교사들과 나누어 봅시다.

06 확률과 통계 단원을 지도할 때 공학 도구를 언제 그리고 어떻게 활용할 수 있으며 사전에 어떤 점을 고려하여 수업을 설계할 필요가 있는지 논의해 봅시다.

참고문헌

Chapter 06

강옥기 외(2014). 중학교 수학 2, 서울: 두산동아.

고은성·탁병주(2019). 점그래프와 상자그림의 교수학적 분석: 통계적 추리 지도를 위한 교육적 효용성 고찰. 수학교육학연구, 29(4), 577-605.

교육부(2022). 수학과 교육과정. 교육부 고시 제2022-33호 [별책 8]. 교육부.

교육부(2013). 초등학교 수학 4, 서울: 교육부.

김미경(1994). 윷의 확률, 고려대학교 대학원 석사학위 논문.

김우철 외(2000). 일반통계학, 서울: 영지문화사.

박진경·박홍선(1996). 윷의 확률 추정에 대하여, 응용통계연구, 9(2), 83-94.

박진형(2015). 다면적 모델링에 기반한 수학 교수 학습 연구. 서울대 대학원 박사학위 논문.

송창근·이경화·박미미·전혜진·이은정(2019). 통계적 추정 학습과제 설계에 영향을 미치는 세 가지 긴장. 수학교육학연구, 29(4), 453-479.

신보미·이경화(2006). 컴퓨터 시뮬레이션을 통한 통계적 확률 지도에 대한 연구, 수학교육학연구, 16(2), 139-156.

신양우(2004). 기초확률론, 서울: 경문사.

우정호(2000). 통계교육의 개선방향 탐색, 학교 수학, 2(1), 1-27.

우정호 외(2009a). 중학교 수학 2, 서울: 두산동아.

________(2009b). 미적분과 통계기본, 서울: 두산동아.

________(2013). 중학교 수학 1, 서울: 두산동아.

________(2014). 확률과 통계, 서울: 두산동아.

이경화(1996). 확률 개념의 교수학적 변환에 관한 연구. 서울대학교 대학원 박사학위 논문.

이경화·구나영(2015). 확률과 통계 영역에서 공학의 활용. 고상숙 외. 수학교육에서 공학 도구. 서울: 경문사, 271-299.

이경화·유연주·탁병주(2021). 데이터 기반 통계교육을 위한 수학과 교육과정 재구조화 방향 탐색. 학교수학, 23(3), 361-386.

이경화·유연주·탁병주(2022). 데이터 기반 확률교육을 위한 수학과 교육과정 재구조화 방향 탐색. 학교수학, 24(1), 89-117.

이봉주(2000). 수학사랑 제 2회 MATH FESTIVAL 자료집, 서울: 수학사랑.

이정연(2005). 조건부확률 개념의 이해에 관한 연구, 서울대학교 대학원 석사학위 논문.

이종학(2011). 고등학교 확률·통계 영역에서 스프레드시트 활용에 대한 연구. 학교수학, 13(3), 363-384.

이태규(1989). 이야기 수학사, 서울: 백산출판사.

정영진(1992). 수리통계학, 서울: 희중당.

정상권 외(2009). 중학교 수학 1, 서울: 금성출판사.

정상권 외(2009). 수학의 활용, 서울: 금성출판사.

허명회(1991). 통계학사 콜로퀴움, 서울: 자유아카데미.

허명회·문승호(2000). 탐색적 자료분석, 서울: 자유아카데미.

Bargagliotti, A., Franklin, C., Arnold, P., Gould, R., Johnson, S., Perez, L., & Spangler, D. A. (2020). *Pre-K-12 guidelines for assessment and instruction in statistics education II: A framework for statistics and data science education*. Alexandria: American Statistical Association.

Ben-Zvi, D., Ben-Arush, T. (2014). EDA Instrumented Learning with TinkerPlots. In Wassong, T., Frischemeier, D., Fischer, P., Hochmuth, R., Bender, P. (Eds). *Mit Werkzeugen Mathematik und Stochastik lernen - Using Tools for Learning Mathematics and Statistics*. Springer Spektrum, Wiesbaden. https://doi.org/ 10.1007/978-3-658-03104-6_15.

Ben-Zvi, D. & Garfield, J. (2010). 통계적 사고의 의미와 교육(이경화·지은정·고은성·강현영·신보미·이동환·이은경·이정연·박민선·박미미 역). 서울: 경문사(영어 원작은 2004년 출판).

Borovcnik, M., Bentz, H. J., & Kapadia, R. (1991). A Probabilistic Perspective, In R., Kapadia, & M., Borovcnik(Eds.). *Chance Encounters: Probability in Education*, Dordrecht: Kluwer Academic Publishers, 27-71.

Fischbein, E.(1975). *The Intuitive Sources of Probabilistic Thinking in Children*, Dordrecht: D. Reidel.

Freudenthal, H.(1973). *Mathematics as an educational task*, Dordrecht: Kluwer Academic Publishers.

Gal, I.(2004). Statistical literacy. In D, Ben-Zvi, & J. B., Garfield(Eds.). (2004). *The challenge of developing statistical literacy, reasoning and thinking*. Dordrecht: Kluwer Academic Publishers.

Grattan-Guinness, I.(1994). *Companian Encyclopedia of the History and Philosophy of the Mathematical Sciences*, London: Routledge.

Jones, G. A., Langrall, C. W., Thornton, C. A., & Mogill, T. A.(1999). Students'

Probabilistic Thinking in Instruction, *Journal for Research in Mathematics Education*, 30(5), 487-519.

Kahneman, D., Slovic, P., & Tversky, A.(1982). *Judgement under Uncertainty: Heuristics and Biases*, Cambridge: Cambridge university press.

Kang, W.(1990). *Didactic Transposition of Mathematical knowledge in Textbook*, Doctral Dissertation, Athens: University of Georgia.

Konold, C.(1991). Understanding Students' Beliefs about Probability, In E. V., Glasersfeld, *Radical Constructivism in Mathematical Education*, Dordrecht: Kluwer Academic Publishers, 139-156.

Moore, D.(1997). New pedagogy and new content: The case of statistics, *International Statistical Review*, 65(2), 123-165.

Piaget. J., & Inhelder, B.(1951). *The Origin of the Idea of Chance in Children*, Leake, P. B. & Fishbein, H. D., (1975). Trans. London: Routledge.

Polya, G.(1965). *Mathematical discovery*, NY: John Wiley & Sons, Inc.

Senge, R., Bösner, S., Dembczyński, K., Haasenritter, J., Hirsch, O., Donner-Banzhoff, N., & Hüllermeier, E. (2014). Reliable classification: Learning classifiers that distinguish aleatoric and epistemic uncertainty. *Information Sciences, 255*, 16-29.

Watson, A. & Mason, J. (2015). 색다른 학교수학. 이경화(역), 서울: 경문사(영어 원작은 2006년 출판).

Watson, J. M., & Moritz, J. B. (1998). The beginning of statistical inference: Comparing two data sets. *Educational Studies in Mathematics*, 37(2), 145-168.

찾아보기

ㄱ

ㄴ

ㄷ

ㄹ

ㅁ

ㅂ

ㅅ

ㅇ

ㅈ

기타

제4판

예비교사와 현직교사를 위한

수학교육과정과 교재연구

지은이 김남희 · 나귀수 · 박경미 · 이경화 · 정영옥
펴낸이 조경희
펴낸곳 경문사
펴낸날 2006년 8월 28일 1판 1쇄
2024년 8월 14일 4판 1쇄
등 록 1979년 11월 9일 제1979-000023호
주 소 04057, 서울특별시 마포구 와우산로 174
전 화 (02)332-2004 팩스 (02)336-5193
이메일 kyungmoon@kyungmoon.com

값 28,000원

ISBN 979-11-6073-725-7